Les Confessions d'un Révolutionnaire
pour servir à l'Histoire de la Révolution de Février

Pierre-Joseph Proudhon

# 革命家の告白

二月革命史のために

ピエール=ジョゼフ・プルードン
山本光久=訳

作品社

# 革命家の告白——二月革命史のために

目次

資料

I



II

III

【凡例】

一、本書は、Pierre-Joseph Proudhon, *Les Confessions d'un Révolutionnaire pour servir à l'Histoire de la Révolution de Février*, 1849 の全訳である。翻訳にあたっては、マルセル・リヴィエール版『プルードン全集』（一九二九年）を底本とした。

一、原文のイタリック体による強調部分には傍点を付し、書名・雑誌・新聞名は『 』、ラテン語表記は〈 〉で示した。

一、底本編者による注はアラビア数字の通し番号で、プルードン自身による注は「P」によって示した。訳注は本文中に（ ）で括って小字で示した。注内の訳注は都度訳注と記した。

一、人名・地名等固有名詞は原則として慣例表記に従った。

# 編者序文

ダニエル・アレヴィ

「少なくともこの五、六年というもの、四八年の時点で一家の長でなかったことを僕は後悔している……」（ベルクマン宛のプルードンの手紙、一八五四年五月五日）

「自分の役割を誇張するなどということがあってはならない。私は自らの夢を語るのだ……」、プルードンは自著の構想をこう述べている。得難い言葉だ。というのは、回想録の著者はえてして、自分たちの行為を記念するために書き、彼らが占めていた地位を強調し、主張し、その行為を賛美しないまでも擁護するのが常だからである。プルードンは自らを顕揚することなく、告白する。おそらくわれわれは彼が断言し、かつ決断を下し、論敵を打ち負かし、ついにはあの熱情、あの闘争的昂揚を明らかにするのを聞くだろうが、これは彼の同時代人が扱いがたい傲慢さのしるしと見ていたものだ。しかし、言葉の激烈さが演じられるのは彼の思想の表面上のことである。書物のレトリック（大部分は時代ゆえのものだ）と書物それ自体とを混同すべきではない。プルードンは、彼に固有の、彼がわれわれに率直に委ねる、懐疑と過ちのただちになされた深い告白において判断されねばならない。「違うのだ、ムッシュー・セナールよ」と彼は一八四八年の憲法制定議会議長に呼びかけながら書く。「議会の面前で君は私を侮辱したけれども、私は六月に際して臆病者だったのではない。私は、君やほかの多くの者たちと同様に、愚か者だったのだ」。愚か者というこの言葉は極端である。プルードンは激しい言葉を用いる快楽に抗しえないのだ。彼は何を言おうとしたのか。自分が引きずられ、操られていたということであり、人民代議員という己れの役割ゆえに指揮せざるをえなかった出来事を理解していなかったということである。なぜ彼は、このような高位、この夢のような役職に任命されたのだろうか。人民が彼にその地位を与えたのだが、しかし人民は彼の思想を理解していただろうか。おそらくは否である。どうして人民は彼にその地位を与えたのか。プルードンは直ちにその答えをほのめかすだろう――たぶんこれは間違いだったのだ、と。愚かな人民が彼を選び、そしてまさにそのことによって、この過ちによって人民は彼を愚か者にしたのだ。「私は自らの夢を語る……」、夢であって、思想ではない。プルードンはこの出来事を謎のままにしておく。必然性あるいは神の摂理によってそれはなされたのである――この二つの言葉いずれかを、プルードンは無頓着に使ったり、一緒に使ったりしている。われわれにはこの出来事はけっしてわからず、それに触れることでわれわれのうちに掻き立てられる内的な変容――われわれの夢しか知りえないのである。一八四八年二月二四日、一つの王政、ブルジョア的貴族政体が崩れ落ちる。その崩壊の知らせを聞いて、フランス人民は夢見るのだ。ルイ・ブランが、ラマルティーヌが、ピエール・ルルーが、ルイ・ボナパルトが、さまざまな夢を立ち上げる。そしてプルードンも自らの夢をわれわれに語ってくれる――それが彼のこの書物であり、彼のこの告白、激情的な筆致によって六週間で書き上げられた三百頁である。その夢の物語を示してから彼は書いている。「一人の人間の考えが、社会の諸決定にいかに重きをなさぬものであるかはわかっている。この私は、思想というものが大衆の中に浸透していく際の緩慢さの、生きた証しなのだ。しかし、私としては、自らの政治的行動から社会主義的瞑想の物語を辿ることで、国家の夢遊病の中に図らずも巻き込まれた一思想家の歴史《イストワール》＝物語を続けるしかないのである」。したがってわれわれは、夢と同時に思想を知ることになろう。思想は孤独者、瞑想家のものであり、夢は行動家のものだが、彼は大衆とともにあり、その夢遊病に侵される。図らずも巻き込まれた――これが彼の告解である。一人の人間が図らずもことをなすとすれば、その人間は間違っている。その行動には弱さが染みついているが、プルードンはこの弱さを非難する。では、図らずも国家の夢遊病に巻き込まれた人間は思想家と呼ばれるに値するのか。夢遊病は重大な病気であって、瞑想を混乱させ、妨げる。夢遊病に巻き込まれた思想は思想であることをやめ、夢となる。プルードンは最初にそのことをわれわれに語っていた――「私は自らの夢を語るのだ……」

ことが告白に関わるのだから、われわれはその内奥におもむかねばならない。それは、公的な形としての書物では無理である。それを示してくれるのは一通の手紙であろう。この重要な資料には、一八五四年の日付がある。これは、ストラスブールの碩学にして、常に変わらぬ友であるベルクマンに宛てたもので、プルードンは七年前から絶えず彼に手紙を書き送っていた。彼は革命の時代の間、自分の生活がどんなものであったかを語り、その沈黙を説明する。きわめて正確に彼は自らを告白している。このテクストは非常に重要なものであり、ここに引用して、公的な、そしてそれゆえにこそ言い落としのある告白の前に、この私的で全体的な告白を示さなければならない。

君はたぶんこの六、七年来の僕のことを何も知らないだろう。だって、新聞の噂から君が知ったことなど何ほどのものでもないのだから。そこで手短に僕のことをしゃべらせてほしい。これは、僕が君にずっと連絡しなかったことへの弁明になるだろう。最初は今までにない混乱の結果にすぎなかったのが、僕の怠惰のせいでとうとう全く面目ないことになってしまったのだ。

四七年末に僕はパリに戻って、気に染む研究に耽っていたのだが、その時二月革命が勃発した。最初の二カ月、三月と四月、僕は引きこもって過ごしながら、事件の推移を追い、心の中で僕らの国の恐しい状況に苦しんでいた。ところが、僕が求めたわけではないが何人かの民主主義者のはからいがあって、次いで僕のほうから挑発したのではないが新聞からの攻撃があったせいで、僕はまさに政治の渦中に投げ込まれた。ジャーナリズムのおかげで僕は代議員になった。そして、たまたま憲法制定議会での保守党の分別のない憎悪のせいで、僕は沈黙を破らざるをえなくなった。そしてついには、僕の人格に対して繰り広げられた執拗なまでの誹謗・中傷のため、僕は狂乱にいたるまでに興奮し、周知のようなことになってしまった……。

こうした生活は長くは続きえなかった。重罪裁判所は憲法制定議会の同意をもって僕を三年間の牢獄送りにした。このような厳しい措置をすることで、判事たちは僕の生命を救ってくれたのだ。刑が宣告されてからほぼ五年間というもの、僕は大いに働き、多くを見、多くを学んだ。けれどもおそらく僕は変わらなかった。もっとも、将来僕が評判よりはましな人間であり、実際に僕のうちには何事かがあることが、友人たちおよび敵対者たちに明らかになるにしても。

これが真のプルードンである。彼は諷刺文書《パンフレット》作者ではなく、一人の人間である。この一八五四年の手紙でそれ以前の歴史が明らかになる。この歴史を見てみよう。

＊

『革命家の告白』は、一八四八年二月二四日から四九年七月八日まで、すなわち第二共和制の時代のプルードンの政治生活を物語っている。事件が起こる前にその予兆を考察するプルードンのやり方を理解するよう努めよう。このためには、既に参照した彼の貴重な未刊の「手帖」が有用である。

一八四六年、プルードンは三五歳をすぎていたが、ほとんど無名だった。所有に関する彼の論文およびその目覚しい警句が七年前に引き起こした関心やスキャンダルは、いずれも短命であった。彼は浩瀚な二巻本、『経済的諸矛盾の体系または貧困の哲学』を刊行したばかりだったが、人々はこれを読んだだろうか。誰もそのことは語らない。結局のところ、彼にはこの沈黙があまりにきつかった。彼は、ある運送会社で働いてやっとの思いで生計を立てていたリヨンを去って、四年前からパリに居を定める。ここでまさに戦い、打ち勝たねばならない。棲み処は学士院裏の左岸の小さな通りだ。全財産はといえば、旅行鞄と勇気、そして借金である。彼の真の兄弟である架空の同時代人たち、バルザックの小説の主人公たちのことを考えてみよう。たとえば、ルイ・ランベール、ダニエル・ダルテス。また、発明家にして絶対の探求者バルタザール・クラエス。発明家ダヴィッド・セシャール――彼らこそプルードンの血族であり、同族である。彼らのごとく、プルードンの精神は疑いを知らず、その意志は動揺を知らない。また彼らのごとく、彼は探求し、発見する。（その点について彼には毛ほどの疑念もなく）フランスと人類を救うことが可能な、創意の秘密がある。

彼が危機を感じ取っている、このフランスとは何か。職人と農民の、船頭と馬車屋の、植木屋と葡萄栽培者の、自由で古きフランスである。このフランスに、大企業と大銀行が、炭鉱と鉄道が襲いかかり、歪めようとしている。さらに、金銭の独占によって、勤勉で自立した家庭を築く活力あるこの国民は台無しになるだろう。これをいかにして救うべきか。プルードンは共同体的社会主義を認めず、拒絶する。それは衰弱と堕落の教義である。プルードンはこの自由な民衆を、その生活習慣の廉潔さにおいて維持しようとする。しかし、それはいかなる手段によってか。プルードンにはわかっている。それを見出したのが彼の喜びであり、人々がそれを理解しようとしないのが彼の悩みである。この発案者の言葉を聞いてみよう――信用システム、共済組合的な銀行の結合。これがプルードンが提案していることである。そうすれば、金銭は一階級が独占するものではなくなるだろう。すべての善意の労働者は、無料でそれを入手するだろう。かくて、彼らは自由になる。これが彼の、まさに革命的な夢なのだ。一八四七年に書かれたノートを引いてみる。

問題は、労働者を、すべての労働者を、現にあるような奴隷状態から王にすることだ。

ところが、実現されたものであれ、そうでないものであれ、現在の、過去の、未来の、あらゆるユートピアにおいて労働者は奴隷であり、常に奴隷である。

プルードンは、自由な、この上もなく自由な生産的家庭を夢みる。しかし、彼の革命思想は全く保守的な構想の下に展開する。常に農民として、彼は足元に大地を感じようとするのだ。カール・マルクス（当時全く無名の若きセクト主義者であった）は、彼に同盟を提案する。プルードンは警戒して、こう書き送る。「私は革命家だが、暴力主義者ではない」。こうして彼はこの申し出を辞退する。彼はマルクスのメシア主義的な性向とその破局主義を見抜いていたのである。彼は一滴の血も流そうとはしないし、制度を「転覆」しようともしない。「真の保守主義者とは、私のことだ」と彼は書く。「私は現実の社会を守るのだ」。

一体誰が彼の言葉に耳を傾け、彼を理解するのだろうか。パリに戻ったプルードンは、もっと穏健なセクト的な社会主義者たちと同盟して『レフォルマトゥール・レアリスト（現実的改革派）』という新聞を作ろうとする。「読者は、三〇〇〇人は見込めるだろうか」と彼は不安げに書きつけている。彼は探し求め、語り合い、交渉するが、うまくいかない。彼に反対する諸勢力が動いており、底流の政治が自分の政治を妨害していることに彼は気づく。もう一人の人間が青年たちを惹きつけ、集団を形成している。すなわち、マルクスである。まさに彼こそが労働者大衆にその陰鬱な衝撃を刻みつけようとしているのだ。プルードンはその当時から彼を見ぬいている。「マルクスは社会主義の寄生虫《サナダムシ》なのだ」。ぶっきらぼうに彼はこう書きつけている(1)。

——本書には付録として、最近発見されたマルクスからプルードン宛ての手紙とプルードンの返書を付す。（訳注——〝最近〟とはもちろん、この『全集』が編纂された時点でのことである）

*

これらの敵対者に対するに、プルードンの味方、支持者はどうか。ジャコバン派の、ロマン派的共和主義者たちは彼を理解しうるだろうか。否。彼らはしゃべくり、騒ぎ、勿体をつけて登場する。プルードンはただちに判断を下す。やつらは敵だ。

一八四七年は目覚めの、驚きの年である。民衆は苛立ち、青年は熱狂する。彼らは自分たちの関わらなかった戦争や革命の話にうんざりしている。今度は自分たちが素晴らしい光景を作る番だというのだ。「フランスは倦《う》んじている」、とラマルティーヌは言う。そして彼は喝采を持って迎えられる。しかしプルードンは苛立つ。貴族政治主義者の、芸術家の、食傷した者の感情である「倦怠」を、プルードンは軽蔑している。なすべき何事かを持っている場合には、倦怠などしないものだ。そして、いかなる人間もいかなる国も、なすべき何事かがないということはない。「ラマルティーヌによれば、フランスは倦んじている」——プルードンはいつもの激しさで書きつける。「いや、そうではない、フランスは無気力になったのだ。それだけのことだ。フランスは、かつてなしたことに浸って自らを賛美することしかできぬ……あまりの自由主義、幻想、ため込まれた栄光のせいで、フランスは腑抜けになっているのだ」

若きフランスはラマルティーヌに耳を傾ける。退屈を紛らすためにはどうすればよいのか。自分たちはどんな行為を試み、どんな革命の公式を改革すべきなのか。仮に、プルードンがある一つの新聞を思いのままにできるならば、同胞たちに助言を与えることができよう。落ち着きを保ち、静かにしていたまえ、とプルードンは彼らに言う。すなわち、公正な価格で売り買いし、自分たちの会社に不足しているお金を互いに入手できるように組織化したまえ。そして、働き、生産し、誇り高く、真の自由に自らを高めたまえ。大地と仕事場、子供の揺り籠、婦人の家事、仕事台、人間のために開かれた書物、これが人生のすべてである。これが健全さというものであり、栄光の美徳だ。それは倦怠の解毒剤である……。それゆえにこそ、向こう見ずなガリア人たち、芸術家やのらくら者、ロマン主義的な世紀の子供たちには、そのように語りかけねばならない！

プルードンは諦めない。設立を断念した新聞の代わりに、既存の新聞を利用できないだろうか。彼は書いている――「『プープル（民衆）』紙は労働者の新聞になるだろうが、経営者たちの新聞である『モニトゥール・アンデュストリエル（産業報知）』紙と折り合うよう努めること……」。さらには、「選り好みせず、あらゆる新聞、あらゆる冊子に書くこと。どんな新聞にも近づきうる何らかの真実がある。この真実を提供せぬ手があろうか。場が変わっても、あらゆるところにこの真実をもたらすのだ。とはいえ、どんな新聞が私の意見を載せてくれるのだろうか……」。しかしながら、この計画は他の場合と同様に潰え去る。そこでプルードンは沈黙せざるをえない。だがこの強いられた沈黙により、彼の慧眼はいやます。彼の「手帖」を読み続けてみよう。すると彼が驚くべき確かな眼差しで、来るべき、そしてごくわずかの者しか予見しえなかった、この革命の進展を追っていたことがわかるだろう。

急進社会主義者たちはフランス同様スイスにおいても活動し、謀議をめぐらすが、それはいつも自由に反してである。平等化すること、中央集権化すること、彼らの念頭にはこれ以外のものはない。カトリックの小郡はイエズス会派の放逐を拒否するが、急進的な小郡はイエズス会派たちに宣戦布告し、これを彼らの連邦的免税権を減らす恰好の機会とする。ヨーロッパおよび自由なるフランスはこれを承認する。イエズス会派にしかけられた戦争は、すべて正しい戦争であろう、というわけである。プルードンはこれに反対する。「イエズス会派は」と彼は書いている。「どうしてイエズス会派であっていけないわけがあろう」。些末なことには拘泥せず、彼はまじかの危機を見つめる。「私が恐れるのは、教皇権至上主義よりはロベスピエール式の理神論であり、新キリスト教であり、国家宗教であり、折衷主義なのである」

スイス同様イタリアにおいても、民衆および青年が昂揚する。それは現実的な改革へ向けての真摯な運動なのだろうか。否。若きイタリアは共和派の演説家に陶酔し、政治のワン・パターンに引きずり込まれて、新たな国家、新たな議会、新たな官僚制度を作ろうとし、新しい旗を掲げようとする。おお、何事も明視しえぬヨーロッパよ！ ジャーナリズムは狂っている――もっとも必ずしもすべてというわけではない。たとえば、「一連の事件によって『ジュルナル・デ・デバ（論争）』紙の正しさが認められた」とプルードンは書いている。「実際これは唯一の正当な新聞である」。この『デバ』紙は当時ギゾーの新聞であった。

イタリア、スイス、フランス三国の動きはそろって大きくなり、力を得る。熱狂と欲望という一つの同じ波がこれらの動きを満たし、結びつけている。「スイスは馬鹿げた戦争に巻き込まれた」とプルードンは書く。「デマゴギーのせいでヨーロッパ全体がこの馬鹿げた道筋に引きずり込まれようとしているのだ」。イタリアではメッテルニヒが、フランスではギゾーがこれに抵抗する。「はっきりと、そして断固として支持しなければならないが、あらゆる選択に関してギゾー氏のみが正しい」とプルードンは書いている。このメッテルニヒとギゾーは、スイスに介入しようとする。しかし、スイスの急進社会主義者たちはこの介入を予知し、数日で戦争を布告し、かつ終結させる（一八四七年一一月）。フランスの急進社会主義者たちはこれに快哉を叫ぶ。「それゆえ私としては」とプルードンは書く。「この党派と最終的に決別し、『ナシオナル（国民）』紙派、山岳派の猿どもとは、あらゆる思想的連帯、あらゆる思想的関係を拒絶しなければならない」

山岳派の猿――つまり、これらの演説家、これらの青年は自分らの生きている時代を知らない。彼らは、産業革命がそれとは見えぬ形で、しかしきわめて深刻に提出する新たな諸問題のことを思ってもみないのだ。彼らの頭は過去のイメージや言葉でいっぱいであり、何ものも、これらのイメージと言葉が人を麻痺させる魔術から彼らを守ることができない。彼らはある再来、つまり「一七九三年の蒸し返された喜劇」という虚しい快楽のために自分たちの国を混乱させ、自分たちの血を注ぐこととなる。

扇動者たちはアジテーションのスローガンを見つけていた。すなわち、選挙改革である。奇妙な手段だ、とプルードンは考える。選挙人の数がもっと多かろうと、熱烈なる弁士がいようと、何の役にも立つまい。国というものは指導層を必要とし、われわれは国に「代表」を送り込む――しかし「代表が誠実であるならば、あらゆる意見が代理される。それはつまるところ混乱である」。どうすればよいのか。労働の保障を、現実的な自由を、職人を保護する経済的組織を、といった具合に扇動家たちが送り込まれる。「どうして新たなる僭主政治の到来を求めるのか。というのも、選挙改革とはそういうことでしかないからだ」。実を言えば、これら改革論者たちは普通選挙をはっきりとは要求していない。すなわち、彼らにとっては「有識選挙人の付加」だけでまずは十分なのである。では、この「有識選挙人」はどのように定義されるのか。きわめて単純である――有能な人間とは、大学入学資格者のことであり、つまりは、幸運によってか、または自力で労働の工具を免れ、ペンを操る者は誰でもそうである。プルードンはこの新たなる貴族政治《アリストクラシー》に誘惑されることなく、こう書いている――「われわれが代議士を必要としていることは仮に認めるにしても、私は、百分の四五の人々が読むことも書くこともできぬということゆえに、投票するだろう」

改革宴会が始まる。ヴァレンシエンヌで、ディジョンで、シャロンで、饗宴と演説が――。「フランスは再び駄弁家どものものとなろう」とプルードンは書く。演説に次ぐ演説だ。「雄弁がまたしても、一七八九年の時のように溢れかえる。絶望的だ!……」、彼はさらに憐れみの一語をつけ加える。「お人好しどもは残されたなけなしの判断力すら巻き添えにするのだ！」。

＊

一八四七年一二月――プルードンはおよそ公的活動に上の空である。ブザンソンの母が亡くなり、彼は母のもとに行く。この民衆の母にして徳高い、勇気ある女性は苦労しながらも彼を育て、教育し、守った。「私の今日あるほとんどすべては母のおかげだ」とプルードンは書く。そうして彼は次のような、力強く、かつ感銘的な言葉で回想の短いページを閉じるのだ――「もしいつか結婚するのならば、私は母を愛したのと同じくらい妻を愛したいと思う。こうしてわれわれは消えてゆく。二五年ないし三〇年後には、私はいろんなことを言われるだろう。しかし私は何事かをなしたのだろうか」

＊

プルードンはパリに戻る。「全財産としては二百フランと自分の思想とをたずさえて、私はブザンソンを立った」とプルードンは書いている。「もし三カ月病気になっていたら、一文無しだったろう……私は三九歳だ。元気を出せ、ピエール・ジョゼフ！」。新聞を一瞥し、人々の話にすばやく注意を払うことで、二〇日ばかりの不在中に事態はさらに急を告げ、重大な脅威をはらんでいることに彼は気づく。破滅が近づき、奈落が口をあけているのだ。

一八四七年一二月三一日――年老いた王の最も良き相談相手であったアデライード王女が死ぬ。「人々は来るべき年に不安を抱く」。一八四七年一二月二三日、幸いなことに、アブドゥル・カーディル（一八〇八―八三、アルジェリアの抗仏運動の指導者）は王の息子オーマル公爵に降伏していた。これは「体制にとっては幸運」であった。ギゾーは攻勢に出る。ミッキエヴィッチやキネに続いて、ミシュレはコレージュ・ド・フランスで青年たちを揺り動かす。ギゾーは先の二人を停職処分にしたのと同じく、ミシュレの講義を止めさせる。プルードンはこの処置を喜んだ。ミシュレ、ミッキエヴィッチ、キネは彼にとっては「三人の狂信家であり、まさに愚か者の籠絡者」なのである（急いで言っておけば、その数年後にプルードンはミシュレを個人的に知り、彼に最大級の親愛あふれる敬意を捧げている）。学生たちはこれに抗議し、彼らの師を呼び求める。「……いったいいつ、この煽りたてられた騒々しい若者たちを兵舎にぶちこむのか――しっかりしろ、ギゾー！」。しかし保守派の頭目たちは、その危険に気づいていた。ブロユ公爵が語り、モンタランベールが語る。演説につぐ演説だ！「仮に諸党派のいいなりになるならば」とプルードンは書く。「もっぱら彼らのせいで下落したフランスは、戦争と悲惨の二五年間を通して、一文の値打ちもないものを追い求めることになろう」。数えてみよう――革命とボナパルティストの新たな冒険が席巻するのは、まさに一八四八年二月から一八七一年五月までの二三年間である。

一八四八年一月一七日――ルイ＝フィリップ死すという噂が流れるが、このニュースは隠蔽される。「数人の者が奇襲の準備をする。……そういうわけで、諸事件が私を超えたとすれば、貧困がその原因であった。争闘の中にはもはや〈理性〉の余地はない。世界には私のいる場所がないのが、ますます実感されるのだ」。一月二四日――「ギゾーが演説をした。しかし、彼は私が望んだほど大胆ではなかった」。二月九日――「あらゆる手段を使って、暴動によってでも内閣を転覆しようとする陰謀がある」。二月一〇日――「騒擾やスキャンダルがつのる……。反対派を追い出さなければフランスは絶望的だ」。二月一五日――「改革宴会は危険な状態になっている。民衆の資産が低下し、商業は沈滞している。反対派はパリにさえ改革宴会を組織する。政府はこれを禁止するが、反対派はアピールし続ける。彼らが望むのは、二〇万の人々が閉まった市門に集まり、権力の乱用を確認することだ」。まさに弁護士的な考えだ、とプルードンは思う。「これは、民衆が何もせぬように妨害する論理によるものだろうか――民衆の自己表現は言葉ではなくて、行為によるものだ……。呼びかけられれば、それは行動するためだと民衆は感じ、そして行動する……その本性を裏切らせようというのか」。行進が宣せられれば、蜂起になるだろう。この蜂起は今にも勃発しそうだったが、それを挑発した者でさえためらいを見せた。しかし、既にもう遅い――。

二月二二日――パリ全体が立ち上がっている。何事かが待機されているのはあまりにも明らかだ。

二月二三日――昨日、さまざまな地点で暴動の始まりがあった……。

委員会の棄却表決後四八時間たった二三日水曜日、今日の正午もまた、マレ地区でバリケードが築かれ、発砲、そして第二の暴動があった。

二月二四日――テュイルリー宮殿の破壊に立ち会ってきたところだ。というのも、それを占拠したとは言えないからだ。民衆は戦わずして宮殿内に入った。

……混乱はもはや解きほぐしがたいほどだ。

これはいずれ劣らず無知な弁護士、作家どもの混乱であり、彼らは権力を奪い合おうとしているのだ。これはどうしようもない……。

……サン・ドニ大通りで暴徒と話し合うオディロン・バロを見かけた。人々は「バロ万歳！」と叫んでいた。誰もがそう言いかわしていた。

事態は恐るべきものになろうとしている。

ラマルティーヌ派、キネ派、ミシュレ、コンシデラン、山岳派、等々、神秘主義、ロベスピエール主義、排外主義、これらはすべて権力に属している。つまりは、理念なき革命がなされたのだ。

一八四九年二月一九日の『プープル（民衆）』紙に載った記事は、雄弁に、感嘆すべき率直さで「手帖」のメモを発展させている。プルードンは共和派の読者に語りかけているが、彼らに何の隠し立てもしていない。

一八四七年の末頃に私はリヨンで働いていたが、それは石炭の開発と運輸を生業とする商社で、係争連絡係の任に当たっていた。

手紙を書き、訴訟を担当しつつ、私は不安を抱えながら政治の動きを見守っていたが、それはオディロン・バロとティエール両氏に代表される、野党対ルイ゠フィリップとギゾー氏に代表される、保守党の盲目的で激しい抗争であった。

共和党は当時まだ微弱な少数派でしかなかったが、時には内閣の敵対者として機能していた。私の見るところ、立憲君主制的な大政党の微妙でさまざまな差異の間で対立がますます悪化しており、こうした低劣な討論の舞台の下では、民主的・社会的な布教によって作り上げられた社会の只中に、一つの亀裂があったのである。

野党が一斉に参加したシャトー・ルージュの改革宴会は、オディロン・バロ氏を頭にいただくものだが、私にとっては破局の前兆であった。

まさに社会機構の下部、労働者大衆のさなかに位置し、私自身そうした社会の土台を掘り崩す最初の坑夫たちの一人として、私には高みにあって争っている政治家たちよりも、危機の接近と破滅のあらゆる結果が見えていた。なお数日はわずかな議会的混乱があったが、君主制は古き社会とともに崩壊したのである。

嵐が改革宴会に向かって吹き荒れ始めた。ローマの、シシリーの、ロンバルディアのさまざまな出来事が、諸党派の熱気に加わって来る。スイスの内戦は世論を喚起し、内閣に対する人々の苛立ちを最高潮に高めた。おぞましいスキャンダルや途方もない訴訟沙汰が、次々と民衆の怒りの火に油を注いでいた。議会はいまだ一八四七―四八年の会期には招集されておらず、私は万事休すと判断した。そして、直ちにパリに向かった。

議会の開会から王権の失墜に至る間の、事態が激発する前に過ぎた二ヵ月は、私が生涯で経験したうちで最も悲しく、最も荒廃した時期であった。この間にもたらされた母の死のため、私を締めつけていた苦悶から抜け出すことができなかった。つまり、この時期は私には稀薄な印象しかないのである。当時私は、市民にとって祖国はなおなにほどか家族以上のものであると感じていた――レグルスとブルトゥス（二人とも、古代ローマの共和政のために戦った英雄）が、私にとってはその証左であった。

前日の、前々日の共和主義者（二月革命以前から共和主義者であった人々を言う）として、コレージュの、工場の、書斎の共和主義者として、私は共和国の接近を身をもって体験したことの恐怖に戦慄した！　言わば私は、周りの誰一人として共和国の到来を、少なくともかくも間近な到来を信じていなかったということに、身を震わせたのだ。

事態は進行し、企ては実現し、社会革命が立ち現われたが、上流階級も下層階級も誰もそのことを理解していなかったようだ。さて、革命の理念を持たぬ場合には、革命はどうすべきなのか。一体どうなるのか……。

共和主義者たちは、確かに少数ではあるが、共和国の信念を持っていた。しかし、彼らは共和国の科学を持っていたわけではない。

ほとんど無名の、まだその名前も舞台に登場していない社会主義者たちもまた、社会革命の信念を持っていた。しかし彼らもまた、社会革命の鍵も、科学も持っていたわけではない。

しかしながら、革命、共和国、社会主義は互いに支えあいながら大股でやってきた！　私はそれらを目撃し、それらに触れ、その民衆的で社会的な怪物を前にして逃走したのだが、そのわけは説明することができない。言いようのない恐怖が私の魂を凍りつかせ、私の思考力までをも奪い去った。私は野党の怒りを嘲笑していた保守主義者たちを呪っていたし、さらになおいっそう、理解しがたい激しさで社会の土台を根こそぎにする野党議員を呪っていた。この動きに参加している友人の野党議員たちには、共和主義者にとって馬鹿げたこの特権的な論争には決して関わらぬよう、私は懇願したものだ。そして、こうしたことから共和国が生じようとしていたのだ。だが私は誰からも信用されず、理解されなかった。

あらかじめ、失業という数年にわたる貧困に引き渡された気の毒な労働者、つまりは私が保護しようとしたが救うことができぬような労働者のことを私は悲しんでいた。また私は、崩壊し、破滅に追いやられているが、プロレタリアートには腹を立てているブルジョワジーのことも悲しんでいた。そして、状況の不可避性と諸思想の対立ゆえに、私としては彼らと戦わざるをえなかったのだが、一方で誰よりも私は彼らに同情していたのである。

共和国の誕生以前に、私は喪に服し、共和国の贖罪をしていたのである。

そして一体誰が、さらに今一度、同じような予見をもって同じような危惧に身を焼いていたというのだろうか。

政治秩序の中で姿を現わそうとしていたこの革命は、ある社会革命の始まりの画期をなすものであったが、誰もそれがよくわからなかったのである。歴史的発展の、それまで変わりなく続いていた秩序やあらゆる経験に反して、一つの事態が理念より先に生じようとしていた。あたかも今度は、神が予兆なくわれわれに襲いかかろうとしたかのごとくだ。

したがって、未来を見つめるに当たって私にはすべてが恐ろしく、驚くべきもので、逆説的に思われたが、この未来は刻々私の心の中で現実的になってきていた。

こうした身を苛む不安の中で、私は事態の歩みに抵抗し、あえて運命の非を難じていた。私はシシリー人たちが自分たちの首長（フェルディナンド二世）を忌避し、彼に反抗したことを非難していた。この教皇の自由主義に私は苛立っていたのだが……彼は今や、その改革を漠然と認めたこと（彼は立憲議会制を承認したが、シシリー島民は退位も要求した）を亡命の地で悔いているのだ。私はミラノの人々の蜂起に反対であった。そして、〝悪人同盟〟のために祈り、また、ヴォルテールとヘーゲルの弟子であり社会主義者の私としては、モンタランベールの言葉に賛成であった――彼は貴族主義的なフランス下院を前にして、フリブール（スイス・カトリックの中心地）のイエズス会派の立場を弁護したのである。私としては、改革派的・共和主義的世論の機関紙である『ナシオナル』紙、『レフォルム（改革）』紙を徹底的に攻撃するような新聞が持ちたかったところだが。私は、『プレス』紙の主筆を地獄の神々に捧げたのである。

私の魂は苦悶していた。つまり、私はあらかじめ、共和国の苦痛の重みと社会主義を見舞おうとする中傷の責めを堪え忍んでいたのである。

二月二一日の夕べ、私はなおも、友人たちに戦うべきではないと言っていた。二二日、野党の譲歩を知ってほっとした。私は自分の苦悩に従って、自分を信じたのだ。二三日という日は、再び私の幻想を蹴散らしにやって来た。しかし、今度は、ラマルティーヌ氏が言ったように、運命の賽は投げられたのだ。キャプシーヌ通りの銃撃戦は、一瞬にして私の気持ちを変えてしまった……。


この最後の言葉は全くのところ正確ではない。「手帖」が証しているが、二三日夕べのキャプシーヌ通りの銃撃戦が「一瞬にして」彼の気持ちを変えたというのは、真実ではないのである。「混乱はもはや解きほぐしがたいほどだ」と二四日に彼は書いている。「これはどうしようもない」。しかし彼はそれに関与した。二月二六日、その日の終わり頃、四人の武装した市民が彼の扉を叩いた。

「市民プルードン」と彼らは言った。「一年以上前にあなたは、社会問題の解決策があると言っていましたね。われわれにはそれが必要であり、それをあなたに要求する。あなたはいつそれを発表するのか」

プルードンはこうした振る舞いを全く滑稽だと思っただろうか。それは定かではない。彼は自分の国が関わった政治的冒険を非難していたが、彼には創案者の魂があった。自らを否定する創案者というものがあろうか。彼は、この哲学的巡察隊に対しては静寂と中庸とを推奨し、それに自分の言葉を絡ませる——プルードンは解決策を公けにするだろう。

こうしてプルードンは「一八四八年の人」となった。

＊

「どうしようもない」——しかし彼はそこにいるし、巻き込まれているし、沈黙したままでいることはできない。そして彼は稀有な、おそらくは独特なありようをわれわれに見せようとするのだが、それは、昂揚した運動の渦中に入って群集と向かい合う人間、そしてまた、革命の中に入ってその方向をひっくり返す人間というありようである。

彼は一日にして地歩を築いたわけではない。彼はほとんど無名であり、後に「財産、それは窃盗である」と言う言葉によって有名になるが、当時は何らそのような著名な人間ではないことを忘れないようにしよう。一八四八年のドラマが始まりはしたが、プルードンは中心人物の中には数えられていない。彼の時はやがて到来するだろうが、まだその時ではない。

集会所や市庁舎で人々は語り合い、共和派の演説者は大革命の記憶を持ち出すことで、民衆の中にジャコバン的信条を、国家の天佑的な力への信仰を蘇らせる。プルードンがこれほど気に入らぬものはない。彼は『ルプレゾンタン・デュ・プープル（民衆の代表者）』という新聞を見出し、そこで書いてみようとする。最初の記事は四月一九日のものである。その三日前にパリ中でデモがあった。集会所は静まらず、新たなデモを準備する。五月一五日、パリには「一つの示威行動が見られるだろう」と彼は一四日に書いている。「しかし、この示威行動は何を表明するのか」。デモも暴動もプルードンの関心を惹かない。「明日には、理性がその恐るべき問いをつきつけに戻って来よう」（五月五日）。彼は暴力にも（五月四日）、権力にも何も期待しない。「労働の組織化は権力から出発すべきではない」、当代の指導者的存在であるルイ・ブランに抗して彼はこう書く。「それは自然発生的であるべきだ」（五月五日）。五月八日から起稿し、彼は二月二六日の巡察隊によって要請された著作、一つの解決策である『社会問題綱要』を刊行する。この方策を彼は五月三一日、六月一日、五日に、セーヌの選挙人に向けた膨大なプログラムの中で明らかにしている。一体どれだけの選挙人がこの密度の濃い五〇ページを読んだのだろうか。そこでは、国家を超えて富の生産と流通を組織し、あらゆる企業家に無償貸付けを保証する経済改革理論が詳説されていたのである。この交換銀行、つまり相互銀行の設立を援助してくれるようプルードンはひたすら求めていたが、彼は創案者の信念をもってその仕組みを見出したと断言していた。ほかならぬこの〈銀行〉、この労働界、実業界の主導権を握るものが、解放的な革命を促進すれば十分であろう。バスチアのような自由主義者や、ジラルダンのようなジャーナリストが企業を援助する。パリの労働者たちは、自分たちが夢中になっていたあらゆるシステムをプルードンが攻撃していたことに頓着せず、一八四八年六月四日には、七万票をもって彼を代護士に選んだ。この日、議会には奇妙な一団が登場した。この一団は、人道主義者ピエール・ルルー、バリケードの闘士ラグランジュ、ブルジョワ政治家ティエールで構成されていたが、これに、四つの県から選出され、既に帝国を夢見ていたルイ＝ナポレオン・ボナパルトが加わっていた。「民衆は君主的な幻想を身にまとったところであった」とプルードンは書いている。「どうかそれが最後の幻想であらんことを！」。夢想家でも、叛徒でも、政治家でも、王でもなく、プルードンは単に一人の会計係であることを望んでいた。議会で彼は何をしようとしていたのか。「社会における国家の役割について、また、権力の従属関係および政府の革命的な無能性について、この一〇年間に出版された、自分の書いたものすべてについて考えると、一八四八年六月の私の選挙は、民衆の側からの軽蔑の結果であったと考えたくなるのだ」

＊

いや、労働者たちは騙されなかった。彼らはプルードンのうちに彼らと同じ種族、裏切らぬ人間を見抜いていたのである。

六月二三日――プルードンは一四日前から議会に出ていたが、国立作業場《アトリエ》の一〇万の労働者の蜂起が勃発した。政府は彼らに、軍隊に志願するよう、あるいはパリを立ってアルジェリアに向かうよう、あるいはまた失業の救済を諦めるよう命令した。彼らは武器を取ることでこれに答えた。この瞬間に、共和派の行進は終わり、革命の悲劇が始まった。プルードンはそのことをこの『告白』そのものにおいて語っている。われわれとしては、全くのところ歎賞すべき彼の物語を繰り返すことはすまい――六月蜂起の歴史家はまさに彼なのだから。彼は民衆の敗北に立ち会った。アラゴ派が、ルイ・ブラン派が、誰もが沈黙していた。二月の、六月の革命家たち、彼らはうなだれ、黙りこくっていたが、それは彼ら自身が〈革命〉の中に追いやったこれら群衆に対して取られた抑圧的手段に、加担または同意していたからである。プルードンとしては、この出来事によって乗り越えられた彼らと同じように、ただし彼らほど驚かず、彼らほど責任があるわけではなかったが、同様に沈黙し、すべてに同意し、鎮圧と虐殺に立ち会ったのである。

ところで、まさにこの瞬間に、プルードンも予測しえなかった展開で、彼に注目が集まるという奇妙なことが起こった。選挙によって彼が注目された直後だったが、それは彼の定式に対する記憶を蘇らせていた。「財産、それは窃盗である」という、保守的なジャーナリストにとっては扱うにかくも容易で、かくも弄びやすいこけおどしとしてのこの定式に対しては、それまでさほどまともに考えられず、とりわけ茶番の対象にされていたと思われるのだが、それがスキャンダルの対象になったのである。議会、すなわち勝利したブルジョワジーには、ある一人の人間が彼らにとっての敵役を演じる必要があったのであり、そしてこの人間は彼らの怒りを引き受ける必要があった。争闘に関しては無垢であり、過去一〇年の言説に関してのみ有罪であるプルードンがこの標的になったのだ。蜂起が勃発した時、彼は財務委員会で熱心に働いていた。彼はそこで勉強し、自分の新しい仕事を学んでいた。しかし突然自分が恐れられ、忌避された存在であることに気づく。市街戦の時、国民軍の兵士たちは、彼が名乗ると驚愕と動揺から後ずさりしたというのだ。戦闘が終わり、秩序の勝利が確保されて、セナール議長が議会で国家への上奏文を読み上げた時、その文章の中の一つの言葉がプルードンを公然と非難した。それは「家族とは名ばかりのものにすぎず、財産とは窃盗であるという野蛮な教義」に対する弾劾であり、明らかに狙い撃ちされたものである。「この最終的な言葉を聞くと」、とラコルデールの新聞『エール・ヌーヴェル（新時代）』は報じている。「議場すべてがプルードン氏の座っている席に視線を向けた」。プルードンは身じろぎもしなかった。票決に際しては、全員が上奏文を承認すべく起立したが、一人彼だけは座ったまま棄権することで、この侮辱に抗議した。

財産とは窃盗である！　その反響に悩まされていたプルードンは、この大法螺を思いついた霊感の瞬間を、ひそかに一度ならず呪っていたのではないかと私は思う。おそらくこれは、一九世紀で最も有名な言葉である。しかしプルードンは一歩も引かなかったし、敵対者を前にして弁明するような人間ではなかった。「弁明とは」とペギーは言う。「われわれが会ったのとは違うプルードンである」。弁明とは、妥協することだ。プルードンは弁明しない。彼は耐え忍び、歯を食いしばる。彼の運命はこのようなものでなければならないのか。彼は自らが望んでもいなかった革命の化身に、敗北した民衆の贖罪の山羊にならねばならないのか。まあよい。彼は運命を受け入れる。人々が彼を閉じ込めようとした場所は、よく考えてみれば彼の本来の場所である。

　民衆は保護されることを大いに必要としていた。その敗北した蜂起は、リーダーも計画もなく炸裂した。貧困と幻滅がもたらした蜂起は、それと戦った者には盲目的な憎悪と野蛮さの運動のように思われた。それは恐るべきものであると同時に馬鹿げたものであり、歴史における奇形的な現象に見えたのである。一〇〇人ごとに投獄され、銃殺されたこれらの不幸な人々を理解しようとする代弁者は、一人もいないのだろうか。そう、プルードンがいたのである。彼が協力していた新聞『ルプレゾンタン・デュ・プープル』紙は、きわめて慎重な形でだが、同情の言葉をあえて発した。『ジュルナル・デ・デバ』紙は尊大にこれに反駁し、その反駁の中にプルードンの二つの定式「神とは悪である」「財産とは窃盗である」を引き合いに出した（七月五日）。プルードンは早速ペンに飛びつき、これに応える。彼もまた『ルプレゾンタン・デュ・プープル』紙の論調を際立たせたが、それは全く別の批判を述べるためであった。すなわちその論調が寛大にすぎるというよりは、あまりに厳しいと彼は思っていたのである。六月蜂起は「許しがたい」ものだと『ルプレゾンタン・デュ・プープル』紙は認めていたが、プルードンはこれを認めない。彼は、四カ月の作業休止を容認せよ、と言う。デュフォールやトクヴィルのような穏健派が憲法に加えさせた、この「労働権」を容認せよ。穏健派に与えられ、彼らが信じこんでいたこの軽率な約束（プルードンはこれを非難したが）を容認せよ。この叛徒たちとは、苦しみ、騙された人々だが、彼らを中傷するのではなく、彼らに同情しなければならない。「労働者階級の高潔さ、高い徳性」——プルードンはそう思い切って断言している——は、骨肉相食む戦闘の中でも消えなかった……。およそこうしたことを語るのは、当時では勇気のいることだったのである。パニックが精神を歪め、人々の心を閉ざしていた。[2]

2――常に例外というものはある。ペール・ラコルデールの新聞『エール・ヌーヴェル』にそれが見られる。そこには叛徒たちの人間的で高潔な特徴が言及されている。これはあまり知られていないことだが、叛徒たちがアンリ四世校を占拠した時のことだ。そこには、戦いの最中の叛徒たちとともに寄宿生たちがいた。校長は食料の貯えのことを心配していたが、叛徒たちは次のような心に触れる言葉で彼を安心させた。「私たちはここの生徒たちの食物には手をつけませんよ」。もちろん、ペール・ラコルデールがこれを活字にしたことは称賛に値する。しかし、これは別段勇気ある手柄ではなかった。彼は反革命の嫌疑を受ける危険を避けたのである。

プルードンは一人抵抗していた。『ルプレゾンタン・デュ・プープル』紙への彼の手紙は、彼の最後のではなく、最初の言葉であった。手紙を書くと同時に、彼は大いなる熱気と怒りで忘れがたい記事を書いていた。七月五、六、七日と彼はほとんどペンを置かず、休みなく書いたにちがいない。八日に、「七月一五日」と題した記事が出る（四三〇頁「資料」参照）。この記事は、言ってみればむしろパンフレットであり、小冊子ほどの分量がある。七月一五日とは限度ギリギリの日である――これがプルードンのテーマだ。われわれは今、ラマルティーヌ的な感動、昂揚から何と遠くにいることか。プルードンはそれを知っており、そうであることを望む。彼はロマン派作家たちを嫌悪しており、詩人たちの負債を自らの血で支払っている惑わされた民衆の支持を、確固とした、現実的なもう一つの表現力によって、彼らから取り戻すことを望んでいるのである。

プルードンは民衆に語りかける。その悩みを知っている庶民として。「支払いだ！　支払い日が来た！　どうやって家賃を払おうというのか！……」。これこそが下町の心配事だが、プルードンは単刀直入にそのことを言っている。彼の文章にはドーミエ的な調子がある。「この五カ月というもの、われわれは何もしていない。何も受け取っていないし、何も届けていないし、何も売っていない！　工場は破産だ！　仕事も終わりだ」。パンフレットは驚くべき活気をもって続く。プルードンは何を要求しているのか。彼はかつての例を思い出す――二月、フランス銀行は、手形を金で償還することに難儀していて、政令によって強制通用の特権を得ていた。国立銀行のためにしたことをどうして民衆のためにしないのか。プルードンはただちに、あらゆる家賃、小作料、地代業務に対して三分の一の支払い猶予を認める政令を提案し作成するが、その三分の一は二つの部分に分かたれ、そのうちの一方を国家が負担するというものである……。これはすべて、テーブルの片隅で即興的に、かつ何ら専門的でなく、プルードンが自在に操る法律的な見事な文体で書かれている。

何という提案、何という大胆さだろうか！　当時のブルジョワ的所有者、無数のプリュドム氏（典型的なブルジョワ的人物の象徴）たちは、まさに『コンスティテューショネル』『ナシオナル』紙などを購読しており、自分たちの権利に関しては厳密であった。プルードンは叛徒たちに関しては寛容であった。「まあいい、許してやろう」というのである。しかし、支払い期限や年金については口を極めて罵った。「こんなものは廃絶せよ」。プルードンはマラーのような存在であった。八日の日付で、『ルプレゾンタン・デュ・プープル』紙が発禁になった。プルードンは戦いを求めていたところだったが、それを見つけ、はまり込んだのである。新聞のほうは奪われたけれども、彼には議会が残っていた。財務委員会に自分の政令案を持ち込み、それに法案の体裁を付与した。国家はそれを印刷するのを望まなかった。国家が彼の印刷工になるなんて！「奇妙な法案」だ。プルードンもそれは認めていて（決して激情ゆえに彼は愚か者にはならない）、専門家の手に委ねられるほどではなく、法案というよりはむしろ諸原理の報告である。しかし何と、プルードンは沈黙を強いられ、彼はこれに抵抗する。これは賭けであった。加えて、彼は自分の政令案の射程距離を狭められたくはなかった。しかし、この法案はもはやほとんど一つの論文でしかない。書類箱にはそういうものが数多くある。作成者が登用されなければ、それらはお蔵入りだ。プルードンのこの法案も、永遠の眠りを運命づけられていたように思われた。ある抜け目のない人物がこれを救い出すだろう。

この抜け目のない人物とは、ティエールである。彼にとって、二月革命は悪しき出来事であった。この革命は彼を驚愕させ、圧倒し、面食らわせていた。ルイ一八世の治世からガンベッタ（レオン・—、一八三八—八二、第三共和政の基礎を築く）やグレヴィ（ジュール・—、一八〇七—九一、第三共和政の第三代大統領）の時代に至るまで、支障なくフランスを支配していたこの男は偉大なる四カ月の間、沈黙し、ほとんど姿を隠していた。国民議会議員に選出されたティエールは、自らの復帰を成功させるために演説および活動のテーマを探していた。そこで、プルードンという人格において社会主義を打倒することが、彼には恰好の戦術と思えたのである。プルードンは法案を提出したのだろうか。結構だ、プルードンは自分の意見がもみ消されても文句を言うまい。ティエールは彼の提案が検討され、審議されることを要求する。そして自らもそれを検討するだろう。彼はこの仕事に専念する。この発案は委員会の友人たちには好評であり、法案は受理され、すぐさま可決されたが、プルードンは彼が期待した以上に納得していた。秩序の英雄であるティエールは、プルードンに反して社会を救おうとする。委員会が開催されると、ティエールとプルードンは敵対しあう。ティエールはかつてないほどに、最も抜け目なく、巧みに、無駄なく物事を扱う演説家である。一方、プルードンは創案者の魂と頭脳を持ち、実業家であるが、バルザック的な文体で、数字を抒情詩の素材のように扱うのである。プルードンはあらかじめ負けていたのだ。彼の同僚のピエール・ルルーは、この財務委員会に出て、しばらくそれを聞いていたが、「こいつらは馬鹿者だ！」とプルードンに言って、出ていった。プルードンはもっと慎重だったので、これらブルジョワ議員たちのことをもっとよく判断していた。彼らは馬鹿者ではない。彼らは物事をよく知り、それぞれの専門領域ですぐれている。しかしながら結局、専門家でしかないのだ。およそ本源的な原則に訴えることは彼らに眩暈を催させたのである。しかしプルードンは、あらゆる問題において原則に訴えた。この企図の底には何があったのか。流通と信用に関わる新しい哲学、まさにそれである！

この二つの領域に関しては、皆とまどっていた(3)。委員会のメンバーは、ある狂信家の言葉を耳にするのではないかと思っていた。しかし彼らが聞いたのは注意深く、丁重で、きわめて繊細な一人の男の言葉であり、プルードンは何とか彼らを説得しようとした。「私は今日ではわが国全体と折り合いが悪いのです。まずは財務委員会との和解から始めたいと思います。人々は私の提案の中に本来ないものを見ていました。私が提案しているのは、実際のところ、所得税ではありません。そういう言葉は使っているが、意味が違う……」。プルードンは混乱した。彼は釈明し、それゆえ妥協した。彼は後退し、出口と救いを探し求めた。彼は論文に少し修正を加えることで、法案としてのそれに「明示的な動産・不動産による所得すべてに三分の一税」の形式を与えていた。そして今では、このさまざまな所得への三分の一税が所得税ではないことを説明しようと試みた。では、これは何だったのか。彼が主張するのは、これが相互的かつ全体的な貸し付けの提案であり、資本の無償の流通によって経済生活を活性化しようとするものだということである。「フランス国家を構成する三五〇〇万の人々が、同じ額をお互いに貸し付けあうならば」と彼は言う。「実際には誰にとっても損失はなく、万人に利するはずの運動があるのです」

3――一八四八年七月一五・一七日の委員会議事録は、国立史料館に保存されている。（C―二七八、下院資料）

彼は長々と語り、ついに沈黙した。すると一人の議員（これはティエールだったのか。おそらくは、然り。しかし議事録は対話者の名を伝えていない）、おそらくはティエールが辛辣に介入してくる。彼は言う。「あなたの言う税とは、要するに強奪ですよ。あなたは、立法者を、財産とは窃盗であるというあなたの考えに関与させることをお望みなのだ」。哀れなプルードン！　彼があの警句の記憶を遠くへ追いやり、退けようとしてやったことは無駄であった。人々はこの警句を彼に投げ返し、それを絶えず彼に貼りつける。ちょうど雄牛の首に突き立てられたバンデリリャ（槍）のように。プルードンはこのバンデリリャを揺さぶって、なんとかそれから自由になろうとした。

プルードンは言う。「私はあの有名な定義を原理としてではなく、一つの結論として提示したのだ。財産とは一つの制度であって、たとえばキリスト教と同じように、それには始まりと中間と終わりがある……。私が望んでいることは、財産を暴力的に破壊することではなく、それを逆に発展させること、そのあり方を加速することだ……。論議されている税は財産を損なうものではない。それはすべての人に有益なものだろう……」

しかし、もはや誰一人としてそのことを何ら理解していなかった。当時一人の議員（まさしくティエールだ）がこの論議の新たな位置をこう定義している。

「この体系と戦うためには、それを理解している必要があろう。これは、作成者の今までの言明と首尾一貫した、財産への攻撃なのだろうか。そのことを言うべきである。これは古いものに取って代わろうとする新しい政治経済学なのだろうか。しかし、そこでさらに十分な説明が必要である。私が論敵に要請しているもの、(4)それは率直さであり明晰さである。もし人が大衆を扇動し、蜂起させようとするならば、私は秩序壊乱的な試みと戦うだろう。もし立法者や政治家の自由で静かな論議に提案されるのが新しい科学であるのならば、私はそれを討議するだろう。しかし、まずはその科学を私が理解することが必要である」

4――語っているのはティエールである。この言葉がそれを示している。この論戦はティエールとプルードンとの間のものである。

一五日に中断されたこの討論は一七日に再開された。プルードンは説明を再開した。彼は自分の誠意が疑われたことに不平を鳴らした。彼は言う。もっと後では私は財産を非難するだろうし、それを公然と行なうつもりだ。しかし今のところはそうはしない。今必要なもの、それは「二月二四日以前の状況」の回復であり、「所有者とプロレタリアートとの、古い関係の中に復帰すること」であると……。ティエールが質問する、「財産を攻撃するのはいつなのか」「労働権が論議されるようになった時です」とプルードンは応え、さらにつけ加える。「労働権を私に認めてください、そうすれば財産はあなたに任せましょう……」

この一句は大きな印象を残した。ティエールはのちにこの宣言を得たこと、プルードンからこの告白を引き出したことを自慢することになる。すなわち、労働権は革命的転変という代償によってしか保証されえないというのである。

続いて、この討論は性格が変わった。ティエールは自分の興味の大半が失せたことに気づき、プルードンのほうはその論文、すなわち「責めを負った論文」との矛盾を、とりわけ感じるようになる。プルードンがその討論を担ったごとく、彼の提言は厳密に言って財政的な性格を持っていた。加えて、その提言は定義において常軌を逸しており、脆弱であり、見通しとして馬鹿げたものだった。国家サイドとしてティエールは、一五〇〇フランの代わりに五億フランを見ていた。これに対して、塩や営業税や四五サンチーム税（財政のために課せられた付加税）をいかにして廃止するのか。プルードンは次のように要約する。

このような計画によって財政を救う方法を見出したとするのは常軌を逸している。加えて、この計画は不実にして巧妙である。

それは債務者に対してはこう言う——支払うな。

それは債務者以外の者にはこう言う——告発せよ。

それは生産者たちを欺く。すなわち、与えもしない販路を生産物に約束するということによって。

真実で唯一の救済手段は信頼である。対処法をもたらすにはほど遠いこの計画は（病をさらに重くする）[5]、この計画は却下すべきである。

5——こうした言葉によって現行編集版の欠を補った。この版は明らかに走り書きのノートから採られたコピーに基づくものである。

委員会は閉会を可決した。報告者に任命されていたティエールは、この一件に華々しい彩りを与えようとした。彼の新聞『コンスティテューショネル』がほのめかしていたのは、記述すべき言葉が財務委員会で発せられたばかりであり、ティエールが自身の思想をすばらしい輝きで表明したということである。『コンスティテューショネル』紙は多少度を超していたが、それはあの陽気な『シャリヴァリ』紙によって注意を促された。七月二一日付には、ティエールとプルードンの間で行なわれた論議の奇妙な報告が見られる。以下がそれであるが、一世紀近くたってもその面白さは変わっていない。


プルードンは、戦いに参加しようとする者に対して裏切り者の役割を演じている。彼は、やましいところがある者のように、おどおどし、しょんぼりし、うな垂れている。

それとは逆に、ティエール氏は輝いており、堂々とした風采である。聴衆は彼の味方だ。ご婦人方は彼を見るや、ハンカチーフを打ち振るのである。彼は自信のある眼差しで、どっしりと構え、歴戦の大将といった趣きである。

さて、以下が彼の報告書の一節である。

決闘場は議会の中だ。

ティエール氏が到着し、大きな声でプルードンを呼ぶ。プルードンはどこだ。プルードンを連れてきてくれ。あいつをやっつけてやる。

友人たちは彼を静めようとする。

プルードンが通された。ティエール氏を見るや、彼はどぎまぎし、向きを変え、逃げ出そうとする。皆が押しとどめる。

ティエール氏は彼に輝く眼差しを据え、上着を脱ぎ、腕まくりする。――さあ、二人で始めるぞ！

プルードンはまたも逃げようとする。ティエール氏は憤激の叫びをあげる。友人たちが彼を取り囲み、制止する。ティエール氏はもがき、格闘が始まるが、やっとのことで彼を席に着かせる。

ティエール氏――放してくれったら。放してくれ、畜生。あいつを取って食いはしない、釈明させるんだ。話したまえ、プルードン、怖がることはない。さて、上着を着よう。

プルードン――話し合いはまたの日にしよう。私には用がある。あなたのおかげで馬車に乗り遅れそうだ。

戦いが始まる。

プルードンが口を開くが、ティエール氏がそれをふさぐ。プルードンは再度口を開くが、それは直ちにまた閉ざされる。プルードンは逃げ出し、座席の下に隠れ場所を探す。

ティエール氏がうなり声をあげる。

プルードンが連れてこられる。彼はなおも話そうとする。ティエール氏は、彼が口を開いた瞬間を利用して、すばやく彼の腕を口の中に突っ込み、彼の足を荒々しく捕まえ、手袋のように彼を裏返す。

いつも不実なプルードン氏は、あくまで自分の敗北を認めまいとするのだ。

確かにこれではプルードン氏に対して不公平だが、ティエール氏が大勝利の栄誉を要求するのを見るのもまたあまりにも奇妙なことである。というのは、彼は、議会の委員会ではどこにでもある議論を繰り返し、常識が非難していた提案に反論していたのであるから。

＊

ティエールはすばやかった。七月二六日、彼は報告書を発表する準備ができていることを表明した。議会は直ちに彼の言に耳を傾ける。そこで彼は、プルードンが――彼の説明によれば――家族および財産の大原則の擁護が広く認められていることを決して容認しなかったことに、遺憾の意を示した。さらに彼はこの大原則を擁護し、次いで専門的な議論を企てて、逐一数字を挙げてプルードンに応酬・反駁し、ついには彼に対して「国民的審判の炸裂とともに」非難を加えることを要請した。この演説は明解で力強く、プルードンはそれをシャワーのように頭から浴びた。彼は演台に上った。そしてそこで、水に濡れたプードル犬のように数瞬からだを揺さぶった――と『シャリヴァリ』紙は面白おかしく書いている。プルードンにはいつも何か犬のようなところがある。すなわち、堅固さ、忠実性、善良さ、単純性、競争とゲームへの熱意である。当代の最も巧みな雄弁家の一人が、プルードンを手厳しく批判したばかりの、まさにこの同じ場所から、彼は毅然として、自分に差し出された議論や統計を検証するための数日間を要求した。七月三一日、彼は語った。

彼の『告白』という奇妙な言説はすべてを明るみに出す。彼は書いている。初めは私の言葉は笑いを誘う――それは確かである。それから、人は彼の経済的論考を退屈しながら、皮肉に聞く。彼は鈍重な声をしており、雄弁家ではなかった。彼はつけ加える。笑う者は長くは笑わない、と――これもまた確かであるが、彼はほどなく、笑いの代わりに憤激を呼び起こしたのだ。そしてそれは即興の、あるいは計算された（それを区分するのはむずかしい）言葉によってもたらされたものであるが、彼はそれを撤回しようとはしない。それを見てみよう。

さて、以下が、今しがた検討した手段とは別に、私の提案が意味するものである。
一、二月革命の意味と目的の下に、財産とブルジョワ階級を告発すること。
二、私有財産に対しては、すみやかに社会的清算を実施するように命じること、そしてその間に、私有財産は革命的事業に寄与するようにすること。拒否した結果の責任は、所有者に帰せられること。これは留保抜きであること（激しい野次）。
数人の議員――なんだって！　留保抜きにだって？　説明してくれ！
（ニエーヴルの）市民デュパン――きわめて明解じゃないか！　命が惜しければ金を出せ、ということだ。
多くの声――議長、演説者に説明をさせてほしい！
市民・議長――演説者は要求を了解しました。説明してください。
市民・プルードン――それは、拒否の場合には、あなた方抜きでわれわれ自身が清算を実施するという意味です（猛烈な不平の声）。
多くの声――あなた方だって？　あなた方とは誰のことか？（ざわめき）
市民・エルネスト・ド・ジラルダン――あなたが話そうとしているのはギロチンのことなのか（喧騒――さまざまな釈明要求がいくつかの党派から演説者に向けられる）。
市民・議長――諸君、静粛に。演説者が説明をいたします。
市民・プルードン――私が「あなた方」と「われわれ」という二つの代名詞を用いた場合、この時点では、「私」を「プロレタリア」と同一のものと見なし、「あなた方」を「ブルジョワ」階級と同一のものと見なすのは明らかです（新たな叫び）。
市民・サン・プリースト――これは社会戦争だ！
ある議員――これは六月二三日の議会だ！
数人の声――話させろ！　聞け！　聞け！

プルードンは自分の演説の筋道を取り戻した。しかし、彼が発した言葉は忘れられるべきではない。すなわち、彼によって初めて、われわれが階級闘争と呼ぶものが議会で言い表わされ、宣言されたばかりなのである。プルードンは累進税についての、また、相互的、農業的、無償の貸し付けについての長大な論説を再開したが、それは、さまざまな観点と幻想が混在した、とてつもないもので、延々と続く逆説の重みで議会を圧倒した。ここで再び、退屈が、皮肉な妨害が、嘲笑がやってきた。そして、プルードンの側からは再度、あの荒々しさが炸裂したのである。彼は言う。「財産には用心したまえ。それは廃絶されたのだ」。そして議会の叫びに応えて言う。「そうしたのは私ではない、あなた方だ！」。彼は直接には、自らは関わっていなかった二月の革命家たちを非難する。「あなた方は二月二四日にそれを廃絶したのだ」と彼は言う。「労働権を確保し、その組織を保証したあの政令によって。あなた方は革命の性格を声高に叫びながら、それを廃絶したのだ……」

彼の論法は、要するにこうである――この共和国の建設者にして支配者であるあなた方は、契約によって、古い伝統的な権利を撤廃した。あなた方は新たな権利を約束したが、それを与えなかった。かくして、最初はあなた方の破壊によって、次いでその破産によって、フランス人民は言わば二つの権利の間に置かれるのだ。つまりは、権利なしに、事実と暴力の唯一の政体に組み敷かれるのだ。あなた方の二月革命、それは一つの事実である。あなた方の普通選挙は事実である。そして六月の蜂起も事実である……。

これはまさしく強烈であった。そして、その点では議会の反発が想像される。普通選挙は事実だが、権利ではないのか？　左翼は叫び、抗議した。六月蜂起は事実だが、犯罪ではないのか？　議会全体が叫び、抗議した。こうした叫びや抗議をプルードンは気にかけず、取りかかった仕事を仕上げる労働者の忍耐強さで、静かに書類を繰っていた――あなた方はこれを嘆かわしいと思うのか。私もそうだが、それはこういう次第だ。つまり、そうしたことに反対して、私はあなた方を警戒している。それが結局は私の提案の意味である。破壊された公的権利に代えて、新たな公的権利が必要である。（引用してみよう）「それを早急に作るべきであります。しかしながら、今は破壊分子たちのことを語るべきではありません。破壊分子とは、暴力以外の権利を持たないのに、他者には暴力を認めぬ者のことであります。破壊分子とは、あらゆる人々を救うために委ねられていたこの力を、自分たちの復讐のために乱用する者たちのことです。以上です……」

『モニトゥール』紙の伝えるところによれば、この瞬間には議会全体は聞き入っていたようである。プルードンはある種の真実を語っており、この上ない明解さで革命政府の偽善を暴き出していた。革命政府は、強奪した権力を守るために正当性を表明していたが、右派の議員は一人ならず、たとえばモンタランベールのような人は、満足げに聞いていた。プルードンは不意に演説を終えた。

資本は恐怖しており、その本能は自らを裏切らない――社会主義は資本に目をつけている――。高利貸したちは戻ってこないだろう――私は彼らから資本を守る。

「騒々しくいつ果てるともない騒擾」と『モニトゥール』紙は伝える。これは容易に想像できる。プルードンはすべての人々を苛立たせていた――富裕階級をおびやかすことによって右派を、そして、二月の革命家たちにはあらゆる権利を否認し、彼らに全責任を帰することによって、左派を。ひとり彼のみが、苛立った七〇〇人に正対していた。騒然とした審議の一時間後、表決は一致を見た。次のことが決定された。すなわち、何人もプルードンの愚論に対しては応じないこと。議会は国民の教化のために『モニトゥール』紙にそれを掲載することは黙認するが、次のように正当化された議事日程によって、暗黙裡にその非を明らかにすること。

国民議会は――

市民プルードンの提案が公衆道徳の原則に対する耐え難い侵害であること、また、その提案がさらに悪しき情熱に訴えることに鑑み、加えて、この演説者が、二月革命を自ら展開してきた理論の共犯者にしようとすることによって、一八四八年の二月革命を誹謗中傷したことに鑑み——

予定した議事を進める。

投票では、六九三の投票者のうち、議事日程に対する賛成が六九一票、反対が二票であった。この二票は、プルードンと、グレッポという名のリヨンの労働者——この目立たない名前はこの行為によってのちに残った——によるものである。

ティエールが、彼の言葉を初めて聞いたばかりの熱狂的な議員たちや友人たちの賛辞を受けていた間、プルードンはグレッポが傍らにいはしたが、たった一人で立ち去った。ブルボン宮の入口のところで、彼は若きジャーナリストのダリモンに出くわしたが、彼はプルードンの手を握り締めた。

「果てしのない演説のおかげで喉がからからだ」とプルードンは言った。さあ、ビールでも飲みに行こう。

そうしてこの三人の仲間たちは食卓につきに向かった。(6)

6——ダリモン『一八四八年革命の回想』。

＊

その頃、プルードンの名声が高まり始めた。六月蜂起に関するカンタン・ボシャールの報告のおかげで、彼の名声はほぼ瞬時にして確立し、高まった。この報告の中でプルードンは、一再ならず公然と非難されているのである。カンタン・ボシャールが断言していることだが、この戦いの間、バスチーユ広場では、バッジをつけていない彼が見られているのであった。誰かが尋ねたところ、彼は「私は、砲撃の崇高な恐怖に忠実なのだ」と答えている。さらには、身をうち震わせる議会の恐怖。「この報告は間違っていると、私ははっきり申し上げる」とプルードンは大声で言った。彼が言ったとされる言葉を、彼は公的には否定していない。つまり、彼は言ったのだ。そのことは疑うまい。誰もその言葉を捏造したのではなく、それは明らかな彼の刻印を帯び、彼が憑かれていた、そして深い人間性と無縁ではない悲劇の意味を、まさに表わしているのである。しかしながら、議会はそこまで深く考えようとはしなかった。翌日には、新聞もまた然り。マルクスやエンゲルスと話し合ったパリの歴史家の、哲学者の、詩人の、独学の人の、この言葉を誰一人としてわざわざ理解しようとはしなかったのである。プルードンはすべての人にとって長いこと、「神は悪である」「私有財産は窃盗である」と言い、そして、六月の戦闘の間に、一斉射撃の恐怖を崇高だと感じた狂信者、あるいは常軌を逸した人間としてとどまった。そこで彼は、彼が記している表現に倣えば、「恐怖の的」となったのである。『デバ』紙(八月一日付)によれば、「プルードン氏の言葉はあらゆる種類の文明社会に反抗する」ものである。「彼と、彼の理論を共有しない者との間には、裁判官、暴力、戦争しかない。もはや道徳秩序はなく、さまざまな犯罪行為しかない」。彼は残酷で自然発生的な、一種のオストラシズムの対象となった。そのため、田舎の友人たちなどは、彼との関係を知られぬよう偽名で手紙を書いたのである。彼の人格は、カリカチュアの恰好の素材となった。芝居も同様である——アリストファネス風の芝居が彼を舞台に乗せたが、それは、アダムとイヴを誘惑して彼らを欲望、反抗、悪へとそそのかす蛇の形でであった。彼はマラーであり、サタンであった。彼はそのことに苦しんだが、時たまにしか怒らず、結局は優しく、寛大であった。彼は悩んだが、不平は洩らさなかった。侮辱や軽蔑は、ある意味では、彼の術策の成功を意味していたのである。彼は民衆のために答え、その罪を担うことを望んでいた。そして実際その罪を引き受けていたが、〈彼、民衆ノ罪ヲ引キ受ケルナラン〉、その荷が重くても動揺しなかった。彼が自らのもとに引き受け、逸らし、引き寄せたこうした憎悪の重荷から、民衆はともかく免れたのだ。一通の手紙を引いてみよう。これは一八四八年のもので、それ以外のデータはなく、書簡集に入っているが、われわれの考えるところ、八月に書かれたものである。

こんなにも長い間君に会わなかったことを謝る。僕はサラマンダーのように火中に生き、ほどなく身を焼かれるのを待っている。それにもかかわらず僕がこだわるとすれば、それは、哲学的・社会的な大きな関心が今始まっており、世界を前にして、労働問題とわれわれの制度の全体的な見直しを提出するためには、大胆さとスキャンダルが必要であったと思うからだ。われわれの敵の中傷、侮辱、裏切り、そして迫害は、つまるところ、新たな萌芽が成長し、大きくなるための堆肥である。

僕は君のことを十分わかっていると確信しているので、何が起ころうとも、君が僕のことを常に誠実な人間として、また、戦争でも友情でも、クセノフォンの戦士のように申し分がないと見なしてくれるものと思う。状況のしからしむるところ、僕らの判断が生まれ、僕らの人生が作られる。僕らの意志は、僕らのものと見なされているあらゆる状況にあって、往々にして何の意味もないものではない。そんなわけで、僕の悲しい高名さを許してくれたまえ。(7)

7——『書簡集II』三五五ページ。

＊

そういう次第で、彼は不退転であった。ブルジョワジーは、六月の叛徒たちを追放することによって、社会主義と「けりをつける」ことを望んでいた。ところで社会主義は、プルードンという存在にあっては危惧され、嫌悪されていたが、それゆえ生き生きとして活気があった。彼の勝利とはそのようなものであって、当時全く共和派であったパリの民衆、フォブール・サンタントワーヌやサン・マルソーの、マレ地区の、サンティエ地区の民衆は、プルードンがかくも精力的にかくも力強く語りかけ、また、敗者を擁護したことに感謝していた。民衆は彼を信頼していた。この信頼感をプルードンは、社会のあらゆる情勢を良き秩序、良き平和に置き換えるために、愚かな出来事の過程を変えるために生かそうと思ったのである。この過程はおそらく、状況次第では彼が抑制し、静め、好転させることができそうであった。

観念的な民衆を現実的な民衆に変えること、おしゃべりな民衆を働き者の民衆にすること、物書き志向の民衆を職人にすること、これは一つの事業である。どうすべきか。政治的権力体系に対して、経済力の体系をもって代えること。そして、国家への顧慮なしに労働市場を変えること。これは、半世紀後に相互主義やサンディカリズムの理論・組織が生み出す広大な領域である。プルードンは、後に彼の夢の表現形式となる、こうした形態の有効性を疑っていない。〈銀行〉、常に彼の〈銀行〉であって、他のことは何ら念頭にはない。彼には生来の粘り強さ、創案者の一途さがあって、おそらくは突然に無償で無限のものとなった——なぜなら、無限のみが無償を許容しうるからだ——資本の恩恵を社会に広めるためには、相互的な貸し付けによって請求書を割引しあう商人・職人組合があれば十分だと、彼は頑として考える。再び彼は、自分の〈銀行〉の基本プランを出版する。今度はバスチアやジラルダンの助力なしに——プルードンはペストだと言われており、しかるべき人々はもはや彼の後援はしないのである。そしてもはや、六月の時点のように「交換銀行」ではなく、「人民銀行」なのだ。賛同者はたくさんやってきた。すなわち、当時の新興の、希望に満ちた生産協同組合からの賛同。また、プルードンの影響を受けた職人や民主的な小経営者の賛同。この運動を維持すべく、プルードンは新たな新聞『プープル』紙を生み出すが、この新聞の成功はあっという間であった。(8)

8——『プープル』紙は当初週刊だったが、時宜を得たある出資のおかげで日刊となった。この新聞の変貌にはおそらく次のようなエピソードが関連している——「ギュスターヴ・クローダン氏はある日、ケール街の印刷所でプルードンに出会う。ここは、当時大成功を収めた新聞『プープル』紙を発行していたところである。そのしばらく前に、プルードンは『プープル』紙に出資しなければならなかった。彼は悲しげにクローダンに言う。「私の新聞は今、お金を稼ぎつつあります……資本家たちが買い占めたのです……」。そしてクローダンの手を取って、こうつけ加える。「一〇〇フランの新聞は、すべてその党派ゆえに駄目になってしまったことを思い出してください!」。およそ野生的にして実直なプルードン、偉大な散文作家であった彼はこう言って息をつく。(J・J・ヴァイス『芝居について』四八—四九ページ)

一八四八年の人々、ラマルティーヌ派、ルドリュ＝ロラン派、ルイ・ブラン派らは魅力を失っていた。しかしプルードンは、この革命の舞台にはい上がり、彼らの後を継ぐ。

まさしく彼らをこそプルードンは批判し、非難するのであり、まさに彼らから、彼らの空疎な文句に惑わされた民衆の心、精神を奪い取ろうとするのだ。一二月一日、折りしもフランスは、普通選挙によって共和国大統領を選出しようとしていた。そこで一大政治キャンペーンが始まっていた。プルードンは、いつもの熱心さでこれに参加した。常に左翼に加わり、彼らとともに戦うと同時に、彼らに対して戦った。共和派の候補者はカヴェニャック、ラマルティーヌだったが、彼らが勝つ見込みはあまりなかった。これに対抗していたのが、突然驚くべき人気に恵まれたルイ・ボナパルトであった。左翼はルドリュ＝ロランを立てた。直ちにプルードンは、善良なるラスパイユを社会主義派の候補に支持した（そしておそらくはそのように掻き立てた）。こうしたことに対して、彼は攻撃される――「あなたは左翼票を分断しているではないか」。プルードンはこれに答えて言う。「それは大したことではない。なぜならわれわれにはいかなる勝算もないのだから」。これは真実であったが、諸党派としては指摘されるのを好まぬこうした真実のゆえに、再びプルードンは忌避されるのである。彼は力説する――「そうしたことにさえ、いろいろな利点があるのだ。ラスパイユ候補は投票者の数を増やすだろう。そしてまさにそのことによって、ルイ・ボナパルトが一気に絶対多数を獲得するのをさらにむずかしくするだろうし、かくしてカヴェニャックにはもっと勝算が出てくる。ところで、最良の候補者とはカヴェニャックなのだ」。左派は再度彼を罵り非難するが、それは彼が保守的ブルジョワジーを結果的に利する行為をし、彼らとともに陰謀を企んだゆえというのである（事実、彼はその時から、保守派の中に何らかの評価すべきものを認め始めた。彼は大人しくしていることもあるが、手に負えない存在だとされていた）。左派は憤慨していた。彼らはプルードンに向かって言う。「六月の独裁者であり、虐殺者のカヴェニャックは忌避される存在でしかありえない……」と。「それがどうだというのか？」とプルードンは反駁する。ここで問題なのは革命党派に関わることなどではない。問題は、共和国大統領、国家の長を任命することだ。ところで、国家とはいい意味でブルジョワ的制度だとすれば、ブルジョワジーがその長になるべきである。そして最も有能で、最も誠実、すぐれてブルジョワたるブルジョワとは、カヴェニャックであり、それゆえその人格を選ぶことが適切であろう。何という論理か！　プルードンはその読者をさえ面食らわせたが、こうした読者は今や四万人おり、彼らはこの、苛々させるが常に味わいのある、意想外な散文を読むことを容易に断念することはあるまい。彼の散文は、何かよくわからぬ奇蹟によって、逆説においてまで理性の香りとパンの香りとをとどめているのだ。

普通選挙は、五五〇万票対一五〇万票という圧倒的な多数でルイ・ボナパルトを選出することで、この論争にけりをつけた。プルードンはその『告白』で語った以上に、このことに衝撃を受けた。彼は決して王族たちに対しては文句を言わなかったが、共和国は彼が認めていた以上に、おそらく彼の気に入っていたのである。しかし、彼のうちにはこれっぽっちのボナパルティスムもなかった。同胞たちが引きずり込まれていたボナパルト派の「君主的幻想」に彼は憤激し、胸を、喉元を締めつける憤慨で彼はいっぱいになった。国家に生じることはすべて自分にはどうでもよい、自分には他に関心が、情熱があると彼がたとえいくら語り、主張しても無駄であった。こうしたことはすべて、一つの出来事を前にしてはもはや有効ではなかった。すなわち、ルイ・ボナパルトの選挙、この策謀家を賛美した民衆の歓呼の声は彼を苦しめたが、それだけにいっそう、彼の共和派の盟友たちは、プルードンのイニシアチブ、その過度な言葉が、今回の不幸に責任があるとしたのである。「民衆がボナパルトを絶賛したのと同時に」、とダリモンは書いている。「極左は大統領選の重みを、すべてプルードンの上にのしかからせた。彼は、この最悪の不正に抵抗することができなかった……」。その時彼を襲った嫌悪感のせいで、彼は苦悩や悪に対する精神的な防御力も気力もなく悲嘆にくれ、床に伏せった。彼の憤激は彼自身に戻り、投げ返されて、彼を苦しめた。一二月の事件と左翼の不正には、とダリモンは続ける。「プルードンを死の淵に追いやった病の、真の原因がある(9)」

9 —— ダリモン、前掲書、一二一ページ。また、『書簡集』第四巻、三〇一ページ、ルイ・ボナパルト宛ての手紙（訳注——一八五二年七月二九日）を参照。「一二月二〇日《ママ》（実際は一〇日）の選挙の後、私は重い病気になって、当時属していた国民議会を一ヵ月の間欠席せざるをえませんでした。大統領閣下、この病気の原因を貴殿に申し上げる必要は私にはありません。と言いますのも、民衆が貴殿を絶賛していた一方で、彼らは私の心を突き刺したのですから」。この手紙とダリモンの章句の類似性は、彼が回想録を執筆している時に、ルイ・ボナパルト宛てのプルードンの手紙を瞬時目にしたことを想定させる。この時期、一八四八—四九年には、ダリモンはプルードンとともに働き、彼と毎日会っていたことを忘れてはならない。

回復するや、彼は騒ぎを起こす――一月には、これ以上先を急ぎたくない憲法制定議会と、新しい議会を制定したい王族大統領の間に衝突が起きたばかりだが、プルードンは強引に議会派についた。一月二六日、『プープル』紙は「戦争」と題されたきわめて精彩ある短評を掲載したが[10]、この号は発行停止に付された。その翌日、プルードンはきわめて激しい調子で「大統領には責任がある」と題された記事を書いた。この記事は不完全な形でしか『雑録』に再録されていない。帝国の検閲は、次のような文書が伝播されることを許さなかったのである――「ああ、確かに、もし民衆が寓話の猿のように間違って港の名前と人間の名前を取り違えて、共和国大統領に熊のマルタンか牛のダゴベールを選んだとすれば、そしてもし、この普通選挙で選ばれた男が彼のように振る舞い、四つ足で歩くよう命じるとしたら、彼に甘んじて従いうるのだろうか」。大衆の喜びはパリの喜びである。プルードンは確かに特異な男であり、パリが称賛する人間の一人であったが、政府としては幽閉すべき人間、平和を維持しようとするならば監禁すべき難儀な人間の一人であった。ここでさらにもう一度、『プープル』紙は発行停止になった。プルードンは、さらになお執拗な、さらに念入りの、さらに重々しい記事でこれに答えた。

10――この短評はプルードンの論文集に再録されている（訳注――『雑録I』二五五ページ）。新聞では無署名だが、ダリモンは記者（おそらくは彼自身）がこれを書いたとしている。彼によれば「プルードンはそれにいくつかの手直ししか施さず、結論をつけ加えた」。（『回想』一三〇ページ）

政府は告訴に踏み切った[11]。三月八日、関係者が呼び出された。プルードンには少数の友が付き添った――党派はすべて彼に敵対していたからである。彼は懲役三年および罰金三〇〇〇フランの厳罰に処されたが、これは意表を突くものだった。「前もって懲役六カ月を予約しておこう」と彼は言っていたものだ。「だが、それが二年になるのなら、亡命したほうがいい」。それが三年になろうとし、彼は出発した。警察はその猶予を与えてくれたように彼には思えた。パリからはるか離れているほうが、牢獄にいるよりはましであった。

11――一八四九年四月二九日付の手紙では（『書簡集II』二七一ページ）、プルードンは次のように述べている。「あの記事は実は、検察局が注意していた『コンスティテューショネル』紙に向けた罠に他ならなかったのだ。だから僕は無罪放免を確信している」。一八四九年四月二五日付の手紙(『書簡集II』三七一ページ)では、プルードンは自ら「力あるマキャベリズム」と呼んでいるが、彼のやり方を構成する警句や素朴な策略の迷路の中では、どう判断すべきか迷うことを認めなければならない。

＊

この時からプルードンの人生は入り組んだものとなったが、こうした陰影はすべて、『告白』の語りの傍《かたわら》にうち捨てられたままになっている。というのも、彼にとって個人的なことは、そこでは決して語られていないからである。この沈黙は、ダリモンの回想の助けを借りて補うことができる。彼はリールに逃げ出し、国境を越えてブリュッセルに落ち着く。しかしそこにはあまり留まらず、パリに戻り、シャブロル通り北駅界隈の家具付きホテルに潜んで、同志たちに論説やメモ、また指令を渡していた。こうしたメモのうちの一つは、ダリモンによって残されている。それは、四月の選挙には立候補しないことを説明し、彼の名前の代わりに共和派のギナールの名を記入するよう提案した理由を伝えるためのものであった。このメモは敷衍されて、投票者への手紙に――『書簡集』では一八四九年四月二八日付となっている――再び出てくる。これを再現してみよう。これはプルードンが当時起草したプランで、今日に伝わる唯一の例である。

私は辞退する。代わりにギナールを。私より有用だ。団結の必要性。
一、合法的抵抗。
二、各県の例。
三、一二月一〇日の諸先例。
四、選挙の主な関心は投票者の数にある。議員の数ではない。

五、社会主義をセクト化せぬこと。原理から引かれた誤った口実。原理はいかにほとんど何も作らないか、
等々……。
六、共和国の統一性、不可分性。
七、反動的党派の正当化（今後はあらゆるイニシアチブを控え、待機状態にいるよう『プープル』紙に勧告すること）。
八、排他的精神を持たぬこと。

人々は誤って軍隊を、憲法制定議会を、新聞を、労働者階級を、セクトに別れた社会主義を代表したりした。しかし、ブルジョワ候補者についてはそうではない。

では、ブルジョワジーを序列外に置こうとするのか。九二年ではラファイエットがそうだった。

一つの郊外もない。

一人の農民もいない。

前日の共和派の政党も一つもない。

共和国に奉仕した、そしてこれからもなお奉仕するであろうギナール、フロコン、そして他の多くの人々でどうしていけないわけがあろう……。

これが本当の原則である。残りは取るに足りないガラクタ、小党派、卑小な精神、小人物にすぎない。

われわれは民衆に真実を告げなかった――われわれはあまりにも早く、彼らの情熱や怨恨に予断を下してしまったのである。われわれは民衆を啓蒙しなければならなかったのだが、それをしなかった。これは民衆に奉仕することではなく、彼らへの裏切りだ。常に彼らの性向を十分考慮に入れるべきだが、それを民衆自身が判断するように、常に彼らのために分析すべきである。いずれにせよ、彼らを偶像にしないことだ。そうでなければ、棄権のほうがましである。

私は、ギナールが彼の砲兵中隊の先頭にいるのを見た[12]――そうだ――しかし私には彼の悲嘆もまたわかっ

たのだ！

六月には、誰もが魔法にかけられ、熱狂していた！　憎悪を説き勧めることで、この災禍を激化させるべきなのか？

いずれかの政党に対して、どうしようもなく矛盾するような意味のある貴族が何人かいるだろうか。彼らを排除すること。

もしわれわれが共和国を代表しないのであれば、われわれは何物も代表しない。

私は貴族のことは論議しない。彼らにはすべてを望む。

私は一つの原理しか論議しない。今日はそれについて語るが、二度とそこには立ち戻らぬだろう。[13]

12――国民軍の砲兵隊長であるギナールは悲しげに、しかし決然として六月の戦いに参加していた。

13――ダリモン、前記引用書、一三八ページ。

プルードンがパリにいることはきわめて危険であり、友人たちを不安がらせていた。いつかは不意をつかれ収監されかねなかったのである。どうして彼は戻ってきたのか。皆、理解できなかった。ダリモンは彼に尋ね、そのことを『回想』の中で語っている。「僕には」とプルードンは彼に答えている。「人民銀行の決算を監視するためにパリにいる必要があるんだ。僕がその手続きを指導しなかったら、破産者の宣告を受けてしまう。そいつは敵側の考えだ」。「なるほど、まあいいでしょう」とダリモンは言う。「だけど、もう済んだのだから、どうして再出発しないのですか。では、見守るべき政治は？　守るべき憲法のことは？　山岳派は抑えるべきではないか？　もしあなたの論説がブリュッセルからくるのならば」とダリモンは答える。「それらはやはり役に立つでしょうし、あなたもいつ何時逮捕されるかという恐れもないでしょうに……」。

プルードンはついに、自分が下手な、見せかけの理由しか示さなかったことを認めた。本当のところは、彼が結婚したかったということなのである。「家庭に女性がいることが、僕には必要になったんだ。さもなければ、結局僕は食人的な風習に戻ってしまうだろう。この二年間温めてきたこの計画を実現できるかどうか知るために、僕はパリに戻って来たんだ……」。それでダリモンには、ある出会いの意味が理解できた。彼はかつてプルードンの部屋のまさに敷居のところで、プルードンの母に手厚く送り出されてきたブロンドの若い娘に出会ったことがあるのだ。彼はくどくど言わなかった。数カ月前からプルードンの念頭にはこの考え、結婚のことがあった。彼はそのことを、アントワーヌ・ゴーチェ――社会主義者というわけではなかったが、少し前のリヨンにおける彼のパトロンである――宛ての一八四八年一二月一八日付の手紙で奇妙な形で語っている。「私たちの意見が一致し、理解しあうためには永遠が必要でしょう」と彼は言う。「それは多分、あなたが父親、とてもすばらしい家父であり、私のほうは子供であるということに由来するのです。もしおまえに妻がいたら、もっと違ったふうに考えることだろうと私はよく言われたものです。私はそれを試してみたい。けれども、自分を修正する代わりに妻を狂わせてしまうのが心配です」。そういう次第で、逃亡者であり、投獄の恐れに脅かされていた、この手におえない男は、「それを試し」たかったのである。

六月五日、プルードンが北駅界隈で散歩に出かけたところ、警察がそれと認め、彼を尾行した。翌日、彼はコンシエルジュリ（フランス革命の時の牢獄）に連行された。その後ほどなくして、サント・ペラジーへ――。

＊

当時、深刻な事態が生起していた。フランス軍はローマを前にして塹壕の中にいたが、ローマを制圧していた共和派からこの都市を奪い取って、奪還するやただちにそれを教皇に返還すべく準備していた。この信心深い遠征に、フランスの共和派は苛立った。ルドリュ＝ロランは民衆に武器を取るよう迫り、地下組織は民衆に立ち上がるよう急き立てていた。彼が言ったとされるあの有名な言葉は、まさにこの時期のものである――「私は彼らの長であるが、彼らに従わねばならない……」。ジャコバン派の機関紙『レボリュシオン・デモクラティック・エ・ソシアル（社会民主革命）』は、議会を奪取することを公然と要求し、暴動を使嗾していた。プルードンはこれに従うどころではなく、全力で抵抗した。拘禁される数日前に、彼は『プープル』紙に次のような痛ましい数行を書きつけている。

『レボリュシオン』紙が望んでいるものは得られるだろう。いくつかの兆候が警鐘を鳴らしているのだが、われらが美しい祖国は、聖書が伝えるようにほどなく神の来臨を受けねばならない。民衆は試錬に飢えており、ブルジョワジーは誰かが手枷をはめてくれることを望んでいる。この倦んだ民族には、六カ月の革命的マルディ・グラ（カーニバル）が必要だ。神の意志が完遂されんことを！

これは無署名で、六月一日付の『プープル』紙に出ており、ダリモンが誤ってその『回想』に記しているように三日付ではない。しかし、彼がもたらすわれわれへの寄与は記憶されるべきだ――この数行はプルードンによるものであり、彼の刻印を帯びている。確かに神の意志は実現されたが、革命的マルディ・グラは六カ月は続かないだろう。それはマルディ・グラ、つまりある午後の空間が続くだけのことだろう。ブルヴァールでの行進、国立工芸学校の武装による占拠、周辺でのバリケードの構築、そのバリケードでの短い戦闘……以上が、ロマン的革命の最後にして、憐れむべき日である六月一三日のプログラムであった。プルードンは牢獄の奥からこの冒険を嘆き、それを企てた美辞麗句を弄ぶ者たちを、彼の協力者であるラングロワ、ピルフらを罵っていたが、彼らは、プルードンがいなかったので、仲間意識とやらに惑わされて、この争いに『プープル』紙を巻き添えにしてしまった。プルードンは囚われていたことを喜んだ。というのは、自由であったならば、おそらく彼はこの流れに従っていたはずだからである。サント・ペラジーの壁のおかげで、彼は否応なく賢くなったのだ。有益なる壁よ！　彼はそこにいることを、この牢獄の壁に密かに感謝し、悪意なしにそれを叙述している。

私はサント・ペラジーにいるが、牢獄にいるにしてはほぼ快適である。約五メートル四方の正方形の部屋で、窓は二つ、ピティエと植物公園に面している。私が議員をやっていた時のマザリヌ街の宿でさえ、これほど快適ではなかった。牢獄のパンもおいしい。朝はブイヨンを取るが、一週間のうち肉のブイヨンが二回、肉抜きが五回である。それ以上の補ないはレストランがあって、そこで食べる。管理側が売ってくれる一リットル当たり一二スーのワインは、一瓶一フラン五〇スーの酒屋のものより上等だ。訪問者は私の部屋で迎える。私は仮綴じ本と新聞を受け取る許可を得た。それで、私の本をすべて持って来てもらった。つまり、私の所有物はとうとうすべて、私と同じく監禁されたのである。囚われの状態の倦怠と、その結果の肉体的・精神的不如意にもかかわらず、私が願うのは、少なくとも一八カ月はここに留まることである。革命のあまりに急速な達成によって、世界の平和が危うくならなければいいのだが――。

一八カ月の牢獄生活、これがまさに彼の望みである。その願いはかなえられるだろう。同時に、自由主義的な大ブルジョワジーがその主権を行使していた時には、政治的拘禁には、文学者たちにとってわれわれの想像できぬある甘美さがあったことを認めなければならない。すなわち、彼らはその牢獄でさまざまな訪問を受け、また、外出の許可さえ得ていたのである。一七八九年以前では、バスチーユに監禁されていた多くの人々はこのような扱いを受けていたのだ。

プルードンは共和派の策謀に苛々していた。彼は共和派と別れ、袂を分かつことを望んでいた。これは、彼が拘留を進んで受けいれた理由の一つであった。七月八日の投票のために共和党のリストに彼の名前が書き込まれていたので、彼はそれを抹消させ、リストそのものを激しく批判した。彼はそこに三つの名前、ジラルダン、レセップス、ジュール・ファーヴルの名しか残したくはなかった。プルードンのさまざまな表明の意外さには民衆は慣れていたけれども、今度はさらに意表をつくものだった。では、プルードンはジラルダンの味方だったのか？　ギゾーを支持し、ルイ・ボナパルトの強力な支援者の一人であったあの独裁者の――。人々はジラルダンをからかい、彼が「デマゴギーによってテュレンヌの選挙の残り物」をファーヴルやレセップスと分け合ったことを祝福するのではなく、ただ確認した。このテュレンヌとは、プルードンのことであった（『プレス』紙、七月五日付）。同時にある噂が流れた――六月一三日以来プルードンの新聞は出なくなっていたが、彼は無署名で『プレス』紙に協力しているというのである。これは間違っていたが、しかしこの噂には真実の核心があった。プルードンは密かにジラルダンとの一致を求めていたのである。彼は八日の選挙に関する手紙を発表するために、ジラルダンの新聞『プレス』を頼りとし、そして、罰金の重みであえいでいた『プープル』紙を救うために彼の協力を仰いでいた。(14)ジラルダンは協力の事実は否認したが、プルードンと自分との間に共感があったことは否定しなかった。「もっとも」と彼はつけ加える。「私以外の他の人々のほうがプルードンとはよく話していました。ルイ・ボナパルトはフランスに帰ってくるとすぐ彼の知己をえようとしたのです。プルードン氏が私の書斎にいた時、当時ルイ・ナポレオンが住んでいたイタリア大通りに彼を案内するために、人が彼を探しにきました」。そしてジラルダンは暴露話に興が乗って、続ける――「二月二四日の革命の直前に、シャンボール伯爵がプルードン氏を仕向けてフロスドルフに向かう意向を表明させたことは誰も知らないでしょう？　プルードン氏はそこで、労働者階級の運命を改善する方法や、恒久的貧困《ポペリスム》を根絶させないまでも、少なくともそれを減少させる方法を発表し、論議しようとしたのです」（『プレス』紙、七月九・一〇日付）

14 ――『書簡集Ⅲ』五ページ、ジラルダン宛ての手紙を参照。「『プープル』紙と『プレス』紙には、いつの日かすばらしい同盟関係が、あるいは少なくとも協調して歩むことが可能であるし、またそうすべきです」

これは、パリっ子のおしゃべりや党派およびセクトを難ずるのに恰好の素材ではないか！　ジラルダンに保護されたプルードン、あのボナパルトと話し合っていたプルードン、あのブルボン家に媚態を示していたプルードン！　こうしたことにプルードンは釈明しなければならず、『プレス』紙は彼の手紙を掲載した。この手紙は、語り手であり、書簡文学者であるプルードン最良のものである。彼は悪びれずに件《くだん》の王族との会見を物語る。事実を書き留めたメモを、彼は「手帖」に書き写すのである。

九月二六日――ルイ・ボナパルトを訪ねる。この男はきわめて好意的に見える。騎士的な頭と心。強烈な野心以上に伯父の栄光でいっぱいだ。しかしつまるところ、凡庸な才能だ。間近に見てよく知ってみれば、彼が成功するかどうかは疑わしい。しかし、用心すること。党派の頭目たちを調べるのは、すべての王位要求者のやり口だ。

まだシャンボール伯爵の話が残っている。しかし、そこには何の真実もない。プルードンはそれを悪びれずに否認し、こう結論づける。

あなたはこうおっしゃる、すなわち、シャンボール伯爵が私にフロスドルフに赴くよう提案して、労働者階級の運命を改善する方法、および、可能ならば、恒久的貧困《ポペリスム》を根絶する方法を、そこで発表し論議するようにしたのだと。この点に関しては、あなたは明らかに私よりよくわかっている。というのは、私はこの時点まで、このような提案については何も知らなかったからです。確かに私は行ったでしょう。そうでないわけがありましょうか。樽職人の息子の私としては、ブルボン家の子孫を間近に見たいと思ったでしょう、ちょうど私がボナパルトの子孫に会ったように。それは、民主的共和国にとっては縁起のよいものに思えたのです。王の子供たちが民衆の子供たちのことを考えた場合、資本家は労働者のことを考えるのを沽券に関わると思うでしょうか……。けれども、繰り返しますが、私はシャンボール伯爵のことは全く何も知らなかったのです。

氏よ、人は私があなたに売られたのだと言います。さよう、買収です！　エミール・ジラルダン氏に買収された市民プルードン！　あたかも、私たちのような二人の個人が互いに買い、あるいは売ることができたかのように？　おそらく人はこう言いたいのです――政治的な地平の対立する極から出発した私たちは、それぞれの筋をたどりつつも、結局、多くの問題において同意するようになるのだと。また、私たちが双方とも、政治問題よりははるかに経済問題のほうを上位に置いているのだと。私たち二人ともが、もっともらしいマルサス主義とロマンチックなジャコバン主義に、等しく嫌悪を抱いているのだと。もしあなたが私のことを心底から保守主義者だと理解するならば、私はあなたのことを根底から革命家だと認めるということを。そして、観点は違っても同じ改革を目指しつつ、また、特定の公衆に訴えかけつつ、私たちはいがみ合うことも滅ぼし合うこともなく、この一八ヵ月をともに生きることができたということを。今までは同じ思想を体現する二つの新聞の併存は決して見られなかったのです、たとえば、『ナシオナル』紙と『レフォルム』紙、『コンスティテューショネル』紙と『デバ』紙、『ユニオン』紙と『ガゼット』紙といった具合に！

そうです、氏よ、あえて最後まであなたの意見を持つ勇気を貫かれんことを。私が自らの意見を保つように……。

＊

これは、一八四八年七月の時点では議会をテロリスト的な言語で大混乱させた革命家が、熱狂状態の年が去った後、どんな宣言をもってやってきたのかを示すものである。心底から保守主義者——これはどういう意味か。このプルードンという男は要するに何者か、彼の伝統とは何か、彼は何を代表しているのか。私とは誰か。まもなく彼は雄弁な三〇ページにこのタイトルを与えるだろう（「第11章　私は何者か」のこと）。彼は誰か。つまるところ、われわれはそれを知りたいし、彼はそれを語ろうと試みる。

これは大きな決意である。彼は冒険の時代に幕を下ろそうというのだ。それはうまくいくだろうか。手始めに彼は結婚し、ブリュッセルからパリへと彼を導いてきたこの計画を実現する。すなわち、ダリモンが敷居のところで出会ったあの若い娘との結婚。四人でありながら、彼はこの狂気と知恵がないまぜになった行動を取る。

のちになって（一八五四年）、彼はこうしたことを友人のベルクマンに釈明するだろう。その手紙から少し引用してみよう。

「どうして結婚したんだ」と君は聞くだろうか……。

まさにそこのところが多分君を驚かすだろうし、また、君が容赦なく僕を非難するところだろう。四〇歳で僕は若くて貧しい労働者の娘と結婚したが、それは情熱からではなく――僕の情熱がどんな性質のものか君には容易にわかるね――、彼女の立場への共感、その人柄への敬意からなんだ。それは、母が死んで、僕には家族がなくなったからだし、それに、わかるだろうけど、恋愛の代わりに僕には父性と世帯の幻想があったんだ！　それ以外のことは考えなかったよ。

四年前に彼女を知ったことで、僕にはブロンドと赤毛のかわいい三人の娘ができた。彼女は一人で娘たちを育てていたが、今では僕の心のほとんどすべては彼女らの存在で満たされている。みんなは僕に好きなことを言う――僕の振る舞いが軽率だったとか、子供を持つだけでは十分ではない、彼女らを育て、持参金を持たせてやらなくてはいけないとか。確かなことは、父親となったことが僕の広大な空虚を埋めてくれたということだ。それは、僕に欠けていた安定と、今まで体験したことのない気力をもたらしたのだ。少なくともこの五、六年というもの、四八年の時点で一家の長でなかったことを僕は後悔している……。

そして彼は一冊の本、『革命家の告白』を書く。これは七月一五日ごろに書き始められ、一〇月末に売りに出される。プルードンは二カ月でこの本を構想し、執筆した。「僕はこれを、自分の精神への贈り物として作ったのだ」と彼は一一月三〇日に彼の友マゲ医師に書き送っている。二カ月、それは一気呵成に、何の直しもなくなされた執筆の時間である――素晴らしい作家的手腕だ！　見事に整えられた彼の精神が手の動きを支え、助ける。彼はあの激しい争いから救い出されて、それを判定し、できる限り自己を釈明する。彼は何を望んだのか。声を大にして、公正さを、中庸を勧めること。『革命家の告白』は、激しいものではあるが、善良さの教えであり、過度な理想主義――それゆえにフランス精神が堕落したばかりの――への、最も時宜を得た応答である。この応答、この善良さは称賛すべき最後の変化の中で輝かしく現われ、表明されている――「今日われわれに欠けているもの、それは一人のヴォルテールである……」

＊

われわれは、この著作がどう受け止められたか知りたく思う。これは非常にむずかしいことで、おそらく実を言って、そのまま手つかずになっているこの難解さは、あまり注目されていない事実によって明らかにされるものだ。革命の時代というのはこの本にはあまり向いていないのであって、プルードンはこの本を世に問うことによって、彼が明らかにしようとしていた他の多くの事どもに対して、一つの逆説をつけ加えたのである。この『告白』は一一月に刊行されたが、それは、六月一三日の叛徒たちがヴェルサイユで裁かれたのとまさに同じ時期である――まさしくこのことが注意されねばならない。プルードンが『告白』で目指したのは、「自分が進むべきだと思っていた展開および、その論争を飾り、また逆説を研ぎ澄ました怒りの爆発が最終的に正当なもの」だと示すことであった。彼はさらに言う。「鉄床同様、人間の脳みそも打ち叩かなくちゃいけない、そいつがなにも聞かないにしてもね[15]」。このように人間の頭脳を打ち叩くことはまた、それを驚かし面食らわせることでもある。一八四八年には、プルードンは人々をあまりにも面食らわせたので、彼らを呆然とさせ、彼らの注意力と理解力を麻痺させてしまったのである。一体誰がこの『告白』を読み、その価値を認めるのだろうか。サント・ブーヴはプルードンに感嘆していたが、彼の判断によれば、『革命家の告白』はプルードンの最も美しい書物としてある。彼はこう書いている。「この本は敵対者たちにさえ認められている[16]」。サント・ブーヴは『コンスティテューショネル』紙の批評欄を担当している。一八四九年一一月に彼はハミルトンの『回想録』を取り上げている。その他には……もういいだろう。この用心深い批評家は、プルードンのことは取り上げるまい。『デバ』紙（一一月一一日付）では、知識人キュヴィリエ・フルーリがこの本に立ち向かって手を焼いている。しかし、彼はその味わいも、色も過たず見抜いている。「この本には世界の終わりの匂いがする」と彼は書く。「そこには不吉な隠喩の香りが支配していて、棺桶台のそばの喪の燭台の煙のように、われわれの喉元をつかむのだ」。その称賛すべき結論部やヴォルテール、〈イロニー〉に彼は注目し、引用しているが、これらはロマン主義的・革命的なゴーロワ精神を救い出し、賦活するためのよすがとして呼び出されたものである。この知識人にとって、それは範とすべき一節であり、暗闇の中の輝きである。しかしながら、それ以上ではない。プルードンの建設的な試みに関しては、キュヴィリエ・フルーリはその努力にもかかわらず何もわからなかった。つまり、彼は感謝しつつプルードンを告発するのである。

15——『書簡集VI』三四八ページ。
16——『新月曜時評III』二一八ページ。

これに関する最良の論評は『プレス』紙掲載のウジェーヌ・ペルタンの署名によるものである。彼は第二帝政下の信望厚い共和派の作家であった。この論評は注目すべきものだ。というのは、これを読むと、ウジェーヌ・ペルタンが書く前にジラルダンと話し合っており、当時プルードンと一致点を見出そうとしていたジラルダンが、ここで示された『告白』の解釈に無縁ではないと考えざるをえないのである。おそらくはプルードン自身がこのことを知り、認めていたと考えるべきだろう。ウジェーヌ・ペルタンは、社会主義的改革者に真っ向から対立した自由主義者であった。一〇月二八日、彼は『ヴォワ・デュ・プープル（民衆の声）』紙の寄稿者たちを非難したのだが、この新聞は潰れた『プープル』紙に代えてプルードンとその友人たちが設立したものであり、ペルタンは彼らに抗して資本の有効性を擁護したのである。一一月一八日の彼の論評では、『告白』を読んだことまで含めて、彼にはプルードンが何ら理解できなかったことを認めている。彼は言う。「〈懺悔ノ祈リ〉私自身も告白しよう」。「この男はわれわれの判断を超えている」と彼は考える。「彼は辞書のいかなる言葉でも名づけることはできない……」。彼は別の世界の人間、夜とマンフレッド（バイロンの詩劇の主人公。神を恐れぬロマン主義的存在）とのくちづけによって私のあずかり知らぬところで生まれた人間である。メナドたち（酒神バッカスの巫女）がジュラ峠の麓で彼を拾い上げた。彼女たちは彼の唇の上でこの世紀のあらゆる葡萄の房を押しつぶし、理性のあらゆる酔いで彼を陶然とさせた。そして今や、彼がしっかり立つことができるようになって以来、彼は民衆の目前で、いまだかつて見たこともないような悪魔的な笑い、形而上学的な笑いを振りまいているのだ」

　ところで、この理解は間違っていた。ウジェーヌ・ペルタンもそのことは認めている。プルードンの逆説とは、さまざまな意味に取れる誇張法によるものである。実際、彼は極端な形で語るのだが、中庸の人である。たとえば、私有財産は確固としたものではないが、全体に広がろうとし、あらゆる人間がその分け前に与《あずか》り、また所有者自身さえもが、今日では独占されているものの分け前に与ろうとする日が到来するだろうと彼が言わんとするならば、彼はそれを一つの定式として「私有財産とは窃盗である」と表現するだろう。また、もう一つの例で言えば――豊かさが常に増大し、経営がさらに柔軟になるということから、資本は日に日にいっそう安価に生産者に届くということを彼が言おうとする場合、彼はどう言うのだろうか。魔法使いの杖を使って、彼は無償の貸し付けを約束するだろう。言わば、これが彼のやり方である。このへんについては、ジラルダンがペルタンに念押ししている――「プルードンはいい方向にピストルの引き金を引くのだが、的をはずしてしまう」（一一月二七日付）。ペルタンはついに結論を下す。社会主義者を告発しようとし、ジャコバン派を粉砕しようとするこの思想家が、精力的で思慮深いことを是認するのだ。「確かに、プルードンよ」と彼は書く。「あなたの弁舌は豊かになったし、さらに豊かになるだろう……。だが三〇年たったら、それがもっと緩やかになることを願う。今の保守主義者の娘たちが、あなたの墓に薔薇を供えに行くだろうから」。この文章に、ダリモンの数行を対照させてみなければならない――「一八四九年一一月に、『プレス』紙と『ヴォワ・デュ・プープル』紙との間に正式な協力契約が署名された。この結果は、ジラルダン氏の保険税の計画と無償貸し付けとの間で生じた融合なのであった。プルードンは、保険税という手段によって人民銀行を実現するための方策の説明に、長い四つの論文を費やしていた」

＊

繰り返すが、ウジェーヌ・ペルタンがプルードンと意見の一致を見ており、その解釈はプルードンが望んでいたものであることは確かであろう。ブルジョワジーの大新聞はプルードンの言うことに耳を傾け、彼を歓迎し、その思想の穏健で保守的な美点を認めている。そしてそのことで彼は幸福である。

これが彼の冒険の結末だろうか。そう期待するのは軽率であろう。保守主義者にして革命家であるわれらがプルードンは、一つの存在であり、またもう一つ別の存在であること、われわれが容易に窺い知れぬ、彼のものである秘密によって、こうした矛盾する属性を携えていくことをやめないだろう。こうした難解さはおそらく、彼が守ろうとする諸価値の質そのものに関係している。その価値とは、職人的、家庭的、英雄的、古代的価値であり、現代的用法でのあり方とはあまりにもかけ離れ、異なっている価値なのである。それらを思い出すこと、それは現にあるものへの挑戦である。その手柄とはすなわち諷刺攻撃文書《パンフレット》である。それを断固として呼び起こすのは宣戦布告である。賢明になろうとし、三人の娘の父たらんとして、プルードンがいくら後悔し、ふるまい、結婚しても無駄である。決して彼は平安を得ることはできまい。彼が口を開けば、すべてが直ちに動揺し、すべてが動き出し、事態が、人々が、そしてパリっ子がいつも慣れている演劇的な環境が揺れ動き、火がつく。彼の運命は反逆に、諷刺攻撃文書《パンフレット》に、戦争に捧げられている……。

ここで『告白』が物語るプルードンの人生の断面は終わる。われわれの仕事もここで終わる。

# 革命家の告白——二月革命史のために

*Levabo ad coelum manum meam et dicam : Vivo ego in oeternum.*

我天にむかひて手をあげて言ふ　我は永遠に活く

（申命記、ＸＸＸII、40）

## 序　文（第三版による）

# 政府とは何か？　神とは何か？

（『ヴォワ・デュ・プープル』紙一八四九年一一月五日付からの抜粋[1]）

1――この論説は当時プルードンが指揮していた新聞に出たものだが、それは、一八四九年一〇月末の『告白』初版の刊行後ほどなくしてである。

「政府」とは何か。その原理、その目的、その権利とは何か。これが疑いようもなく、政治家が自らに課す最初の問いである。

ところで、かくも単純に見え、その解答がかくも容易に思えるこの問いに対しては、ただ信仰のみが答えうるのだ。哲学では、神の存在を立証することと同様に「政府」を明らかにすることはできない。この「権力」は「神性」のごとく、何ら知の対象ではないのである。繰り返すが、それは信仰の対象なのだ。

一見きわめて逆説的だが同時にきわめて正当なこの観点は、さらに敷衍されるべきである。ここでは学問的な装いをすべて抜きにして、このことを理解してもらえるよう努めてみたい。

『パンセ』以後にあっては、わが人類の特徴、その主要な属性は信仰、何を措いても神への信仰である。哲学者たちのある者はこの至高存在への信仰に人間の特権を見、またある者はそこに人間の脆弱さを見出している。神の観念を信ずることの功罪はともかくとして、およそ形而上的な思索の端緒は造物主への崇拝行為である。これはあらゆる民族における人間精神の歴史が、変わることなく証していることである。

しかし神とは何か。これは信仰者および哲学者がただちに、避けがたく問いかけることだ。そして、この最初の問いかけの当然の結果として、彼らはすぐさま次のように自らに問う――あらゆる宗教の中で最上のものとは何なのか。確かに、人間にとって至高存在があるとすれば、この存在と人間との間には、やはりさまざまな類似の体系があるにちがいない。では、この体系とはどんなものか。この最上の宗教を追い求めることは、人間精神が理性と信仰の中に踏み出す第二歩目である。

この二重の問いにはありうべき答はない。神性の定義は知性の手には負えない。人類は交互に、物神崇拝者や、偶像崇拝者、キリスト教徒や仏教徒、ユダヤ教徒や回教徒、理神論者や汎神論者であったりした。つまり人類は交互に、植物や、動物や、星々や、天空や、世界霊魂やらを、そしてついには自分自身を崇拝したのである。こうして人類は、信仰の対象を捉えることもできず、自らの神を決定することもできずに、迷信から迷信へとさまよっていたのだ。自分に適った神とそれを崇拝することの本質および諸特性の問題は、自らの無知に仕掛けられた罠として原初より人類を悩ませている。諸民族はその偶像のために殺し合い、社会は信仰の仕上げに力を使い尽くしたが、解決は一歩も進まぬままである。

理神論者、汎神論者はキリスト教徒や偶像崇拝者と同じく純粋な信仰に帰着される。そしてこれはこの試論での唯一の成果となろうが、理性には神を体験し、知ることができないようなのだ――つまり、われわれには神を信ずることしかできない。まさにそれゆえにこそ、どんな時代にも、またどんな宗教の下でも、神の存在を納得せずそれを否定する立場に立つような、他の人々よりも大胆な少数の人々が存在するのである。彼らには自由思想家あるいは無神論者という名が与えられた。

しかし、無神論者が信仰よりもさらに必然的でないのは明らかである。至上の存在に対する本能的な信仰という、否定しえぬ根源的な事実が常に存在しており、またこの事実が伴う問題が必然的に生じるのだから、無神論は事態の解決としては受け入れがたい。それは精神の力を表わすどころか、その絶望をしか示さないのである。

さらに、無神論には自殺と同じことが言える。すなわち、それはきわめて少数者にしか選び取られなかったのだ。民衆は常にそれを恐怖していた。

事態はかくのごとくであった。解決しえぬ問いと不可能な否定との間に人類は永遠に位置しているように思われたのだが、その時、前世紀末に、その比較を絶する省察力とともに深い憐憫の情によって瞠目すべき哲学者カントが、全く新しい形で神学的問題の批判にあえて取り組んだのだ。

カントはもはや、彼以前のあらゆる人々がしたように「神とは何か」とか「真の宗教とは何か」などとは自問しない。彼は事実への問いから形式への問いを生み出し、こう自らに言う――「なぜ私は神を信じるのか」「いかにして、なにゆえ、私の精神にこの観念が生じたのか」「その出発点と展開とはどんなものか」「その変遷、必要ならば、その減退とはどんなものか」「最後に、宗教的精神において諸事象、諸観念はどのように生起するのか」

以上が、神と宗教について、このケーニヒスベルクの哲学者が思い定めた研究プランであった。彼はその内容、つまり神という観念の現実性をさらに追究することは断念して、言ってみればこの観念の「伝記」を作ることに着手した。隠者のように神の存在をおのれの瞑想の対象とするのではなく、六〇〇〇年にわたる宗教的時代が開示する神への信仰を彼は分析した。一言で言えば、彼は宗教の中に、もはや無限の存在の外的および超自然的啓示をではなく、悟性の現われを見たのである。

この時から、ただちに宗教の呪縛が解かれた――宗教の秘密は哲学に対して露わになったのである。われわれが神のうちに求め、〈見る〉もの、それはマルブランシュが語ったように、この存在、すなわちもっと正確に言えば、この空想の産物では決してない。この空想の産物はわれわれの想像力が絶えず肥大させるものなのだが、また、われわれの精神がそれでできているという観念に従って、それが全的でなければならぬというまさにそのことによって、現実には何物でもありえない――これがわれわれ自身の理想であり、人類の本質そのものである。

神学者が自ら教授する教義の中で自分でも知らぬ間に追究するもの、それは無限の神秘ではなく、われわれの集団的・個人的自発性の法則である。人間の精神は、心理学者が言うように、まず、自我の反省的凝視によって見出されるのでは決してない。それは、自分自身の外に自らを見出すのだ。あたかも、それが自分の前に置かれた異質の存在ででもあるかのように。すなわち、人間精神が神と呼ぶのはまさにこの倒立像なのである。

たとえば、モラル、正義、秩序、法はもはや、高みから啓示され、また、見知らぬ、わけのわからぬいわゆる創造主によってわれわれの自由意志に押しつけられたものではない。それらは、われわれの身体機能や身体器官のように、われわれの肉体や血のように、われわれに固有で本質的なものなのである。そのうちの二つの語——「宗教」と「社会」は同じ意味の言葉である。そこで人間はあたかも神であるかのように、自分自身のために称えられる。カトリシズムと社会主義は根底では同一であり、形式のみ異なるのだ。こうして、神への信仰という根源的事実と、諸宗教の疑いえぬ進歩とが同時に説明される。(2)

2——この論説掲載の数日前の一〇月二一日付『ヴォワ・デュ・プープル』紙には別の論説がある。そこでは——「社会主義はカトリシズムの正反対であり、その倒立像である。したがって、革命をめぐる折衷的で愚かな世論の排除が問題となる時、社会主義者とイエズス会士が常に一致を見ることに驚いてはならない」

さて、カントがほぼ六〇年前に「宗教」に対して行なったこと、そしてそれ以前に「確実性」に対して行なっていたこと、また、カント以前の人々が「幸福」「至高善」に対して試みていたこと、そうしたことを『ヴォワ・デュ・プープル』紙は(P)「政府」に対して企てようというのだ。

P——『ヴォワ・デュ・プープル』紙は数カ月続いた後、警察権力と銃剣隊によって廃刊させられたので、この新聞が読者に約束していた諸研究は否応なく延期された。その最初の出版は次のようなタイトルの下で刊行されたばかりである。『一九世紀における革命の一般理念』一巻本。一八折本、英語。パリ、一八五一年七月、ガルニエ・フレール。

神への信仰の後に一般的な観念の中で最も大きな位置を占めるのは、権威への信仰である。社会化した人間が存在するいたるところで、一つの宗教の基礎とともに一つの権力の基礎、一つの政府の萌芽が見出される。この事実は宗教と同様に根源的で、普遍的で、疑いえぬものである。

しかし、「権力」とは何であり、「政府」の最良の形態とはどんなものであろうか。というのは、権力の本質と属性を知るに至るならば、同時にわれわれには、それに付与すべき最良の形態が何であり、あらゆる政体の中で最も完全なものは何かを知りうることが明らかだからである。そんな風にわれわれは、二月革命が提起した二つの大問題のうちの一つを解決しえていただろう。すなわち、この経済改革の政治的問題、原理、手段、または目的――われわれは何ら予断的ではない――を解決していたはずなのである。

しかしながら、「宗教」同様に「政府」についても、社会の起源以来論争が延々と続いていて、しかもさほど実りがない。宗教と同じだけの数の政府があり、哲学体系と同じだけの数の政治理論がある。つまりは、解決はない。モンテスキューやマキャベリより二〇〇〇年以上前に、アリストテレスは政体のさまざまな定義を集め、その形態によって区別した――族長制、民主制、寡頭政治、貴族政治、絶対王政、立憲君主制、神権政治、連邦共和制、等々。一言で言えば、彼はこの問題が解決不能なことを表明したのだ。アリストテレスは宗教に関してと同様、政体に関しても懐疑的であった。彼は神にも国家にも信を置いていなかった。

そしてわれわれときたら、六〇年にわたって七つないし八つの政府を消費してきたのだ。共和制になったと思いきや、既にその憲法に飽いている。また、われわれにとって権力の行使とは、ユリウス・カエサルのゴール征服からバロ兄弟の内閣に至るまで、圧制と専制の実施にほかならなかった。そしてついには、ヨーロッパ諸政府のサトゥルヌス祭に今立ち会っているわれわれには、アリストテレス以上の信仰があるのだろうか。今やこの不幸な因習を脱する時ではないだろうか。また、政治思想から作られるべき最良の政体、最良の組織を求めてさらに消耗するのではなく、問いをもはや現実にではなく、こうした思想の正当性に向ける時なのではないだろうか。

なぜわれわれは政府を信じるのか。どこから人間社会における権威の、権力の観念が、さらには、国家と呼ばれる高次のペルソナのあの虚構が生じるのか？

この虚構はいかにして作られるのか。それはどのように広がっていくのか。その展開の法則、その経済はどんなものなのか。

かくも長く、かくも虚しく哲学者たちの関心を占めてきた神や絶対と同様の事情が、政府にも言えるのではあるまいか。それはいまだに、われわれの悟性の因習的な諸概念の一つではないのだろうか。それらの概念に対してわれわれは誤って思想の名を与えているが、それらは現実性も、ありうべき成果もなく、不確定のものしか表わさず、本質的には専制的なものでしかないのである。

神と宗教に関しては、人類が宗教的神話の寓意の下に、ほかならぬ自身の理想を追究したことは哲学的分析によって既に明らかなのだから、今度は人類が政治的神話の寓意の下に望むものを、われわれがさらに求めることはできないのだろうか。なぜなら、結局政治的諸制度はきわめて多様で矛盾しており、それ自身によっても、それ自身のためにも存在しないからだ。宗教と同じく、それらは社会にとって何ら本質的なものではなく、かりそめの方式ないし手段であって、それによって文明は秩序の体裁を保つ。あるいは良く言えば、秩序を求めるのだ。ではもう一度言うが、こうした制度の隠された意味とは、政治的概念や政体の概念が消え去るような現実の目的とは何だろうか。

手短に言えば、政体という形は言い換えれば、絶対主義者にしてみればそれは社会の機構と現われであり、正理論派《ドクトリネール》にしてみれば秩序というよりはむしろ統治の手段であり、また、急進主義者にしてみれば革命の手段である。したがってそこに、集団生活の現象を、われわれの法の外的な表われを、われわれの能力の何か一つの訓練を率直に見ることに努めよう。そうすれば、こうした統治のやり方すべてが――それゆえに民族や市民たちがはるか昔から殺し合ってきたのだ――われわれの精神の幻影に他ならぬことが明るみに出されることもありえないことではない。自由な理性の第一の義務は、こうした幻影を博物館や図書館へ追いやることである。

以上が『革命家の告白』の中で提出され、そして決定された問題であり、これについては『ヴォワ・デュ・プープル』紙が、争い合う権力と諸党派によって提供される事実を使って、日ごとに論評を加えるつもりである。

「宗教」と同様に、「政府」は社会的自発性の宣言であり、より高い状態へ向けての「人類」の準備である。

「人類」が「宗教」の中に求め、〈神〉と呼ぶもの、それは人類自身である。

市民が「政府」の中に求め、「王」「皇帝」あるいは「大統領」と名づけるもの、それもまた市民自身であり、〈自由〉なのである。

「人類」を除けば神はない。したがって神学的概念には意味がない。そして――「自由」を除けば「政府」もない。したがって政治的概念は無価値である。

「政府」の最良の形態とは、宗教の完全な形態と同様に、本来的な意味では矛盾した観念である。問題は、われわれがいかに最良の形で統治されるかではなく、いかに最も自由であるかを知ることである。秩序に適った、秩序に等しい自由、これがまさに権力と政治が現実に関しては抑圧するものだ。この絶対的自由、秩序の同義語である自由はいかにして構成されるのか。これは権威のさまざまな定式の分析によって、われわれに明らかになるだろう。あとのことについては、われわれは人間による人間の搾取同様、人間による人間の統治も認めない……。

こうして、政治問題を扱い、また憲法改正の資料を準備しつつわれわれが踏むつもりの展開は、社会問題を扱いつつ今日までわれわれが踏んで来たのと同じものとなろう。『ヴォワ・デュ・プープル』紙は、先行する二紙の活動を補完しながらも、そのやり方に忠実であるだろう。[3]

3――この先行二紙とは、一八四七年一〇月から一八四八年六月まで刊行された『ルプレゾンタン・デュ・プープル』紙と、一八四八年一一月から一八四九年六月まで刊行された『プープル』紙であった。今度の『ヴォワ・デュ・プープル』紙は一八五〇年から『プープル』紙を引き継ぐこととなった。

反動化と戒厳令の脅威の下で次々に潰えてしまったこれら二紙の中で、われわれは何を主張していたのか。われわれの先行者や同僚たちが当時なおそうしていたようには、われわれは決して問いかけていない。すなわち――。

共同体の最良の組織とは何か。私有財産の最良の構成とは何か。さらには、私有財産と共同体のどちらが価値があるのか。サン・シモンの理論か、それともフーリエの理論か。ルイ・ブランの組織か、それともカベの組織なのか。

カントに倣って、われわれは次のような問いを発した。すなわち——

人間はなぜ所有するのか。私有財産はどのように獲得されるのか。それはいかにして消滅するのか。その変遷と変化の法則とは何なのか。それはどこへ向かうのか。何を欲しているのか。要するに、それは何を表わしているのか。というのは、私有財産に伴う善と悪の解きがたい混合によって、また、その本質（〈乱用することの権利〉）をなし、その全体の絶対不可欠の条件である専制性＝恣意性によってまさに十分明白なことなのだが、私有財産は依然として、「宗教」や「政府」と同じく、「社会」の仮説というか、もっと言えば社会を如実に表わすもの、つまりはわれわれの知性の概念の寓意的な表現に他ならないからである。

第二に、人間はなぜ労働するのか。収入の格差はどうして生じるのか。社会における流通はどのように行なわれるのか。どんな条件で、どんな法則に従ってか。

そして、こうした私有財産をめぐるあらゆるモノグラフィーの結論は次のようであった。

私有財産（所有）は機能、すなわち分与を表わす。共有制は行為の相互性を、すなわち常に減少する暴利を、労働と資本の同一性を表わす。

今日に至るまで所有者の古いシンボルに包まれていたあれらすべての言葉から脱却し、それを処分するためには、どうすればよいか。労働者たちが互いに、労働とその受け入れ先を保証しあうことである。そしてこの目的において、彼らは金銭的に相互的な義務を受け入れるということである。

さてそれでは、今日ではわれわれはこう述べよう。

政治的自由は、われわれにとって産業的自由と同じく、相互的な保証から生じよう。こうして相互的に自由を保証しあうことによってこそ、われわれは、現在の政府なしで済ませられるだろう。この政府の使命は共和国のスローガン「自由・平等・友愛」を象徴化することにあるが、その実現の手だてをわれわれの叡智に任せっぱなしにしているのだ。ところで、この自由と政治的保証のための方策は何か。現在のところでは、普通選挙である。さらに後では、自由の契約だ……。

貸し付けの相互保証によって、経済的かつ社会的改革を。

個人の自由との和解によって、政治的改革を。

これが『ヴォワ・デュ・プープル』紙のプログラムである。

絶対主義的新聞の『ラ・レヴォリュシオン・マルシュ（革命は前進する）』紙は昨日、ルイ・ボナパルトのメッセージについて声高に叫んでいた。この人々は今度の革命を破局とクーデターのうちにおいてしか見ていない。われわれとしては、こう言おう——そうだ、革命は前進している。それはその代弁者たちを見出したからだ。この仕事はわれわれの手に余るかもしれぬ。だが、われわれの献身にはそんなことはない！

王たちは諸国民に抗して、ヨーロッパの端から端までにわたって同盟を結ぶ。

イエス・キリストの代理人（教皇）は自由に対し呪詛を投げつける。

共和主義者たちは自らの街の壁に押しつぶされる(4)——。

4——一八四八年のさまざまな運動に続いてヨーロッパで起きた反革命的出来事への暗示。オーストリアでは、ウィーンのシュバルツベルク政府の包囲、イタリアでは、ピウス九世が自由主義者たちに対して態度を豹変させ、共和国の崩壊を招いた。

共和国は相変わらずもろもろの社会の理想であり続けており、辱めを受けた自由は日蝕の後の太陽のように間もなく再び姿を現わす。

確かに、われわれは敗北し屈服した。確かに、われらの規律のなさ、われらの革命的無力さのゆえに、われわれは今や四散し、投獄され、武器を奪われ、沈黙している。ヨーロッパの民主主義の運命は、われら市民の手から親衛隊の手に落ちてしまった。

ところで、ローマの戦争はそれよりも正当で立憲的なものだろうか。

ところで、イタリア、ハンガリー、ポーランドは、ひそかに抵抗しているがゆえに諸国民の目録から抹殺されているのだろうか。

ところで、社会民主主義者たるわれわれは、今日フランスの大半を占めている党、未来の党であることを止めたのだろうか。

ところで、われわれを絶えず苛立たせ、われわれの敗北によってその破滅が完遂される君たち困惑したブルジョワは、それよりももっと王朝的で、偽善的で、粗暴なのだろうか。

この四カ月来、これら家族と私有財産の香具師《やし》たちが勝利のうちにあるのを私は眺めている。私は彼らの酔っぱらった千鳥足を眼で追っている。彼らが見せる一挙手一投足に私は呟《つぶや》く——彼らはもう駄目だ！

ああ、疑ってはならぬ——革命が二月以来絶えず先送りされて来たのは、われらの若い民主主義がそれを要請していたからだ。われわれは自由に対して熟していなかった。自由が存在せぬところ、自由が決して見出され得ぬところにそれを求めていたのだ。今や自由を理解しようではないか、そうすればわれわれの知性の働きによって、それは存在するだろう。

共和派諸君、君たちは自らの試練を短く刈り込み、指揮権を取り戻して、やがて世界の支配者に返り咲こうというのだろうか。君たちに全力をあげて要求するが、新しい秩序に至るまで革命には関わらないでほしい。君たちには革命が何もわかっていない。それを研究したまえ。神は一人にして放っておきたまえ。死すべき人間の忠告によって、神はよりよき道におわしたのでは決してないのだから。何が起ころうとも、じっとしていたまえ。君たちの信念の中で瞑想し、勝利を確信した兵士の微笑みをもって傲慢な勝者たちを見つめたまえ。

何という愚かな者たちか！　彼らは自由のために三〇年間やってきたことを嘆いているのだ！　彼らは一八年間腐敗と戦ってきたことを、神と人間たちに許しを請うのだ！　国家元首（ルイ・ボナパルト）は後悔して胸を叩きながら、こう叫んだのだ——「私は罪を犯した！」と。それゆえ、もし共和国が彼にとって、五五〇万票を得たことにそれほど後悔する程度の価値であるならば、この元首は退任するがいい！……（キリスト教における再び罪を犯さぬという）固い決心と同じく、（告解の秘蹟の際に課せられる）罪の償いもまた〈告解の秘蹟〉の重要な要素であることを彼は知らないのか。

誰もが罪を悔い、また、われわれの新聞を打ち砕くことによって、われわれが執筆する手だてを保証しなかった以上、私としてもまた、わが魂の苦渋のうちに市民たちに語りかけたいと思う。時には過つこともあったが、常に誠実であった一人の人間の告白を聞かれたい。断罪された者の告白として、牢獄の良心として、私の声が諸君に届かんことを。(5)

5——プルードンは一八四九年三月に、国家元首侮辱の廉で禁固三年、三〇〇〇フランの罰金の有罪宣告を受けた。彼は六月までベルギーで、またパリですら逃亡生活をしていた。そうして彼は発見され、逮捕されたが、直ちに本書の執筆にとりかかった。

フランスは諸国家にとって一つの典範であった。その栄光においてもその衰退においても、フランスは常に世界の女王である。彼女が高められれば、諸国民はそれとともに高められる。彼女が身を落とせば、彼らは崩れ落ちる。いかなる自由もフランス抜きでは獲得されえない。いかなる専制の陰謀もフランスを抑えるものではないだろう。それゆえ、われわれの偉大さとわれわれの頽廃の原因を検討しようではないか。われわれが今後、さまざまな決議において揺るぎなくあるために。そしてまた、諸国民がわれわれの支援を信じ、われわれとともに、臆せずに、自由と平等の〝神聖同盟〟を形成するために。(6)

6——神聖同盟に抗する神聖同盟。一八一五年の神聖同盟の影は常に革命家たちを不安にさせていた。

民主主義の不幸をわれわれの間にもたらし、また、われわれが民主主義に対してなした約束を果たすのを妨げる諸原因を私は探すつもりだ。そして、市民というものが常に、諸党派の思想の多少なりとも完全な表現である以上、また、無名で取るに足らぬ私が状況ゆえに社会民主革命の開始者の一人になったのである以上、私は何事も隠すことなく、いかなる観念が私の行動を導いたのか、いかなる希望が私の勇気を支えたのかを語るつもりである。私は自分の告白＝告解をすることによって、民主主義総体の告白＝告解をするつもりなのだ。陰謀家たちは、自分たちの悪徳に報いない社会全体およびその自由思想を非難するモラル全体に敵対しながら、われわれを無政府性と無神論のゆえに非難する。一方、他の者たちは略奪品でその手をいっぱいにしながらも、われわれが窃盗を勧めていると言った。私は、こうした人々の神への信仰に対して、われわれの信念である社会民主的な信念を真っ向から対置しよう。そうすれば、秩序と宗教の真の精神がどちら側にあり、偽善と反抗がどちら側にあるかがわかるだろう。私は、われわれが労働者の解放のためになそうとしたことを蘇らせよう。そうすれば、寄食者と略奪者がどちら側にいるかがわかるだろう。私のことに関しては、一つの政策を優先しなければならなかった時、それを選んだ理由を語ろう。私は自分の行為のすべての動機を明らかにするし、自分の過ちを告白しよう。そして私の燃えるペン先からいかに激しい言葉、いかに大胆な思想がこぼれ落ちようとも、おお兄弟よ、どうか許してくれたまえ、辱めを受けた罪人に接するように。本書では私は勧告も助言もせず、諸君を前にしてわが良心の糾明を行なうのだ。どうかこれが私自身同様、諸君にもその悲惨さの隠された理由と、よりよき未来への希望をもたらさんことを！

# 第2章　信仰告白。諸党派の性質と目的

信仰者は言う――神意はうかがいしれない。神を畏れぬ哲学は、諸事件に対してその頼りない論理を適用しつつも、独力で、御しがたい傲慢さで、それらの事件を理解しうるものにしようとするかもしれない、と。諸君は言う――これらの革命はなぜ、迂回と回帰、破局と犯罪を伴うのか。なぜ、社会に最後の時を告知するように思われる、これらの恐るべき危機があるのか。なぜ、諸国民の中にこれらの恐怖が、歴史の大いなる災厄があるのか、と。では、ボシュエの言葉を聞きたまえ。信仰ゆえに救済のくびきの下に身を屈しているような、すべての人々の言葉を。彼らは諸君に答えるだろう。神の御心は人間の知恵には近づきがたいものであり、〈スベテハ神ノ大イナル栄光ノタメニ到来スルノダ！〉と。

信仰ほど慎み深くはない哲学は、この世界の出来事を多少意味づけようとする。それは出来事の動機と原因を定める。主人たる神学が沈黙する時、その大胆な侍女（哲学）が言葉を発する。超自然的啓示が終わる時、理性的な啓示が始まるのだ。

まずもって宗教とは何か。宗教とは、感覚的なものの彼方に魂を引き上げ、社会の中に永遠の若さを保つ永遠の愛である。われわれに学問を与えるのは、何らその領分ではない。つまり、宗教における教義は、慈悲を弱めることにしか役立たないのである。いわゆる神学者と称する人々はどうして、われわれの最も純粋な良心から神秘の幻像を作ろうとするのだろうか……。

神は叡智にあふれた普遍的な力であり、自らの果てしない知によって、捉えようもない霊気を始めとして、人間にいたるまで天の下にもろもろの存在を作り出したが、この諸存在はひとり人間のみにおいて自らを知り、

「我」と言うに至ったのである。神はわれわれの支配者どころではなく、研究の対象である——われわれが神についての考察を深めれば深めるほど、われわれが神を考える側面、神に帰される諸属性の性質に従って、ますます神はわれわれに近づくか、あるいはわれわれから遠ざかるように思われるのだが、その結果、神の本質は、人間の本質として、あるいはその敵対者として一様に見なしうるのである。

奇跡を行なう人々はこの神を、どうして一定の、そして人格的な存在に——時にはユダヤ人やキリスト教徒の神のように絶対的な王に、またある時には理神論者たちの神のように立憲君主に——作り上げたのだろうか。しかし、人知を超えた神は、その行為によってもその戒律によっても、われわれの理性を惑わせるばかりである。時代の秩序と何ら共通するもののない、この救済の秩序とは何なのか。あらゆる他の利益を廃絶するこの教権、あらゆる理想を堕落させるこの観想、あらゆる学問に逆らって思いつかれたこの学問を僭称するものとは？　理解しうる基盤もないその教義とともに、明確な対象のないその象徴とともに、人間的意味を欠いたその典礼とともに、彼らはわれわれに何をしようというのか。カトリシズムは社会の寓意であるか、さもなければ何物でもない。ところで、現実が寓意に取って代わり、神学が不敬虔であり、信仰が冒瀆的であるような時代が到来しているのである。支配しつつ理解されぬ神とは、私が否定し、何にもまして憎む神である。

私が神に次のような問いをするとしたら、諸君は信じるだろうか。

「おお神よ、どうして社会は敵対し、不寛容で、過ちに固執し、復讐において容赦ない小分派に分裂しているのか。人間たちが憎み合い、いがみ合うのならば、世界の歩みと文明の進歩の必要性はどこにあるのか。いかなる宿命、いかなる悪魔が、都市の秩序や個人の改善の代わりに、人間たちが考え、互いに自由に振る舞い、必要ならば愛し合い、いずれにせよ互いをそっとしておくことができぬように望んだのか」

するとこの神は、司祭たちの口を通じて、次のような冒瀆的な言葉を私に聞かせたのだ。

「人間よ！　おまえの仲間は堕落し、おまえの魂は創造の時以来、地獄の力に引き渡されているのを知らぬのか。正義と平和はおまえの住む場所にはない。至高の支配者は、原初の汚れの償いとして人間たちを争うがままにした。壺には陶工にものを言う権利があるか。つまり、なぜおまえは私にこんなことをしたのか、と」

私の心はこれを甘受し、私の理性は満たされていると諸君は信じるだろうか。

お望みならば、神の秘密を尊重しよう。その否も応もない定めに屈服しよう。しかし、神は世界とわれわれ自身とをわれわれの積極的な好奇心に委ねたのだから、われわれがわれわれの争いの起源と原因についてさえ論議することをおそらく神は許すのだ。たとえこの論争が、いつの日か神と同じくらいにわれわれを賢くするにしても――それゆえ論争しよう。われわれとしては論争以外のことをする必要はなかったのだが！　人間はずっと以前から地上の主人なのかもしれないが、われわれ社会民主主義者は、一八四八年二月二四日から一八四九年六月一三日まで、絶えず幻影を追って現実を打ち捨てていたのではなかったか。

私としては、いかなる探究にもたじろぐことはない。そして仮に至高の「啓示者」が私に教えることを拒むのならば、私は自分自身で学ぶつもりだ。私は自分の魂の最深部に降りていくだろう。私はわが父のように学問の聖なる果実を食むだろう。私が逆境ゆえに過つことがあるとしても、彼がその沈黙の弁明を持たぬのに反して、少なくとも私には大胆さというものがあろう。

自分自身の知性に身を沈めることで、私は政治と歴史がぎっしりと詰まったこの領土に自分がいることを認識しようとする。以上が、とりあえずは、まずもって私が理解していると信ずるところである。

時代と同様、社会も、過去と未来という二つの相の下に精神に現われる。――現在とは、この二つを地球を二つの半球に分かつ赤道のような想像上のラインである。

過去と未来、これは博愛主義的な現在の潮流の二つの中心だ。過去は未来を触発するものであり、未来は過去を論理的かつ必然的に補完するものである。

こうした考えに基づいて、歴史のこの二つの位相を等しく考察してみよう。この二つが一緒になって、完全で、切れ目のない、そのすべての部分において変わらぬ社会システムを形作るだろう。そしてそこにおいては、さまざまな変則的なことや偶発事が、歴史的思想や秩序をくっきりと浮かび上がらせるだろう。

したがって、この社会システムは、実際に完全には、ある時日や地球上のある場所に存在することはできない――それは、諸時代の終末においてしか明らかにされえず、最後の人間によってしか得られないだろう。諸世代の中間に位置するわれわれとしては、なおのこと大雑把な推測によってしか、このシステムを想像することができない。この漸進的な人間哲学においてわれわれに唯一付与されているのは、過去の聖なる叡智によってわれわれの未来を絶えず準備することである。父祖たちは「社会」に関して、ある特別な形態をわれわれに伝えてくれた。われわれはその新たな形態を子孫に伝える――そこにわれわれの学問が規定される。もしそれが学問であるならばだが。そしてそこに、われわれの自由の実践が帰着する。それゆえ、世界の運命に関わろうとするならば、われわれはわれわれ自身に対してこそ働きかけなければならない。そして、子孫の未来の可能性を残しておきつつ、祖先の過去をこそわれわれは活用しなければならない。

ところで、人類は前進するものであり、また、まさに記憶と予見に基づいて行動するものだから、当然のことながら大きく二つに分かたれる――一つには、先人の経験にさらに影響を受けつつも、未知の不確かさの中に歩を進めるのを嫌う者。もう一つには、現下の悪に耐えられずに、さらに改革へと向かう者。伝統であれ仮説であれ、等しく考慮に入れて、進歩の道程に確実な一歩を踏み出すことは、原初の時代の偏狭な理性には、当然にも不可能なことである。われわれの学の本性である、統覚のこの同時性でもって最初から物事を判別するのは、人間ではありえまい。それゆえわれわれの教育の最初の状態は、不和である。さて、われわれは既に言い争いの原因を見出しているのだから、悪魔祓いも魔術もなしに、われわれの間の不和をなくすことを当然期待することができる。すなわち、信仰があえて議論に関わってくるのならば、信仰はそれと同じく単純な原理を提供するだろうか。

本論に入ろう。

過去の解決策は、それが宗教的行為の秩序の中で考察されるか、政治的か、または経済的かに応じて、カ<sup>、</sup>ト<sup>、</sup>リ<sup>、</sup>

シズム、王位継承権、所有と呼ばれる。この三つの言葉の一般化が絶対主義である。

われわれが立つ何らかの観点でわれわれにできるすべて、われわれが望むすべて、われわれがそうであるところのすべては、この過去から——すなわち、封建的または世襲的所有から、王権から、カトリシズムから——その流れを汲むものであれ、それに対立するものであれ、由来しているのである。

われわれは今日では、昨日そうであったものではもはやないが、それはまさにわれわれがそうであったからである。また、われわれはいつの日か、われわれの現在のありようをやめるだろうが、それはまさにわれわれが現在そうであるからである。

しかし、この展開はいかにしてなされるのか。

カトリシズムは、混沌とした状態から抜け出て統一性に達するために、常に自らをもっと合理化しようとする。この合理主義によって、カトリシズムは自らを損ない、その神秘的な性格を失って自然と人間の哲学となる。中世におけるフランス教会の諸特権、一六世紀の宗教改革の影響、一七世紀のフェヌロン派、ボシュエ派、フルリー派等々のキリスト教弁神論の業績、一八世紀の百科全書派の運動、一九世紀の寛容、もっと言えば法的・憲法的な無関心、これらがことごとくカトリシズムのさまざまな位相を表わしている。

一方、王権は父権——王権はその増殖形態だ——のように起源において絶対であるが、その領土を拡大するに応じてそれを組織化する必要がある。分業原理の政治への適用に他ならぬこの組織化によって、王権は必然的に民主主義に導かれる。自由都市の解放、ルイ一一世、リシュリュー、ルイ一四世下で相次いだ王権の侵害、一七九〇年の、共和暦二年の、共和暦三年の、共和暦八年の、一八一四年の、一八三〇年の諸憲法、そして一八四八年の新憲法、これらは政治体制における革命的行為の現われである。

そして最後に所有。相続による、等分分割による、譲渡による、抵当権による、分業による、流通による、そして多くの他の理由による所有もまた、その性格と形態を変えようとしており、経済学者たちはみなそのことを知っている。親方制、マンモルト（農奴が死亡した時、直系卑属がなければ財産は領主に帰属するという封建制度）、封建的諸権利等々の廃止、また、国家の名の下に聖職者の財産を競売すること、税の平等など、これらによって所有はこの六〇年来、目立たぬとはいえそれでも深刻で現実的な、さまざまな変容を被ってきたのである。

加えて、カトリック、君主制、経済の三つの動きは、既に言及したように、ただ一つの同じこと、絶対主義的観念をその反対物、すなわち社会民主的観念に転換させることをしか表わしていない。哲学的に考察すれば、神授権としての王権はカトリシズムの発現であり、霊的なもの（教権）と物質的なもの（世上権）との区別によって形成されている。また、所有とは封建的制度による王権の発現である。したがって、カトリシズムの最終段階である社会主義ないしは社会民主主義は、やはり王権と所有の最終形態である。社会主義はカトリシズムの産物であると同時にその敵対者であり、まさにキリストの息子にしてアンチ・キリストである。おそらく信仰はこれを認めないだろう。われわれとしては哲学が、歴史がそれを証言すれば十分なのである。

カトリシズム、王権、所有、一言で言えば絶対主義は、それゆえわれわれにとって歴史的かつ社会的な過去を表わしている。そして、社会民主主義は未来を表わすのだ。

絶対主義が別の時代において社会のごく自然な状態であったように、社会主義もまた現在の社会のごく自然な状態になることを熱望している。

運動として対立するこの二つの段階、ないしはそれを代表する党派が互いに理解し合わない限り、彼らはお互いに戦いを挑むことになろう。オデュッセウスに対するアイアース（トロイア戦争におけるギリシアの英雄）のように、彼らはお互いに言うだろう――「私を押しのけるがいい、さもなければ私がおまえを押しのけよう」。彼らが互いに認め合うような時がくれば、すぐさま彼らは一体化し、融合するだろう。

カトリシズムが問題を提示し、社会主義がそれを解決しようとする。前者は人間の象徴体系を与えた。後者はその解釈を与えるのだ。この展開は避けがたく、宿命的である。

しかし、これは既に言及したことだ。人類のさまざまな革命は、決して哲学的な平静さとともに生起するのではない。諸国民は、その知を不承不承受け入れるにすぎない。では、人間は自由ではないのか(7)。そこで進歩への試行のたびごとに、矛盾と対立と闘争の嵐が湧き起こり、それらは、話し合いによる和解ではなくて、神的な怒りの激発の下に破局へと至るのだ。

7――ここに読まれるように、この展開は避けがたく、宿命的である。しかしながら、人間は自由である。これは両立しない。プルードンが矛盾していると考えるべきなのか、それとも、彼の分析が二重の世界（互いに関連しあった二つの世界、一方は宿命に従い、他方では自由が可能な）を捉えていると考えるべきなのか。その場合、歴史の悲劇というのは、この二つの世界の軋轢に由来し、その矛盾はプルードンに帰すべきではなく、現実に包含されたものであろう。

まさにこうした騒擾や軋轢ゆえにこそ、社会は一定のプランに基づいて、また、正しい階梯を経て、一連の自らの運命をたどることが全くできないのである。社会は相反する力に引かれ、また押し戻されるようにして、ある時は右へ、ある時は左へと踏み迷う。そして、まさにこうした、社会主義の攻勢と絶対主義の抵抗とがないまぜになった変動こそが、社会のドラマの山場を作り出すのだ。

かくして、社会の直接的な運動がこの二つの相反する党派――絶対主義と社会主義――を引き起こす。その一方で、変動する運動は今度は、また別の二つの党派、お互いに敵対し、また他の二つの党派にも敵対する党派を生み出すのだが、それを歴史的な名で呼べば、一つは（七月王政の）中道主義あるいは正理論派、もう一つはデマゴギー、ジャコバン主義または急進社会主義である。

哲学的には折衷主義の名で知られるこの中道主義は、自己中心的で怠惰な精神からくるものであり、明解な解決よりはどうしようもない妥協を選ぶものだ。それは宗教を受け入れるが、自分の都合に合わせてである。それは哲学を望むが、留保つきでだ。君主制を甘受するが、へつらっている。民主制を受け入れるが、隷従してだ。商業の自由を叫ぶが、庇護で身を守りながらだ。流通と貸し付けの無償に甘んじるが、自分の資本に関しては利潤を明確にしての上だ。要するに、それは、権威と自由、現状と進歩、私的利益と公的利益との間で、あたうかぎりどっちつかずのバランスを取ろうとする賢《さか》しらである。それも、権威は否応なく自由を胚胎し、哲学は必然的に宗教の産物であり、君主制は絶えず民主制に変化するということ、その結果、進歩の最終的な階梯は、絶えざる改革によって個人的利益が一般的利益と等しくなり、自由が秩序の同義語となることなのだということを、決して理解することなしになのである。

デマゴギー、これはこの六〇年来フランスでジャコバン主義の名の下にあまりにも有名だが、暴力と革命的外見に装われた中道主義である。このジャコバン主義は、制度ではなく地位を狙っている。それは原理ではなく人間を告発し、思想にも現実にも関わることなく、名前を変えることに執着する。たとえば、それは王や聖職者たちを僭主および詐欺師扱いし、穏健派を欺瞞者、野心家扱いするのに、おのれが執着する権威や、利用しようとする偏見の維持にはきわめて慎重になるのだ。無政府主義者や自由思想家は、その最大の敵である。ロベスピエールはアンシャン・レジームの支持者たちを死刑台に送ると同時に、憲法の擁護者たち――エベール、ルクレール、ジャック・ルー、アナシャルシス・クロッツ、ダントンおよびその友人たちをも死刑台に送ったが、まさに彼はジャコバン主義の権化である。

中道主義は保守の偽善である。

デマゴギーは進歩の偽善である。

中道主義は、貴族や聖職者に敵対するブルジョワジーにとりわけ訴えるもので、ブルジョワジーは彼らのことなかれ主義を非難し、その特権を嫉視するのだが、急進的な傾向を嫌い、進歩の平等主義的な結論に対しては頑なに抵抗するのだ。

ジャコバン主義は、賢明というよりはむしろ怒りっぽい大衆に迎えられているが、彼らにとって革命とは、さまざまな罷免以外のほとんど何物でもない。

こうして、デマゴギーと中道主義は、絶対主義と社会主義がそうであるように、互いに対立しあう――この四つの党派は、あえて言うならば歴史の基本方位となっている。われわれが完全さに至る可能性の当然の結果として、この四つの党派は社会においても理性においても同時代的であり、破壊し得ぬものである。数限りない多様な名称――ギリシア人とバルバロイ、市民と奴隷、スパルタ人とラコニア人（奴隷）、パトリキ（古代ローマの血統貴族）とプロレタリア（古代ローマの最下層民）、ゲルフ党とギベリン党（中世イタリアにおける教皇派とドイツ皇帝派）、聖職者と一般信徒、貴族と農奴、ブルジョワと職人、資本家と労働者――のもとに、あらゆる時代、あらゆる国民においてそれらが見出されよう。これらのいずれにも、人道主義的な展開の中で幾ばくかの真実と有効性があるように、そこにはその犯罪と狂気もあった。世論の扇動者、進歩の代理人・調停者として、彼らは自らのうちに集団的存在の諸機能、社会生活の諸状態を具現している。

絶対主義はとりわけその消極的な抵抗によって際立っている。つまり、そこに真にあるのは保守の精神であって、それがなければ進歩自体も基盤を欠いて、空《うつ》ろな言葉としかなるまい。このゆえにこそ、絶対主義の党派はまた、保守的な党派とも呼ばれるのである。

中道主義ないし正理論主義を特徴づけるものは、詭弁的・専制的な性格である。つまり、その真の思想とは、自身を支配し、その摂理にしてその神となるのは、社会の役目だということである。正理論派《ドクトリネール》(8)にとって、法とは統治思想の純然たる産物であり、したがって著しく主観的なものである。

8――正理論派――王政復古期にスタール夫人のサロンにおいて、その後継者たち、友人たち、ブロユ派、レミュザ派、ギゾー派によって形成された政治流派に与えられた名称。これは、一八世紀合理論の継承者である自由主義者の教条主義に、経験と歴史に基づく政治哲学を対置した。

ジャコバン主義は、その哲学的無価値性とその言葉の空虚さでそれとわかる。それは、民衆の理性よりは情念に訴えかけて民衆を扇動するが、民衆に影響を与えることは決してできない。しかしこのアジテーションそのものは、ジャコバン主義の有効な側面である。というのは、民衆が無関心に陥っているところでは、社会はほとんど滅びかけているからだ。

社会主義は、実証的で(9)客観的な科学の成果と同様に社会秩序を考える。しかしすべての科学的飛躍と同じく、それは仮説を現実と、ユートピアを制度と取り違えがちである。

9――プルードンはオーギュスト・コントを読んでいて、彼に深い敬意を抱いていた。

絶対主義はその優先権――ほとんどその長子相続権のことだが――に支えられているが、その原理ゆえに誤りやすく、およその有効性は自分自身を廃して常に王政復古に向かい、諸々の革命を助長することにしか役立たない。中道主義は、革命の戦車に歯止めをかけようとするが、それを早めることにしかならない。ジャコバン主義はこの動きを加速し、反発させようとする。社会主義は伝統を侵犯するのだが、往々にして自らを社会から駆逐することで終わる。

加えて、哲学体系についてと同じことが政党にも言える。政党は、あらゆる極端な言葉と同様、相互的に生まれ、対立しあい、互いに掻き立てあい、排除しあい、時に消滅して、長い間隔を置いて再び現われるように見える。政治においてであれ、哲学においてであれ、議論し、その意見の理解を求める人間はすべて、自らが表明する判断という、ただそれだけのことによって、ただちにある党派なり何らかの体系なりに区分けされる。考えぬ者だけが、いかなる党派にも、いかなる哲学にも、いかなる宗教にも属さないのだ。そして、これがまさに大衆の通常の状態であって、彼らは騒擾の時代の外にいて、政治的かつ宗教的な思考にはまったく無関心なように思える。しかし、民衆のこの平静さ、この表面上のアタラクシアは、決して不毛なものではない。まさにこの民衆こそが、いつかは政治上の企図や哲学者の教義を修正し、改革し、吸収するのであり、新たな現実を絶えず作り出しつつ、政治と哲学の基盤をやがて変えるのである(10)。

10――ここに、ヘーゲル左派的な用語とオーギュスト・コントによる――他の場合とは別種の――影響を見て取ろう。

前世紀末までフランスで支配的だった絶対主義は、この頃から絶えざる凋落状態にはいった。七月革命の後にある種華々しく宣せられた正理論主義は、（ルイ・フィリップの）一八年間の統治とともに消え去った。ジャコバン主義と社会主義に関しては、革命的作家たちによって蒸し返された前者は二月に再び浮上したが、三月一七日、四月一六日、五月一五日といった戦いにおいて革命を押し殺し、六月一三日に破滅に至った。後者は二〇年間にわたってその神秘的な存在を引きずった後では、ほとんど崩壊寸前である。私がこれを書いている時点では、フランスにはもはや政党はない。共和国の旗の下には、飢えで死にそうなプロレタリアの団結に抗する、崩壊したブルジョワの同盟しか残されていないのだ。こうした共通の悲惨さによって、普遍的理性がなしえなかったものがもたらされることだろう。すなわち、それは豊かさを破壊することで、敵対関係自体を解消することだろう。

全社会を一義的に分割する諸党派について私が今述べたことは、にもかかわらず一つの定義でしかない。そう、これは既に歴史そのものなのだ。それは進歩の哲学そのものであり、社会的神秘主義の死である。〈神学は死せり！〉。人間の理性の価値と正当性をめぐって懐疑論者と天啓論者が延々と議論しようとも、その理性がわれわれに型通りにその定式を押しつけるのならば、彼らの懐疑は一体何の役に立つというのか。われわれが人間ではないという可能性を知ったとして、何の役に立つというのか。文明と自然の最も巨大で最も錯綜した現象を、単純で明解な観念に還元することは、お望みならば、理性の特権であり、その貧しさでもある。最も大きな河の流れも初めは小さな流れでしかないように、哲学者の理性にとっては最も恐るべき革命も、素朴な単純性に左右されるものなのである。信仰は、こうした平凡な分別に関わる事情を判断するよすがを与えてはくれない。それは、信仰がその賜物である神同様、議論というものをしないからである。

党派、およびその行動原理や傾向について、私が今規定したばかりのことは真実である。なぜならそれは、党派の多様性、その起源、その利害、その目的がどんなものであろうとも、あらゆる時代、あらゆる国民に共通の、必然的かつ普遍的なものだからである。それは真実である。なぜならそれは、真実でないことはありえないからである。

それは、歴史の最も普遍的な様相と、社会の根源的な魅力の表われである。

永遠の中で不動のものとされる神とは反対に、時の中で発展する、生き生きとしていて改良の余地のある社会には、必然的に二つの極——過去に関わるものと未来に向かうものとがある。思想や言論が気質や利益のように分割・分類される社会には、それゆえやはり二つの主要な党派がある——すなわち、過去を守り再建しようとする絶対主義的党派と、絶えず未来を引き出し、作り出そうとする社会主義的党派とである。

しかし、人間に備わっている分析的理性の名の下に、社会は、その原動力である多様な情念に従って、進歩の道筋から絶えず右へ左へと揺らぎ、逸脱するのだ。したがって、この極端な二つの党派の間には、さらに二つの中間的な党派が存在するのだが、それは議会的な用語で言えば、右の中心と左の中心(11)であり、革命を絶えずその進路から外へ押し進めたり、引きとどめたりするのである。

11――第一版では「右の中心と左の中心、ジロンド派的なものと山岳派的なもの……」

こうしたことすべてはほとんど数学的明証、実験的確実性に属すものだ。この地形学の精度はかほどのものなので、人類のあらゆる進展と退歩の鍵をただちに持とうというのなら、これを見れば十分である。

# 第3章　政府の性質と目的

聖書によれば、党派はあらざるべからず（〈異端あらざるべからず〉）という。「恐るべき〝ねばならぬ〟だ」と（王権神授説の）ボシュエは深く崇拝しつつ叫ぶが、あえてこの〝ねばならぬ〟の理由を問おうとはしない。若干の考察によって、党派の行動原理と意味は明らかにされた。問題はその目的と終末を知ることである。すべての人間は平等で自由である。したがって社会は、その本性と目的からして自律的であり、言わば統治しえぬものだ(12)。市民の行動範囲は労働本来の分業化およびその職業の選択によって決まり、社会的機能は調和的な効果を作り出すように結びついているのだから、秩序とはすべての人々の自由な行動の結果である。そこに統治はない。私を支配しようとして私を逮捕する者は誰であれ、強奪者であり圧制者である。私はその男を敵とみなす。

12――こうした「平等で自由な」人間と、生活習慣上最高に「自律的な」社会とを調和させることはむずかしい。プルードンはあまりにも速度のある筆致で書き、多くの観念、多くの語彙がそのペン先に混在する――ボナルドといっしょくたになったルソーである（訳注――ボナルドはフランス大革命を批判し、君主制・カトリックを擁護した）。

しかしながら、社会の生理学にはまずもってこうした平等主義的な組織がない。社会の基本的なものの一つと思われる神の観念は、それを嫌っているのだ。一連の暴政と統治によって、平等はわれわれにもたらされるのだが、そうした統治の中で自由は絶えず、エホバに対するイスラエルのように絶対主義と戦っている。したがって、平等は常にわれわれにとって不平等から生まれる。そして「自由」には、その端緒に「統治」があるのだ。

原初の人間たちが森の縁に集まって社会を築いた時、彼らは請負協同組合の株主たちのように、何も話し合わなかった。だからこそ、各人のために、そして最大の幸福感のために生産し、平等と独立をもたらすべく、われわれの権利と義務を組織しようではないか。大いなる理性は、原初の人間たちの手の届かぬところにあり、啓示者たちの理論とも相反していた。彼らはまったく別の言葉を語り合った――すなわち、「われらを監視し統治する〈権威〉をわれらの中に作ろう、〈われらの王たちの上に権威をうち立てよう〉」というのである。かくして、一八四八年一二月一〇日にわれらが田舎者どもはこの声を聞き、ルイ・ボナパルトに投票したのである。民衆のこの声は、自由の声になることを待ちつつも、権力の声である。同様に、あらゆる権威は神の法によるものである――〈すべての権力は神に由来する〉と聖パウロは言った。

それゆえ権威とは、人類の一番最初の社会思想が何であったかを示すものである。

そしてその次の思想とは、この権威の廃絶にすぐさま努めることであったが、各人はこれを他者の自由に抗する自己固有の自由への手だてにしようとする――これが「党派」の運命であり、「党派」の営為である。

権威はある特定の世界で始まったのではなく、それは普遍的な争いの目的となったのだ。「権威」「政体」「権力」「国家」――これらの言葉はすべて同じものを表わしている――誰もがそこに、同胞を抑圧し搾取する手段を見た。絶対主義者、正理論主義者、デマゴーグ、そして社会主義者たちは、この権威に対して、彼らの唯一の中心に対するような視線を注いだ。

そこから、正理論派や絶対主義者がまさしく認めようとはしない、次のようなジャコバン派のアフォリズムが出てくる――「社会革命は目的である。しかし政治革命は（換言すれば権力の移動は）手段である」。その意味するところはこうだ――われわれに諸君の存在と財産の生殺与奪権を与えよ。そうすれば諸君を自由にしてやろう……六〇〇〇年以上前から王や聖職者たちはこれを繰り返しているのだ！

たとえば、「政府」と「党派」はお互いにその〈原因〉であり、〈目的〉であり、〈手段〉である。それらの運命は共通している。それは日々民衆に解放を促すことである。また、民衆の権利上の障害によって、彼らのイニシアチブを強く刺激することである。それはまた、彼らの精神を鍛え上げ、そして、偏見によって、制約によって、また彼らのあらゆる思想、あらゆる欲求から予測される抵抗によって、彼らを絶えず進歩へ向けて押し出すことである。おまえは決してそれをするな、これは控えろ――「政府」というものは、時の支配的な党派が何であろうとも、決してそれ以外のことを言いはしなかった。〈防衛＝禁止《デファンス》〉はエデンの園以来、人類の感化システムである。しかし、人類がひとたび成年に達したならば、「政府」や「党派」は消滅しなければならない。この結論は、社会主義が絶対主義から生じ、哲学が宗教から生まれ、平等が不平等そのものから生起するということを見たのと同一の論理的厳密さ、同一の必然性とともに得られたのである。

　哲学的分析によって権威を、その原理を、その形態およびその結果を理解しようとすれば、すぐにわかることだが、霊的でかつ地上的な権威の成り立ちは、本質的に寄生的で腐敗しやすい予備的な組織以外のものではなく、その形態が何であり、それがどんな観念を表わそうとも、暴政と貧困以外のものを生み出すことが独力ではできないのだ。したがって哲学は、信仰とは逆に、民衆に対してある権威を作り出すことは過渡的な制度にすぎないことを明確に示す。また、権力は学知の一つの結論では毫もなくて、自然発生的な産物(13)なのだから、それは議論の俎上に乗せられるや、ただちに消え去るのだということ。そして、権力につきまとっている対立しあう党派が想定するように、権力は時とともに強固になり増大するどころではなく、それは果てしなく減少し産業機構の中に吸収されなければならないということである。その結果、権力は社会の〈上に〉ではなく、社会の〈下に〉位置づけられなければならない。先のジャコバン派のアフォリズムに戻れば、哲学はこう結論づけるのだ――「政治的革命」すなわち、人間社会における権威の廃絶は「その目的である。社会革命はその手段である」

13――後の九三頁を参照。「こうした宗教的、政治的、司法的諸制度は……人間に対する〈本能〉の支配の明らかな象徴……」

　哲学者はさらにこうつけ加える――それゆえにこそ、あらゆる党派は、権力を希求する限りは例外なく絶対主義の変種であり、そして、市民のための自由、社会にとっての秩序、労働者間の団結は、政治的教理問答《カテキスム》において権威への断念が権威への信仰に取って代わる場合にしか存在しないだろう。

もう党派は沢山だ。

もう権威は沢山だ。

人間と市民の絶対的自由を。

この三つの合い言葉に、われわれの政治的・社会的信仰告白がある。

まさにこうした統治を否定する精神において、われわれはある日、稀な知性の持ち主だが大臣になろうとする弱さを持っていた一人の男にこう言ったのだ――。

「われわれとともに政府の解体を図ろうではないか。ヨーロッパと世界を変えるために革命的でありたまえ、かつジャーナリズムに留まっていてくれたまえ」(『ルプレゾンタン・デュ・プープル』紙一八四八年六月五日付)(14)

14――エミール・ド・ジラルダン――新聞記者にして、非予約購読者に数スーで売られた新聞を創始した。プルードンとジラルダンの関係については、前出五五頁を参照。

答はこうだった――。

「革命的であるためには二つの方法がある。上からは、発議権による、知性による、進歩による、思想による革命である。下からは、蜂起による、力による、絶望による、舗石による革命である」

「上からは私は革命的であったし、今なおそうであるが、下からは、私は一度も革命的であったことはないし、今後もそうはなるまい」

「それゆえ私が政府の廃絶の陰謀に加担するなどと当てにしないでくれたまえ。私の精神はそれを拒否するだろう。私の精神はただ一つの考えにしか動かされぬ、すなわち政府を改良するということだ」(『プレス』紙、一八四八年六月六日付)

この「上から」「下から」という区別は、見かけはもっともらしいが大して意味はない。ジラルダン氏はこんなふうに自己を表現することで、新しいと同時に深遠なことを言ったと思ったのである。しかし彼は、権力の助けを借りて革命を前進させることを構想しながら、その実、革命を後退させることしかできなかったデマゴーグたちの、相も変わらぬ幻影を再生産させたにすぎないのである。ジラルダン氏の考えを子細に検討してみよう。この鋭敏な新聞記者は、発議権による、知性、進歩、思想による革命を「上からの革命」と呼ぶのがお気に入りだ。そして、蜂起と絶望による革命を「下からの革命」と呼ぶのがお気に入りだ。しかしこれはまさに真実とは正反対のものである。

「上からの」とは、私が引いた筆者の思想においては明らかに権力を意味している。そして「下からの」とは人民を意味する。一方は政府の行動であり、他方は大衆のイニシアチブだ。

したがって問題は、これら二つのイニシアチブ――政府によるそれと人民によるそれの、どちらが知性的であり、進歩的であり、平和的であるかを知ることである。

ところで、上からの革命とは当然のことながら――その理由はあとで述べるが――王の気晴らしの、大臣の恣意による、議会の暗中模索による、結社の暴力による革命である。それは独裁と専制による革命なのだ。

たとえば、ルイ一四世、ロベスピエール、ナポレオン、シャルル一〇世が行なったのがこうした革命である。たとえば、ギゾー、ルイ・ブラン、レオン・フォーシェ各氏が望むのがそうである。白色（王党派）、青色（共和派）、赤色（共産党）すべてがこの点については同じなのだ。

大衆のイニシアチブによる革命、それは市民の一致団結による、労働者の経験による、知識の進歩と普及による革命であり、自由による革命である。コンドルセ、テュルゴー、ダントンはこうした下からの革命、真の民主主義を追い求めていた。なかで、最も変革を試み、かつ統治することが少なかったのは聖ルイ王（ルイ九世）であった。聖ルイ王の治世のフランスは、自分自身になっていた。フランスは葡萄がその芽を伸ばすように、領主とその臣下を生み出していた。ルイ王が、かの有名な条例を公布した時、彼は民衆の総意の記録係に他ならなかったのである。

社会主義はジャコバン主義の幻影の最中に生まれた。二〇〇〇年以上前の崇高なるプラトンは、その一つの悲しい例であった。サン・シモン、フーリエ、オーウェン、カベ、ルイ・ブラン、彼らはみな、国家による、資本による、何らかの権威による労働の組織化の尖兵であるが、ド・ジラルダン氏と同様「上からの」革命を呼び求めている。彼らは、人民に自己組織することを教えず、その経験と理性に訴えることもせず、人民から権力を要求するのだ！　彼らと専制君主と、一体どこに選ぶところがあろう。したがって、彼らは専制君主同様ユートピストなのだ。そして、前者は消え去り、後者は根を持つことができない。

政府というものがいつの日か革命的になりうるというのは矛盾している。それは、それが政府であるというまさに単純な理由によってそうなのである。知性に満ちた集団である社会のみが、自らを革命することができる——なぜなら、そういう社会だけがその自発性を理性的に発揮し、その起源と運命の秘密を分析・説明し、その信念《フワ》（信仰）と哲学を変えることができるからだ。また、要するに、そういう社会だけがその創始者に対して闘い、成果をもたらすことができるからだ。さまざまな政府は、人々を支配すべくしつらえられた神の懲罰なのだが、諸君はそういう政府が自らを破壊し、自由を創出し、革命を行なうことを望んでいる。

しかし、そうはいかぬ。最初の王の戴冠式から人権宣言に至るまで、あらゆる革命は人民の自発性によって起こるものだ。たまさか政府が民衆のイニシアチブに従ったとすれば、それはやむを得ずのことであった。常に政府は妨害し、抑圧し、打撃を与えてきたのであって、自らの固有の動きによって革命をしたことは一度もない。その役目は進歩をもたらすことではなくて、それを押しとどめることだ。矛盾するが、たとえ彼らに革命的な学《シアンス》、社会科学があったとしても、彼らにそれを実行することはできないだろうし、その権利もあるまい。彼らは前もってその学を民衆の中に移し、市民の同意を得るべきであろう。しかし、これは権威と権力の本性を見誤ることでもある。

さまざまな事実が、この理論を裏づけようとする。最も自由な国家とは、権力が主導権を持つこと最も少なく、その役割が最も制限されているような国家である。例としてはただアメリカ合衆国、スイス、英国、オランダがあるのみだ。逆に、最も隷従的な国家とは、権力が最も高度に、かつ強固に組織された国家であり、その証拠はわれわれである。ところが、われわれは統治されていないことに絶えず不平を鳴らしている。われわれは強力な権力、常にもっと強力な権力を求めているのだ。

教会はかつて、優しい母のようにこう言っていた——「民衆のためにすべてを、ただし聖職者によって」

教会の後に君主制が到来した——「民衆のためにすべてを、ただし王によって」

正理論派は——「民衆のためにすべてを、ただしブルジョワジーによって」

ジャコバン派は原理は変えなかったが、その表現を変えた——「民衆のためにすべてを、ただし国家によって」

これはいつも変わらぬ同じ統治主義、同じ共産主義である。

では、最後に誰があえて次のように言うのだろうか——「民衆のためにすべてを、そして民衆によってすべてを、政府すらも」。「民衆のためにすべて」とは、農業、商業、工業、哲学、宗教、警察、等々である。「民衆によるすべて」とは、農業や商業同様、政府も宗教もということである。

民主主義とは、あらゆる権力の精神的かつ物質的な廃絶であり、立法の、行政の、司法の、所有の廃絶である。それを明らかにするのはおそらく聖書ではない。それは社会の論理であり、革命的行動の連鎖であり、まさに現代哲学そのものである。

これについてはド・ジュヌード氏[15]と一致しているド・ラマルティィーヌ氏によれば、「こうしたい」と言うべきなのは政府であり、国民は「同意する」と言えばよいのだ。

15——ジュヌードは、一八一七年にラムネーの熱烈な支持者の一人であったが、『コンセルヴァトゥール』紙と『デファンスール』紙でシャトーブリアンの補佐を務めた後、『エトワール』紙でヴィレール政治の擁護者となった。これによって彼は貴族の称号を得、コンセイユ・デタの訴願審査官となった。

王政復古末期には、彼はマルティニャックやポリニャックに抗して、自分の新聞『ガゼット・ド・フランス』で「政治的自由」を説きはじめた。一八三〇年の革命の後には、正統王朝と普通選挙とを同時に擁護した。彼はまた、約四〇もの出版訴訟に姿を現わす。一八四六年に議員に選出されると、彼は体制側に収まった。一八四八年の憲法制定議会での選挙には、落選することになる。

しかし、諸世紀の経験は彼らに対して、最良の政府とは自らを無用のものにすることに見事到達した政府のことだと答えるのだ。われわれには労働するために寄食者が、神に語りかけるために聖職者が必要なのだろうか。いや、われわれを支配する選良たちはこれ以上いらないのである。

誰かが言ったことだが、人間による人間の搾取、それは窃盗である。そうとも！　人間による人間の支配、それが奴隷状態ということである。そして、教皇の無謬性の教義に至りつくあらゆる啓示宗教は、人間による人間の崇拝、偶像崇拝以外の何ものでもない。

同時に教権の、王権の、財産の力を生み出す絶対主義は、網の目のように人間に対する束縛を増殖させた。人間による人間の搾取の後で、人間による人間の崇拝の後で、われわれにはなおも次のようなことがある。

人間による人間の審判。

人間による人間の刑の宣告。

そしてこの連鎖の仕上げとして、人間による人間の処罰！

われわれが誇り、また尊重せねばならないこうした宗教的、政治的、司法的諸制度は、時代の進歩によってそれらが色褪せ、時が来て果実が落ちるようにそれらが崩れ落ちるまでは従うべきものだが、われらの修業の手段であり、人間に対する〈本能〉の支配の明らかな象徴であり、われらの蒙昧なる時代を示す残酷な習慣の衰弱した、しかし本質的には変わらぬ名残りなのである。人食いの習慣はだいぶ以前から残忍な祭儀とともに消滅しているが、それでも権威の抵抗がなかったわけではない。それはわれわれの諸制度の至るところに残存しており、私はそれを聖体の秘蹟や刑法典に見るものだ。

哲学的理性は、この野蛮の象徴体系を破棄する。それは、これら敬虔の念によって誇張された形態を追放する。しかしながらそれは、こうした改革が法的権威によって進められることを、ジャコバン派や正理論派と一緒に要求しはしない。それは、民衆の意に反して民衆の財産を獲得させる権利が誰かにあるとは認めないし、支配されたがっている国民を解放することが適法であるとは認めないのだ。この哲学は、社会の自由意志による改革にしか信を置かない。つまり、それが認める革命とは、大衆のイニシアチブから生ずるものだけなのだ。それは絶対的なやり方で、政府の革命に関わる権限を否認する。

要するに、信仰のみが問われるとすれば、社会の分裂は人間の原罪による失寵の、恐るべき結果として現われる。それはまさに、蛇の歯から生まれた戦士たちがその誕生後互いに殺し合うという寓話によって、ギリシア神話が表わしているものである。この神話によれば、神は相対立する党派の手に人間の支配を委ねたのだが、それは、不和が地上に根を下ろし、人間がいつ果てるともない暴政の下で、もう一つ別の国に向けてその思想をもたらすことを学ぶためになのである。

理性を前にすれば、政府および党派とは社会の基本的な概念を舞台にのせること、抽象的概念の具体化、形而上的なパントマイムに他ならないが、その意味するところは〈自由〉である。

この政府と党派に関する二重の定義は、われわれの政治的信仰告白をなす。読者よ、諸君は本書で主役を演じる寓意的な登場人物たちをご存知だ。この上演の主題が何かも知っている。では、私がこれから語ることに注意を払っていただきたい。

# 第4章　一七八九―一八三〇年、政府の行動

道徳は、寓話を用いて子供たちに教えられる。そして民衆は、歴史の現われの中に哲学を学び取る。革命は、国民のための寓話である。

歴史とはパンタグリュエル的で妖精的な一つの寓話であって、そこでは、愛すべきであると同時に憐れむべきでもある、交互にグロテスクであったり崇高であったりする一人の登場人物――古代オリエント人はそれをアダム、人間と呼んでいた――の驚くべき冒険の中で、社会の法がわれわれに教示されるのである。アダムには、善い天使と悪い天使がついている。私が「幻想」と呼ぶ、プローテウス（変幻自在な存在のたとえ）に似たこの悪い天使は、無数の姿をとってわれわれを欺き、われわれを悪へと誘い、押しやるのだが、しかし、われわれは善なる守護神――「経験」――によって絶えず善へと連れ戻されるのである。

たとえば、神意ゆえにわれわれが役者の役も観客の役も演じさせられるようなさまざまな出来事には、何ら決定的なものはなく、真実ではない。それらは、われわれの偏見に反駁し、われわれの嫌悪すべき行為を無化するために、世界という広大な舞台で時に数世紀にわたって演じられる壮大なドラマ、いまだやむことのない神話である。われわれがこの六〇年来その感動的な光景を体験してきた、こうしたすべての革命、諸王朝のこの連なり、これら内閣の行列、これらの蜂起の動き、これら選挙のアジテーション、これら議会の協定、これら外交的陰謀、多くの騒音と多くの陶酔、こうしたすべては、この基本的にして常に逆説的な真実――人民は政府によって救われるのではなく、破滅するのだということ――を、わが呆然とした国民に知らしめる以外の目的を持たなかったのである。何も分からぬまま神と人間のこの喜劇にわれわれが関わって、もう半世紀以上にもなる。いまや、何

らかの哲学がその解釈を与えるべき時である。

権力は、フランスでは一四〇〇年前から続いている。それは一四〇〇年前から、共同体を築き自由を生み出すための第三身分の努力の証人であった。権力自体も、封建制を打ち倒し、また、専制政治によって国家統一を作り出すことで、時にはこの動きに関わっていた。しかも権力は、国庫の必要性から「三部会」を召集することで、人民の永続的な権利を繰り返し承認していた。しかしながら、それは恐怖をもってしか、こうした議会を見つめていなかった――そこでは往々にして、神的なものがもはや何もない声が、「理性」そのものである声が、人民の大いなる声が語っていたのだ。まさにこの偉大な〈革命〉を完遂する時がやってきていたのである。国民は帝国に対して、この革命を要求していた。政府は無知を口実にすることはできず、自ら実践するか、さもなくば滅びるしかなかった。

しかし、では権力は理性的だろうか。それは行為と法を尊重できるのか。それは自由に仕えるようになっているだろうか。

一七八九年に大革命を行なったのは誰か――第三身分である。

一七八九年に大革命に敵対したのは誰か――政府である。

政府は、その余儀なく取らされたイニシアチブにもかかわらず、一七八九年の大革命にあまりにも強固に敵対していたので、それを抑えるべく国家に対しては武力に訴えるよう要請せざるをえなかった。七月一四日は、民衆が燔祭《はんさい》のいけにえのように政府側を法廷に引きずり出した、一つの意思表示であった。一〇月の戦い、九〇年と九一年の市民連盟、ヴァレンヌからの送還、等々は一月二一日に至るあの勝利の行進の稽古に他ならなかった。

もちろん、私は革命を志向していた民衆がそれを行なうべきではなかったなどと言っているのではない。私はただ単に、政府は抵抗しながらもその本性に従っていたのであり、それこそが、われらの父祖が理解していなかったことなのだと言うのである。一人の人間を罰したり、一つの形態を非難する代わりに、この原理をこそ撃つべきだったのであり、政府をこそ革命のいけにえに捧げねばならなかったのである。問題は、ブルボン王朝が、立憲王制が、新たな利益をもたらしえたかどうかではなくて、政治体制、公的権裁の組織化が、その性質がどうであれ、革命が確立しつつあった思想と両立しうるものであったかどうかということである。あちこちで自然に形成された、市民連盟ないし友好組織は順調であった。それらが示しているのは、人民主権というものが自由な契約に由来する諸利益の調和にほかならないこと、また、権力の中央集権化は、政治家たちによって要求され実施されるがままであれば、自由の放棄そのものだということである。だから当時、政治的体制に回帰するのでなければ、人々は経済的体制を求めていただろう。また、「権力」を立て直す代わりに、その終焉をもっと早く見出すための次なる方法を求めたことだろう。否定の後の肯定——人民は自分が破壊したばかりのものを、弥縫的なものではなく、もう一つ別の制度に置き換えたのだ。

しかしあいにくなことに、政府の先入見は、革命思想が十全に理解されるにはまだあまりにも強固だった。この運動は、始まるか始まらないかのうちに終わった。一七八九年七月一四日以来、われわれが目にしたあらゆる革命的波乱は、この先入観が原因だったのである。

よく言われてきたことだが、権力は太古から存在している。政府は社会に必要欠くべからざるものである。ロベスピエールのような若干の人々がこのありようを変える可能性を予測していたが、何人《なんぴと》も政府を廃止しようとはしなかったであろう。公的にはアンシャン・レジームは廃止され、[16]すべてはなされたと思われた。そして、権力を再建することに人々は取り組んだ。ただし別の基盤の上に。権力は常に正しく、そして神的な権利によるものとして生じていた——奇妙なことだが、権力は社会的権利、人民主権に由来すると言われたのである。こうした虚偽の助けを借りて、われわれは権力が進歩と和解したと思い込んでいた。しかし、まもなくわれわれは誤りに気づいたのである。

16——初版では「革命は宣言され……」となっている。

〈国民公会〉——神に由来するものは、人間が引き受けることはできまい。[17]権力は、以前のままに留まるだろう——ユピテルの嫡出子は、人民主権の私生児にほかならなかった。意に反して立憲君主となったルイ一六世は、憲法の最大の敵であったが、それでもやはり世界で一番気高い人間《オネートム》であった。それは彼の罪だったのだろうか。憲法は、彼の世襲的王位継承権を確認することで、憲法自身が廃棄を主張していた権利を暗黙のうちに彼に認めていた。この権利は、契約内容とは形式的に矛盾していた。それゆえ、王と国民との衝突は避けがたかったのである。新憲法が発効されるや否や、政府は再び革命の障害になり始めた。改宗したばかりの政府は、憲法上の協定になじめなかった。いや、それどころではない。政府が革命に抵抗する諸手段を見つけたのは、他ならぬ憲法そのものの中においてだったのである。反抗的な国民に対しては、実にもう外国の助けにすがりつくしかなかったこの頑迷な精神に打ち勝つためには、さらに別の戦いが必要であった。一七九二年八月一〇日には、急進的な人々とそれに抵抗する人々との間で、革命の第二幕が演じられたのである。

17――初版には「国民公会」の見出しも、続く「総裁政府」「執政政府」「帝政」……といった見出しもない。最初の思考には、さほど明確な形式化はされていない。この個所は次のようになっている――「神が結合させたものを、人間は分離させせはしない」

この時、人民の意志はもはや障害物に出会うことなく、革命は至上のものとして打ち立てられたように見えた。数年にわたって国民公会は（この時権力は、獲得された自由を守り、憲法を政治的に作り変える使命をもって、国民公会に移っていた）八月一〇日の蜂起、反革命の脅威、八九年の「誓い」などによって与えられたエネルギーを糧として営まれていた。共和国の統一性、国民の自由、市民の平等のために国民公会が戦っている限りは、ジャコバン派に支配されてはいたが、それは偉大で崇高に見えた。しかしながら、諸原理の力を賛えるがいい！革命の恨みを晴らすべく、王政に関して偽りの宣誓をした者が一緒になるやただちに、これらの人々は、統治への紛れもない狂熱に捉えられた。国家の安泰を図る、超法規的な手だてが必要となった。そしてほどなくして、独裁者たちの意志が彼らのすべての根拠となった。彼らは、追放かギロチンしか知らなかった。彼らは権力であり、王たちのように振る舞った。彼らの政令や行為には、絶対主義が甦った。それでも彼らは哲学者だったのだ！……こうした専制主義的な熱狂には、抵抗しなければならなかった。テルミドール九日は、国民の側からするジャコバン専制への警告であった。革命の制覇、領土の独立、共和国の統一性を民衆が案じている間は、彼らは委員会の専制主義を我慢していた。恐怖が一つのシステムになった時、仮の血統が決定的なものになろうとするかに見える時、夢物語《ユートピア》が評議会の中に侵入した時、ロベスピエール、この庶民の復讐の横領者がもはや一党派の首長でしかない時、こうした時に危機は決定的となった。高潔なる改革者の論理によって、彼は悪弊とともに人間をも抹殺することに駆り立てられた。穏建派も過激派も、彼に対抗して団結した。民衆はこれに関わらなかった。ジャコバン派を滅ぼしたのは、まさに権力なのである……。

〈総裁政府〉――国民公会に続くのは総裁政府である。極端の後の中庸。テロリストたちの次は、穏健派の番であった。政治的どんちゃん騒ぎが、社会を党派のシーソー・ゲームに委ねる限りは、事情は同様であろう。ところで、自らを産んだ原理に盲従するというのは、あらゆる権威の本性によるものである。総裁政府もルイ一六世と国民公会同様、ほどなくしてこの証左となった。ロベスピエールの手はあまりにも粗野に思えた。一方、総裁政府のそれはあまりにも脆弱であった。もう一度言うが、これは誰のせいなのか。テルミドールの影響下に誕生した総裁政府は、弛緩した思想から生じた。カルノーの共和主義、ラ・ルヴェリエール・レポの毅然たる態度、将軍ボナパルトの後ろ盾、フリュクティドールのクーデターなどにもかかわらず、総裁政府は一度たりとも、強固な権力体制を構えることも、敬意を勝ち取ることもできなかった。それはますます、時の勢いのなすがままになっていた。総裁政府はつまるところ、バラース（一七五五―一八二九、ナポレオンによって追放される）に集約される。バラースは、テルミドールの頽廃そのものだった。権力は、それが神でないならば、けだものか操り人形である。つまり、個人の意志や理性は、それに対してはどうしようもない。権力の下で育てられた諸個人はたちまち、権力がかくあれと望むような存在となる。ありえぬ和解を代表するルイ一六世は、憲法を裏切る。災いのために生み出された国民公会は、もはや処刑しかないとする。その知性は、まるごと処刑場の中に消えたのだ。総裁政府には平和が求められていたが、無気力に陥っていた。ボナパルトがエジプトから帰還した時には、革命はいつものごとく、政府の無能ゆえに危殆に瀕していた。それゆえ、これはおそらく恥ずべきことだが、ブリュメール一八日はこの将軍の仕業というよりは、国民の大多数によるものであることを認めなければならない。政府はもはや立ち行かなくなっていた。人々がそれを変えたのだ――それがすべてだ。そこで、執政政府が総裁政府のごとく、国民公会のごとく、一七九〇年の君主制のごとく、革命のために設立された。その方針を展開することが革命の障害になるようであったならば、今度は執政政府が没落する番だったかもしれない。しかしボナパルトにあっては、後に指摘されたように革命が再び体現されていたのである。この新しき権力の代理人に仕えられて、革命はさらに円滑に進んで行くのだろうか。それはほどなくわかることだ。ボナパルトの下での、この政府の命運を見てみよう。

**〈執政政府〉――〈帝政〉**――今日と同様当時でも、幻想とは、公共の自由と繁栄のために、市民のイニシアチブよりはむしろ権力の行動に多くを期待することである。またそれは、政府のものではない知性と有効性を政府のものとすることであり、また、革命の処理を完全に委ねるべき存在として、一人の〈大人物〉を探し求めることである。しかも、つらい労役が一般的であり、人々は休息してはため息をついていた。国民は、会社の代表者を待ちかねている株主の集まりのようであった。そこにボナパルトが立候補した。彼は、全員の歓呼をもって選出された。

しかし権力にはその論理、不屈の論理があって、それは世論の期待に少しも譲歩せず、原則を決して曲げさせず、状況との妥協を許さない。それはまっしぐらに母を、子供を、老人を撃つ砲弾の論理である。それはまた、血で満たされる（なぜならその食欲は血を求めるからだが）虎の論理である。それはまた、地下を掘るモグラの論理であり、宿命の論理である。改革王制下では、政府は不実であった。国民公会下では暴力的であり、総裁政府下では無力であった。今や人々は、革命を指導すべき強力な権力を望んでいた――そして、お誂え向きに用意ができた。ボナパルトの手中の権力はきわめて強大になり、ほどなく共和国には、それを代表する男のため以外の地位がなくなるほどであった。革命、それは私だ、とボナパルトは剣の鍔に手を置いて言った。彼はまったく同様に、こうも言いえただろう。「神権、それは私だ」。確かに、かつてこれほどに権力を示した征服者はいない。

彼は、教皇が自分を聖別しにパリにやってくることを望んだ。彼を、この仮初めの兵士を、帝政の神的存在の象徴として。しかし、何という情けない野次馬か！　われわれには、自らの馬鹿げた信頼感を嘆き悲しむ暇があったのだ。というのも、その時われわれは、この国家の首長があらゆるところに人民の意志に代えて自らの意志を押し通し、逐一われわれのあらゆる自由を押収し、われわれの意志に反してヨーロッパの反乱を挑発し、続けて二度にわたって祖国の土地に外国の軍隊を導いたのを目撃したからである。そこで、かくもはなはだしい病に対しては、適正なる治療に訴える必要があった。首尾一貫しないわが国民は、選んだその人間を退けた。暴君の立場と国民の立場は違っていたのである。その怒りはきわめて激しく、その憤りもあまねく行き渡っていたので、土地に最も誇りを持っている人民ですらが、侵略者に対して手を差し伸べたほどである。そして、人民の演説家たちはガンへ走ったが、それはちょうどかつて君主制の宮廷人たちがコブレンツに走ったのと同断であった（ガンは一七九二年にフランス領となったことがある。コブレンツはカロリング朝の王宮所在地として発展。フランス革命の後にフランスに占領されたこともある）。ワーテルローは、われわれに自由を返す贖罪の祭壇だったのだ。

　ホメーロス以来、民衆は王の愚行に悩まされたとは、繰り返し言われてきたことだ――〈王たちが道にはずれると、苦しめられるのはギリシア人だ〉。これはむしろ真実とは逆である。国家の歴史は王の殉教録だ。たとえばルイ一六世、ロベスピエール、ナポレオンがその証拠だ。さらにもっと他の人々を見てみよう。

**〈王政復古〉**――ボナパルトが失墜すると、実効性のある契約によって権力の条件を統御することが企てられた。ルイ一八世の憲章である。この憲章の原理は何だったのか。それを思い出さねばならない。

　自分を指導者にしてくれた革命のことを忘却して、ボナパルトは民衆の権力から簒奪の権力を作ってしまった。第一執政である限りは申し分のない行政官であったが、玉座の上にはもはや他人の財の強奪者しかいないように思えた。一体何が起こったのか。王政復古は、合法的な権力として据えられた。絶対主義がこの異名を得たのは、最初は一八一四年のことである。皇帝ナポレオンは、自らとともにエルバ島へこの絶対主義を持ち去ることはなかった――彼はそれを、王政復古とともにわれわれに残したのである。ところで、人々は何を復古しようとしたのか。相矛盾する二つのことだ。追放されたブルボン王家と亡命貴族に代表される、王権神授説。それに、八九年以後に試みられ、八月一〇日に覆された立憲体制である。一八一四年の憲章は、王が公布したように見えるが、実は国民が暗黙裡に強いたものであり、一七九〇年の思想の再来に他ならなかった。この思想は、革命の騒擾のために無理矢理押し殺され、展開される暇がなかったのだが、時を得るのを求めていたのである。

シャトーブリアンによれば、「一八一四年のサン＝トゥアンの宣言は、ルイ一八世の精神には自然なものではあったけれども、にもかかわらず彼のものでもその参事官たちのものでもなかった（ルイ一八世は、一四年四月にイギリスからパリに戻り、立憲王政を宣言した）。それはただ単に休息を終えた〈時の神〉（砂時計と鎌を持った有翼の老人の姿で描かれる）だったのである。一七九二年以来、その翼は折りたたまれ、その飛翔は止んでしまっていた。その神が再び飛行を、つまりその営みを始めたのだ。恐怖政治の残虐さやボナパルトの専制政治によって、諸思想が再び見出された。妨げになっていた障害物が取り壊されるや、それらの思想は自らが向かい、かつ深めるべき潮流の中に流れ込んだ。事態は、それが中断していた地点から再び動き出した。過ぎ去ったものは存在しなかったのだ。革命の発端に連れ戻された人類は、単にその生の二五年間を失っただけだった。ところで、社会の一般生活で二五年間とは何だろうか。時の神が切り離した一片一片が再び一緒になった時、この空隙はなくなったのだ……」

くわえて、フランス全土が王の帰還を歓呼をもって迎えた。

同じくシャトーブリアンによれば、「熱烈に王政復古を歓迎したのは、共和制と帝政の人々である……帝政主義者および自由主義者たちよ、アンリ四世の息子に跪いたのは諸君である！　独裁者〝アレクサンドロス大王〟（ナポレオンのこと）、この獣のようなタタール人のもとで過ごしたのは誰だったか。学士院の諸部門の人々、学者、文学者、哲学者、慈善家、敬神博愛教徒、その他である。彼らは魅了され、賛辞と嗅ぎ煙草入れでいっぱいになって、そこから戻ってきた。たとえばベルティエのようなナポレオンの親友たちは、何に対して忠誠を示していたのか。正統王位継承権である。フランスに満ちていた、ナポレオンに対するこれらの声明、これらの告発的・

侮蔑的な上奏を支えていたものは何か。王党派？　いや、そうではなく、ナポレオンが選び、支持した大臣、将軍、高官たちである。王政復古はどこで企まれたのか。王党派のところでか？　いやタレーラン氏のところである。誰と？　プラット氏、軍神マルスの司祭にして僧帽をかぶったこの道化とである。外国のおぞましい王子どもとの祝宴はどこで開かれたのか。王党派の館で？　いやマルメゾンで、皇妃ジョセフィーヌの館でだ」（『墓の彼方の回想』）

一七九〇年の君主制は民衆に歓迎された。共和制は民衆に歓迎された。帝政は民衆に歓迎された。そして今度は、王政復古も民衆に歓迎された。この新たなる裏切りは、政府の宿命的な先入見だけが大目に見るものだが、罰されずにいることはありえなかった。簒奪者（ナポレオン）の味方であるよりも、合法的な王の味方であるほうがなおのこと悪質であった。王政復古は、もったいぶりながらも、ただちに、革命が廃絶したかまたは廃絶したと思ったあらゆるものを復活させることにとりかかった。すなわち、封建的権利、神権、長子相続権である。そしてまた、革命が打ち立てたあらゆるもの、すなわち信教の自由、集会の自由、出版の自由、税の平等、雇用の均等分割、等々を抹殺することに――。革命は王政復古によって戒厳令の状態におかれている――国民の財産が要求される。神聖同盟の名の下に、外国の専制主義との条約が交わされる。〈信仰〉の名の下に、軍隊を送ってスペインの革命と戦わせる（スペイン独立戦争は一八〇八―一四年にわたった）。この合法的な政府は、世界で最も論理的に、その原理に忠実に従ったのだ。要するに、合法性はそれほどに、ある日誤って法の埒外に陥ったのだ。パリには当時、バリケードが築かれていた。騎士王（ベルギー国王アルベール一世）は追放され、彼の眷族はすべて国外に追放された。ところで尋ねるが、こうした奇妙な結末の責任は一体誰に帰着すべきなのか。一体誰がこの権力を作ったのか。誰が王政復古を歓迎し、同盟国を抱きしめ、「憲章」を喜んで受け入れたというのか。われわれが恥ずかしさで死にそうでなければならなかった場合に、仮に国家に羞恥心があり、それゆえ国家が消滅しえたとしても、実際は、七月の栄光の日々を顕揚すべく記念建造物が建立され、記念祭が定められ、かくてわれわれは以前にもまして再び権力を組織し始めていたのだ！

それゆえ、試練はまだ終わってはいなかったのである。

〈新憲章〉――さまざまな政府が、革命の激しい殴打のもとに操り人形のように崩れ落ちたけれども、国民のほうは権威への恋着から戻ってはこなかった。しかしながら、権力の本能と民衆の思想とは別物であることが気づかれ始めていた――だが、政府なしでどうやっていくのか。これはあまり考えられたことがないので、問いを発することすら思いつかれなかった。社会はそれ自体で回転すること、その推進力は内在的で永続的であること、問題はこの運動を社会に伝えることではなくて、社会に固有なものを調整することであるということ、こういう考えはまだ生まれていなかった。だからこそ人々は、この永久運動にあくまでも一つの主動因を与えようとしていたのである。

神は宇宙においてその運動の原因であり、秩序の原理であるが、社会においては政府がそうなのだ、とはよく言われることである。〈自由〉、〈秩序〉、これがこの政府――私としてはほとんど反革命と言うが――から人々がまたも作り始めたスローガンであった。過去四〇年の間にわれわれは、神権による政府、蜂起による政府、中道の政府、暴力による政府、正統王位継承権による政府を論じ尽くしてきた。われわれは神官による政府に回帰したくはなかった。では、何が残っていたのか――利潤による政府である。これがわれわれが採用したものであった。いや、正確に言おう、一八三〇年の時点で、この結論に到達せぬことはありえなかった。この結論はかくも絶対的多数に迎えられたので、そこに国民的願望を認めざるをえないほどであった。

一見したところ、まずは次のように思われる。すなわち、一八一四年の憲章と一八三〇年のそれとの間に違いはない。国民は、原理は変えずに王朝を変えただけである。そして、シャルル一〇世から権威を剥奪してそれをルイ＝フィリップに移した行為は、この権威の不実な受託者に対する民衆の裁きに他ならないということ。

これは、七月革命の重要性をまったく見誤っていよう。一八三〇年と一八四八年は、互いに断ちがたい絆で結ばれた年代である。一八三〇年七月には社会民主革命が受胎された。一八四八年二月二四日には、あえて言えば、それが孵化したのだった。ところで、七月におけるこの移行がかくも容易に見えたとしても、この革命は、これから見るように、それでもやはり根源的だったのである。

失墜した君主制は、八九年の場合と同様に、封建的権利に頼ろうとしていた。それは一種の王朝的専制政治を求めており、人民主権の原理とは相容れなかった。国家の意志に直接属するようなものが望まれたのである。もはや憲章は王によって授けられるものではなく、王によって受け入れられたのだ。状況は逆転した。この機会にラファイエットは、民衆にルイ＝フィリップを推薦して言ったのだ。「ここに最高の共和制がある」と。

確かに、ルイ＝フィリップは王座についたブルジョワジーだった。そして、この改革が、熱狂的な者たちにはかなり凡庸なものに映ったとすれば、それは後に見るように、この改革が深いところで革命的だったからである。君主制は人間化されたばかりであった。ところで、ユマニスムから社会主義へは、言葉の違いしかない。諸党派がこの真実を一度納得しえたならば、それらは和解に向けて大きな一歩を踏み出していたことだろうが。

シャルル一〇世は、おのれの致命的な勅令を正当化するために、憲章の第一四条を盾に抗弁していたが、それは彼によれば、国家の安全のために王権にはあらゆる手段を取ることが許されているというのであった。しかし、権力からこの手のあらゆる口実を奪うこと、それが権力を服従させることであった——将来において王は法律を失効させることも、その施行を免除することもできぬと明記されているのだ。「この憲章は」、とルイ＝フィリップは叫んだ——彼は善意の人間だったと私はあえて言うが——「今後真実となるだろう」。しかし、おお、革命の宿命よ！　おお、哀れな人間にはなんと未来が見えぬことか！　おお、盲目の民衆の忘恩さよ！　ほどなく第一三条によってオルレアン王朝が断たれるのが見られよう。ちょうどブルボン王朝が第一四条によってそうなったように。ルイ＝フィリップもシャルル一〇世も、自らの任務に背いたのではない。彼らがともに失墜したのは、その任務にあまりにも忠実であったがためである。

司祭党は、一七九〇年の憲法によって剥奪された特権と影響力を回復し、世上権に復帰する望みを一再ならず表明していた。彼らは、この目的のために、カトリック教が国家宗教であると宣言していた憲章の別の一条を利用したのである。良心と同じだけエゴイズムを安心させるために、将来的に国家宗教はもはや必要ないことが決められた。ヘーゲルとシュトラウスの弟子である私としては、そんなことを要求するはずもなかった。では、国家の正義、国家の管理、国家の教育、警察をどう認めるのか。そして、国家宗教をどう拒絶するのか。正理論派はためらわなかった。ジロンド党の要望書にあるように、これは地方分権化へ向けての第一歩であった。

要するに、この改革は次のように布告することで、成功が保証されたのである——「第六七条。フランスは自らの色を再び採用する。将来、三色帽章以外の帽章は、もはや着用されないだろう」。これはあたかも、こう言っているかのようだ。「現在、正当で神聖で、かつ畏敬すべき唯一のもの、それは革命である」。この条項によって、政府は革命的であることが明言されたのだ。権力は人民の足下に置かれ、権威はそれ自身の原理にではなく、世論に従属させられる。新たな体制が作り出されたのだ。

たとえば、一八三〇年憲章によって時代遅れの絶対主義は打撃を受けたのだが、それは一つには、ブルジョワジーに似せて作られた王権——もはやブルジョワジーの代理人でしかなかった王権においてであり、次いで、カトリック教——かつては国々を分配し、その審判者であったが、今や他の宗教と同じく国家の雇われ人であるカトリック教において。それまでは、権力は天空にとどまっていた——それが、悪魔祓いによって雲の上から引きずり下ろされ、大地に根づかせられたのだ。それは、かつて神秘的であった——それが、実用的で現実的なものにされたのだ。だから、もうそれは長くないと言えた。はっきり言おう。一八三〇年の革命家たちに対して、人々は公平ではなかった。彼ら革命家たちは、カトリシズムと君主制の根を同時に断ち切ることで、その仕事の三分の二をなした。だからその後継者たるわれわれには、こうした前提から当然の結果を引き出す以外の労苦はなかったのである。

一八三〇年の改革者たちは、資本の前でのみ足を止めた。二〇〇フランの納税額を維持しつつ彼らが崇拝していたのは資本であり、この資本を彼らは神であり政府と見なしたのだ。この新しき権力を前にして、王が、貴族が、聖職者が、民衆がひれ伏していた。この資本主義のヒエラルキーを取り除いたなら、すべての人が平等で兄弟になったに違いない。君主制への信仰、教会の権威に対して、利潤の崇拝、私有財産の宗教が取って代わったのだ。これよりも安心できるもの、もっと強固なものが考えられただろうか。破門や火刑にもかかわらず、哲学はカトリシズムに打ち勝った。親裁座（国王が高等法院に対して王令の登録を強制するときに用いた玉座）や弾圧にもかかわらず、人民主権は王の特権に打ち勝った。人民はこうした変化をすべて受け入れ、新しい風習に適応すべきであった。だが、私有財産を超えるのは何でありえようか。巷間、「七月」の体制は不滅だと言われていた。つまり、一八三〇年は諸革命の時代を終わらせたのである。

こうして、正理論派たち――王と教会に激しく抗する革命家たち、独占のことになると容赦ない絶対主義者たちは、議論を繰り返していたのだった。

# 第5章　一八三〇―一八四八年、政府の腐敗

ルイ＝フィリップの政府は、この長い歴史的時代の中でも最も奇妙なエピソードの一つであり、そこでは国民が天佑の性向のままに委ねられ、彼らのユートピアの迷路の中に行き当たりばったりにさまよっているのが見られる。この記念すべき統治にはあらゆる憎悪が一斉に振り向けられ、あらゆる侮辱が加えられている。私は、諸事実をその真実の光の下に回復し、王位にあったこの男――ボナパルトに次いで、革命の最も有効で最も知的な道具――の汚名をそそいでみよう。

中産階級によって、中産階級のために築かれた七月王政の原理は、したがって私有財産であり、資本である。君主制という形をとったこの政府の本質は、銀行主義である。このことは、社会主義的作家の中で最も才気のあるトゥースネル氏が、その貴重な著作のタイトル『時代の王としてのユダヤ人』で表わしている。

およそ政府というものは、その原理を発展させていく傾向がある。七月王政もこの例に漏れない。一八三〇年の立法者である資本は、エジプトのイシス神のようにこう語った――「余はあるところのものすべてであり、あったところのものすべてであり、あるだろうところのすべてである。何物も余を介さずして存在せず、何人《なんぴと》も今まで余のヴェールを剝いだものはいない」。自らの起源に即し、自らの原理にすべてを関係づけて、政府は、かつての諸制度、諸思想のままに留まっているものを侵食し、同化し始めたのである。これがルイ＝フィリップの任務であった。この逡巡を知らぬ天才は、一九世紀のこうした解体作業、偉大な新生の序曲をやり遂げたのだ。

その成り立ち、政策、徳性のいずれにおいても非難攻撃を受けて、ルイ＝フィリップ政府は民衆の憎悪と侮蔑を汲み尽くした。とはいえ、公正な歴史は、ルイ＝フィリップの治世よりも充実し、合法的で、非の打ちどころ

のないものはかってなかったと語ることだろう。

まずなによりも、ルイ＝フィリップは〈七月〉の真の代表者である。誰がこの三日間を作ったのか――人民だ、と共和派は言う。そうだ、それはナポレオンの兵士たちがマレンゴ（マレンゴの戦いの際にナポレオンの料理人が作った料理）を作ったのと同じである。人民大衆は、七月にはブルジョワジーの義勇軍でしかなかった。ブルジョワジーのみが、一五年の間に勝利を準備し組織していた。彼らにのみ、勝利を意のままにする権限があったのだ。今、人民投票についてはどう語られているだろうか。仮に君主の選択を人民に諮ったとすれば、「憲章」の原則を変えてその形式だけが残された以上、形式が内容に勝っている人民は、アンリ五世を選んだであろうことは明白である。他の候補者はすべて、人民の眼には正当化されぬものだったにちがいない。しかし、事態はそうは推移しなかった。われわれが汚名をそそぐべきだったのは、一八一四年の憲章だけではなかった、新しい原理を権力に代表させることこそが問題だったのだ。そしてその原理を創始した者のみに、自らの代表者を選ぶ資格があった。この件に関しては人民に諮ることはできなかったが、それは革命にとって幸運なことだったのだ。今度は利潤の政府が出現したのは必然だった――さもなければ、人民は黄金の子牛（出エジプト記に由来。金銭と権力の象徴）を自らの神と見なすことに、決して同意しなかったことだろう。また、マルサス主義のポン引き行為によっては、正統性の忠義者たちは、決して自らの王を認めなかったことだろう。ルイ＝フィリップは、〈七月〉のさまざまな不正の重荷を受け入れえた唯一の人間であった。つまり、「栄光の日々」の正当性を否定すべきであるか、あるいは、この過渡的段階を認めるならば、ブルジョワ王の正当性を認めるべきか、どちらかなのだ。

ルイ＝フィリップの政策、その統治思想に関しては、それを弁護することはさらに一段と容易である。細部に拘泥せず、ギゾー氏が示唆するように、その偉大な政策の中の本質的な所業に留意するべきである。

ブルジョワジーは、半世紀来の宿願であった立憲政体を実際に打ち立てたのだが、一八三〇年には彼らはどんな目的を定めていたのだろうか。よく見てみると、フランスの運命への過渡的段階としては必然的なこの政治形態の次にブルジョワジーは何も望まず、何も予測していなかったことがわかろう。彼らにとって「憲章」は、一つの大いなる否定に他ならなかったことがわかろう。

ブルジョワジーが、その新たな「憲章」と彼らの代議制政府を通して何を求めていたかは、一八三〇年の時点では彼らにはわからなかったが、一八四九年においても依然としてそうである――ただ、彼らは自分たちが望んでいないものだけはきわめてよくわかっていたのである。

ブルジョワジーは、自らの意志とは別の原理による合法的な君主制は望んでいなかった。そうした君主制は、彼らがクーデターによって排除したばかりだったのである。

彼らは、ギリシア人やローマ人ふうの、古典的な――つまりはロマン派的な共和国、「二月」以後もなおそのようなものとして希求されていた共和国を、ほとんど問題にしていなかった。

彼らはイエズス会派が好きではなかったが、それはイエズス会派を教皇権至上論者ともガリア主義者とも見なしていたからである。彼らにとってジャンセニストはイエズス会派の一変種に他ならない――彼らがボシュエを称賛したとしても、本心はヴォルテールのものであった。彼らは礼拝と賃金生活者を受け入れたが、しかし、あたかも神を共有するのを拒否したかのように、宗教を法の外に置いた。

彼らは、労働の最前線で獲得された雇用および財産のヒエラルキー以外のヒエラルキー、すなわち貴族も、貴族政治も容認しない。

要するに彼らは、規則も、ギルドも、共産制も気にかけないということを、いろいろな場合に明らかにした。彼らは自由交換さえ受け入れない。自由交換は保守主義者の眼には、社会主義の多くの様相の一つなのである。

では彼らは、この狡猾で、中傷好きで、手におえぬブルジョワジーは、何を望んでいるのか。彼らに笞を少しでも急き立てれば、商売が望みだと言うだろう――それ以外のものはどうでもいい。世論を、党派を、彼らは愚弄する。宗教について、彼らが何を考えているかは周知のことだ。彼らがあれほど戦い取るべく尽力した代議制政体に、彼らは哀れをもよおす。ブルジョワジーが望み、要求するもの、それは物質的安楽であり、奢侈であり、所有であり、金銭を稼ぐことだ。

そして、こうしたすべての点において、人民はブルジョワジーの意見に与《くみ》する。彼らもまた、彼らなりに安楽と所有と奢侈を求める。一言で言えば、こうした条件下で、政治においても宗教においても人が望むようなことを、思うさま信じようとするのである。

結構だ！　しかし、ルイ＝フィリップの使命、一八三〇年の協定によって与えられた使命とは、ブルジョワ的観念を優越させることであったが、それは言い換えれば――注意されたい！――こちらに労働を、あちらに利益を、そしてすべてに安楽を保証するものではなく、また、商業販路を切り開くものでも、国家の取り引きの出入り商人を獲得することでもない――そうなれば社会問題は解決されただろうが――そうではなく、利子のモラルを普及させ、あらゆる階級に政治的・宗教的無関心を伝播させ、そして、政党の壊滅、良心の堕落によって新しい社会の基盤を掘り崩し、言ってみれば、革命を運命が命じるがままの状態に留めておくことであった。しかし、同時代の社会はそれを受け入れなかったのだ。

確かに、それは必要であった。そして、それを望んだのはまさしく、ありとあらゆる王朝の諸君である！　ああ、しかし、この恐ろしい体制を前にして諸君は後ずさりする。しかし私は、ルイ＝フィリップの容赦ない政府に、完全に密着してみる。

その選挙人たちから「君はわれわれの世代の壊乱者となるだろう」と言われたような王が、すなわち自然と政治の見事な一致によって、このような時代のまさに申し子として生み出されたと思われた王が引き受けたものがあると、諸君は本気で望むのか。母鳥からの餌を待つ小鳥たちのように、彼からの授かり物を待ち望む飢えた請願者たちに対して、彼は一体いかに抵抗しえたというのか。美徳の眼差しによって煉獄のように苦しめられる、これら悪徳にとりつかれた魂たちに対して、彼はいかにして憐れみをたれぬままでいられたのか。

七月の権力の立場に立ってみるがいい。それまで社会の精神的財産を形成し、あえて言えば良心の防壁となっていた諸制度や諸思想を思い出してみたまえ。するとそこには、国家の首長への尊敬に値するような何ものも、市民の側からはちょっとした苦痛やささやかな楽しみの犠牲に値するような何ものも見つからないだろう。

諸君を押しとどめているのは宗教的偏見、君主制的な自尊心だろうか――だがそれでは、シャトーブリアンを読んでみたまえ。王たちのことを考えて微笑《ほほえ》まぬ王党派はいないし、地獄の刑罰の永遠性を信じてはいるが、禁欲が時代遅れであることを認めないキリスト教徒もいないのだ。

では、正義の神聖性、道徳の純粋性なのだろうか――しかし、もはや道徳も正義もない。権利と義務の確実性もまったくない。つまり、正義と不正義は混ざり合い、識別しえないのだ。風紀の凌辱が、姦通が、偽証が、窃盗が、破産が、暗殺が何によっているか、私に言ってみるがいい。また、暴利を、独占を、協定を、汚職を、公務員の贈収賄を、偽金を私に定義してみせるがいい。それらは、新聞小説の、演説の、絵画の、舞踏の自由とともにある。また、商業と工業の自由とともにある。諸価値の恣意性と金銭ずくの公職とともにある。また、情状酌量とともに。結社の、流通の、贈与の自由とともに。そして自由な労働者と自由な女性とともに！　だが注意していただきたいのだが、私は自由を告発しようというのではない。ただ、一八三〇年の憲章の下では、われわれの自由は錘でも羅針盤でもなく、あらゆる犯罪の自由であり、われわれの社会秩序は完全に崩壊していると言っているのだ。

では少なくとも、立憲形態の尊重、政治的信条への忠誠だろうか。だが、資本を至上のものとする政治とは何か。影絵芝居の見世物、死の舞踏だ。世論や投票は一体何に関わりうるというのだろうか。配分的正義の、公衆道徳の、警察の、役所の、財産の問題にである。さて、核心に入ろう。諸君は自由な思想というものがすべてを解剖し、すべてを破壊したことを認めることになるだろう。そして、どこを向いても、あらゆるところに混沌があり、その結果ついに、この揺れ動く世界に残っている平和と秩序を守るためには、もはや専制という手段しかない、ということも。内省によっていかなる理性的な選択もなされず、また、白と黒とが等しいことを論理が示すようなこの不確かさの中では、たとえそれが諸君の利益ではないにしても、何が諸君を決心させるのだろうか。

それゆえ、あらゆる人々、あらゆる物事を自由放任にせよ。そして、その結果跳ね返った飛沫《しぶき》をぬぐうだけにせよ。キリスト教徒もユダヤ教徒もない。王党派も民主派もない。アカデミー会員もロマン派もない。それぞれはそれぞれの所で、それぞれはそれぞれのために。神、すなわち財産はすべての人々のために。不寛容はもっぱら不寛容な人々のために。泥棒や売春婦にとってさえ満足できる場所のある暗黒街でも生きることのできぬ者のみが、悪しき市民である。

一八三〇年の憲章が君主に従うよう強いたのは、こうした厳然とした、かつ、天佑のような趨勢である。一連の革命の最終段階としてのこの憲章は、ネメシス（人間の傲慢を罰する神）の審判のごときものであって、われわれは毒ニンジンを飲むのを余儀なくされたのである。ルイ＝フィリップは、その毒杯をわれわれに差し出す以外のことをしなかった――かつて、死刑執行人の役割は、王の特権の一部をなしていたのである。

ルイ＝フィリップ政府に浴びせられたあらゆる非難のうち、理があるとすればおそらく一つだけであろう。それは、私が間違えていなければ、野党のティエール／バロ側からモレ内閣に向けられたものである。「われわれは君と同じことをするだろうが――と彼らは言う――しかし、君よりはもっと巧みにやるだろう」。これはもっともなことである。つまり、新体制が認められた以上、今度はその実施をめぐって論議するほかはない。ルイ＝フィリップは一八年間にわたってフランスを堕落させてきた――これはあまりにも長い。そのため国にかかった費用は毎年一五億フランであった――これはあまりにも高い。オディロン・バロ氏が大臣の職にあったのが共和制下だけだったのは、何という不幸だろうか。

では、彼ら、この徳と名誉の鑑であり、主義・主張にこりかたまったこれらの政治家たちは、望みどおりのこの男の何を非難しなければならなかったのだろうか。というのも彼らは、この男がイエズス会派を装いつつ無神論者であること、かわるがわる保守と革命を語ったこと、庶民とともに品位を落としたかと思うと貴族をちやほやしたこと、子供たちの教育を無知蒙昧な修道会に委ね、少年たちを無信仰に高等中学《リセ》に委ねたこと、王たちと陰謀を企て、神聖同盟からは排除されたこと、などのゆえにずっと告発していたのであってみれば。

ルイ＝フィリップは彼らに次のように応えることはできなかっただろうか。

私の政策の諸矛盾はそうしたことの表われだ。諸君によれば、神とは何か――一つの言葉だ。人民は？――奴隷だ。王政は？――崩壊した。憲章は？――否認する。革命は？――ミイラである。では諸君自身は？――塗り直した墓である。偽善者たちよ、諸君のために私は侮蔑と憎悪の的となったが、それは私が諸君の秘密を暴いたからだ。おお、諸君は諸君の失われた宗教を嘆いている。ではなぜ、シャルル一〇世を追放したのか。諸君は輝きをなくした栄光を嘆く。ではなぜ皇帝を裏切ったのか。諸君は共和国の徳性を嘆く。ではなぜ、コンドルセを、ロランを、ヴェルニョーを、ダントンを、デムーランを屠《ほふ》ったのか。[18] 諸君は、かつてはきわめて貴族的で、かつ民衆的であった君主制が屈辱を受けたことを嘆き悲しむ。ではなぜルイ一六世を廃位したのか。なぜ、廃位した後、くそったれの過半数の票決で、卑劣にも彼に死刑を宣告したのか。諸君は、私が人民のために何もしないと言って非難する。ではなぜ、バブーフを銃殺したのか……。恥知らずの正理論派よ、手前勝手なマルサス主義者よ、恩知らずのブルジョワよ。諸君はわが治世の腐敗を告発し、私を汚辱の上に据えた。もはや諸君には、わが存在の上で自らの首を絞めることしか残されていない。その仕事をやりとげるがいい。ただし、その前に自分が誰であるかを知るがいい。そうすれば私が誰かがわかるだろう。

18――初版では――「なぜ諸君はロベスピエールを屠ったのか」

二月革命は侮蔑の革命であったという。これは確かだが、ルイ＝フィリップの不可思議な運命の秘密が、まさにそこにあることを誰が知らぬだろうか。

あらゆる原理の壊乱者によくあるように、ルイ＝フィリップは君主の中で最も憎まれ、軽蔑されたが、その任務に高度な知性を発揮したので、なおのこと軽蔑され憎まれたのだ。

ルイ一四世は、個人の偶像崇拝によって統治した。カエサルとボナパルトは賛美によって。スルラ（ローマの政治家）とロベスピエールは恐怖によって。ブルボン王家は、帝国の制覇に対抗したヨーロッパ規模の反動によって。

ルイ＝フィリップは、侮蔑によって統治した最初の、唯一の存在であった。

カジミール・ペリエはルイ＝フィリップに敬意を抱いていたのだろうか。また、ラファイエットは、ラフィットは、デュポン・ド・ルール（一七六七―一八五五。二月革命臨時政府の首班）は彼に好意を持っていたのだろうか。あのタレイランやティエール、デュパン、ギゾーなどのような人々、およびルイ＝フィリップの大臣だったり、大臣になりたがっていたその他のすべての人々については言わぬ。彼らは、ルイ＝フィリップについてはっきりした見解を持つには、あまりにもその主人に似ていたからである。しかしたとえば、アカデミー会員たちは、偉大なる王および、偉大なる皇帝の栄光を賛える場合のように、その会議の席上でルイ＝フィリップに賛辞を送るのが見られただろうか。劇場では俳優たちが彼を賛え、教会では司祭たちが彼のために説教し、水曜会議では司法官たちが彼を称賛するのが見られただろうか……。それでもしかし、こうした人々のうちの最も名誉ある者たちでさえ、心底では正真正銘の共和主義者だったが、彼らは一緒になってルイ＝フィリップを担ぎ上げた。彼らはルイ＝フィリップを呪いながらも、あくまでも彼を擁護しようとしたのである。ラファイエットは、彼に関してこう言っていた――「彼は最高の共和国である」。ラフィットは彼に財産を、オディロン・バロはその人望を、ティエールとギゾー氏は彼らの最も内なる信念を捧げ、デュポン・ド・ルールは彼のために一八〇〇万フランの特別歳費を求めた。カジミール・ペリエは、共和主義者およびポーランド人としての呪詛を明かすことなく、戦闘の最中に殺された。諸君には、これほどの憎悪に結びついた、これほどの献身の理由がおわかりだろうか。

ブリュメール一八日の際には、揺れ動く革命を安定させるために一人の男が必要であった。同様に、一八三〇年には、この古びた世界を朽ち果てさせるために、やはり一人の男を要した。ルイ＝フィリップこそその男であった。

彼を子細に検討してみたまえ。彼は生来、真摯なる壊乱者である。中傷にも超然とし、私生活には非の打ちどころがなく、壊乱者ではあるが堕落はしていない彼は、何を欲し何をなすかを知っている。忌まわしい運命が彼を呼び、彼はそれに従う。献身的に、巧みに自らの勤めを追求し、いかなる神的ないし人間的法も、いかなる悔恨も彼を揺るがさない。良心の鍵は彼の手中にあり、いかなる意志も彼には逆らわない。国民の要望を彼に語る政治家に対しては、自分の息子用の給費を提供する。教会の窮状を訴える聖職者には、一体何人の妾を囲っているのかと尋ねる。彼を前にして無数の良心が堕落《トンベ》する。ちょうどナポレオンの面前で戦場の兵士たちが倒れた《トンベ》ように。しかし、皇帝はこの虐殺に心動かされなかったし、ルイ＝フィリップもそれらの魂の堕落に心打たれはしなかった。ナポレオンは、ある宿命――理解はせぬものの感じ取ってはいた――に支配されて、無数の人々を死へと急き立てる合図を、平然と出すことができた。それゆえ、彼はネロかドミティアヌスのような存在だったのだろうか。一方、家庭では厳格な父親であり、自己統御にすぐれたルイ＝フィリップは、地獄と契約を交わし、国民に耐え難い責め苦を与えた。ところが彼は、神と人々を前にして、非のうちどころのない存在のままである。

彼が腐敗させる下劣な人々は、何と免許や地位のために、自らがなお美徳、正義、名誉と信ずるものを公然と捨て去るのだ。彼らにあるのは背徳と恥辱である。

だが国家の首長、社会の代表者、神の道具であるこの男は、何によって徳に反するのか。彼にとって徳とは、進歩のためにこれら死体のような魂を犠牲にすることではないのか。あらゆる手だてによって、運命を成就させることではないのか。

哲学と歴史が教えるところによれば、本質において不変の徳性は、形態的には変わることが可能である。キリスト教徒にあっては、この徳性とはまずもって、共同体に財を寄進することであった。さらに後にはそれは、神話の現実性の証として、自らの血を注ぐことであった。次いでそれは、異端で共産主義のサラセン人を、武力によって絶滅させることにあった。九三年には、この徳性は王権への憎悪であった。一〇年後、それは民主主義への憎悪となった。五〇〇万票の投票が示したのは、それが当時のフランスの世論だったということである。

宗教が全く失墜しており、哲学がどっちつかずの現在、また、多少とも誠実な議員たちによって代表される国民主権が酔っ払った百姓のようにフラフラしている現在、あらゆるものが徳性に混ざり合い、あらゆるものが再び恣意的で無価値になっている。ただし、生活することと金を溜めることという点を除いてだが。おわかりのように、徳性とは正妻以外を持たぬということだが、仮に二〇人の妾を養うことができても懲役刑がせいぜいだ。また徳性とは決闘で戦うことであり、その場合名誉刑がせいぜいだが、戦わなくてもせいぜいが重罪院である。

また徳性とは、何とかして贅沢と安楽を手に入れさせること（一八四六年度の人文・社会科学アカデミーによるプログラムを参照）だが、ただし刑法典で想定されたケースから逸脱しない限りでである。私の快楽とは私の法であり、それ以外のものには何ら私は関知しないのだ。現実的で、かつ必須の徳性をわれわれが取り戻すためには、社会が上から下まで再建されなければならない。そして、社会が再建されるためには、社会が自らを解体しなければならないのだ。もう一度言うが、この偉大な革命の先駆者であるこの王が、一体どうして背徳性ゆえに有罪なのであろうか。というのも、彼は、この時期に可能で必要な唯一のこと、つまり古ぼけた先入見の下落、社会の崩壊のためにひたすら取り組んでいるのだから。

それゆえ、人類において理性とは言葉ではなく、事実と行為であること、その証明は経験であり、物自体は現象であることをどうか想起されたい。

ルイ＝フィリップは、立憲体制が帝政や正統王位継承権と同じくさまざまな否定の否定であり、どうみてもありえない夢物語《ユートピア》であることを明らかにする使命を授かったのだ。何よりもまず政治家、実際的な男である彼は、議論するのではなく行動する。彼はさまざまな圧力によって、議会主義を攻撃する。彼は滑稽な見世物――この時代に日の目をみた唯一のものであるブルジョワ王権によって、君主制原理を殺す。カトリシズムに対しても同じやり方である。本を読まぬ民衆にとっては、百科全書派も、ヴォルテールも、ルソーも、デュピュイも、ヴォルネ（一七五七―一八二〇。フランス革命時の憲法制定議会議員。ジャコバン派に投獄される）も、レッシングも、カントも、ヘーゲルも、シュトラウスも、フォイエルバッハも一体何の役に立つというのか。一〇〇万冊の本も、一世紀のうちに四〇〇〇の読者も目覚めさせはしない。しかし、神の摂理は違ったやり方をする。それは、宗教と利潤を対立させ、エゴイズムによって信仰を攻撃する――かくして、証明はなされた。

あえてこう言ってみよう。この時代の人間だったがゆえに道徳的な人間、それがルイ＝フィリップであった、と。われわれの病的な意識にとってかくも恐ろしい、この「頽廃」という語を恐れないようにしよう。頽廃はまさしく、七月王政の道徳性であった。憲章がそう望んでいたのである。そして、神ははるか昔から、その教えをわれわれに与えてくれていたのだ。

ルイ＝フィリップは、この一九年来絶えずその役割を演じていた、ヨーロッパで唯一の人間である。また、彼が退位する時に至るまで、すべてが彼には好都合であった。思想的には盲目で、行動的にはあやふやな弑逆者たちの弾丸から、彼は免れていた。彼は過激派や陰謀に打ち勝ち、全くもって忌まわしいそれらを踏みつけ、その不敵さに立ち向かった。彼自身は君主として、また、特権を持たぬ王としては脆弱であったが、それでもなお運命的な人間であり、人々に崇拝される存在であった。これには、彼が戦ったさまざまな主義・主張の対立・反目が与って力があったのである。

このような役割には深く偉大なものがあることを理解せぬためには、何という卑小さを要することだろうか。何と、ルイ＝フィリップは軽蔑すべき腹黒い男であり、卑劣な吝嗇漢であり、信仰なき魂、凡庸な天才、エゴイストのブルジョワ、無味乾燥な演説者だというのだ。だとすれば、彼の内閣は彼以下なのである。大臣たちはそのことを認めている。元大臣たちがそれを広め、全フランスがそれを知っている。そして、パリのわんぱく小僧たちがそれを繰り返すのだ。誰も、誰一人として彼に対しては尊敬の言葉を吐かない。ラファイエットも、デュポン・ド・ルールも、ラフィットも、C・ペリエも、彼についてはかわるがわる野卑な言葉を借りて表現していた――「こん畜生がわれわれを騙したのだ」。こんなことが、何と一九年間も続いていたのだ。フランスにおいて、高潔で生命にあふれた英雄的なものはすべて、この惑乱的な力の前に粉々になってしまっている。すべては蝕まれてしまった。この腐敗は、われわれの鼻から耳から染み出している。一九年の間、フランスには反乱はなかった。そして、彼が没落した今日、共和国がこの卑劣漢を打ち砕いた今日にあって、フランスはなおもこの男を懐かしんでいるのだ。では、すべてはまだ終わっていないということなのか……。いや、わが祖国の名誉にかけて、フランス人という名の尊厳にかけて、私はこのような悪の力を信じることはできない。諸君がその不正の責めを負わせ、その貧困の罪を負わせるこの男は、私の眼からすれば、虚偽意識のアッチラであり、革命的正義の最後の鉄槌にほかならないのである。

さまざまな個性を打ち壊し、さまざまな信念を崩壊させ、すべてを商業の現実主義へ、すべてを金銭へ、つまりは、金銭の理論が復活の原理と時を告げ知らせるような日に至るまで導くこと——これがルイ＝フィリップの業績であり、その栄光である。ルイ＝フィリップはその見解の狭量さ、けちな策略、下品さ、無駄口、悪趣味、空疎な饒舌、ヒポコンデリーの博愛、信心に凝り固まった自己満足のゆえに非難されるが、これらすべては私にはなんとも言いようがなく皮肉で、かつ妥当なものに思える。何も言っていない王たちの議会の開会演説にかえて、では諸君の饒舌な議会制度をどうするというのか。というのもまさに、補償金二五フランの立法議員も税金五〇〇フランの立法議員も言うことを何も持っていないし、また持ち得ないからである。

ルイ＝フィリップの生涯は未完であると言えよう。自分にふさわしい一人の大臣が最後まで見つからなかったのであってみれば、彼の統治には何か欠けたものがあったのである。それがまさにギゾー氏であって、彼の政敵およびライバルたちの証言によれば、彼はおよそ野心というものと——それが権力欲ではないとすれば——無縁だった。その犠牲者たちがひしめき合う最中で、まさしく純然たる自らの主人として、この偉大なる壊乱者には、聖書の詩編作者の言葉が当てはまった——〈この腐敗は私のところまではやって来ない〉。一人彼のみが統治の思想を知っていたし、一人彼のみがルイ＝フィリップの友であった。ちょうどアペマントゥスがタイモンの友であったように（シェイクスピアの戯曲『アテネのタイモン』を踏まえている）。そうとも、リジューの改革宴会で、壊乱への祝杯の際に君の力の秘密をあえて示した時、おお、偉大なる大臣、偉大なる男よ、君は何と崇高だったことか[19]。そうとも、敵対するこれら正統王朝派、過激共和派、ピューリタンたち、これらイエズス会派、経済学者たち、彼らは卑しいごろつきども、自分たちの意見と傲慢さの奴隷であって、彼らに対しては多少の黄金があれば問題なかったはずなのを君はよくわかっていた。これらモラリストどもは年老いた高級娼婦の恋人であり、これら芸術家どもは贅沢と淫蕩の張本人である。彼らの堕落の奔流は君の足元を洗うが、君はそれで汚されることはない。あえて金銭ずくでは動こうとはしない、いわゆる進歩主義者たちについて君はこう言っていた——「彼らは自分のことがわかっていない」。しかし君は彼らのことがわかっており、彼らの美徳の相場を知っている。

もし彼らが君を否認するふりをするならば、君はなおもそのことを楽しむ。彼らは犯罪の極みに達したのであり、不誠実ゆえに堕落した者たちである。

19――これはプルードンのいつもの誇張表現の一つである。ここで言われているギゾーの演説の同定は、編者には不可能であった。おそらくこれは、リジューで彼の選挙民に向けられた一八四五年の演説のことであろう。ギゾーはそこで、納税有権者に基づく政体のことを話題にしながら、自分の政策を組み立てている。

ああ、頽廃がこの二人の人間の手中では力強い革命的な手段であったとしても、それは運命によって定められるような状態であってはならない。そうでなければ、ギゾー氏は永久に大臣であったろうし、ルイ＝フィリップ王朝はいつまでも続いたことだろう。資本は、神権と力の権利の後の持続性のある唯一の原理として、一八三〇年に定着した。一八四八年には、資本による政府は社会のペスト、忌み嫌われる存在であった。議会の論争は〝偉大な娼婦〟を汚辱の中に投げ込んだ。ルイ＝フィリップの即位を熱狂的に歓呼の声で迎えた同じブルジョワジーが、今度は彼を激しい嫌悪の中に陥れたのだ。大衆の良心はもう一度、最高意志による大臣に対して反乱を起こした。人民は国民軍の隊列の後ろに自ら位置することで、この破局に真の意味を与えた。この一八年間、人民はブルジョワジーのイニシアチブを待ち続けており、常に待機していたのだ。わが同時代人たちが、もしあえてするならば、彼らを否認せんことを。もし可能ならば、彼らから戻ってきたらんことを。しかし私は、前日の裏切り者でもないし、翌日の変節漢でもない。誓って言うが、フランスのブルジョワジーは、自らが作った王朝を覆すことで、自らの所有の原理を破壊したのである。

# 第6章　二月二四日、臨時政府

私はどこかで、社会とは活動中の形而上学であり、諺劇の形で演じられる一種の論理学なのだと書いたことがある。歴史の一般的研究および政治経済のより突っ込んだ研究が私に示したもの、この二年間に起こった諸事態が、私にそのことを納得させてくれた。

あらゆる政府は、自らに先立つ政府との矛盾の上に成立する――これがその展開の理由であり、その存在の様式である。七月王政は正統王朝派に対する抵抗であり、正統王朝派は帝政への抵抗であり、帝政は総裁政府への抵抗である。そしてこの総裁政府は国民公会への憎悪の下に成立したのであり、さらにこの国民公会はルイ一六世の悪しき改革君主制に決着をつけるべく召集されたものだ。

この展開の法則によって、ルイ＝フィリップ政府は不意に転倒させられ、その反対物を招きよせた。二月二四日には、資本の失墜が起こっていた。二五日には、〈労働〉政府が創始された。労働権を保証する臨時政府の政令は、二月共和国の出生証明書であった。神よ、この結論にわれわれを導くために、六〇〇〇年にわたる革命的論証が必要だったのか……。

さて、これが経験によって再び確認された二律背反的理論である。人間的問題の方向でいかなる哲学も認めず、すべてを見えざる力に結びつける者は、ついにはわれわれにこう言うのだ――信仰のみでは何も説明しないのに、理性はどうしてすべてを、過ちや犯罪をも説明するのだろうか、と。

労働者政府が資本主義者の政府を継承するということは、論理的であるばかりでなく、正当なことである。資本は、社会制度の原則にして目的として生じたが、自らを支えることができなかった。その証拠として、資本は原則であるどころか作り出されたのであり、財産は神権ないしはサーベル同様、社会の原動力でも形成力でもないことが明らかだ。すべてを腐敗させた後で、資本主義の理論は資本自体を破滅に向かわせたのである。

この点に関しては、事態は誰の目にも明らかで、事例が雄弁に物語っていた。二月革命の折りには、数年来はっきりしなかった商業と工業はひどく沈滞し、農業は負債に苦しみ、工場は操業を停止しており、商店には販売の手だてがなく、国家財政は個人のそれと同様逼迫していた。一八三〇年から一八四八年にかけて、一〇億フランから一五億五〇〇〇万フランに徐々に上昇した予算の定期的な増加にもかかわらず、議会は、一説によれば八億フラン、別の説では一〇億フランの赤字を確認している。その中で、公務員の月給だけが年次総額六五〇〇万フランの経費増加を示していた。銀行官僚どもは、一八三〇年の時点で利息の名の下に一つの革命を行ない、安上がりの政府を約束し、政治家というよりは経済学者の風を装ったが、この〈借方と貸方〉の哲学者どもは、収入と支出の調整もできずに、ある時は帝政政府なみに、大方は正統王朝政府以上に浪費していたのである。

証拠はあった。一八三〇年の立法者が任命しようと望んでいたのは、資本でも、投機でも、高利でも、寄食主義でも、独占でもなく、労働だったのだ。確かに、いわゆる「七月」の原理は〈自由〉も〈秩序〉も作り出すことはできなかった。それにはもっと前にさかのぼること、換言すればもっと後に下がること、要するにプロレタリアへ、無へと到達しなければならなかった。それゆえ二月革命は論理的に、まさに、労働者の革命だったのである。八九年の、九九年の、一八一四年の、一八三〇年のブルジョワジー、このブルジョワジーたちは、カトリシズムと封建体制から始まって資本に至るまでの一連の政府を閲し、生産と交換しか望まずに、労働と経済によってまさに権力に達したのだが、彼らはこの労働の共和国の中に、自らの利益に対する脅威をどのように見出しえたのだろうか。

たとえば、二月革命は行為と法の権威を持つ知識人たちに対しては、ぜひとも必要なものであった。敗北した（それは人民のせいではない）ブルジョワジー――ありがたいことに、「二月」の場合はブルジョワジーと人民の間に衝突はなかったのである――は、自分自身によって敗れたのだが、自らの敗北を認めていた。彼らは、不意を食い、共和国の精神と方向性についてはは不安でいっぱいだったが、それにもかかわらず、立憲君主制が存続していたこと、政府を何から何まで改革しなければならないことは認めていた。だから彼らはわかっていたのだ。彼らには、この新しい体制を自らの同意とその資本力によってさえ、支える用意ができていた。彼らは、自分たちの商業、工業、安楽な暮らしに実際上の障害となった統治を、その抵抗によって、焦慮によって追い落とそうとしなかっただろうか。……つまりは、共和国の実現はルイ＝フィリップの即位ほどには矛盾がなかったのであり、それほどに人々は、時代と革命に対する理解を持ち始めていたのであった。

私は今こそまさに、読者の注意を切に求める。というのも、もしこの教訓がわれわれの役に立たぬのなら、公的な事柄にこれ以上かかずらうのは無駄だからだ。国民を、その漂流するがままにまかせよう――各人は、騎兵銃を、短刀を、ピストルを買い求め、市門にバリケードを作る。社会は空ろなユートピアでしかない――人間の本来の状態、法的な状態とは戦争なのだ。

労働の政府とは！……ああ、それは発議権による政府、そしておそらくは進歩と知性の政府となろう！……。いや、労働の政府とは何か。労働は政府となりうるのか。労働は支配しうるのか、それとも支配されうるのか。労働と権力の間に共通するものとは何か。

このような問いは誰も予想しなかったものだが、それはどうでもよい。政府中心主義的先入見に捉えられながらも、何よりもまず政府を自分たちのものとして取り戻すことほど、人民にとって焦眉の急であるものはなかった。人民の勤勉な手に落ちた権力は、彼らに選ばれた幾人かに即座に委ねられ、共和国を確立し、政治的問題とともに社会問題、プロレタリアの問題を解決する責めを負った。「三カ月与えよう」と人民は彼らに言う。そして、素朴でありながらも常に気高く、勇敢でありながらも常に優しい人民はこうつけ加えた――「これは共和国に仕えるための、つらい三カ月だ」。「二月」の人民の肺腑から発せられたこの叫びに比較しうるものは、いにしえの事どもや九二年の革命には、何もないのである。

人民によって選ばれた人々は市庁舎《オテル・ド・ヴィル》に身を落ち着け、「臨時政府」と呼ばれたが、これは次のように翻訳すべきである――すなわち、理念も目的もない政府、だ。この一八年間、社会主義思想の発展にじりじりしながら関わりつつ、あらゆるやり方で「社会革命は目的であり、政治革命は手段である」と繰り返してきた人々は、ひとたびその手段が手に入って、その目的に向けて任務に着手すべき時に、あろうことか、戸惑ってしまったのである。確かに彼らはそのことを反省していた。そしてほどなくして彼らは、ティエール氏が後で明らかにしたこと、彼以前にはソゼ大統領が言っていたことを、再認識することになった。それは、政府というものは労働者に仕事を与えるために作られているものでは全くないこと、彼らにとって最も確かなことは、人民が当局に改革を要求しない限りは、ルイ＝フィリップの現状を持続させることであり、あらゆる革新に抗うことなのである。

とはいえ、彼ら――あらゆる専制主義と戦い、あらゆる内閣を批判し、あらゆる革命の歴史を書き記した三〇年間の陰謀家たちには、全く知性が欠けていたわけではなかった。彼らはそれぞれ、財布に政治・社会理論を入れていたのである。何らかのイニシアチブが得られれば、この進歩の策謀家たちには願ってもないことだった。そして彼らには、助言者もまた欠けてはいなかった。では、彼らはどうして、最も些細な改革令も出さずに、革命を一歩も進めることもせずに、三カ月の間そのままでいたのか。どうして彼らは、法令によって労働権を保証した後、職務に従事している間中、約束を果たさぬ方策のみに専念しているように見えたのだろうか。農業や工業の組織の、最も小さな試みでもいいではないか。この試みには、夢物語《ユートピア》に抗する決定的な論拠がなぜ禁じられているのか。……

どうして！　なぜ！　それを言うべきだろうか。臨時政府を正当化するのは、社会主義者たる私であるべきなのか。おわかりのように、それらは政府であったということである。つまり、革命に関しては、労働が資本と矛盾する限り、イニシアチブは国家と矛盾するからだ。理性と信仰のように、政府と労働は両立しえぬからだ[P]。ここにまさに、二月以来フランスおよびヨーロッパで起き、そしてなおも長期にわたって起こるであろうあらゆる出来事の鍵があるのだ。

P――『一九世紀における革命の一般理念』（パリ、ガルニエ・フレール、一八五一年）を参照。そこでは政治体制と経済体制の間の矛盾が明らかにされている。

ここで、あらゆる政府が革命的には無能であることの、法制度上の理由を説明しよう。

政府というものが、本性上あらゆるイニシアチブに対して事なかれ主義で、保守的で、敵対的で、すなわち反革命的でさえあるようになるのは、革命が有機的＝組織的なもの、創造的なものであり、そして権力が機械的ないし執行的なものだからである。説明しよう。

私が有機的＝組織的と呼ぶのは、権力と行政の最も一般的な要素に関わる単に慣習的な法ではなくて、市町村や県の法律、徴兵法、公教育に関する法律等々のことである。その意味では、この有機的という語はまったく誤っており、オディロン・バロ氏が正しく言っているように、こうした法律は何ら有機的ではない。このいわゆる組織体とはボナパルトの発明にかかるものだが、政府の機械化にほかならない。私が「有機的＝組織的」ということで言わんとするのは、社会に古くからある本質的な構造を、すぐれて政治的体制、国家の政体そのものにもたらすもののことである。

たとえば、結婚は有機的なものだと言おう。夫婦が作る婚姻関係《ソシエテ・コンジュガル》が元となる、公的および私的秩序と利害の関係に関わるあらゆる法律を先頭に立ってコントロールするのは立法権力の役目であるが、この権力には、この夫婦関係の本質にまで達する力はない。結婚とは、無条件の徳性による制度なのだろうか、それとも曖昧な徳性による制度なのだろうか、あるいは進歩しつつある制度なのか、頽落しつつある制度なのか。この点に関しては望むだけ論議することができるが、政府や立法議会はこれに主導権を持つべきではあるまい。生活習慣の自然な発達、普遍的な文明、私が人道的な摂理と呼ぶだろうものこそが、修正されうるものを修正し、時間だけが明らかにする、さまざまな改革をもたらすのである。そして、ついでに言えば、これがフランスで離婚の成立を防ぐものなのだ。長く真摯な討議、数年にわたる経験を経て立法府は、これほど微妙でこれほど重大な問題が、自分たちの管轄外であることを認めなければならなかった。つまり、離婚が家庭を害さず、また生活習慣を傷つけずにわれわれの制度に入りえたような時代は過ぎ去っていたのであり、政府は、この絆を断ち切ろうとすることで、自らが高めようとしたまさに当のものを堕落させる恐れがあったのである[P]。

P――離婚の問題に関しては、最良の解決は依然として教会のそれである。教会によれば、原則として、結婚が正式に取り結ばれたならば解消は認められない。しかしながら、詭弁的な申し合わせによって、ある場合には、結婚が存在しないこと、あるいは存在するのを中断したことを教会は明らかにする。婚姻の隠秘、インポテンツ、民事死に至る犯罪、人違い等は、死と同様、教会にとってことごとく婚姻の消滅する場合である。おそらく、結婚の契約とは実際にはもはや同棲の契約にほかならぬとすることによって、離婚までに至らずにこの理論を改良すれば、社会の要求も、道徳の要請も、家庭の尊重も等しく満たすことができよう。

私は、いかなる種類の迷信的弱さも、宗教的偏見も怪しむものではない――とはいえ、宗教は結婚と同様に、規定通りで文字通り統制が取れているものではなく、有機的なものであり、それゆえ権力の直接的な影響からは庇護されているものだと言おう。少なくともこれは私の見解なのだが、かつての憲法制定議会の役目は、フランス教会ではずっと以前から認められていた、霊的なものと地上的なものとの区別によって、聖職者の世上権を統御し、司教の境界を定め直すことであった。しかし、国民公会に教会を閉鎖する権利があったというわけではない。市町村当局やジャコバン・クラブには、新しい宗教を作る力はあまりなかったから、それだけにこの試みは、古い宗教を強固にすることにしかならなかった[20]。大革命が勃発した当時、宗教はフランスにおいては有機的なものであった。仮に当時、哲学の発展から宗教を廃棄する権利が声高に叫ばれえたとして、また、今日ではカトリシズムがほどなく消滅ないしは変容するだろうと考えられるとしても、それゆえに宗教を捨て去ることが正当化されるわけでは少しもなかった。一八〇二年の政教条約については、どう言われようとも、何ら執政の反動的行為ではなかった。それは、エベール（ジャック・ルネ・―、一七五七―九四、ジャーナリスト・政治家。非キリスト教化の運動に加担した）とロベスピエールによる無意味な誇示行為の結果起きた、広範な民衆による素朴な償いの要求だったのである[21]。同じような意味で、ルイ一八世の憲章に基づき、あらゆる信教の自由・尊重・補助金を保証するのは、一八三〇年の議会の務めであったと思う。しかし、君主制原理を保持しつつ、カトリックは多数派の宗教にほかならなかったと主張することが、この議会で可能であったとは請け合えまい。無論、現時点では、私が示す方向からは一八四八年の憲法第七条（信仰の自由を定めている）を改定することは決して支持しえぬ。どのような代償を払おうとも、実現されたものは実現されたのであり、これは撤回しえぬものだ。われわれは人間の意識を解放に向けて、さらに一層前進しえたのである。ただし私は、一八三〇年の憲章第六条にはどうしても賛同しえなかったのだが。

20――「それだけにこの試み……」以下は第二版での追加。

21――「それは、エベール……」以下は第二版での追加。ミシュレの『フランス革命史』の読書による一八五〇年の時点でのプルードンへの影響が、ここには明瞭に見て取れると思われる。

　こうした例だけで、私の考えを説明するには十分である。革命とは有機的な力の爆発であり、内部から外部への社会の展開である。それは、自然発生的で、平和的で、伝統的である限りにおいてのみ正当なものだ。この革命を曲解すると同時に抑圧するに等しい暴政が存在する。

　労働の組織化――二月以後、臨時政府はそのイニシアチブを取るよう要請されていた――は、財産に、したがって結婚に、家庭にまで及んでいた。この労働の組織化は、それが想定される最終段階においては、財産の廃止、あるいはお望みならば、その弁済をさえ含み込んでいた。社会主義者たちはさんざんこの問題を論議した後で、躍起になって否定しようとするか、他の社会主義者がそれを語ったといって嘆くのだが、彼らには無知の悲しい言い訳すらもない。彼らはただ単に不誠実なだけである。

　したがって臨時政府は何の討議も行動もせぬうちから、あらかじめ組織的な問題と行政上の問題とを――換言すれば、権力の権限に属するものとそうでないものとを区別しなければならなかった。次いで、この区別がなされると、政府の唯一の義務にして権利は、市民がその自由を十全に発揮することで新たな事業を作り出すよう促すことであったが、この事業については、監視なり指導なりすることが政府には後になって要請されよう。

　おそらく臨時政府は、さほど高度な考えによって率いられたものではなかった。また、それはしかじかの細心さに支えられたものでもなかったようだ。この政府はひたすら革命のみを求めたが、ただし、どうすべきかわからなかったのである。それは保守派、正理論派、ジャコバン派、社会主義者の混合体であり、銘々が勝手にしゃべっていたのだ。最も些細な治安問題にもなかなか一致を見なかったにもかかわらず、何か革命のごときものに関して彼らが合意に達したのは、全く驚くべきことであった。陣営を支配していた不和は、将軍たちの賢明さ以上に、臨時政府のさまざまな夢物語《ユートピア》からこの国を守っていた。つまり、政府を揺さぶっていたさまざまな対立は、わが国にとって哲学の代わりをしていたのである。

臨時政府の過ち、そのきわめて大きな過ちは、構築できなかったことではなく、解体できなかったことである。かくして、個人の自由を抑圧する法律を撤廃し、不当な検挙の醜聞を止めさせ、未決拘留の限度を定めなければならなかったのだが……官職の特権を擁護することのみが考えられ、市民の自由はかつてないほど検察官の専横に委ねられた。尊大なる警察は、レストランを未決囚待合室に変えるのがお気に入りだ。晩餐会に集まった二〇〇人の市民が、その妻や子供たちのもとから連れ去られ、打ち叩かれ、投獄され、陰謀の廉で起訴され、次いで釈放されたのだが、これは、警察が彼らを起訴する理由が自身でもわからぬ予審判事が、長いことかかって彼らには何の責めもないのを得心した後のことであった。

必要なのは、権力から武器を取り上げ、軍隊の大半を解散させ、徴兵を廃止し、（ドイツのような）国民軍を組織し、首都から軍隊を遠ざけ、行政権力はいかなる場合でも、いかなる口実の下にも、国民軍《ガルド・ナシオナル》を解体して非武装化せぬということであった。しかしその代わりに、国民遊撃部隊(22)の形成が取り組まれたのだが、この効用と忠誠については、後の六月にわれわれが知るところとなった。皆、国民軍については用心していたので、それが不可侵のものだと宣するどころではなかった。臨時政府の衣鉢を継ぐ諸政府も、平気で国民軍を解体させるのである。

22――二月二五日、臨時政府の最初の行動は軍隊を組織することであった。法令で志願による二四の国民遊撃部隊――大半は一六から二〇歳の青年であった――が作られ、彼らは一日につき一・二五フランの俸給を受けるものであった。兵籍登録はその日から始まった。青年たちは政府の務めに大いに熱意を発揮して、六月の戦闘では勇敢に戦った。

一八四九年一月には、この遊撃部隊の数は一二に減らされた。熱狂状態の後では、遊撃部隊は県ごとに分散され、そして解体した。

必要なのは集会の自由を保証することであったが、それにはまず、一七九〇年の法律と、誤解を招くすべての法律を廃止すること、次いで民衆の代表者たちの周りにクラブを組織して、彼らを議会に送り込むことが必要であった。民衆社会の組織化は民主主義の軸であり、共和体制の要であった。この組織化としては、臨時政府はクラブに対して寛容とスパイ行為とを示すだけでよかったのだ。そして、民衆の無関心と反動によって、それらクラブが消滅するのを待っていたのである。

必要なのは権力からその爪と歯をもぎ取ることであり、政府の警察力を市民の側に移すことであったが、それは政府が自由に対して何も攻撃できぬようにするためばかりでなく、さらにまた、政府の夢物語《ユートピア》からその最後の望みを剝ぎ取ってしまうためでもある。四月一六日、五月一五日には、政府は少数者の企てに対して国家の権力を見せつけなかっただろうか。とはいえ、政府がその抗しがたい権力とともに、民主主義者の焦燥にとって抗しがたい誘惑として現われなかったならば、四月一六日も、五月一五日もなかったであろう。

二月の直後には、すべてが逆の意味に取られたのだった。政府が企てるべき役目でないことが行なわれようとした。それゆえにこそ、七月王政の時に取り戻されたままの権力が守られ、その力を増大させさえしたのである。人はやるべきことをやらなかった。それゆえにこそ、早くも三月一七日には革命は権力の名の下に、最も精力的な代表者として立ち現われた人々自体によって押し戻されたのである。民衆の意志に権力を従わせることで得られた豊穣性を民衆に返さずに、人々はその時代には全容が見えなかった諸問題を、権力によって解決しようとした。革命と称するものを確実にするために、自由がごまかされたのだ。偉大な革命的時代に見られたもの——下からの衝撃も、世論の指示も——は、何らこうした改革者たちには現われなかった。民衆に承認された一つの原理も、一つの発見もない。彼らは、自分たち自身が非難していたさまざまな政令によって、民衆の理性をしばしば脅えさせていた。原理・原則では正当化されえぬので、必要性の名の下に、彼らはこうした政令を言い訳にしようとしていたのだ。もはや前日のような敵対関係はなく、自由と権力の大騒ぎ《シャリヴァリ》であった。

それゆえ、歴史を読み直し、革命がどのように立ち現われ、いかに成し遂げられるかを見てみたまえ。ルター、デカルト、百科全書派以前には社会の忠実な表われであった国家は、異端者や哲学者を死刑執行人の手に委ねている。宗教改革の先駆者であるヤン・フスは、公会議で有罪判決を受けた後、世俗権力によって火刑に処される。しかしながら、哲学は徐々に大衆に浸透していく——国家はほどなくして改革者たちを赦免し、彼らを指導者として仰ぎ、彼らの権利を認める。八九年の革命も、同様の原因から発している。つまり、革命が権力によって宣言された時には、それは世論の中ではできあがっていたのである。もう一つの概念体系で言えば、国家はいつ運河や鉄道に関心を持ったのか。それはいつ蒸気船を持とうとしたのか。数多くの試みと、初期の企業家たちの公的に認められた成功の後である。

今まで決して見られなかったことだが、権力によって革命を企てるとか、さらに、国家によって革命を拒絶するとかいうことは、われわれの時代では留保されている。社会主義は存在し、かつ普及していたが、それは全フランス人に対してその主張を出版し印刷に付すことの権利を認めた憲章の保護の下でであった。二月のデマゴーグたちは、社会主義を権力のもとへ引きずっていくことで、社会主義に対する不寛容を掻き立て、諸思想に至るまで禁止させる秘訣を知っていた。まさに彼らこそが、諸原理の宿命的な瓦解を機に、ブルジョワジーと民衆との対立——一八三〇年の栄光の三日間同様、一八四八年の三日間にも決して見られなかった対立——の堰を切ったのである。それは革命思想に起因するものでは決してなかったのだが、最も奇妙な壊滅であると同時に、最も血みどろの破局に至ることとなった。

革命の天分を持たぬ臨時政府が、ブルジョワジーからも民衆からも遊離して、不毛な暗中模索、動揺、通達で日々を浪費していた間、何やら得体の知れぬ政府系の社会主義が人々を熱狂させ、独裁の形を取り、こうした矛盾のからくりを知らぬ者には驚くべきことだが、それ自身の理論に反して抵抗の口火を切ったのである。

# 第7章　三月一七日、ルイ・ブランの反応

質問――ある国に対して次のような状況が与えられたとする。

侮蔑の革命が、利潤の物質主義的な原理を確立していた政府を転覆させた。資本を非難するこの革命は、まさにそのことによって始まり、政府に労働をもたらす。ところで、広く行き渡った先入観によれば、統治形態と化した労働は、統治手段を通して進まねばならない。言い換えれば、政府抜きで、かつ政府に抗してなされたことを今後なすのも、イニシアチブを取って革命を進展させるのも、まさに政府なのだということである。というのも、かかる先入観によれば、知性と力があるのは上流階級なのだから、革命とは上から来るべきものだというのである。

しかしこうした先入観とは逆に、経験が証言し、哲学が明らかにするのは、あらゆる革命が有効であるためには、自然発生的であり、権力の上部からではなく、民衆の内奥から生じるべきだということである。政府は進歩的というよりは、むしろ反動的である。また、政府には諸革命の実際がわかるまい。というのも、革命の秘密はもっぱら社会にあるのだが、その社会は立法府の政令によってではなく、その現われの自発性によって自らを明らかにするからである。要するに、政府と労働との間にある唯一の関係とは、労働が自らを組織しつつ、政府を廃止する使命を帯びていることである。

こうした状況の下で、一定数の市民は共通の先入観に囚われ、無理からぬ苛立ちに駆られるままに、政府が前進すること、つまり革命を開始し、労働を組織するよう強いる。これは、先入観からすればまことにもっともな要求だが、哲学と歴史からすれば支持しえぬものだ。自らの無能を感じつつも、一方の市民から支持されている

政府としては行動することを拒む、というかむしろ、これら請願者たちに抵抗するのだ。これは社会・民主的な真の権利上の観点からは正当な反応だが、先入観からすれば全くもって不当なものである。そしてこの先入観には、権力の侵食によって絶えず新たな力が加えられるのだ。

この争いがどうなるかが問われている。

回答——両者を一致させる唯一の方法は、権力の本来の無能力と、その必然的な崩壊を彼らに明示することだ。いかなる指示も示されなければ、戦いは不可避である。したがって、抵抗の力は運動の強度に比例するだろう。さらに、もし戦いが長引くようなことになれば、革命は、その根源的な推進力の方向に従う政府の中では進展せずに、民衆の願うものとは全く逆の一連の立場を政府に辿らせることになろう。その結果、運動する人間が権力を引きずり込もうとすればするほど、抵抗する人間はますます権力を後退させるだろう。

以上が理論の語るところである。では、歴史を見てみよう。

共和国の宣言から一五日経つや経たずで、既に人々は不安に襲われていた。通念によれば、政府にはすべてが可能であったが、政府は何ら行動を起こさなかった。民衆側の最も熱烈な人々は、政府が革命のために何もしないのを嘆いていたが、逆に、ブルジョワの最も臆病な者たちは、政府があまりにもやりすぎることを非難していた。労働時間や商取引に関するさまざまな政令は、[23] ルドリュ＝ロランの有名な諸通達以上に、ブルジョワ階級を深く脅えさせる性質のものだった。にもかかわらず、当時反動的な世論が向けられていたのは、リュクサンブール委員会よりはむしろ、市庁舎《オテル・ド・ヴィル》に対してであった。ルイ・ブランやアルベールには、彼らの大胆な計画を実現するいかなる手段もなかったこと、臨時政府に対する彼らの影響力はほとんどなにものでもなかったことを、労働者たちは知らなかったのである。だが、ブルジョワジーは、内務省から漏れてきたいくつかの通達のゆえに、共和国が所得と財産を奪おうとしていると思い込んでいた。したがって、政府に対して、ルドリュ＝ロランに対して、至る所で不安と要望が昂じていたのだ。誰もがきっかけを探していたので、共和国は長いこと身動きがとれなかった。子供じみた言い訳が共和国を成立させていたのである。

23――一八四八年三月三日付の政令は商取り引きを禁止し、労働時間をパリでは一一時間から一〇時間へ、地方では一二時間から一一時間へ削減した。臨時政府から県に派遣された政府委員に向けられた通達では、ルドリュ＝ロランはこう書いていた――「諸君の権力は無制限である」。この言葉ゆえに、彼は強く非難された。

三月一六日、精鋭部隊を廃止し、その結果、近衛兵帽の着用を禁じた命令に抗議するために、何百人もの国民軍兵士が市庁舎に現われる。とりわけルドリュ＝ロランに対して行なわれたこの示威行動は、相手を間違えていた――当時、内務省の政治思想とリュクサンブール委員会議長（ルイ・ブラン）の社会主義理論との間には、何ら共通するものはなかったのである。しかし動揺が始まり、ことが起きようとしていた。

政府は、近衛兵帽に対しては持ちこたえた。慌てて集まった何人かの愛国者の助けを借りて、このデモを押さえつけた。恐慌がフォブールに起きたという噂はあまり広まらなかった。人々はあえて臨時政府を攻撃していたが、翌日には臨時政府を支えるべく対抗デモが命じられた。ところで、この新たなるデモは、始めのデモ同様ただちに一つのきっかけにすぎなくなった。一定数の指導者の考えにおいては、問題はまさに、政府の構成を修正すること、政府に強力なイニシアチブを取らせること、そして、行動に完全な自由を与えるために、選挙を多少とも先へ繰り延べることであった。リストが手から手へ回り、コンシエルジュリのわが隣人にしてこの運動の支持者の一人であったユベール(24)が請け合うには、私の名前もその中にあったというのである。……この示威行動の考えは、したがって三重であった。一つは――これが一番多かったのだが――臨時政府に精神的支援を与えることをもっぱら求めるもの。次は選挙の延期を要求するもの。最後は、ついに粛清を欲するもの。さてしかし、このドラマの証人にして演者であるルイ・ブランが、この事件をどう理解しているかは次の通りである。

24――アロジウス・ユベールの波乱に満ちた人生はいまだ謎のままである。それはアジテーターの生涯だ。一七歳の時、「人間の権利協会」のメンバーになる。彼が積極的に関わった一八三四年の蜂起の後、「家族協会」に入会。彼は当然にもヌイイの陰謀（一八三五年）に加わり、禁固六カ月の刑を受ける。出獄直後には新たな秘密結社「季節」を設立。彼が置き忘れたある書類から、ルイ＝フィリップへの新たな襲撃計画に彼は共謀していたとされる。彼は国外追放となった。

実を言えば、彼は自分の党派にとってすら胡乱な存在であった。それにもかかわらず、二月革命によって自由の身となり、彼は英雄となった。彼はいかなる地位も受けなかった。彼はさまざまなクラブを「扇動する」だけで満足だった。憲法制定議会の選挙で落選した後、五月一五日の小競り合いを組織したのも彼であるし、何人かの熱狂的な人々の助力で、「議会の解散」を人民の名において主張したのも彼である。

こうした冒険は、ラスパイユ、ブランキ、バルベス、そしてユベール自身の逮捕で終わりを告げた。もっとも彼はただちに釈放され、イギリスに逃れた。ラスパイユは彼をやり込めようと思い、調書を取る際に、警視庁秘書官のモニエを通して、ユベールの偽善性を明らかにしようと、既に古くなった書類を作らせた。この書類の中でユベールは、ルイ＝フィリップへの陰謀に加担し逮捕されたのは王の命を救うためであったことを想起させ、そのことで彼に感謝するよう求めていた。ユベールは自己を弁明するためにロンドンから戻ったのだが、モニエは彼の証言を抑圧した。再度逮捕されたユベールは国外追放の刑を宣せられた。

後になって、ナポレオン三世は彼に恩赦を与えた。ユベールはある地位を願い出たが、手に入らなかった。しかし、以後彼は快適で贅沢な暮らしを送ったという。

「臨時政府は、民衆の喝采から生まれるや、自らをいかに定義するか自問せねばならなかった。それは、必然的なものになった革命によって確立され、また、普通選挙に関しては、なすべきすべての善をなした後で是非を委ねればよいような〈独裁的権威〉として自らを見なすべきだろうか。逆に、緊急措置や小規模の行政措置に限定して、国民議会をただちに召集することにその使命を定めるべきだろうか」

「評議会は後者の意見に与《くみ》した」

「私としては、支配的な意見とは全く対立した意見を持っていたし、もう一つの方針を採用することが、以前と同じく、新しい共和国の運命に最も好ましい影響を与えるのを見守っていたのである」

「それゆえ、フランスの田舎が浸っている深刻な無知と精神的隷従の状態を、あらゆる豊かさへの手段とあらゆる影響力の独占的な所有が進歩の敵に対して用意する莫大な資源を、また、半世紀にわたる帝政ないし君主制の頽廃によって社会の根底に捨てられた多くの不純な芽を、要するに、都市の開明的な民衆に比して田舎の蒙昧な民衆の数の上での優位を勘案しつつ、私はこう考えた――」

「選挙の時期はできる限り先送りにすべきであること」
「その間に、はっきりと、大胆に、ただしわれわれの指導者に見合った形で、やりとげねばならぬ膨大な改革のイニシアチブを取るべきこと——次に、強固にすべき権利については国民議会に留保される、さもなければ、至上権によってわれわれの営為を覆すべきことが求められているのだということ」

私が言うまでもないことなのだが、明らかに、独裁を採用するためのルイ・ブランの論拠は、誠実で穏健な共和主義者たちと同じものである。彼らはそうした考えのもとに、ブランにならって続けて二度の戒厳令を正当化し、カヴェニャック将軍に絶対的権力を与え、ルイ・ボナパルトを大統領の座につかせ、社会主義者を社会の敵と宣告し、共和制下に専制政治を作り出す。そういう次第であってみれば、王位を要求する最初の人間を自由主義者と見なしたくもなろう。敵と味方が同じ言葉でかわるがわる国民を魅了できるとすれば、一体国民はどうなるのであろうか。

「私の考えは、パリの民衆の考えと一致している……三月一七日の数日前に、私はリュクサンブール委員会で知ったのだが、パリの民衆は、選挙の延期とパリをいまだに支配している軍隊を退去させるという二重の目的の下に、圧倒的な示威行動をとる気になっているということだ」

軍隊の退却に関してルイ・ブランが言っていることは正しい。民衆は、執拗にそれを要求していた。ただ、ルイ・ブランは、この二番目の動機がもう一つの動機と矛盾することに気づいていないのである。軍隊の退却とは、民衆にとって実際には何だったのか。権力の非武装化であり、政府が力を持たぬことである。民衆は、その天性にのみ委ねられた場合には、指導者たちの政策に導かれる時よりも、常に正しく考えるものだ。これは民衆にとっては古くからの格言だが、力なき政府以上によい政府は決してないことを、彼らは感じ取っていたのである。「われらの敵、それはわれらの主人である」——すぐれて民衆の人、あの老練なるラ・フォンテーヌはそう言っていた。

さて、以下がルイ・ブランを筆頭とする指導者たちのプランである——（一）臨時政府に選挙の延期を要求するること。これは政府に独裁的な権力を保証するためであり、ルイ・ブランによれば、それがなければ「政府は成果を挙げることができぬ」ものである。（二）政府の構成を修正すること。なぜなら、やはりルイ・ブランが認めていることだが、臨時政府のさまざまな構成員の中には、独裁の施行とは相容れぬ深刻な対立が存在していたからである。ところで、目的を求める者は手段を求める。もし政府が不統一なままだとすれば、独裁的権力が一体何になるというのか。

さてしかし、独裁者とは何であろうか……。

この微妙な問いに対しては、驚くべきことに、返答の代わりに反動が選ばれようとしていた。この忠実なる語り手の話を聞こう。

「しかし白状するが、示威行進そのものの考えは私には不安だった。一五万人以上もの労働者が、どんな騒擾も引き起こさず、どんな混乱の原因ともならずに、パリ全市を横断するとはにわかに信じがたかった……」

ひとたび権力の座についた人間は、みなお互いに似かようものだ。そこには常に同じ権力への執着、常に同じ民衆への不信、常に同じ秩序への狂信がある。三月一七日に、この示威行進の隠れたる扇動者ルイ・ブランを揺さぶった懸念とは、それより三週間前にギゾー氏を揺さぶっていた懸念とまさに同じものだった。そう考えるのは興味深くはないだろうか。

「選挙の延期を勝ち取るために、民衆は一斉に市庁舎に向かわねばならなかった。この大行進に危険がないとでもいうのだろうか。当時まで、パリ、革命のあのパリは、静かなる威厳と力強い平安によって感嘆すべきものであったが、そのパリが最後まであの高貴な姿勢を保つのを見守る必要はないというのだろうか……」

「静かなる威厳と力強い平安」、つまりは、民衆の拒否と、統治権の支配。それがなければ革命ができる、とギゾー氏は言っていた。それがなければ革命はできない、とルイ・ブランは言った。

したがって、告知された示威行進を予防するにはいかにすべきか。このように自ら問うのがルイ・ブランである。そして、未知の扇動家たちが、運動に加わった群衆の中から何らかの動乱を引きだそうとするのが本当ならば、彼らの計画を挫くにはどうすればよいのか。このケースに備えるのも、やはりルイ・ブランである。「扇動家どもめ！」と彼は叫ぶ。ギゾー氏はこう言っていた――「叛徒どもめ！」

ルイ・ブランが提示した方法を引用しなければならない。それは、ギゾー氏に提案されるに値した。革命は、二月二日に方向が変わることもありえたのだ。ちょうど、ブランキが求めた独裁が三月一七日にはそうであったように。

ルイ・ブランによれば、大衆が求めていたもの、すなわち選挙の延期（それが議員たちの請願書に言及されていた唯一のことである）を彼らに与えなければならなかったが、それには臨時政府の公明正大さが条件であった。要するに、請願書の文面は受け入れ、その精神には知らぬふりをすること。一五日間であっても延期し、政府を維持すること。ルイ・ブランがいかに請願者たちをごまかそうとしたかが、これでわかる。この次には、民衆が請願に加わるようになれば、彼は権威をもって明瞭に、かつきっぱりと釈明することができるだろう。

しかし、ルイ・ブランは、示威行進の動機を支持し、それを評議会で説明し、大衆の中に浸透させていたのに、どうして彼は臨時政府を損なうことをあんなにも嫌がっていたのだろうか。それは単に同僚たちに斟酌してのことであり、彼らへの友情ゆえだったのか。いや、そんなことでは毫もない。歴史家の言うところを聞こう。

「行動の一貫性の見地からすれば、臨時政府をきわめて悪しき権力にしたかもしれぬこれらの反対派は、統治権を守るべく、一時的な政府としてその独自性を発揮していた。確かに、この政府を構成しているメンバーの異質性は、状況を救うことができるものであった。なぜなら、この異質性は社会のさまざまな勢力の〈均衡を維持する〉傾向があるからである……」

それゆえ、もっぱら均衡を維持する責めを負った臨時政府は、いかなる意味でも革命運動を率いるべきではなかったのだ。それゆえ、臨時政府は保守派だったのだから、先駆的ではなかったのだ。それゆえ、臨時政府は独裁的権力を作ることしかしなかったのだ。それゆえ、選挙の延期はあまりにも無駄であり、無益なものであった。つまりそれは、人民主権への侵害だったのだ。そして、それゆえ示威行進は馬鹿げたものであった。これが、ルイ・ブランが自らの前提から引き出さなければならなかった結果である。そしてそれがなかったとしても、諸事態は彼のためにそうしたのである……。

「われわれは待機していた……突然、グレーヴ広場の一角に、陰鬱で密集した一団が現われる。コルポラシオン（職業ごとに結集した労働者）たちであった。互いに等間隔を保ちつつ、とりどりの旗を先頭に、彼らはやってきた、重々しく、静かに、整然として、軍隊のような規律をもって……」

「代表団は市庁舎に上がった。彼らのうちの一人、市民ジェローが請願書を読み上げたが、立会人たちの中に見知らぬ顔があるのに私は気づいた。その表情には何か不吉なものがあった」

これは明らかに、五月一五日および六月の戦い以来、誠実で穏健な人々によって指摘されていたことと同じであった。政府側の人間は、奇妙な幻覚に陥りやすいのだ。

「私には直ちにわかったのだが、コルポラシオンとは無縁な人々がこの運動に加わっていたのであり（言うまでもなく、民衆を代表するに値したのはリュクサンブール委員会のコルポラシオンだけではなかったか?・）、多数派によって選出された議員として登場した人々は、実際には、あるいは少なくとも、同じ資格ではそこに参加していなかったのだ。ルドリュ＝ロラン、フロコン、アルベールおよび、私が表明した意見を利するべく、それとは反対の意見を持っていた臨時政府のメンバーを打倒したくてうずうずしていた人々がいたのである」

この告白は妥当だが、素朴なものだ。独裁は、ルイ・ブランが自分自身のためにそれを望む限りでは結構だ。しかし、ブランキが、かほどに独裁に執着することに懐疑的なブランキが登場するや、ルイ・ブランはもうそれを望まない。彼はいつもの自分に戻る。何と彼は正理論派なのだ。個人的な理由によって、かくも変転する政策とは一体何だろうか。ともあれ、結末を見よう。

このような状況の場合によくあるように、ルイ・ブラン、ルドリュ＝ロラン、ラマルティーヌは演説で民衆の気を紛らす。ソブリエ、カベ、バルベス、その他の人々は、フロット、ユベール、ブランキとその一派に抗して臨時政府に加担する。差し迫った声が、現実的な回答を要求する。すると、討議させてくれなければ、政府は行動することができぬという答が返ってくる。一人の男がルイ・ブランに向かって突き進み、腕をつかんで言う――「おまえも裏切り者だぞ！」。「情熱のこうした不当なあり方を思うと――とルイ・ブランは言う――私は微苦笑を禁じ得なかった。それだけだ」。ついに、臨時政府のメンバーはバルコニーに姿を現わし、この喜劇は分列行進で幕を閉じる。

ルイ・ブランはこうつけ加えている――「以上が、三月一七日というこの日のことであった。人間の記憶のあらゆる歴史的な日々の中で、おそらくは最も偉大な日であったこの日の……」

ルドリュ＝ロラン、クレミュー、ラマルティーヌ各氏には、三月一七日が素晴らしい日であり、その栄誉が自分たちのものであるとする権利があった。彼らは独裁を求めなかったけれども、当時のフランスはおそらく独裁者たちによって救われたのである。しかしながら、ルイ・ブランおよび彼にならって選挙の無制限な延期を要求する人々は、際限のない権力を持った政府が成果を挙げる時間を持つためには、三月一七日が取るに足りない日であることを認めなければならない。何と、この男にはわかっているのだ。民衆に利益をもたらすには、独裁が必要であることが。権力を持った人々、彼の同僚たちは、進歩に敵対していることが。彼らを交代させなければ、革命は危殆に瀕することが――。また、彼は知っているのだ。そのチャンスはめったになく、一度逃せば革命は戻ってこないことを。思い切った手段を講じるべき、唯一の瞬間が与えられていることを。そしてこの瞬間が到来すると、彼は自分に尽くし協力してくれる人々を追い返すためにまさにそれを利用し、その人々の哀れな姿には目もくれないのである！　信じられるだろうか。この男には、我知らず信じている以上のことを語る何かがあったのだ。

三月一七日には、あの長い反動が始まった――それは、社会主義からジャコバン主義へ、ジャコバン主義から正理論主義へ、正理論主義からイエズス会主義へ次々と移っていくのであり、公衆の理性がそれを収拾しなければ、終わりそうにないものだ。この反動は、臨時政府のまさに只中で始まったのであり、しかもそれは、何ともいやはや、革命運動を推し進めた当の男、ルイ・ブランによってなのである。もちろん、そのことで私は彼を責めはしない。私は彼の弁護のために、彼にあっては判断力よりも直観のほうが確かなものであったことを証明したことがある。(P) もっぱら対抗上、彼自身の思想を表明させたにすぎぬ人々に対して、彼があえて反発する必要はないと、私なら単にそう思うところだ。それは、およそ反動は嘆かわしいものだからだ。ところで、もし共和国がその約束を守らず、社会主義が夢物語《ユートピア》の状態に留まるとしても、その原因が何ら、臨時政府の無能さやブルジョワジーの陰謀にあるのではないということに関して、私は同意を得られるだろうか。その原因とは、公衆の意識の中に革命を導かぬうちに、政府のやり口で革命を実現しようとしたすべての人々、また、あの妄想めいた企てを実行しようとして、普通選挙の実施を一日延ばし、一時間延ばしにすることで、国民の不信を買ったすべての人々にこそあるのだ。

P――本書の初版刊行以来、時が明らかにしているのだが、ルイ・ブランにおける判断力と直観、政策と派閥、手段と目的は完全に一致していた。ロベスピエールの賛美者にして弟子であるルイ・ブランは、自由の公然たる敵である。労働を統治に従属させることに存する彼の理論、「平等―友愛―自由」という彼の最近の定式、あまり知られていないが、二月以後に彼が行なった出版の自由に対する、証書と証印の廃止に対する敵対、ルイ＝フィリップへの賛美、さらには、最近の彼のパンフレット『さらにジロンド党員たれ！』でいっそう明瞭になった、その先天的な正理論主義、これらは革命に対する彼の根深い嫌悪の度合いを示すものである。(25)

25――この注は初版にはない。

政府の民主主義は、自らの指導者に希望を裏切られて、今や排除されたも同然だった。もはや、それが力を取り戻す恐れはなかった。分裂がすみずみまで起こり、この扇動的にして社会主義的な党派は、今や右派と左派、穏健派と過激派とに分かれていた。新しきジャコバン派が、新しきコルドリエ・クラブ（フランス革命時のパリの政治結社）に沈黙を強いていた。国民は気づいていた。ブルジョワジーとしては今や、こうした矛盾の最初の兆候に対しては、自分たちのほうになびくような陣営に加担する形で身を持し、対応しさえすればよかった。

確かに、ルイ・ブランおよびその一統が公然と表明し、国内でも広範に根づいていた考え方が、かくも迅速に過ぎ去り、打ち砕かれるのを当てにするまでもなかった。それはなおのこと、日々の諸事態や臨時政府の政令のケチ臭さのために、絶えず加速されていたのである。三月一七日をただ抑圧しただけで政府は得意になっていたが、かつてなく必要とされたのは独裁ではなく、ブランキであった。[26]ブランキはリュクサンブール委員会の忌避にあって退けられ、市庁舎に発した中傷ゆえに苦しめられていたが、政府は批判勢力ぬきの、とりわけ敵対関係のない独裁的絶対権力を再び手にすることを求めていた。あたかも、今しがたまでその人間は拒否しつつも、その思想は非難していなかったかのごとくである……。

26――三月一七日のデモ以後、ブランキは四方八方から攻撃を受けていた。この三月末に、警視庁の元書記であったタシュローがその回顧的な雑誌の第一号を出している。そこには、「内務大臣を前にして＊＊＊によって行なわれた声明」と題する資料が収められている。この文書は彼を中傷するものであり、一八三九年の陰謀に関してブランキからデュシャテルまでに当たりをつけた警察の報告書であった。タシュローは決してそのオリジナルを提供しはしないが、それでもやはりブランキが弁明を強いられたのは確かである。彼の「回答」の論法は堂々たるものである。

この思想はあらゆるところに生きていた。臨時政府は、その性質上、また、保守的な役割に閉じこもるそのメンバーの不統一さゆえに非難されたが、革命で沸き立っていた――それでも臨時政府は革命を欲していたのだ。世論の風が政府を押し、政府は何らかのイニシアチブをつかもうとする。何という悲しいイニシアチブか。後世は、二月政府の政令を信じようとはしないだろう、もし歴史がその断片をも注意深く記録しなかったのならば。時代によってその緊急性が示され、情勢が要請したある程度の公共経済と一般的な効用性を別にすれば、残りのすべては茶番、見せびらかし、馬鹿げた行為、そして反良識に他ならなかった。どうも権力は、理性的な人々をも愚かにするもののようだ。二月このかた、臨時政府だけが、「二月」を経験したわけではないのだ。

仮にルドリュ＝ロランの諸通達が、ガルニエ・パジェスの四五サンチーム税[27]が、政策的にも財政的にも誤りだったとしても――これには依然として異議がありうるだろうが――これらの誤りには少なくとも一つの意味、一つの意図、一つの効力があった。その発案者たちが何を望み、何を望まなかったかは、われわれにはわかっていた。彼らは卑屈でもなく、馬鹿げてもいなかった。しかしながら、臨時政府が、ギゾー氏とその一統を裁判に付すとし、貴族の称号を廃し、役人たちをその宣誓から解放し、三色旗の色の配置を変え、さまざまな記念物から君主制的な名を消してそこに共和制の名を付与し、テュイルリー宮を「人民の廃兵院」に代え、……等々といったことをなした場合に、これら無益でもあり、子供じみてもいる声明に関しては、何と言うべきだろうか。ところが臨時政府は、全く悠々たるものであった！

27――臨時政府は財政的に苦しかったので、直接税を増税しなければならなかった。三月一七日、政府はこう布告した――「一八四八年度は、暫定的に四種の直接税の合計で四五サンチームを徴収する。これは即時に請求されるものである」

ある大袈裟な上奏文では、臨時政府はラマルティーヌ氏の口を借りて声高にこう叫んでいた――「自由の扉は開かれた！」。別の場合には政府は議事日程に無関心を示し、真の政治とは精神の偉大さであることを万人に知らしめた。またある場合には、ルイ・ブランの提案により、「労働問題」が〈複雑〉であり、「それは瞬時に解決はできぬ」と唱えることで、政府は民衆に忍耐を促していたが、これは臨時政府を別にすれば、それまで誰も危惧してはいなかったことである。

民衆は、軍隊を遠ざけるよう要求していた。はるかに慎重であったジャーナリスト、エミール・ド・ジラルダンでさえ、二〇万人の軍隊の削減を提案していた。それこそが革命への歩みであり、自由への道のりであった。臨時政府は、民衆の要望と同時にこのジャーナリストの提案に次のような形で応えた。(一)二四の機動憲兵隊の創設を発令すること、(二)それは八万人の召集後ほどなくであること、(三)青年を軍事教練から小隊勤務に促すこと。これは、軍隊がパリを離れぬことは別にしてである。臨時政府がイニシアチブを握ったものは、九三年のイミテーションにすぎなかったのだ。ところで、政府はこうした兵士すべてをどうしようとしたのだろうか。六月が、またしても六月がそのことを教えてくれるだろう。

臨時政府はこの時代の大問題に自ら専念することができず、しかもそれを解決するのに大分困惑していたので、賢明にもそれを放棄することにした。政府がとりわけそのイニシアチブを発揮したのは、まさにここである。こうして政府は、労働問題を検討するべく、ある委員会を任命した(これが政府というものである!)。予算問題の検討に関してはもう一つの委員会、官位問題を鎮静させるにはまたさらなる委員会、というわけだ。女性のことも忘れられてはいなかった。文部省の条令では、市民ルグーベにソルボンヌで「女性の精神史」の開講を許可していた。次いで、臨時政府はさまざまな祭式を組織した――司祭への命令によって行なわれたのは、「神よ共和国を救いたまえ」を歌わせ、共和国では神の祝福式を義務づけるという招請であった。コーシディエール自身、あの困り者のコーシディエール[28]は、革命派たちがクラブを作っていた聖母被昇天修道会を、礼拝の勤めに加えさせたのである。そこで諸君は、教皇が今ではローマよりもパリを支配していることにびっくり仰天するのだ!ラコルディエール神父は、共和国の代表者にして同時に専任の説教師となっていたが、一方、パリの大司教であるアフルは、何とも馬鹿正直に、各教会にあの皮肉な唱句「神よ共和国を救いたまえ」を歌わせていたのである。

おお神よ、この国民を救いたまえ、彼らは何をしているかわからないのだ。

28——革命直後にはコーシディエールは全くの独断でパリ警視総監になっていた。彼は「山岳党」と呼ばれる警視庁の特別警備隊を創設した。「私は無秩序の要素でもって秩序を作ったのだ」と彼は言っているが、それはこの警備隊が元拘留者で構成されていたからである。この才知のある言葉は、彼のボディーガードや友人たちの反感を買い、彼に対する一連の誹謗中傷が湧き起こった。

五月一五日の事態の間中、どっちつかずのままであったことを憲法制定議会に非難されて、彼は警視総監を辞職せざるをえなかった。六月の歴史的な戦いの後、彼はロンドンに逃げ去った。

加えて、大衆とジャーナリズムには勢いがあった。あるビラなどは、政府が資本の流出を防ぎ、ロスチャイルド氏を監視下に置くべきであるとしていた。別のビラは、王冠のダイヤモンドを売却し、また、すべての市民が造幣局に自分たちの銀食器を持っていくよう提案する。さらにまた第三のビラによれば、アルマン・カレル（一八〇〇—三六、ジャーナリスト。ティエールらと『ナシオナル』紙を創刊、ジラルダンとの決闘で死す）の遺骸をパンテオンに移すべきだという。やはり主導権を握っていた『デモクラシー・パシフィック（平和的民主主義）』紙が要求していたのは以下のごとくである——労働者のための就職と情報の案内所は、国家が組織すべきであること。君主制に対する民主的形態の優越性を農民たちに明らかにすべく、地方に教師を派遣すべきであること、等々。ジョルジュ・サンドはプロレタリア賛歌を歌い、文学者協会は政府の意のままであった。なにゆえそうなのか、それこそ彼女が何ら語らなかったことであり、決してわからなかったことである！　五〇〇〇人の署名を集めたある請願書などは、即刻進歩省を要求していた！　フランスの大衆の心底にかほどの愚劣さがあったとは、二月革命がなければ信じられなかったことだろう。パニュルュジュの世界もかくやというところだ。こうして、ブランキあるいは彼の一派は、リュクサンブール委員会や市庁舎というアウゲイアースの家畜小屋（ギリシア神話による。長いこと放置されていたものを一気に処理することのたとえ）を、民衆の箒の一掃きで掃除しようという、かくも大きな過ちを犯したのだろうか。

すべてこうしたことは、当然のことながら、ブルジョワ同様労働者を尊重したものでもなかった。日々は続くとも等しからず、すなわち、全くのところ何もなされなかったのである。革命は、空になった酒瓶のように蒸発していた――革命からは、通行許可証と一つの日付しかもはや残るまい！……リュクサンブール委員会のコルポラシオンやクラブは、要求を繰り返すことに決めた。ネオ・ジャコバン派の無分別な想像力に引きずられた社会主義は、この計画にどっぷりはまった。リュクサンブール委員会では、一まとまりの政令《デクレ》が念入りに仕上げられていた。これは公にされなかったので私は読んでいないのだが、さぞかし素晴らしいものだったのだろう――そういう類のものであった。民衆の救済は手中にあった。それを退ける、あるいは遅らせるだけでも犯罪であったろう。四月一六日の日曜日に、コルポラシオンの労働者たちによって、一つのデモが組織された。その口実は一四人の首脳部吏員の任命であり、それに続いて市庁舎に愛国的な寄付を伴った請願書を提出することであった。

「臨時政府に以下のことを宣言するのは――とこの請願者たちは言う――われわれ、行動と献身の人間なのだ。すなわち、民衆は民主的な共和国を望んでいること。民衆は、人間による人間の搾取の廃絶を求めていること。民衆は、アソシアシオンによる労働の組織化を望んでいること」。その手段は、デモに無縁な人々が、三月一七日のようにその目的と性格を変えることが決してできぬように、リュクサンブール委員会の人々によって、前もってよく検討されていた――ただし、ブランキ抜きでということである(P)。リュクサンブール委員会が、権力にアソシアシオンによる労働の組織化に取り組むよう催促していたのに反して、さまざまなクラブは――とド・ラマルティーヌ氏は語っている（私の情報は彼の情報と一致している）――常に稼動状態にあって、公安委員会を任命し、三月一七日の場合のようにデモの先頭に立ち、臨時政府を追放するべく準備していたのである。

P――四月一六日のデモにおけるブランキの存在に私が注意を促す場合、しかし私が言及したいのはその人間であるよりも、とりわけ党派についてなのである。このデモが、リュクサンブール委員会に端を発していることは明白である。何人かの者が請け合っていることだが、それは警視庁によって密かに支援されていて、また、ブランキおよび『ナシオナル』紙双方の影響力に対抗して操作されたものであった。したがって、真実のあらゆる刻印を帯び、加えて別の可能性も否定しないこの解釈によれば、『ナシオナル』や『レフォルム』紙の共和主義者から見れば極端な革命派である四月一六日のデモの首謀者たちは、カベとブランキをともに頭に戴く共産主義者たちに比して、もはや第三党的な位置にしかいなかった。それゆえ、ブランキを犠牲にすることを部分的にではあれ目的とする運動に、彼がなんらかの主導権を取るとはあまり考えられぬのだ。ところで、革命において事を図るは指導者、事をなすは民衆である（訳注――「事を図るは人、事をなすは天」［計画どおり事が運ぶとは限らない］という諺のもじり）。四月一六日においては三月一七日と同様、ブランキの仲間は、警視庁にもリュクサンブール委員会にもあらゆるところにおいて最も精力的であって、彼らはこの運動にある活力を与えたのだが、民主的な党派の中の二つの極端な少数派に抗して熟慮の上なされたことは結局、保守的な反動を利することになった。民主主義を迷わせ、傷つけるこれらのあらゆる陰謀からそれが解放されるのは、いつのことであろうか。

しかしながら、数多くの裏話のおかげで、私はある確信を得た。二月二五日から六月二六日まで、政府内でも政府外でもすべてが――ラマルティーヌ氏にいたるまで――共謀していた。混乱はあまねくゆきわたっていた。独裁には五、六人を下らぬ競合相手がいた。権力は、あらゆる野心同様、あらゆる思想の目指すところであったので、各人はそれぞれの立場から、まさに力に訴えようとしていた。候補者の競合は、不当な簒奪を防いだのみであった。

ルイ・ブランは、思想的にはリュクサンブール委員会に復帰していたのだが、これからまさに起ころうとしていたことを四月一六日の時点で明瞭に意識していたとは思われない――九月一五日付の彼の雑誌では、彼は陰謀の存在を否定している[29]。私としては、同志に対する彼の気持ちの正当性は認めつつも、また、このデモに彼がこめようとした平和的性格は十分わかるとしても、彼の依って立つ知性と徳性の名誉のためには、ブランキの政策を闇雲で狭量な敵意によって阻みつづけるのではなく、その政策に大胆に参加するのを見たかったところである。しかしすべてが彼を敵意に導き、すべてが彼を許容した。二月革命を引き起こす原因となった古い王朝の抗争の観点からも、革命を果敢に実践した共和主義的党派の観点からも、ルイ・ブランにはすべてを請け合うことができた。彼の権利は、もっぱら力に従属していたのである。それというのも、臨時政府の一員たるべく最初に民衆の選択によって任命された人々は何も行動しなかったのであり、彼らを他の行動する人々に代えることほど簡単なことはなかったのである。すなわち、四月一六日の任務は、二月二五日の場合と同様、正当であるはずだったのだ。「現状」にこれ以上長く留まることは革命への裏切りであった。前へ進まねばならなかった。四月一六日のデモは、馬鹿げたものでないとしたら、別様に解釈されることはできない。そしてもし、私の知っていることが間違いでなければ、あえて言おう。事情を知りながらそのデモに参加した者は、何人《なんぴと》も私のことを非難しえまい、と。

29 ――この否認は、彼の著作『一八四八年の革命』の第一六章全体にわたっている。このデモは全く平和的でなければならなかったのであり、労働者たちは武器を持たずに行進していた、と彼は断言する……。そしてこう書くのだ――「私としては、この点においてはきわめて素朴に、開かれた形で働きかけていたので、このデモの二日前の四月一四日の委員会では、こう発言したのである。すなわち、いまや労働者たちは、ある問題に関わる道徳的必然性への迷いをすべて取り払いうるような請願書を提出しようとしているのだ、と。この必然性がなければ、共和国とは単に空虚な言葉か一種の瞞着にすぎなくなってしまうのである」(一二三ページ)

それに、リュクサンブール委員会に加わっていたこの二人の臨時政府のメンバーが、このデモによって否応なしに与えられた役割に気づかぬふりをしたとしても、民衆は騙されなかったのである。さらに政府と国民軍も、やはり騙されなかったことをつけ加えよう。この日をめぐってルイ・ブランが作り上げる物語は、デモが全く危険でないことを明らかにしようとしながらも、あまりにも素朴であり、私に言わせれば民主主義者の知性にとって侮辱的ですらある。数時間のうちにパリは元に戻った――ある者はデモに加担しつつ、またある者は臨時政府に加担しつつ。そして今度もまた、反動の口火を切ったのは、ブランキおよび共産主義者たちに対立する民主的急進派であった。ルイ・ブランが請け合っているのだが、偽りの報告に騙されはしたが、実際には当時社会主義とリュクサンブール委員会に夢中になっていたルドリュ＝ロランが国民軍に召集をかけている時に(30)、一方、バルベスは、私がピエール・ルルーとともに所属し、その頃は常時開かれていた革命クラブの名のもとに政府へ赴き、彼らを支援し、われわれも加わることを申し出た。何が起きていたのか、われわれには正確には何もわからなかった。共和国を脅かしていたのが王党派なのか、共産主義者なのか、この曖昧さの中で、われわれは革命の旗のもとにも、内務大臣のもとにも与《くみ》していたのである。ルドリュ＝ロランは、この召集によって長期にわたる不当な悪評を受けた。バルベスは、自分の位置を理解したのがあまりにも遅く、そのことで後悔の涙を流したという。しかし、反政府的世論は最も強固であって、国民は断固として上からの革命のいう通りにはなろうとしなかった。

おそらくは、あまりに個人的な嫌悪のままに、バルベスがさまざまなクラブの狂信者たちにのみ抗しようとしていたのに対して、民主主義のバイヤール（「大胆かつ非の打ち所のない騎士」と称されたフランスの英雄）とも言うべきこの男は、真の原理に立脚していた――彼は自身の性向に反して、民衆の内奥の思想を代表していたのである。国民軍はこの動きの原因を四時まで知らず、それを終息させるために登場しただけであった。[31]デモ行進の間、市庁舎のバルコニーでは、ルイ・ブランとアルベールが、彼らの軽率な行動に対して最も激しい非難を浴びせたと思われる同僚たちの最中で青ざめ、茫然としているのが見られた。この夜、「共産主義者を倒せ！」という叫びが示したのは、フランスでは、政府は検閲に対するフィガロ（ボーマルシェの『フィガロの結婚』をめぐる検閲のことが踏まえられている）と同じ条件で国民と対しているということである。つまり、大衆の意見の側にいるという条件があれば、政府は何を言っても何をしてもよいということだ。

30――四月一六日午前、内務大臣ルドリュ＝ロランは、国民軍に召集をかけた。国民軍はただちに集合し、デモが予定されていた市庁舎広場を占拠した。

31――ルイ・ブランはこのデモについて述べている――「武器を持たぬ労働者たちは、武装した国民軍に両側からびっしりと挟まれて、きわめて窮屈な長い隊列を取らざるをえなかったが、この隊列は十分ごとに分断されたため、このデモが持ちえたかもしれぬ圧倒的なものは奪い取られてしまった。市庁舎の窓からは、はるかに何千という帽子が打ち振られ、何千という腕が突き上げられるのが見えた。しかし、労働者たちが挙げた熱っぽい、歓喜の、友愛的な希望の叫びは私のところまでは届かず、それらは憎悪の一つの叫び、反革命が声に出した最初の叫び『共産主義者をやっつけろ！』のために押し殺されてしまった」（ルイ・ブラン、前掲書、第二巻二一ページ）

ルイ・ブランは、三月一七日の反動の栄誉を担った。ルドリュ＝ロランは、四月一六日の反動の栄誉を担った。前者がブランキの真の、もしくは、仮想的な独裁に反対する根拠があったのと同様に、後者にはルイ・ブランの独裁に対立する根拠があった。四月一六日の時点では、ルドリュ＝ロランは社会主義者でも共産主義者でもなかった。彼は自分の同僚のさまざまな理論を馬鹿にしていた。内務省に対する民衆の代表として、国民に対する自由と秩序の責任者として、あらゆる利益を守ることを担って、彼は四月一六日のデモには侵犯の試みしか見ることができず、それゆえ彼は抵抗した。誰が彼をあえて責めうるだろうか。なるほど、彼はルイ・ブランではないのである。

それでもなお、四月一六日は三月一七日同様、革命の挫折であった。というのは、国民の性向を歪曲するのに利用する目的で権力を攻撃することは、その攻撃が成功を収めようが収めなかろうが、進歩の挫折であり、一つの後退であるからだ。ルイ・ブランには、クーデターと独裁的権力によって、ある経済改革のシステムを成功させる期待があったが、これは次の三つの提案に要約される。

一、権力に大きなイニシアチブを設けること。

二、国家負担で公営工場を設け、出資すること。

三、国営企業の競合という条件のもとに、私的企業を廃すること。

彼としては、これは大いなる夢想であったろう。しかし、ルイ・ブランのこのシステムが抑圧に他ならないとすれば、そして、それを適用するに当たって用いようとした手段が侵犯行為に他ならないとすれば、四月一六日の試みをどう位置づければいいのか。そして、それをいかに弁明すればいいのか。これは良心に照らしてではなく――おそらくこの新聞記者としての善意は、政治家としての意図を埋め合わすものだろう――理性に照らして言っているのだが。

社会主義がこの国にとってとりわけ奇妙なものとなったのは、四月一六日以来のことである。社会主義は、一八三〇年から存在していた。一八三〇年このかた、サン・シモン主義者、ファランステール主義者、共産主義者、博愛主義者およびその他の者たちは、その無垢な夢想について公衆に語りかけていた。ティエールにしても、ギゾーにしても、それにかかずらってはくれなかった。彼らは当時、社会主義を何ら恐れてはいなかったし、国家の費用で、および公的権威によって社会主義を実施することが問題とならぬ限りは、彼らがそれを恐れないのはもっともなことだったのである。四月一六日以後は、社会主義は自らに対してあらゆる怒りを掻き立てた。このあるかなしかの少数派が、政府を傷つけたのである！

諸党派を互いに対立させ合ったもの、それは思想上の相違というよりは、互いに相手を支配しようとする傾向のせいである。見解の相違はあまり頓着されず、権力の側につくかどうかが懸念されるのだ。政府がなかったならば、党派もないだろう。そして、党派がなかったならば、政府もないだろう。われわれは、この循環からいつ抜け出るのか。

# 第9章　五月一五日、バスチードとマラストの反応

政府の、国家の、つまりは当局の名の下に国民に対して定められた、至高で主導的かつ支配的な権力の思想は、国民を指導し、国民を支配し、国民に法律を押しつけ、国民に諸条例を発し、判決と刑罰を国民に課するためのものである。さて、この思想は、われわれが今も諸王朝や王たちに対して闘っている、専制主義の原理そのものに他ならない。王権を作るものとは、王でもなければ世襲制でもない。それは、後に見るように、憲法に関して言えば、諸勢力の糾合である。つまりそれは、あらゆる政治的・社会的権能を、唯一にして不可分の機能に集約することであり、それが政府――この政府が、世襲的な王に代表されるものであれ、あるいはまた、一人ないし複数の交換可能な選ばれた代理人によって代表されるものであれ――というものである。

民主主義のあらゆる過ち、あらゆる見込み違いとは、民衆というよりも、むしろ反乱集団の指導者たちが王座を打ち砕き、君主を追放したのちの社会革命を信じたことに起因している。というのは、彼らは君主政体を革命したのだが、王権はまるごと温存させつつ、それをもはや神授権にではなく、人民主権に結びつけたからである。事実上も法的にも誤りだが、これは実際には決して明らかにされえなかったものであり、あらゆる革命が抗議するものである。

一方では、諸事件の論理が絶えず明らかにしていたのは、君主制的な構造を社会に温存させつつ、遅かれ早かれ正真正銘の君主制に回帰せざるをえなかったということである。そして全く確かなことだが、民主主義は自らの固有の原理を明確にすることができなかったがゆえに、それは今にいたるまで王権からの離脱でしかなかったのである。われわれは共和主義者ではない。ギゾー氏の言によれば、われわれは叛徒なのである。

また一方では、神授権をめぐるさまざまな政治が、いわゆる民主的な権力の構造そのものを根拠にして、その敵対者たちに対して明らかにしていることは、この権力が必然的に人民主権とは別の原理——神権政治に依存していることであり、先に言ったように、君主制とはその神権政治の一部にすぎないのだ。注意してほしいが、政府中心主義は何ら哲学的教説に由来するものではなく、神意論から生じているのである。古代同様、現代にあっても、祭司職は政府の父なのだ。まずはグレゴワール七世に溯り、ついでそこからモーゼやエジプト人にまで溯って、キリスト教民族における政府（統治）思想の系譜を、改革可能性と進歩に関する国家の権限のあの不吉な理論の起源を、見出さなければならない。

モーゼは、人食いの習慣からやっと抜け出た偶像崇拝の一小部族から理神論的な社会をなんとか作り上げようとしたが、一二世紀にわたってその社会を責め苛むことにしかならなかった。イスラエルのあらゆる不幸は、その宗教に起因している。歴史における特異な現象であるヘブライ民族は、その民族的な神、もっと正確に言えばその律法の神に対して、常に不実な民族のありさまを示している。なぜならば、エホバは選択的にしかユダヤ的ではなく、この民族がエホバにもっぱら帰依し始めるのは、彼らがその領土を失った後に、祭壇を打ち立てうるような確固たるものも持たずに、偶像の破壊によって神の形而上的観念に達する時だからなのである。ユダヤ人たちがモーゼ崇拝に意を用い始めるのはマカベの時代のころ、とりわけキリストの出現によってである。このモーゼ崇拝は、常にその体制の確立に後れを取るこの民族の運命の中にあったのだ。

モーゼから二〇〇〇年以上後に、ほぼ同じ場所、同じ民族において、もう一人の改革者が、モーゼおよび彼がその事業を継続するために据えた祭司職が一二世紀にわたってできなかったことを、一世代のうちに完遂することができた。マホメットの理神論は、モーゼのそれと同じものである。コーランについてのアラブ人たちの注釈は、ラビたちの伝統と同じ原典に由来しているように思われる。では、この成功の驚くべき差は何によるものなのか。つまりは、聖書が言うように、モーゼはイスラエルを呼んだということである。一方、マホメットはエドム（イサクの子エサクのあだ名［創世記25—30］）に呼ばれていたのである。

モーゼおよびアロン（モーゼの兄［出エジプト記32］）的な祭司に倣《なら》って、彼らの後継者たる教皇たちは、その残忍なカトリシズムのままに、やはり中世の素朴な人々を教化しようとした。この先駆的な教皇制の支配は、キリスト教民族にとっては、ユダヤ人たちにとって祭司職の影響がそうであったように、長い責め苦であった。さしあたっては、そのほんの一例を引いてみよう――中世の民衆は下位聖職者と親和的で、聖職者の結婚には嫌悪を示さなかった。内縁関係のある司祭は、ローマ教会の破門制裁を受ける日までは、何のスキャンダルも掻き立てるものではなかった。しかし、聖職者が独身であることは、神権政治にとっては存立条件であった。結婚によって、聖職者は教会よりは都市に属したのである。つまり、ローマの中央集権化は不可能であった。教皇よりはむしろ民主主義が、人類が滅びんことを！　というわけである。高位聖職者の意志によって、民衆の意志は捻じ曲げられた。妻帯した聖職者たちは汚辱の烙印を押され、その妻は内縁扱いされ、子供たちは私生児だとされた。さらに不幸なことに、司教任命権の問題と同一視された聖職者の結婚の問題は、おそらくは教皇の怒りにもいやまして、妻帯聖職者の数を減らすことになったのである。教皇同様に民衆も教皇派であった。聖職者は結婚によってギベリン派（皇帝派）となったのである。長い闘いののちに、霊的な権威が勝利を占めた。しかしこの降伏は決して全面的なものではなく、報復は恐るべきものであった。アルビジョワ派、ヴァルドー派、フス派（以上、すべてキリスト教異端派）の灰からは、ついにもう一人のマリウス（キリスト教的プラトニスムの礎を築く）たるルターが生み出された。彼は、免償を、偶像を、秘跡を、聴聞告白を、聖職者の独身を廃したというよりは、カトリシズムに心底から打撃を与え、普遍的な解放の時を進めたがゆえに偉大であった。

話を戻そう。

多少遅れはしたものの、ついに普通選挙の声が発せられた。国民議会が召集され、臨時政府は権力を断念し、執行委員会が設けられたが、常に何もなされず、何も準備されはしなかった。国家は、言わば武器を持ったままじっとしていた。

政府支持派の民主主義者は、新たな努力を試みることにした。今度は、彼らはもっと抜け目ないように見えた。

誰も、社会主義のことも独裁のことも語らなかったのだ。問題は、もっぱら政策的なことであった。人々は、国民議会の最も親しい感情に訴えた。ポーランドの解放が、議会の三日目の口実であった。かつてはオスマン・トルコに対するキリスト教国の防壁であり、近くはやはり北方の遊牧民に対するフランスの防壁であった友好民族に対する国民感情の問題として。また、社会主義に対する政府側の主導権の結果、民主的なプロパガンダの問題として。ポーランドの解放は、民衆の同意を得ることで、議員たちの共感を獲得することとなり、あらゆる改革思想に成功を約束していた。議会がポーランドに自由を宣しようが（これは民主的政策が望んでいたように、ヨーロッパに対する戦争を意味していた）、あるいはまた、社会主義から要求されていたように労働を組織しようが、それは今のところ全く同じことであった。市民ヴォロウスキ、ブランキ、バルベス、ラスパイユの演説は、そのことを証明していた。

状況は、事態をさらに明白なものにしていた。政府に対して諸民族の解放を率先して進めるように言うことは、別の言い方をすればこういうことであった——この三カ月来、諸君は革命に対しても、全く同じ二つのことである労働の組織化に対しても、民衆の自由に対しても何もしなかった。繰り返し諸君は、諸君のものであって労働者が取り返してはいない主導権を拒絶した。そうして諸君は、今は諸君に仕事かパンを要求しているがやがてはパンか弾丸を要求することになる、これらプロレタリアートをしか生み出すことができないのだ。これらの人々を、宣伝部隊にしたまえ。それを産業部隊にすることができるまで。戦争によって、ヨーロッパに民主主義政府を確保したまえ。再び会社なしですますことができるまで。諸君は政治家である。決して、社会主義者たらんとしてはいない。いまだ社会的主導権を持とうとはしないとしても、政治的主導権を握りたまえ。

戦争とは、一言で言えば、一時的に労働問題から逃れる手だてである——これが、五月一五日における共和党前衛派の実際であった。

その瞬間は、みごとに決定されていた。議事日程によって、ポーランドに関してはアラゴン市民の尋問が要請されていた——まるで、議会の演説者とクラブの演説者とが、政府を拡大するために示し合わせていたかのようであった。ポーランド解放の最も熱烈な支持者の一人である市民ヴォロウスキが演壇に上った時、陳情団のリーダーが議会の中庭に押し入ってきた。議会の中で最も穏健で、かつ最も保守的な人々の一人であり、オディロン・バロ氏の友人、レオン・フォーシェ氏の義兄であった市民ヴォロウスキは、このころは、そうあろうとしたわけでもなく、またそのことを疑うこともなく、ネオ・ジャコバン主義の弁護者であり、反乱の演説家となっていた。このような例は、政治家を自称する人々の蒙を啓き、彼らに、反動への報復がいかに醜悪で馬鹿げたものであるかを悟らせたにちがいない。

市民ヴォロウスキは、真の結社員として、まず、ポーランドでこの一八年来流布されていた常套句を要約することから始める。

「議員諸君、かつてこれほど重く、かつ深刻な問題が諸君に提起されたことはなかった。この問題は、その襞の中に、平和か戦争かを孕みうるのである」

「私は、この問題のむずかしさは十二分に承知しているが、しかしながら、私は自信をもってこれを諸君に提起する。というのも、この大問題に関しては、あらゆる思想が一致していると思うからである。ポーランドの大義に対して全くもって関心が払われまいと、私はこの議場内の誰をも侮辱するつもりはない」

（外では民衆の叫びが聞こえる——「ポーランド万歳！」）

「諸君、フランスは諸国家の中心であって、自らのうちに全人類の鼓動を感じているのだ。そして、それはとりわけ、当然にも〈北方のフランス〉の名が与えられた一国家に関わる場合であり、あらゆる思想、あらゆる性向がフランス民族と共通しているような一民族に関わる場合である。そしてそれは、常に同じ大義に依拠した民族、常に諸君とともにその血を戦場に流した民族に関わる場合であって、私はここで最も生き生きとした、最も深い共感に出会うことを確信するものである。検討されねばならぬと思われる唯一の問題とは、われわれが全員一致して望むものを実現するために、ポーランドの再興をより迅速に実現するために取らねばならぬ諸手段という問題である」

（外の叫びがいっそう激しくなる――「ポーランド万歳！」）

「フランスは戦争を恐れない。民衆全体である国民軍を、五〇万人の軍隊を持ったフランスは戦争を恐れない。そしてそれゆえにこそ、フランスは諸国家に対して確固たる言葉を保持しうるのだ。それゆえにこそフランスは、君主制の最後の根拠であるべきものに頼ることなく、その思想、その〈観念〉を強いることができるのだ」

「フランスは、何人《なんぴと》も疑いえぬその力によって、真に共和主義的なこの政策を用いるだろうが、それは何よりもまず〈観念〉の力、正義の力に信を置くものである」

（新たな叫びが聞こえる――「ポーランド万歳！」）

「ポーランド問題とは、人がそう考えさせたがるように、単に騎士道的な問題ではない。ポーランド問題においては、心情が吹き込むものを理性が確認する。民衆は称賛すべき性向でもって、この問題の核心に対して正しく向き合っていた。ポーランドの再興において、全ヨーロッパの平和と自由の最も堅固な基礎が見出されることを、民衆は完全に理解していたのである」

（叫び声が激しさを増す。演説者は中断し、再び開始する）

「民衆の思考は見事に問題の核心を捉えており、ポーランド復活の観念を自由の観念に結びつけることで、問題を解決したのである」

「ポーランドの復興は、持続的な平和と諸民族の決定的な解放の、唯一の保証である」

「人々は、ポーランドの栄光ある運命、ポーランドが常に身を捧げていた使命が常に何であったかを知っていた。それが生き生きしていた時には、ポーランドは文明とキリスト教の盾であった。ポーランドを殺したと思っても、一方でポーランドは死んではいなかった、それは眠っていたのだ……」

（ひどいざわめきが演説者を妨害した――民衆が議場に侵入してきたのだ）

（『モニトゥール・ユニヴェルセル』紙からの抜粋）

一八四八年二月二二日に、私はオルセー河岸に沿って下院の方に歩いていた。パリは一斉に立ち上がった。ブルジョワジーは前衛に、民衆は後衛に。反対派は湧き立っており、内閣は震憾していた。何と、イタリアは目覚め、〝悪人同盟〟（「神聖同盟」をもじった言い方）は敗北し、一八一五年の諸条約は破棄され、革命は再びヨーロッパにその栄光ある歩みを取り戻していた。ひとりフランスのみが反動的であったのだ！……忘れてはならぬ——とティエール氏は言う——われわれが七月王政に同意するのは、何よりもまず革命に同意するからではないか！ある糾弾状が、オディロン・バロ氏によって内閣に提出されようとしていた。この時私は、ヴォロウスキ氏に出会った。「どうするのか」と私は彼に言った。「バロ氏は何を望んでいるのか……」。「それはまさに」とヴォロウスキ氏は応える。「今しがた私が彼に尋ねたことですよ。つまり、『バロさん、あなたはわれわれをどこへ連れて行こうというのかね』とね……」

それから八〇日間、市民ヴォロウスキはバロの役割を繰り返していた。私としても、彼にこう言う資格があったのではあるまいか。「ヴォロウスキさん、あなたはわれわれをどこへ連れて行くのか」

あとは周知のことだ。国民議会は、街路に引き出され、放り出された。一時間にわたって、パリは政府を変えたと信じた。しかし、このデモを流産させたものが何かは、依然として知られていない——周知させるべきは、まさにこのことである。

ポーランド問題の根底そのものにおいて、当局側の共和主義者およびその一統は、既に冷めていた。彼らにとって、ポーランドのための介入、あるいは同じことだがヨーロッパとの戦争は、それが実際そうであったもの、普遍的な社会主義であり、政府主導による人類の革命であるように思われていた。戦闘に初めて接した者のように、彼らは自分たちの騎士道的感情が事実の悲しい現実を前にして消えていくのを感じていた。五月一五日のあの同じ会議において、党の最も尊敬すべき人間の一人であるバスチード氏は、当時外務大臣であったが、執行委員会の見解ではポーランドの解放は、フランス共和国が単独で発言する資格のない、ヨーロッパ・レベルの至高の問題であると宣言していた。そしてこうした性格の事態に対して武力に訴えることは、錯綜した戦争を担うことであり、神聖同盟が一八一四年に王朝のためになしたことを、国家の利益のために再開することだというのである。

こうして、デモの口実となった問題そのものにおいて民主主義は分裂した。問題は単にポーランドだけではなくヨーロッパであること、ヨーロッパ革命および社会革命がその目的であり、ポーランドへの介入はその手段であるということが気づかれているとすれば、これはどういうことか。陳情者たちの理由は前もってなくなっていたのだ——抗いがたい反動を引き起こすためには、運動の考えがそのまま現われればそれで十分であった。それはすぐさまやってきたのである。

当初は自然発生的であったが、見たところ、クラブの指導者たちの意向にもかかわらず組織化されたこのデモは、ついに人気のある著名人を引っ張り出すこととなった。ブランキの登場だ。ひどく恐怖心を抱いている人々は、彼のうちに仲裁役というよりも、この運動の未来の受益者を見ている。バルベスはあの不吉な独裁を謀りつつも、すべては絶望的だと考え、革命の波浪に身を投じる。彼は演壇を占拠する。「これは諸君のためなのだ」と、彼の激しさに抗議する人々に向かって彼は叫ぶ。「クラブの代表者たちと口調を合わせて請願書を読み上げることを、私は求める」。請願書が読み上げられる。ブランキは演壇に赴いて発言する。彼はルーアンのブルジョワ軍の懲罰を要請し、ポーランドにおける労働や、多くの未知の諸事情のことを語る。これがヴォロウスキの演説の結論であった。バルベスはブランキ以上のことをし、富裕な者たちへの多額の税を提案する。とうとうユベールは、突然の思いつきによって——その責任を彼は自分一人で引き受けたのだが——議会の解散を宣告し、バルベスのために戦うことを決める。議員たちは退出し、バルベスとその一統は市庁舎に向かう。ブランキとその一統は、そこには現われなかった。続いて起きたのは潰走にほかならなかった——やっとのことで再召集された国民軍は、何の抵抗にも出会わなかった。民衆はにわか雨のように通り過ぎた。彼らには、かくも行動について語った人々が他の人々と同じように口舌の徒にすぎなかったことが明らかにわかっており、また、これらのあらゆる政府から舗石のように動かされることを決して望んでいなかったので、議会が解散されようが召集されようが、この日の騒擾を静めるほうに向かったのだ。

当初は全く議会的であった五月一五日のデモは、すべてを支配する労働問題を別にすれば、さらに二つのきわめて重大な問題を提起していた。すなわち、一つは憲法的な問題であり、共和国において平和を作り、戦争を宣する任務は政府に属するものなのかどうかを知ることである。もう一つは政治的問題であり、二月革命後三ヵ月のフランス共和国が位置する特殊な状況下にあって、戦争をすることが国民にとって有益かどうかということである。

五月一五日のデモは、二重の過ちによって、この二つの問題を断定的に解決していた。政府を戦争に押しやりながら、民主的少数派の願望をかなえるために、五月一五日の人々はあらかじめローマ遠征を正当化していた。しかしこれは、保守的多数派の利益にかなうよう、政府が企てたものであった。

五月一五日に、プロパガンダ的戦争によって奉仕するよう求められていた大義そのものに関して言えば、この大義は平和よりは介入によってよりすみやかに、より確実に駄目になったはずなのである。七月王政ならば、二月共和国よりもはるかに優位にポーランドへ援軍をもたらすことができたであろう。その軍隊だったならば、共和国政府がかくも惨めに困惑した、あの恐るべき社会問題を後に引きずり出すことは決してなかったであろう。国家というものは、それが内部から引き出す力を除けば外部では力を持たない。国内生活が欠乏しているならば、国外で活動しようとするのは無駄である。その活動は自らに不利になるだろう。二月革命後は、国内問題がすべてであった。しかし共和党は、自らの位置の重大さを把握していなかったのと同様に、そのことを十分に理解していなかった。政府には金も馬も兵士もなかった。憲法制定議会の討議が明らかにしたのは、二月以後に自由に使える軍隊は六万人足らずということであった。商人は慈悲を請い、労働者には仕事がなかった。八九年、九三年の父祖たちと同様、われわれの手元には四五〇億フランの国家財もなかったのである——なのに、われわれは戦争のことを話していたのだ！

こうしたあらゆる困難にもかかわらず、執行委員会と国民議会はプロパガンダ的な示唆に従いつつ、一つはアルプスを越えて、もう一つはライン河へと軍隊を派遣したこと、また、イベリア半島の反乱を支持し引き起こし、ドイツ民主主義を引き出し、ポーランドの民族性の炎を再燃させたことは認めよう。同時に、社会問題はイタリアに、すべてのドイツ連邦に、提起されていた。そしてこの問題は、どこにおいても理解も解決もされなかったように、たちまち保守的反動が始まった。だからヨーロッパの〈二月〉以後、われわれはもう一つの三月一七日を、四月一六日を、五月一五日を、ヨーロッパ・レベルの六月の戦いを持ったかもしれなかったのだ。一八四八年末に、とがむべき民族的エゴイズムによってオーストリアにイタリア侵攻をそそのかしたハンガリーが、ひとたび満たされたら民主的運動を支持するなどと考えられるだろうか。一八五一年の時点で、いかなる宗教的感情の名の下にか、社会主義とその反有神論的・反政府的傾向に抗議しているマッツィーニが、革命に好意的であるなどと考えられようか。……あらゆるところに同様の事情があった。われわれが解放しようとした国々の、リベラルではあるがまだ社会主義的ではない部分は、政府のほうに与《くみ》することであろう――では、われわれの状況とは一体何だったのか！　それを語ることはつらいことだ。それは、全ヨーロッパに関しては、ローマの情勢からわれわれが得たばかりのものとまさに同じものだったはずなのだ。こちらでは勝者であり、あちらでは避けがたく敗者であったろうという違いはあるにしても。

　私としては、革命を成功させるためのわれわれの武力の無力さよりは、なおいっそうその無益さに得心していたので、何らためらわずに『ルプレゾンタン・デュ・プープル』紙[32]で、五月一五日のデモに反対する態度を明らかにした。プロレタリアート――彼らは徴兵延期で苦しむこともできなかったし、それを望みもしなかったし、そうする必要もなかったのだが――というこの宿命的な問題に悩むフランスが、その解決を巧みに避け、どこであれ戦争を担うことができるとは、私は思わなかった。それに私は経済の活動手段のことに関わっていたのだが、仮にわれわれが、国民公会や帝政政府のあらゆる軍隊よりはるかに外国に対して効果的なかたちでその諸手段を用いることができるとしても、一方で折衷的な社会主義のせいでこんがらかった軍事的介入を行なうならば、ヨーロッパのあらゆるブルジョワジー、あらゆる農民のフランスへの反乱を惹起することになろう。われわれが守るべきであった諸民族に関わることについては、私はついに、フランスの態度が最良の防衛であり、最強の助けであると確信した。パリで民主主義が敗北したとの報に、ローマ、ヴェニス、ハンガリーが次々と降伏したのがその証左である。一二月一〇日の選挙は、蜂起した諸国民にとっては一大戦闘の敗北のごときものであったし、一八四九年六月一三日という日は、彼らのワーテルローであった。ああ、もしこの時自由が敗北するとすれば、それはわれわれが自由を助けなかったからではなく、まさにわれわれが自由を匕首で殺したからである。われわれの過ちをわれわれの不幸によって正当化しようとは決してすまい。革命は、ヨーロッパのあらゆるところで勝利を収めるはずだったのだ。もし、政治によってではなく、社会経済によって革命を望んでいたならば。

32――無秩序ではあったが平和的であったこのデモは、ラマルティーヌによれば「民衆の軽率さ」であった。ポーランドのために請願書を提出するという名目のもとに、武器を持たずに集まった群衆は議場に押し入った。彼らはそこに数時間にわたってとどまり、ユベールの教唆によって議会の解散を宣し、臨時政府を主張したが、ルイ・ブランはそこに不承不承据えられた。もう一つの一隊は市庁舎を占拠したが、国民軍と機動部隊が血を流すことなく暴徒たちを駆逐した。首謀者たちは逮捕され、もろもろのクラブは閉鎖された。

五月一五日のデモについて公的に表明した私の反対にもかかわらず、市庁舎で私は新政府の一員に指名された。この危うい名誉が誰のおかげか私にはわからぬが、おそらくわが不運な同郷人にして友のラヴィロン大尉（彼はローマに行ってその殉教を成し遂げた）であろう。しかし私はこう考えざるをえない――もし五月一五日の朝に、ヴォロウスキの演説をわずかでも私が公表していたならば、夕方には間違いなく逮捕され、ヴァンセンヌに送られ、ブールジュの裁判所に召喚され、さらにドゥーランスで監禁されて、介入と中立の政治について正しい考えを持つよう仕込まれたことであろう。おお、公正なる政治よ！　目方をごまかす行商女よ！　おまえの天秤皿の下には、何という汚辱があることか！

こうして反動は、時計のような規則正しさでもって繰り広げられ、革命的党派の痙攣のたびに広まっていった。三月一七日、それはルイ・ブランの合図のもとに、ブランキや過激民主派に対して始まった。

四月一六日、それはルドリュ＝ロランが太鼓を叩くことで、ルイ・ブランに対して続けられた。
五月一五日、それはルドリュ＝ロラン、フロコン、そして『レフォルム』紙に代表される人々に対して続けられたが、それはバスチード、マラスト、ガルニエ・パジェス、マリ、アラゴ、デュクレール――彼らは政府の多数派をなし、『ナシオナル』紙の代弁者であった――によるものであった。確かに、反動がこれみよがしのやり方で襲ったのは、一斉手入れでごちゃまぜにされ、混同された、最も精力的な民主主義者たちだけ――バルベス、アルベール、ソブリエ、ブランキ、フロット、ラスパイユ、クルテ将軍、そしてほどなくルイ・ブラン、コーシディエールらであった。しかし、仮にルドリュ＝ロランとフロコンがその人格に何ら打撃を受けなかったとすれば、ルイ・ブランの影響力が四月一六日の時点でなくなっていたように、彼らの影響力が五月一五日の時点では消えているということである。さまざまな政治的反動の中では、反乱と権力――その下で反乱が生じるのだが――とは常に連動しているものである。

ほどなく明らかになることだが、前日の生き残りである『ナシオナル』紙の共和主義者たちが今度は没落し、未来の共和主義者に席を譲ることになろう。この共和主義者たちの後には正理論派たちがやってきて、選挙協定によって共和国政府を一人占めにして、奪われた遺産を取り戻すことを考えるだろう。ついには、反動的な資産家が車輪の最後の一回転を与えることで、政府は、もはやこれ以上後退するもののないようなその創始者たちに、カトリックの絶対主義者たちに回帰するだろう。こうした人々はすべて、同じ先入観のままに、かわるがわる殉教者に、犠牲者になるだろうが、挙げ句はとうとう民主主義はその取り違えを認めて、ただ一撃で普通選挙を打ちのめし、その敵対者たちはと言えばすべて、権力に進歩を要求するのではなくて、自由のほうに進歩を要求する人間たちを代表に選ぶのである。

五月一五日には、二月革命に対する政治的復讐の時期が始まる。臨時政府は三月一七日の企てを許し、四月一六日の試みを容認した……国民議会は、フロコンの忠告にもかかわらず、五月一五日を容認しなかった。ヴァンセンヌの主塔の丸天井は、最も忌まわしい偏見によるこれらの哀れな犠牲者たち、ブランキやバルベスを収容したが、既に彼らの人生の大半は国家の牢獄の中で過ぎ去っていたのだ！　この中で最も不幸なのは、ユベールであった――彼は一四年の受牢の後、やっとのことで太陽の下に出ることができたのだが、デマゴギー的な中傷に応えるべく、再び終わりのない有罪宣告を懇願するに至ったのだ。すべてこうした人々の罪とは、一体何だったのか。

一八三九年、ブランキとバルベスはともに協力して、民衆の同意を当てにしつつ、大胆な奇襲によって大臣職をめぐるスキャンダル（これは体制の最初の年から国民を苦しめ、侮辱するものであった）に終止符を打とうとする。彼らが、この人々が、民衆に、市民の大多数に、普通選挙に対して、一言で言えば二〇〇フランの政体という恥ずべき陰謀を訴えたのは間違いだったのだろうか。この訴えは理解されなかった。この二人の共謀者たちは、独占権への侵犯の罪を一〇年の禁固重労働で償わされたのである。

一八四八年には、この疲れを知らぬ先導者たるブランキは、最も影響力のある演説家でさえ抗しえぬ群衆のあれら突発事の一つに引きずり込まれて、国民議会を前にして、あらゆる点から民衆のものであると言われる思想、一八年来大半のブルジョワジーが共有していたある思想の代弁者となった。バルベスは、恐怖政治に惑わされて、その提案を強調することでブランキと対立し、三カ月かかって三度目に反動家になるのだが、それは非現実的な独裁によって国民を救うためであった。この二人の人物が一致する瞬間を想定してみるがいい。ユベールによって不意に宣せられた国民議会の解散が前もって準備され、組織されたものであると仮定してみるがいい、革命が、ヨーロッパが今日どうなっているかを一体誰が言いえようか……。

こうして戦闘への極度の恐れが、世界を焼き尽くすために大地に解き放たれた邪悪な天才たちのように現われる。それは、立憲的な体制がこの一八年来贖罪のいけにえとしていた人間たちであり、彼らで止《とど》めを刺すはずのものでもなかった。ラマルティーヌが満場の国民議会で、氏の詩的幻覚の一つとして語ったことだが、ちょうど避雷針が壊滅的な放射物を吸い取るために雲に近づくように、氏はかつてブランキに近づいたことがあるという。しかし人食い鬼や巨人たちを思い描くことで、ラマルティーヌはついに自分を親指太郎と思うにいたったのである。しかし、二月以来のわれわれの歴史が妖精物語に似ているとすれば、これは全くのところ氏の過ちというわけではない。われわれは王権と革命に戯れることを、いつになったらやめるのだろうか。われわれはいつ、真に人間にして市民たりうるのだろうか。

# 第10章　六月二三―二六日、カヴェニャックの反応

諸君は執拗にこう言いつのる——しかし、もし、臨時政府がもっと統一されたメンバーで、もっと精力的な人々で構成されていたならば。もしバルベスとブランキが対立しあうのではなくて、理解しあえていたならば。もし、選挙がもう一月早く行なわれていたならば。もし、社会主義者たちがしばらくの間その理論を隠していたならば。もしも……もしも……もしも……等々。そうすれば事態は全く別の形で生起したかもしれない——臨時政府は二週間で革命を成し遂げたことであろう。すべて共和主義者で形成された国民議会であったならば、その事業を企て、発展させえたであろうし、三月一七日も、四月一六日も、五月一五日もなかったかもしれない。そして、明敏な歴史家たる諸君にとっては、権力の無力さおよび政府の革命的無能さに関する諸君の理論は、無効だったことでもあろう。

それゆえ、よく考えてみようではないか。事実は豊富なのだから、事実を参照してみよう。三月一七日、四月一六日、五月一五日は諸君を納得させなかった。そこで私は諸君に、熟考を促すような一つの歴史を語ろうと思う。ただし前もって、歴史とは何かについて知らねばならない。

歴史を研究するには二つの方法がある——一つは、私が後に摂理による方法と呼ぶものであり、もう一つは、哲学的な方法である。

最初の方法は、事態の経過を高みから導く至高の神という意志にであれ、また、神のごとくにその自由意志によって諸事件に働きかけるように一時的に位置づけられた人間的意志にであれ、諸事件の原因を結びつけることにある。この方法は、歴史における組織的なあらゆる企図、あらゆる事前の熟考を何ら排除するものではない。

しかしながら、この企図は何ら必然的なものを持たず、その企画者の意のままに、その都度取り消すことができよう。それは全くのところ、さまざまな要人や神の至高の意志に左右されるのであり、神学者によれば、神が実際の世界とは異なる無数の世界を創りえたかもしれぬのと同断である。同様に、神は他の無数の方法によって諸事件の流れを導きえたかもしれない。たとえば仮に、アレキサンドロス大王が三二歳で死なずに、六〇歳まで生きたとしたら。仮に、シーザーがファルサロスで勝利を収めていたとすれば。仮に、コンスタンティヌス帝がビザンティウムに居を定めなかったとすれば。仮に、シャルルマーニュ王が教皇の一時的な権力を基礎づけ、あるいは強化しなかったならば。仮に、バスティーユが七月一四日に占拠されるがままにならなかったとすれば。あるいはまた、精鋭部隊がサン・クルーでボナパルトの部隊がしたように、ポーム球戯場（一七八九年の「テニスコートの誓い」で第三身分が憲法制定を誓った故事を踏まえる）から人民の代表者たちを駆逐していたならば。摂理による歴史家はこう尋ねるのだ――文明は別の過程を取ったかもしれぬではないか。カトリシズムは同じ性格を持たなかったかもしれぬではないか。そして、アンリ五世またはルイ一七世は王たりえたのだろうか、と。

見られるように、結局この理論は偶然の理論以外のものではない。信仰者が〈摂理〉と呼ぶものを、懐疑論者は〈僥倖〉と呼ぶのだ。つまり、それは同じものだ。モレイとアリボーは[33]、民主主義の勝利を王の処刑によって早められると考え、ボシュエは普遍的な歴史をカトリック教会、使徒伝来教会、ローマ教会の設立に結びつけているが、彼らは同じ一派に属していた。歴史科学としては、絶対的懐疑論と最も頑迷な迷信との間に大差はない。仰々しい饒舌にもかかわらず何の理論もない、この最近の統治政策、二股の、その場しのぎの政策は結局のところ、グレゴリウス七世（神聖ローマ皇帝ハインリヒ四世を破門して「カノッサの屈辱」［一〇七七年］を与えたことで有名）の政策と同程度には有効である。それは一つの陋習であって、カトリシズムと同じく、極度の無知の中で自分がどこへ行くかもわからぬような展開をたどるのであった。

33――フィエスキの共犯者の一人であったモレイは、一八三六年二月一九日パリで断首された。アリボーは、一八三六年六月二五日、テュイルリー宮の小門を通って馬車で出かけたルイ＝フィリップを銃撃した。彼はパリ控訴院で死刑を宣せられた。

哲学的な方法は、個々の事実が何ら宿命的なものを持たぬこと、また、それらをもたらす意志に応じて無限に変わりうることを認めつつ、しかし、それら事実が自然と人類に固有の普遍的な法則に基づいていると見なす。こうした法則は、歴史に関する不変の、永遠の思想である。これらの法則を具体化する諸事実に関して言えば、それらは神の言葉を記す聖書的な刻印を持つものとして、さまざまな観念を表わす言語として、歴史の自由意志的な側面なのである。この諸事実は無限に変容されうるだろうが、それらが内包する思想は、そのことに影響されることはない。

したがって、私になされた異議に応えるとすれば、次のようなことが可能であった。すなわち、臨時政府は他の人々によって構成されえたであろう。ルイ・ブランは、決してそこに加わらなかったであろう。バルベスとブランキは、既にかくも複雑な状況を彼らの対抗関係によって紛糾させはしなかっただろう。国民議会の大多数は、もっと民主的だったろう。すべてこうしたこと、およびもっと他の多くのことがなおも可能であったのだ。さまざまな出来事は、今見たようなこととは全く違ったかもしれない――ここに歴史の人為的な、偶発的な側面がある。

しかし、現代世界がその最中に巻き込まれている一連の革命（これは人間精神の諸状態に起因するのだが）は、誰もが認めると同時に、誰もが反対する一つの先入見以上のものなのだから、そして諸改革のイニシアチブを取り、運動を導くのは、国民に対して組織された権威なのだと誰もが言うのだが、何にせよそこから導き出されねばならなかった諸事件とは、良かれ悪しかれ伝統と革命の間に宿命的に巻き込まれるような闘争の表われ以外のものではありえなかったのだ。

われわれが二月以来立ち会ってきたあらゆる紛争は、次の二重の与件からその意味が引き出される。一つには社会・経済的革命であって、これはあえて言えば、政治的・哲学的・宗教的な今までの二〇もの革命に続いて、まさに不可欠なものとして到来するものである。もう一つは権力に対する信仰であって、これはこの革命を反自由主義的で馬鹿げた様相のもとに展開することで、それをたちまちのうちに変質させるのだ。もう一度言うが、二月革命は別様の展開、別の立役者たち、異なった役割あるいは動機を持ちえたのである。その眺めは悲劇ではなく、一つのメロドラマでしかありえなかった――そして、この芝居の意味・教訓は変わらぬままであった。

歴史のこの哲学的概念によれば、一般的諸事実は、実証科学における何ものも超えられぬ厳密な演繹法によって互いに分類され、生み出される。そして、理性がその哲学を作り出すことができるように、人間の賢明さはその流れを導くことが可能である。逆に、摂理の理論においては、歴史はもはや原理も論理も目的もない空想的な混乱《アンブリヨ》でしかなく、無神論にとっても迷信にとっても一つの口実、精神と良心のスキャンダルでしかない。

摂理への信仰を維持するものは、摂理の現われを形作るさまざまな偶発事を伴った社会の諸法の無意志的な混乱である。一般大衆は、一般的事実の中にある種の論理を見出し、個々の事実を同一の原因に求めるが、そこに目的も必然性も見出すわけではない。それは、この必然性が実際には存在しないからであり、そのことから最も偉大なものも最も卑小なものも、また、ある学派の言うように偶然的なものも必然的なものも、ともにくまなく統御する摂理の意志が引き出されるからである――しかし、これはただ単に矛盾である。われわれにとって歴史における摂理とは、哲学における超自然的な啓示、政府における専制主義、所有における乱用と同じものである。

私が語らねばならぬ出来事においては、一方で民主主義、他方で保守党が同じ情熱につき従いつつ、自分たちの思想に都合の良い影響力をさまざまな出来事に与えようと一様の熱意をもって努めるのに対して、歴史は三段論法の正確さで、それ自身の法に従って展開するのが見られるであろう。

臨時政府は、最も形式的なやり方で労働権を保証していた。この保証は、政府がそのいわゆるイニシアチブの名において与えたものだが、民衆はそれをそのままに受け止めた。この契約は、互いに善意から行なわれたのだ。二月二四日においては、フランスの一体どれほどの人間が、社会主義に最も激しく敵対する人々の間でさえ、われわれの国家と同様に強固に組織され、同様に豊かな財力を持った国家にとって、何十万もの労働者に仕事を保証することは不可能であるなどと考えていたであろうか。そんな者は誰もいない。事態はかくも容易に、かくも単純に映っていた。この点についての確信はきわめて広く行き渡っていたので、事態の新秩序に最も反抗的な者たちでさえ、革命をこの程度で終わらせるのがよいと思っていたのである。加えて、このうえ議論すべきことはなかった——民衆が主人だったのだ。時代とその熱気の重みを担った後に、民衆は自らの主権の報酬として、なおも働くことしか求めなかったけれども、彼らは当然にも諸王の中の最も正当なる者、征服者の中で最も中庸を得た者と見なされえたのである。

臨時政府がその義務を果たすためには、三カ月の猶予があった。その三カ月が過ぎ去ったが、仕事はやってこなかった。五月一五日のデモは、さまざまな関係の中に若干の混乱をもたらしたが、民衆が政府に振り出した手形は更新されていた。しかし、その手形が支払われると思う根拠がないわけではなかったが、決済期限は近づいていた。

——政府自身がわれわれに仕事を与えよ、と労働者たちは政府に対して言った。仮に企業家たちが生産を再開できぬのであれば。

労働者のこの提案に対して、政府ははっきりと拒絶した。

——こちらには全く金がない、と政府は応えた。したがって諸君に賃金を保証することができないのだ。われわれには諸君の生産物は必要ないし、それを誰に売るべきかわからない。

それに、それを売ることが可能だとしても、こちらには全く何の役にも立つまい。というのは、競合ゆえに私企業が齟齬をきたせば、それによってわれわれの方に労働者が送り出されてくるだろうからである。

——その場合には、政府はあらゆる産業、あらゆる輸送、農業さえも引き受けるべきだ、と労働者たちは繰り返した。

——それは無理だ、と政府は反駁した。そのような体制は、ある共同社会、絶対的にして全体的な束縛状態であって、それには市民の大多数が反対している。そのことは三月一七日、四月一六日、五月一五日で明らかだ。また、自由競争の、自由交易の、自由で自立した所有権の支持者たちで一〇分の九が占められた議会を見ても明らかだ。いったい、三五〇〇万の市民の意志に反して、三月一七日に政府を独裁から救ってくれた諸君――おお不幸なる労働者諸君――に反して、われわれが事を行なうとでもいうのだろうか。

――だからわれわれを信用してくれたまえ。われわれに資本を貸してくれたまえ。国家による合資会社を組織したまえ。

――諸君には、われわれに差し出すような担保は何もない、と政府は指摘した。さらに、既に言ったことであり、誰もが知っていることだが、政府には全く金がない。

――金を受け取るのではなく、信用貸しするのが国家の役目だ！　誰もがそう言っているし、われわれはそのことを決して忘れていない。紙幣を発行せよ。そうすればわれわれはそれを前もって受け取り、それを別の人間に渡すだろう。

――強制流通だ！　アシニャ紙幣だ！（フランス大革命の時に、没収された聖職者の財産を担保として発行された紙幣）政府は絶望して答えた。政府としては、支払いを強制することはできるが、売買を強制することはできない。諸君の言う紙幣は三カ月で貨幣価値が下落し、諸君の窮乏は最悪のものになろう。

――では、二月革命は何の意味もないではないか！　と労働者たちは不安げに語り合った。われわれは革命を起こしたがゆえにまたも死なねばならないのか。

労働を組織することも信用貸しすることもできず、加えてあらゆる政府と同様に旧態依然とした臨時政府が望んでいたのは、時と秩序とともに信用を回復することであり、労働がひとりでに回復することであり、労働者大衆（彼らが窮乏している際には見捨てることはできない）に補助金を提供することで、さしあたりは切り抜けることであった。

以上が国立作業場（アトリエ）の考え方であり、そしてこれは人類のすばらしい願望による考えでもあるが、いかにもその無力さが露わになったのである。一時は間近の解放を信じていたこれらの人々に対して、突然、工場へ復帰せよとか、改めて経営者たちの好意を当てにせよとか言うのはつらく、おそらくは危険なことであったろう。つまりそれは、民衆に対する裏切りと取られたであろうし、五月一五日までは、仮に政府がなかったにしても、民衆は王だったのである。しかしもう一方で臨時政府は、民衆を満足させるのに必要であったはずの経済的革新が、何ら国家の関わるべきことではなかったことにほどなく気づいた。政府は、国民がこうした革命的なやり方を嫌っていることを知ったのである。また、実に容易だと思われていた、労働の組織化という名のもとに提案されていたものが、自分たちには禁じられていたことに、政府はしだいに気がついた。この迷路からの出口を見つけられないので、政府は慎重な構えのまま、できる限り事態の回復を図ると同時に、仕事のない労働者の面倒を見ることにしたが、これについては確かに誰も政府を責めることはできなかった。

しかし、政府はまだ依然として、その最も宿命的な幻想を抱いていた。

絶対主義派に加担した正理論派は、五月一五日の瓦解以来、発言力を強めていた。この党派こそが政府と議会を牛耳っていたのであり、演壇と新聞とによって、お望みなら共和主義的な、しかしとりわけ保守的なフランスに秩序という語を与えていたのである。民主主義者たちが権力を追いつめ、さらにそれを加速しようとしていた最中に、イエズス会派に後押しされた正理論派は、まさに権力を再び掌握しようとしていた。好機到来に見えたこの時を、彼らが逃すはずはなかった。

それゆえ、政府に反対する者たちは、秩序の回復、したがって信頼感を取り戻すことは、国立作業場《アトリエ》の存在とは両立しえぬと主張した。つまり、労働を真に再生しようとするならば、そうした作業場を解体することから始めなければならないということである。そこで政府は、労働者に仕事を世話するか、あるいは単に信用貸しをしようとするにせよ、彼らを家に戻そうとした。暫時彼らに生活の資を提供することを決めるにせよ、二重の循環にがんじがらめにされ、表裏一体をなすさまざまな困難に直面するに至ったのである。

反動勢力はますます頑《かたく》なであったが、それは、当時一〇万人以上に及んだ国立作業場《アトリエ》が社会主義の城塞であると――理がなくはないが――彼らが考えていたからであり、また、この一群がひとたび解体されれば、民主主義も執行委員会も容易に無視しうると考えたからであった。おそらく彼らは、憲法について議論する以前に、共和国を片づけることができると思っていたのである。この勝負は優勢であった――彼らはそのチャンスに従い、その運を利用することに決めていた。こうした人々は、ことが自分たちの金利収入に関わる場合、破産に対してはきわめて敏感であって、臨時政府によって国民の名のもとになされた約束を踏みにじり、労働者に保証されていた仕事に関しては労働者に背き、必要とあれば、力ずくでこの破産を維持しようとするのであった。

さて、以上が一つの状況であった。

二月革命の代償として、また、権力の性格に関する世論の結果、臨時政府と民衆との間には、民衆がその主権を放棄し、政府は権力を掌握することで、三カ月のうちに仕事を保証するということが了解されていたのだ。この契約の実施は無理だったので、国民議会はそれに同意することを拒んでいた[34]。

34――「われわれは、共和国の意向に従うために、悲惨なる三カ月を要した」。一八四八年二月四日の戦闘的労働者たちによるこの有名な言葉は、同時に、三月、四月、五月におけるフォブール（周辺地域・下町）の忍耐を、六月における彼らの苛立ちと蜂起とを明らかにしている。民衆は、権力に対しては約束を守ったと思っていたのに、権力の側はそう思ってはいなかったのである。

選択は二つに一つだ――和解か、あるいはまた両者があくまで意地を張るならば、破局かである。

一方では人類が、堅固な信仰への敬意が、平和への顧慮が、他方では、共和国の財政的苦境、この問題の困難さ、権力の明らかな無能さが、和解の方向を指し示していた。これは、国立作業場《アトリエ》サイドでは理解されていたことである。国立作業場《アトリエ》の考えはその議員たち、とりわけその新たな指導者であるラランヌおよび、この痛ましい日々に寛大な人間として振る舞い、その義務を全うした公共事業大臣トレラ[35]らによって代表されていた。

35――「これほど無能な男が、かくも重大な責務を引き受けたことはかつてなかった」とルイ・ブランはのちに書く。（前掲書II、一三三ページ）

六月蜂起にまつわるこうした諸事実は、現在に至るもきわめて曖昧なままであり、六月の諸事件に対する「調査報告」では、それを記載しないように配慮されていた。しかしながら、その原因は大多数の労働者には明らかであるのと同時に、王党派やボナパルティストの扇動家たちに抱きこまれた少数の者たちにとっても、あの血まみれの戦いの原因ときっかけは明らかなのだから、私としてはもっと細部に立ち入ってみよう。民衆は、自分たちがどんな敵を相手にしていたのか、また、革命というものはいかに回避されるのかを知らなければならない。そして、ブルジョワジーの方としては、自分たちの恐怖がいかに利用されるのか、また、その誠実なる穏健さが、いかなる陰謀家たちによって最悪の政治に利用されるのかを知らなければならぬ。この主要な情報は、ラランヌ自身が私に教えてくれたのだが、彼はこの件に際してはここでは感謝しきれぬほどの心遣いを示してくれた。

執行委員会は、内閣を任命したばかりであった。五月一二日、トレラは公共事業部門に招聘されるが、これは国立作業場《アトリエ》の責務を負うものであった。彼はすぐさま事態の危うさに気づき、ただちに対応措置を探す。一七日になると、一五日という日によってもたらされた混乱にもかかわらず、彼は委員会を設立するが、これは、作業場に関する報告をさせて、その打開策を提出させるためである。翌一八日には、この委員会が開かれ、丸一日中、休みなく討議が行なわれる。その夜のうちに報告書が作成され、一九日午前には委員会で読み上げられ、その次の会議で討議・決定され、即座に写しが取られ大臣に届けられる。トレラはその朗読に耳を傾けた後、その結論をすべて採用することを明言し、直ちに印刷に付すよう命令を出す。そして二〇日の二時に国立印刷所は、憲法制定議会と主な政府機関向けに一二〇〇部を印刷した。配布は同日中に行なわれるはずであった。

ところが突然、配布を延期する命令が出される。一部たりとも大臣官房室から出してはならぬ、執行委員会ではそう決定したのである。執行委員会が恐れたのは、「報告書」の結論、そこに表現されているいくつかの原則、とりわけ労働権が、議会に激しい反対を引き起こすのではないかということである。五月一五日以来、敵対的な感情が表面化し始めており、それが爆発するきっかけを与えるべきではないのだ。かくして大胆さのみが執行委員会を救いうる時に、彼らは恐怖に身を任せたのだ——消滅すべき時は迫っていた。

当初より根源的にしてかつ慎重な改革の方途に関わっていたこの大臣は、しかし落胆しはしない。少なくとも彼は、委員会に注意を促された中でも、最も明白な乱用を根絶しようとする。しかし、国立作業場の創設を当初から仕切っていた若き指導者からは、結果の伴わぬ約束しか出てこない。まるで宿命的な精霊が治療法を妨害すると同時に、執拗に病を悪化させようとしているようなものであった。こうして数日は無駄な努力のままに終わる。トレラは行き会う無気力を克服し、自分の命令にもっと権威を持たせ、多くの優秀な人材を配置しようとする。そのために、彼は委員会を再組織して、そこにさまざまな省庁を代表する経験豊富な行政官を組み込むのだ。この委員会は、トレラを議長として五月二六日に開かれる。委員会は先の指導者(36)(エミール・トマ)を召換するが、ほどなくトマに期待するものがなにもないことに気づく。彼は即日更迭される。


36――中央工芸学校出身のエミール・トマのこと。国立作業場の労働者たちに軍事訓練を受けさせる構想を抱いていたのは、まさに彼である。

五月一五日以後、公共事業省の新大臣トレラは国立作業場を閉鎖すべきだと判断したが、トマはその実施を拒否、また辞表を出すことも拒んだため、トレラは二人の警官をつけて彼をボルドーに立たせた。労働者たちには、彼は職務で旅立ったことにされたが、彼はラランヌとすげ替えられ、ラランヌは国立作業場の解体を進めた。

こうした経過については、トマ自身がその『国立作業場の歴史』(一八四八年にすぐさまミシェル・レヴィ社から刊行された)で語っている。


この時点では「国立作業場委員会」は常設されていた。委員会は最初の報告の対象となっていたさまざまな提案を一つひとつ手直しし、修正、拡大、あるいは縮小する。委員会はまず、国立作業場乱用の改革に取りかかる――過度に膨張していた事務局を縮小し、日払い労働を出来高払いに替え、市町村当局の協力を得て管理する。そしてすぐに、一二万人の登録者に対して、二万五〇〇〇人が二重・三重の雇用ゆえに抹消されるべきなのを知るのである。しかし、すべてこうした手段は全く抑圧的である。問題はこの膨大な量を徐々に減らすことではなくて、解雇される人々に職を与えることなのだ。委員会はそのことに気づいており、これは彼らが絶えず頭を悩ますこととなのだ。

委員会は当局の意向にそって、労働者を安心させるような特別の提案を大臣に対して次々に提出する。労働者のアソシアシオンへの助成、大規模なアルジェリア植民(フランスは一八三四年にアルジェリアを植民地化した)、労働委員の法制化、年金および扶助基金体制の組織化。以上が、労働者階級の正当な要求に対して、委員会が提案している事柄である。輸出奨励金、賃金の前払い、直接注文、ある種の加工製品への保証などは、委員会が商人および実業家のために明らかにしている措置である。ブルジョワジーも労働者も、等しくこの委員会の配慮の恩恵に与《あずか》っていた――委員会の考えでは、両者の利害は関連しあっているので、助成および貸し付け計画において両者を区別することは少しもなかったのである。委員会では、さまざまな省庁間で割り振られる全体の支出を二億フランと見積もっている。しかし、委員会が確信していることだが、問題は生産的支出、明白だが実際的でない税負担であり、これは、もっと長期の失業による影響ほどには、国民にとって明らかに重くはないのである。

　こうした考え方を、トレラはそっくり取り入れている。確かに、問題はもはや共産主義でも、平等の組織化でも、労働と所有に基づく国家による普遍的な独占支配でもなかった。肝心なのはもっぱら、二月の衝撃ゆえにわれわれがはみ出してしまった現状へ回帰し、かつての習慣に戻ることであったのだ。トレラは、こうした考えを国民議会のさまざまな委員会の中に浸透させようとしたが、無駄であった。人は国庫の不足を盾に取る。そして、貸し付けの広範な分配によってなくなった利益を国庫に戻すことで、国庫自体を救済することが肝心なのだということを理解しようとしない。労働になされた出費は必然として労働者より経営者の方の利益になるものであり、結局、こうして労働を保護裡に回復することに際しては、ブルジョワジーが最も利益に与るものだということを、人はわからぬふりをするのだ。「一〇万人を大量解雇するには二億フランいる」と、あの抜け目のないシャルル・デュパンは叫んでいた！　まるで、国立作業場《アトリエ》の一〇万人は、当時失業状態にあった労働者階級のごく一部ではなかったかのようだ！　ああ！　ことが労働者たちではなく、鉄道会社に関わるものであったならば！……「二億フラン！　これはいかにも高い。公共の治安を守るために、一〇万の労働者それぞれに二〇〇〇フランの手当てを支払うべきだと認めるのは、恥ずべきことだろう。われわれは絶対これには同意しない。せいぜい可能なのは、国立作業場の即座の解体を宣言して、各人に三カ月分の賃金、たとえば二億フランにはほど遠いが、一〇〇フランずつ、全部で一〇〇〇万フランを与えることだ。この前払いで、おそらく労働者たちは満足して辞職するだろう」

「三ヵ月以内で？……」とラランヌ局長は尋ねた。

ところで、肝心なのはまさに議論することだったのである！　さまざまな変化を調整するような計画そのものに対して、非難の叫びが上がる――人々は「かたをつける」ことを望んでいるのだ[37]。それは当初ひそやかに語られ、慎重にも政府の諸政令に対しては曖昧な反対を表明するだけにとどまる。しかしほどなくして、乾坤一擲、激しい闘いに賭けてみようとするのだ。かたをつけねばならぬと絶えず繰り返されるこの声は、議会の扉を突き抜けて、大衆に不安と苛立ちをもたらす。しかしながら、労働者たちは農業・工業的な組織化に三ヵ月の期限が割り当てられていたような時代からは、既にして遠く隔たっていたのだから、彼らは皆、経営者のもとに戻ることに同意していたのであり、その唯一の保証は、当時の商業大臣フロコンの主導のもとに可決された、労働委員に関する新たな法律であった。「仕事を！　実になる仕事を！」これが、六月の全経過を通して、一〇万人以上の人々が全員一致で上げた声であった。「その通りだ」。最も美しい霊感の一つにとらわれてトレラは叫び、傍聴席のすべてがこれにどよめいた――「かつて国民公会が勝利を宣言したように、国民議会は労働を宣言すべきである[38]」。この気高い言葉は、マルサス主義者の微笑を誘う。局長ラランヌはこの大臣の言葉に同意して、六月一八日には議会の委員会で、二〇日には労働委員会で破局が間近なことを告げるが、無駄であった。耳は真実を聞かぬままであり、目は光に閉ざされている。賽は投げられた。崩壊は決定的である。それはどうあっても実現されるだろう。六月二三日の会議で市民ド・ファルーはある報告書を読み上げるが、それは三〇〇万フランの失業手当て、すなわち一人につき約三〇フランの失業手当てと引き換えに、労働者の即刻解雇を結論づけるものであった！……三〇フランで共和国を築いたというのか！　独占の身代金としての三〇フラン！　果てしのない貧困と引き換えにされた三〇フラン！　これは、イエス・キリストの血のためにユダに払われた銀貨三〇枚を想起させる！　この三〇フランの申し出に対して、労働者たちはバリケードをもって応えるのだ。

37――ルイ・ブランは、人々のこの傾向が起こるのを、五月一五日の翌日としている。「この時点以降、国立作業場を解体するという考えは、反革命サイドからは一種の固定観念となり、不吉な影響力を持った言葉が発せられた。すなわち、『かたをつけなければならない！』」（前掲書Ⅱ、一三〇ページ）

38 ―― プルードンはここで、彼の書物の全体が幻想的なものであるとする評言を認めている。二月のさまざまな約束、プルードンが告発するこれらの約束そのものを繰り返しているのでないとすれば、トレラは一体何をしているのか。「権力は維持しえぬという約束を、権力の名のもとになした者たちは、諸君を欺いたのだ」（本書一八九頁）。

以上が、平和的な結論に達するために、国立作業場《アトリエ》に関して何がなされたかということである。これからは、忠実なる歴史家として、この物語の反証を示してみよう。それは、さまざまな意図が互いにどんなものであったか、この陰鬱なドラマの中で、どんな責任がそれぞれに帰されるのかを、読者に明らかにするためである。

この資料はすべて、『モニトゥール』紙から引かれている。

緊急に決着をつけるべく、政府は閣議決定によって、まずは一七歳から二五歳の労働者に、次のような二者択一案を提示した。すなわち、兵役に着くか、または拒否するならば、国立作業場から除名されるというものである。――飢えか、さもなければ奴隷か。すなわちこれが、国立作業場の解体を進めるのに際して正理論派が要求したやり方である。

六月二一日、執行委員会はただちに兵役登録を開始すべく、さまざまな命令を出す。「大衆および労働者たちは」と『モニトゥール』紙は書いている。「このやり方によってようやくこの重大な問題の解決が始まるのを、喜んで理解するだろう。国立作業場は、しばらくの間はどうしても必要な物であった。しかし、今やそれらは、労働と産業の再建のためには一つの障害物なのである。したがって、労働者自身の最も差し迫った利害において重要なのは、作業場が解体されることである。労働者が賢明な愛国心と良識――それは間々彼らが自ら示したものだが――とによって苦もなくそのことを理解することを、われわれは確信するものである」

六月二二日、政府は労働者に対して、こうした兵役は、法律上は一八歳にならなければ契約されないことを告知する。ただし、国立作業場の解体を円滑にするために、国民議会下のこの時点では、政令案としては兵役志願に必要な年齢制限を一七歳に下げるというのである。

徒弟修業の年齢が徴兵年齢になったのだ！　何というほろりとさせる心遣いか！　マルサス理論への何という注釈か！

執行委員会がこうした緊急の手当てにかかずらっている間に、また、労働委員会が調査に、報告に、討論に、計画立案に忙殺されている間に、陰険なる《イエズス会派的な》反動は公共土木事業大臣を執拗に責め立て、鉄道弁済の共産主義的な結果に関しては国民議会を震え上がらせ、自由労働および財産を簒奪するような国家の所業を、あらゆるところで露わにするのである。ド・モンタランベール氏は、最も不実な妥当さでもって『レピュブリック（共和国）』紙(39)の次のような一節を引いて、当時支配的であった政府主導論の影響を受けつつ書く。

「われわれは、その困難を回避しようとはしない。政治家たちに対して策を弄しても何にもならぬ……『しかり、肝心なのは所有と社会の問題である』。そうなのだ。問題は、簒奪された財産を正当な財産に置き換えることであり、諸君の後悔の的である狼対狼（「人を見れば敵と思え」という諺を踏まえた表現）による都市を、人間的家族と政治的都市のすべての成員による社会に置き換えることである。そうなのだ。公共の財産を国家のもとへ再び循環させること――これは、諸君によって所有権が奪われていたものだが――は、一八四八年の革命がそのトーガ（古代ローマで一八歳になると着る成人服）の襞の中に隠している社会問題の、連鎖の最初の輪なのである」

39――『レピュブリック』紙は一八四八年から一八五一年にかけて発行された。本紙は『予言的暦』の著者ダレストの創設になるもの。彼は印紙税の免除を利用して五サンチームで新聞を販売したが、これは広範に流布した初めての共和派の新聞であった。

もっとも、彼は徐々に方針を変えた。臨時政府を支持した後は、社会主義者となり、罰金を科された。一二月二日のクーデターによって彼は完全に破産した。

さて、誠実なる猫かぶり《イエズス会派》の諸君よ、諸君は鉄道の敷設も開発もお望みのままのやり方にするがいい。ただし、国民が簒奪されず、運賃は安価であり、労働者たちが働くことができさえすればの話であるが。そして、『ガゼット』紙や『コンスティテューショネル』紙とともに『レピュブリック』紙も放っておくがいい！……。

しかしながら、六月二三日の会議——そこでは演壇からもたらされるどの演説、どの言葉からも、大砲のうなる音や銃撃戦の轟音が聞こえてくる——においてこそまさに、イエズス会派・中道派の同盟の陰謀が注意深く見守られねばならないのだ。

この会議は軍事的報告で始まる。議長が議会に知らせるのは、国民軍と一緒に行進していた共和国軍がプランシュ・ミブレ通りで二つのバリケードを排除したばかりであり、前線の一隊がブルヴァールで数回の一斉射撃を行なったということである。

この報告のあと、市民ビノーは治安動議を出す約束を要求する。この前日の会議のあとに、公共土木事業大臣は、コロンジュ近郊のシャロン—リヨン間の鉄道敷設工事のために、六〇〇〇万フランの貸し付け要求を提出していた。つまり、パリ同様リヨンでも、仕事を要求するたくさんの労働者が存在していたのである。大臣には、この路線に労働者を雇う以上のことはできず、工事の実施は結局のところ中断していた。ところで、市民ビノーはこの貸し付けは支給すべきではないと反対していたのだが、それは、法律が可決されていないため、貸し付け支給以前に工事が開始されるのは不法であるとの理由からであった。

トレラは、このような異議は理解しがたいと叫ぶ。というのも、償還が可決されないとしても、会社は工事の総額を払い戻さなければならないからであり、また、結果としてこの時点で労働者の雇用を妨げるものは何もないからである。しかしそれにもかかわらず、財務大臣である市民デュクレール[40]の動議に基づいて、貸し付け案の審議は日延べされる。

40——デュクレールは『ナシオナル』紙の編集者であったが、彼はとりわけそこで鉄道問題を取り上げていた。一八四六年に彼はジャーナリズムを辞すが、四八年革命によって彼はこの引退から連れ戻された。二月には既に、彼はパリの助役であった。三月には、大蔵省でスクレテール・デタ（補佐官）として、ガルニエ・パジェスの下に就いた。

彼は憲法制定議会議員として、カヴェニャックを支持したが、反動的諸党派と手を組むことは決してなかった。彼は次にはガンベッタ（友人たちの中で最も穏健であるが、必ずしも頼みにならぬというわけではない男）の傍らに見出される。一八八三年には数ヵ月の間、評議会議長であった。

この悶着がかたづくと、商業・農業大臣のフロコン(41)が登壇する。彼は事態の深刻さについて語るが、政府はしかるべき位置にいると言う。そして、蜂起を不名誉なことだと難じることで蜂起した大衆を制止できるとおそらくは思いつつ、外にも聞こえるように声を張り上げて、扇動家たちは騒乱以外の旗を持たぬこと、彼らの背後には外国の後ろ盾を持った一人ならぬ王位簒奪者が潜んでいると断言する。その結果、彼はすべての良識ある共和国民に対して、専制政治の因子から身を引き離すよう懇願するのである。

41 ――『レフォルム』紙の元編集長にして臨時政府の秘書官であったフロコンは、現政府の一員となった。セーヌ県議会議員に選出された彼は、商業・農業大臣となったが、その職務においては穏当な役割を果たした。後になって彼はコルマールの民主的な新聞を刊行したが、これは王族大統領（訳注――ナポレオン三世）の政策に敵対するものであった。

この政策は不幸にも、労働者たちを静めるどころか国民軍を煽り立て、さらに苛酷な抑圧をもたらすことにしかならなかった。

闘いが始まり、あとへ引くことはできなかった。ド・ファルー氏は、この時を選んで、国立作業場《アトリエ》の解体に関わる報告書――この報告書の結論は既に見たように、二日前から労働者にはわかっていた――を演壇に提出した。このファルー氏については、彼が六月動乱の導火線に火をつけたのだと言うことができる。市民レイナルは報告書を読み上げることに反対するが、無駄であった。「現時点がその時にふさわしいとは思われない」と彼は叫ぶ。だが、満場の声は「読め！　読め！」であった。

こうしてファルー氏は、報告書を読み上げる。

コルボン(42)が注意を喚起していることだが、労働委員会は解体に同意してはいたが、しかし労働者に対して、当然彼らの権利である保証を与えてからでなければ解体を進めるべきではないことを認めていたのである。また、委員会はこの目的のためにある政令を準備し、その条項が知らされる。この政令は撤回される。

42――「労働者に自らの価値への意識を高めさせ、彼ら固有の力をもっと信じるように導く」ための新聞『アトリエ（訳注――国立作業場）』紙を一八四〇年にコルボンが設立した時には、彼は既にあらゆる職業を経験していた。四八年三月、彼はパリ市長ガルニエ・パジェスの特別秘書および官房長に任命された。翌月彼は議員となった。彼は同僚の議員たちによって、議会の副議長に選出される。さまざまな社会法案を可決させることに専念しつつも、彼は自分の新聞に記事を書き続け、「アトリエの共和的・愛国的協会」と「労働委員会」の議長を務めていた。立法議会に選出されなかった彼は、その後は著述に専念することになるが、その中で最も有名なものは『パリ民衆の秘密』であろう。

ここで審議は、外で起きている軍事上の出来事に関する議長報告のため再び中断される。それによると、ブルヴァールでは一斉射撃が起き、市内ではバリケードが築かれ、市民の一女性が肩に傷を負ったという。パリ中が武装しているのだ！

これを聞いて、何ものにも阻まれぬクルトンは、次のような提案が急を要すると声明する約束を求める。「執行委員会はあたうかぎり遅滞なく、一八四八年二月二四日から七月一日に至るまでの一二七日間の、あらゆる収支の詳細な報告書を提出すべきだ」

これは、臨時政府と執行委員会に対してなされた訴訟であった。執行委員会は国立作業場《アトリエ》の解体を余儀なくされていたのだが、委員会には唯一の支えが残っていた(43)。委員会は敵対者たちの気に入るように、自らの兵士を路上で銃殺し、メンバーの誰もがバリケードにその命をさらしたのに、委員会は法廷に召喚され、釈明を求められた。神の人（聖職者などを指す）にとっては、失われた時間というものはない――摂理が彼らを守ってくださる。緊急性は認められた。

43――次のことを見過ごすべきではない。すなわち、この時点においては国民議会が至高のものであったこと。この議会の前には、二月の革命的戦いの名残りである執行委員会があり、その存在はやっとのことで受け入れられていたこと。また、国立作業場は一八四八年三月に労働者大衆を援助し、まとめ、統御すべく、まさにこの委員会によって創設されたのだということ。執行委員会と国立作業場は、一つの同じ危機から始まり、その激しい対立は一つの時代を終わらせ、もう一つの時代、国民議会の時代を開いたのである。

そこで、鉄道弁済計画の審議が再開される。市民ジョベスが発言する。

「事態の深刻さがどのようなものであろうとも、この審議は、それが平時に辿るような手順に沿うべきであると考えます……国家による大公共土木事業実施の断固たる支持者として、にもかかわらず私は、ここに提示された弁済計画に反対し、財務委員会の結論を支持するものであります」

この若き代表者、翌日の共和主義者の中でも、最も誠実にして最も中庸を得た者の一人が、なにゆえにかくも唐突におのれの意見を撤回するにいたるのか。

ああ、つまりは、労働者たちに有益な仕事を与えるには、鉄道弁済計画の採択が頼りだったと政府は述べていたのだが、この手段を政府から奪うことによって、革命が挟み撃ちにされたということなのである。労働者たちは仕事を求めている！　いや、仕事などは全くない、とジョベスは言う。この考え方はビノーの考えと呼応する。彼は続ける。

「議会の召集以来、国立作業場のことが話題になるたびに、鉄道の弁済という答えが返ってくる。たとえばこう言うとする――この弁済がなければ、実施可能な三億一一〇〇万フランもの仕事があるではないか。国立作業場のすべて、あるいは一部をそれに向ければいい。答えはこうだ――では弁済法を教えてくれ。議論はいつも同じなのだ。奇妙な巡り合わせによって、議会の召集以来要請されている国立作業場の点検はいまだなされておらず、一方、決まっていた仕事は、すべてパリの入口のところにあるという次第なのだ」

これは嘘八百だ。政府が実施しなければならなかったのは、仕事に関わるものではない。それは数十億フランレベルで存在するのだ。そうではなく、問題なのは政府が注ぎ込むことができた総額のことである。政府としては、鉄道弁済法がより多くの金銭と、わけてもより多くの貸し付けをもたらすはずだったのだから、この法律が労働者の活動にとって、きわめて好都合であると信じていたのである。

三月一七日、民衆は臨時政府に対して軍隊の撤退を要求したが、無駄であった。六月二三日、反動側は執行委員会に対して国立作業場の解散、つまりは民衆の撤退を強いたが、これは即座に受け入れられた。この対照的事態には、まさに一つの啓示がある。

市民ジョベスが演壇から降りるや、軍事大臣カヴェニャック将軍が、蜂起に関する新情報をもたらすべく登壇する。騒乱は、フォブール・サン・ドゥニ、サン・マルタンから駆逐されている。それはもはや、サン・ジャック街、サン・タントワーヌ街にしかない。国民軍、遊撃隊、共和国軍、要するに一連の戦線は（というのは、権力が配備するあらゆる軍隊は当時、民衆に対して結集していたからだが）、この最高の精神によって突き動かされているのである。

かくして、まさに銃撃によってこそ、国民議会は臨時政府にその負債を支払ったのである！ よろしい！ では私はこうたずねよう——三月の、四月の、五月の叛徒たちの中で、あるいはまた六月の扇動者たちの中で、最も罪深いのは誰だったのか。彼らは仕事を得るために政府に懇願し、あるいはまた、それを拒否しようとした政府に二五〇〇万発の薬莢を浪費させたのだが。

しかし、もしそこに誹謗中傷が加わらなかったとすれば、この無垢に向かって、どうして発砲が可能だったというのか。カヴェニャック将軍がその戦略的布陣を議会に説明していたまさに同じ時刻に、パリ市長A・マラストは、次のような通達を一二区の議員たちに出していた。これは言わば、一種のディオクレティアヌス帝勅令（三〇三年、キリスト教徒の迫害を命じた勅令）である。

「パリ、一八四八年六月二三日午後三時。

市民区長。

諸君は今朝から、最も激しい恐怖を人々の最中に投げ込むべく、少数の騒乱者たちが試みてきたことを目撃している。

共和国の敵はすべて仮面をつけている。彼らはさまざまな出来事から出来したあらゆる不幸、あらゆる悶着につけこむのである」（——そのことをさも論難するふりをしていたのが当の彼ら自身でないとすれば、では一体誰がその悶着につけこんだというのか）。「この者たちに外国の扇動者たちが加わり、彼らを煽り立て、彼らを雇う。彼らがわれわれの間に引き起こそうとしているのは、単に内乱にとどまらない。それは略奪であり、社会的崩壊である。彼らが企むのはフランスの破滅であり、それがいかなる狙いによるものかは察しがつく」

「パリは、このおぞましい陰謀の主要なる中枢である。しかしパリは、無秩序の首都になるべきではない。公共の平和と財産の最高の守護者たる国民軍は、重要なのはとりわけ自ら自身であり、その利害であり、その信用であり、その名誉であることを十分理解されたい。もし国民軍が戦意喪失するならば、そのためにあらゆる危難にさらされるのは、まさに祖国全体である。すなわち、家族が、財産が、最も恐るべき災禍にさらされることになろう」

「警備隊は戦闘態勢にあり、大量かつ完璧に配置されている。国民軍はそれぞれの街区に、沿道に位置されたい。当局は、その義務を果たすであろう。国民軍も自らの義務を果たされたい」

セナールの声明はさらに一段と矯激である。そこから、次のような言葉だけを引いてみよう。

「彼らは共和国を求めていない！　共和国は宣言されている」

「普通選挙だって！　そいつは十分に認められ、実施されていた」

「では、彼らは何を望んでいるのか。いまやそれがわかる——彼らは無政府を、騒乱を、略奪を望んでいるのだ！……」

これ以上仮借ない執拗さで行なわれた陰謀が、かつてあったろうか。これ以上陰険な巧みさで食い物にされた飢餓と内乱が、かつてあったろうか。そして、にもかかわらず、これらの人々すべてを、党派の利益のために一〇万の同胞の悲惨と虐殺を望んだとして私が非難していると考えるのならば、人は過つことになるかもしれない。すべてこうしたことの中には集団的思考しかなく、それはこうした思考を表明する者の誰もがその不吉な機能にあまり意識的でないために、さらにはその主導権を行使しても自分の言葉の責任を引き受けることができぬために、執拗に肥大するのである。個人には寛大さの余地があるが、党派は情容赦ないものだ。国立作業場に関しては、和解の精神が大きかった――それは、作業場が組織化されていたからであり、トレラとランヌという、彼らの名において語り、彼らの代わりに応える人々がそこにいたからである。反動的党派は、狂信的な本能に身を委ね、何も理解しようとはしなかった。というのも、彼らは代表はしてはいたが、彼らの代わりに応える者もなく行動していたからである。諸君は政治闘争において、醜悪な犯罪を受け入れることなしに政敵を殺そうとするだろうか。何の審議もなされず、無記名投票が行なわれた。

カヴェニャックの後に、ガルニエ・パジェスは、混乱した精神と苦しみに満ちた声で、反動的昂揚を最高潮に昂めようとする。「かたをつけなければならない！」と彼は叫ぶ（「そうだ！　そうだ！」という声）。「扇動家どもとかたをつけなければならない！」（「そうだ！　そうだ！　ブラボー！　ブラボー！」）

市民ボンジャン(44)は、国民軍と軍隊とともに行動するように、一つの委員会が任命されるよう提案する。そして「もし必要ならば、彼らの先頭に立って、秩序の擁護のために死ぬのだ！」。この動議は、興奮のうちに受け入れられる。

44――ボンジャンは、一八三〇年の革命の時に既に注目されていた。一八四八年には共和派の立候補者として選ばれていたが、常に右派とともに行動し、ポワティエ街の委員会に属していた。彼は再選はされなかった。再び彼の姿が見られるのは、第二帝政の高官、破棄院院長としてである。

モーガンは、議会が休みなく続けられることを求める。可決。さまざまな報告が交錯し、戦場の知らせはますます深刻なものとなる。コンシデランは、労働者に対して声明文を出すよう提案する――彼らの行く末について安心させ、この骨肉相食む闘いに一つの区切りを設けるためだ。しかし各党派は容赦しない。誰も和解を求めようとはせず、提案の作成者にさえそれを読み上げさせないのである。この提案は、当初の問題からは、ずれていた。「われわれの努めは、この場に冷静にとどまることである」とバズは毅然として応える――「暴動に対して議決をするのではなく、また、声明を審議して暴動に何らかの妥協をするのでもなく」

コーシディエールの血がたぎる。夜になっていた。「僕は要求する」と彼は叫ぶ――「声明は火にくべられるべきだし、何人かの議員たちは執行委員会のメンバーと一緒に蜂起の只中に赴くべきだ」。抗議の声が上がる。「秩序を求めるべきだ！　君はまるで叛徒のように語っている！　議長、会議を中断してください！」と山岳派が応酬する。ほどなく反動側の攻勢のもとに陥落することになる大臣のデュクレールが、この常軌を逸した提案に自ら対処する。

ボーヌはコーシディエールに加担する。そしてそれを上回る多くの声が「会議を中断しろ！」。カヴェニャック将軍からもたらされた新たな詳報に基づいて、ラグランジュが攻撃を繰り返す。あらゆる方面からは「会議を中断しろ！」の声。

とうとう大団円が近づき、陰謀の一語が示される。パスカル・デュプラ(45)の提案はパリに戒厳令を宣し、すべての権力をカヴェニャック将軍に委ねるというものだ。

45――一八四七年初頭、パスカル・デュプラは『ルヴュ・アンデパンダント』誌（協力者はジョルジュ・サンドとピエール・ルルー）の主宰者になり、この雑誌に明瞭に民主的な性格を与えた。二月の戦いの後、彼は臨時政府の組織化に積極的な役割を演じ、ラムネーとともに『プープル・コンスティテュアン』紙を設立した。ランドの議員に任命されて極左の位置を占めたが、六月二四日の会議ではグループと袂を分かち、戒厳令を発令させ、カヴェニャックに行政権を与えさせた。一二月二日以後は、クーデターに抗議したため亡命した。

「私は専制には反対だ！」とララビは叫ぶ。
トレヴヌー「国民軍はあらゆる面から戒厳令を要求する」
ラングロワ「住民もそれを望んでいる」
バスチード(46)「急ぎたまえ。一時間以内に市庁舎は占拠される」
ジェルマン・サリュ(47)「一八三二年の記憶の名において（六月五日の共和派の暴動等を指す）、われわれは戒厳令には反対だ」（「秩序を！」の声）

カンタン・ボシャールらは、パスカル・デュプラの提案に次のような付帯条項が加えられることを要求する。すなわち、「執行委員会はただちにその機能を停止する」。それは遺恨によるものだと、デュクレール大臣は構柄に応える。

執行委員会は、この二四時間前から、バリケードからバリケードへと走り回りながら、誠実にして穏健な人々に代わって、自らの軍隊に対して発砲せしめたのだったが、罷免されるのを待たずにその機能を停止することが、とうとう告知される。

46――バスチードはカレルの死後『ナシオナル』紙を率いた。一八四八年には外務省の事務局長、次いで大臣となり、カヴェニャック政府のもとにそのままとどまった。その後、彼はますます右傾化した。

47――ルイ＝フィリップ体制下では、『トリビューン』紙の編集長であったサリュは、激しく政府に敵対していた。一八四八年以後は議員として文部委員会に属し、六月の戦闘の後では、軍法会議に臨んでは多くの叛徒を弁護した。クーデターの後、彼はナポレオン三世に対する断固たる敵対者であった。

今や、爾余のことをなすのは剣である――二月革命の第四場に幕が下ろされる。

「おお労働者たる人民よ！　恵まれず、傷つき、追放された人民よ！　囚われ、裁かれ、そして殺される人民よ！　嘲弄され、生気を失った人民よ！　諸君は、あれら神秘主義の演説家どもに耳を貸すのをやめないのだろうか。彼らは諸君のイニシアチブを促す代わりに、天と国家について絶えず諸君に語りかけ、時には宗教によって、時には政府によって、救済を約束するのだが、その熱烈でよく響く言葉に、諸君は虜にされているのだ……」

「権力――資本と労働の間を媒介すべく社会の中に作られた集団支配のこの道具は、宿命的に資本に結びつき、プロレタリアに背くのである。この矛盾は、いかなる政治改革でも解決することはできない。なぜなら、政治家自身の認めるところによれば、そのような改革はさらなる活力と拡大を権力に付与することにしかならないだろうし、また、ヒエラルキーを覆し、社会を解体しなければ、権力は占有の諸特権に達することはできないからだ。

それゆえ、労働者階級にとっての問題は、権力と占有とを同時に勝ち取ることではなく、克服することなのであり、これは、人民の内奥から、労働の深みから、さらに大きな活動力を、資本と国家を包み込み、それらを支配するようなさらに力強い行為を生み出すことを意味する。この条件を何ら満たさぬような改革案はすべて、さらなる災いの種、ある予言者が言ったように、プロレタリアを脅かす〈衛兵の鞭〉でしかない」（『貧困の哲学』、パリ、ギヨマン）

一八四五年に書かれたこの個所は、一八四八年と四九年に展開された諸事態を予言するものである。権力による革命、政治改革による社会改革を執拗に望んだがゆえにこそ、まさに二月の革命は先送りされ、プロレタリアと諸民族の大義は、根本のところで全ヨーロッパから失われてしまったのである。(P)

P――六月の戦闘後五カ月して、誠実で穏健な共和派と言われた党派の只中で形成されたある陰謀のせいで、内戦の全責任はカヴェニャック将軍一人に転嫁されようとした。噂では――もし将軍が、執行委員会の警告と懇願の正しさを認めて、彼に要請されていた軍隊をもっと早く、もっと多数動員していたならば、また、蜂起が拡大するがままにせずに、当初から彼が兵士をバリケードに送り込んでいたならば、事態はもっと別様になっていただろうし、パリが内乱の恐怖に四日間さらされることもなかったろう、というのである。

そこから密かに引き出されたことだが、この暴動は仕組まれていたのであり、この虐殺は、セナールおよびマラストとぐるになったカヴェニャック将軍が企て、組織したもので、それはこの三人で政府を支配し、三頭政治を形成するためだったという。

こうした風評のせいで、一八四八年一一月二五日には、憲法制定議会で重々しい審議が開かれたが、そこでは、デュポン・ド・ルールの動議に基づいて、カヴェニャック将軍が祖国に真にふさわしい存在であったことが宣せられた。しかし、事は既に起きてしまっていた。こうした非難が生まれた情勢、さまざまな行為の評判、カヴェニャック将軍が権力を再び身につけるに際しての誠実さなどから、極左派はかかる陰口に対しては慎重であるべきだったのだが、彼らはそれを丸ごと受け入れたのだ。また、カヴェニャック将軍の釈明も、期待されたほど断固たるものでは決してなかったが、立場上彼には抗弁は許されなかったので、この六月の勝利者は贖罪の山羊のままにとどまっていた。

いかなる党派的利害にも、いかなる個人的不満にも、いかなる野心の競合にもあおられぬわれわれには、真実を語ることが可能である。

そうとも、一八四八年六月には、共和国に対して扇動、陰謀、密議があった。ここで物語ってきた諸事実（それはすべて紛れもないものだ）が、そのことを証している。国立作業場《アトリエ》はその口実であった。これら作業場の解体は、きっかけとして機能したのだ。

しかし、直接的にであれ間接的にであれ、熟慮の上にせよそうでないにせよ、この陰謀には誰もが加担していたのである。まずは正統王朝派、オルレアン派、ボナパルティストたちであり、彼らの手先が暴動を掻き立てている間に、その演説者たちは議会と世論を操っていた。第二には穏健な共和派であり、そこにはアラゴ、ガルニエ・パジェス、デュクレール、パニェール等を入れなければならないが、彼らはみな、暴動の鎮圧に積極的な役割を果たした。最後には山岳派だが、この痛ましい時期における彼らの無気力ぶりは、この上もなく歴史の譴責に値するものだ。

おそらくカヴェニャック将軍は、議会の只中で、執行委員会の中で、そしてその水面下で討議されていた陰謀に関わっていたのである。しかし、ルイ・ボナパルトとの争いから――仮にそれが可能であったとしても――抜け出そうとも思わなかったこの男を、なおも野心による陰謀の頭目にすること、それは、彼の急激な出世のせいで彼にはそれ以後のことが考えられなくなったとする見方によって、それ以前の彼を根拠なく推しはかることである。

カヴェニャック将軍は匿名の、言わば首謀者のいない反動の道具であったが、この反動は、ある場合は敵意によって、あるいはまた無気力によって、そして常に恐怖と狂気によって、社会主義的共和国に対して形成されたものである。かほどに糾弾された将軍の戦略的傾向については、私としてはみだりに判断をくださずに、それについて批判・検討するのは左翼側の任ではないと言っておこう。また、暴動の鎮圧に際して活力と迅速さを欠いていたからといってカヴェニャックを非難することは、民衆が抗議していた軍隊の召集を認めつつ、別の観点からすれば挑発に乗ることである。最後に、仮に一八四九年の二月二九日と六月一三日（一月二九日にルイ・ナポレオンが立憲議会の解散を強行したため、共和派の反撃があった）における、シャンガルニエ将軍の無血勝利が、カヴェニャック将軍の能力をとがめだてするように見えるとしても、やはり、一八四八年六月の叛徒たちの力と勇気を、それほど低く見積もるべきではない。カヴェニャック将軍を非難することによってわれわれは、あの蜂起を誹謗中傷し、一七八九年七月一四日から一八四八年二月二四日に至る、民衆のあらゆる偉大な戦いを侮辱することになってしまうのである。

六月の戦士たちよ！　諸君の敗北の原因は二月二五日の政令の中にある。権力は維持しえぬという約束を、権力の名のもとに諸君になした者たちは、諸君を欺いたのだ。権力を打ち破るとはすなわち、政治的・社会的機能とは切り離された中央集権化によって、民衆の中に権力を解消することであり、また、流通と貸し付けの相互保証によって、資本に打ち勝つことである――これが、民主主義政策のあるべき姿だ。さて、これはそんなに理解しにくいことだろうか。

三月、四月、五月には、労働と自由のために自らを組織せずに、二月の勝利によって与えられた政治的優位を利用することで、諸君は政治に駆けつけ、諸君のみが与えることのできるものを政府に要求し、そうして革命を三段階分後退させたのだ。六月には、信念の奇妙な欠如の犠牲たる諸君は、不幸にも憤激と怒りに身を任せた――それは、六週間前から仕掛けられていた罠に身を投じることであった。諸君の過ちは、権力が守りえなかった約束の実行を、権力自身に求めたことだった。諸君の間違いは、国民的代表および共和国政府に反逆したことである。おそらく諸君の敵は、その陰謀の果実を摘み取ってはいない。おそらく諸君は、諸君の受難ゆえに大きくなった――諸君は今や、最初の戒厳令下の時より一〇〇倍も強靭であり、諸君の今後の成功は、諸君の主張の正しさに帰着させられよう。しかし、これは認めなければならぬが、勝利は、諸君が既に手にしていたもの、生産と市場のために打ち合わせる能力以上のものは何ももたらすことができなかったのだから、この勝利は諸君にとってあらかじめ失われていたのである。諸君は共和国の兵士であった。それは確かだが、共和主義者たちはそのことを理解していなかった。しかし国民軍は、共和国の兵士でもあり、普通選挙と自由の兵士でもあった。背信によって、民衆の最も重要な一部を非難すべきではない。諸君と戦った欺かれた同胞たちに対して、遺恨を持ったままでいてはならない。諸君を不吉な夢物語《ユートピア》で誘惑した人々が、ともかくは悔恨の胸を叩かんことを。この悲嘆の時期にあって、諸君の困窮につけこむためにしか知性を持ち合わせていなかった人々に関しては、私は、彼らがその一時の権力を乱用して、自らの脳裡に、あまりにももっともすぎる復讐の念を決して引き起こさぬよう望むものだ。

私としては、六月の戦いの記憶は、わが心の悔恨としていつまでも重くのしかかることだろう。痛苦をもって認めよう――二五日に至るまで、私には何も予見できず、何もわからず、何も見抜けなかったのだ。二週間前に人民代表に選ばれて[48]、私は子供のような臆病さと新信徒のような情熱とで、国民議会に加わった。九時になると欠かさず事務局や委員会の会議に出席し、夜、疲労と不快感でヘトヘトになるまで、私は議会にいつづけたものだ。この議会の〝シナイ山〟に足を踏み入れてからというもの、私は大衆と接触するのをやめていた。立法関係の仕事に専念していたので、当時のくさぐさの状況はまったく眼中になかったのである。国立作業場《アトリエ》の状態も、議会の最中で交錯していたさまざまな陰謀も、何もかもわかっていなかった。一国の状態にまったくのところ無知である人間たちが、どうしてほとんどいつもその国を代表しているのか。それを納得するためには、国民議会と称される隔離場所に身を置くことが必要であった。私は、文書局が議員たちに配布するものすべてを――さまざまな提案書、レポート、パンフレット、『モニトゥール』紙や『ビュルタン・デ・ロワ（法律公報）』紙までをも読み始めたのだった。左翼および極左のわが同僚たちの大半も、同様の精神的困惑、卑近な出来事に対する同様の無知の中にいた。彼らは国立作業場《アトリエ》のことを、一種の怯えをもってしか口にしなかった。というのも、民衆への恐れは当局（権威）に属するあらゆる者たちの通弊だからである。民衆は、権力にとっては敵なのである。われわれは毎日、国立作業場に対する新たな助成金を議決していたのだが、それは権力の無能さとわれわれの無力さに身を震わせながらのことであった。

48――六月四日に、プルードンはセーヌ県議員として国民議会に選出されていた。

何という惨憺たる見習い期間であったことか。私が身をもって味わわなければならなかったこの代議制の混乱の結果とは、私が何も理解していなかったということであった。つまり、二三日、フロコンが議事の最中に、この動乱は過激派に指導されたものであり、外国の買収によるものだと断言した時、私はこの政府系のデマにしてやられていたのである。しかも、二四日になっても私は依然として、この蜂起が実際には国立作業場《アトリエ》の解体を理由とするものかどうかを尋ねていたのだった！　違うのだ、ムッシュー・セナールよ。君は議会の面前で私を侮辱したけれども、私は六月に際して臆病者だったのではない。私は、君やほかの多くの者たちと同様に、無知蒙昧の愚か者だったのだ。私は議会の茫然自失のゆえに、代表者としての努めに背いていたのだ。私は見るためにそこにいたのだが、何も見なかったのだ。危険を知らせるためにいたのに、私は声を発しなかったのだ！　私は、敵を前にしても吠えかからぬ犬のようなものであった。平民《プレブ》の当選者、プロレタリアのジャーナリストたる私としては、方針も指針もなしにこの大衆を打ち捨てておくべきではなかった。この登録されていた一〇万人は、私が引き受けるべきであったのである(49)。それは、君たちの事務局で漫然と時を過ごすよりは、ずっと意味があったことだろう。その後、私の取り返しのつかぬ過ちを償うべく、可能なことを私は行なった。私は常に幸福であったとは限らなかったし、しばしば誤ったのだが、もはや自分の良心に恥ずるものはない。

49――プルードンの沈黙には、ここでは語られていない理由があった。すなわち、彼の考えによれば、まさにこの一〇万人を援助するためになしうることは何もなかったということなのである。国家は経済問題を解決することも、生産物の需要がない場合に仕事を与えることも、消え去る資本を差し押さえることもできなかった。プルードン的なあらゆる解決には、平和と時間とが前提とされる。プルードンは錯綜した、間違った位置にいたのである。というのは、彼は議員であった――つまり、その有効性を彼自身否定する権力に関与していたのだから。彼は言う、自分が選任されたのはおそらく間違いであったと。だが、彼が選任されるがままになったのも、また間違いなのである。

かくして「民主主義」はそれ自体衰弱していったのだが、それは、権力の追求――その目的はまさに権力を分配することで無化することとなのだが――によってである。この党派のあらゆる分派は、次々に消えていった。執行委員会が解任されると、われわれは翌日の共和主義者と化し、正理論派に近づいていた。この後退を払いのけること、または少なくともそれを立憲的な範囲に押しとどめることができなかったのは、共和国が危機的な状態にあったからである。そしてそのためには、方策を考えねばならなかった。野党の位置に身を持し、防御的な態勢をとる権力をはねつけ、戦いを拡大し、社会問題を広範に広めつつも、単純化しなければならない。また、提案の大胆さによって敵を動揺させ、今後は民衆を代理するのではなく、むしろ民衆自身に依拠して行動し、反動派の盲目的な情念に対しては、容赦なく二月の哲学的・革命的思想を対置すること。ある党派は、この戦術に全く同意しなかった。その戦術が断固とした、風変わりでさえある個性と、抗議と否定のために鍛えられた精神を要請していたからである。傲慢かそれとも錯乱か、私は自分の番が来たと思った。この渦巻きの中に私を投げ入れるのはまさにこの私だ、と私は独りごちた。民主主義者たちは、われらが栄光の革命の記憶に魅せられて、一七八九年のドラマを一八四八年に繰り返そうとしたのだが、彼らが喜劇を演じている間に、われわれは歴史を作るべく努めようではないか。共和国はもはや、神の護衛にしか向かっていないのだ。ある盲目的な力が権力をある方向に引きずり込んでいくのに対して、われわれには社会を別の方向に進ませることが可能ではあるまいか。人々の方向が変わったならば、その結果、政府は反動を生みつつも、その時疑いなく革命を生み出すということになろう……そうして私は、観客席から出て、新米の役者として舞台に駆け上ったのである。

私の名前はこの一八カ月来、かなりの物議をかもしたので、その悲しい名声については若干の説明、若干の弁明が許されよう。良かれ悪しかれ、私にはわが国の運命に関してそれなりの影響力があった。しかし、今日では圧縮されているがゆえになおのこと力を増しているこの影響力が、なおも何をもたらしうるのか、誰が知ろうか。したがって肝心なのは、私が何を望み、私が何をなし、私が何者であるかを、わが同時代人たちが知ることである。私は何ら自慢しているわけではない——ただ、これを読んで読者が、私の行為には狂気も錯乱も一切ないことを納得してくれれば満足なのだ。私の心をかつて捉えていた唯一の自惚《うぬぼ》れとは、私がなした以上の熟考を、反省を、見識をもって生涯を通じ行動した者は、誰もいないと信ずることであった。しかし、自らの苦い経験を通して知ったのだが、自分が最も自由だと信じていた時でさえ、私がある方向を与えようとしていた政治的情熱の迸りの中では、私は依然として、自らが否認し、拒否するあの背徳的な〈摂理〉の道具でしかなかったのだ。(P)おそらく、わが行動の歴史と不可分なわが瞑想の歴史は、経験において思想の正当化を求めようとする人々——その見解がどのようなものであろうとも——にとって利益がなくはないのではないか。すなわち、純粋理性の権威のほかには、人間的現実に権威というものを認めぬ自由思想家たちにとって。また、信仰の心地よい寝台の上に、良心を憩わせることを好む信者たちにとって。そして最後に、科学の公正な証明と純粋な原理とによって、厳密な精神がどこに導かれうるかを、政治的生涯に入らぬうちに知ろうとする行動家たちにとって。

P——既述箇所を参照。第一〇章、一六五頁。

私には、私生活について言うべきことは何もない——それは、他人には関係のないことだ。私は常に自叙伝にはあまり興味がなかったし、誰のものであれ財産には関心がない。小説や物語でさえ、そこにわれらが不滅の革命におけるがごとく思想の冒険が見出せぬ限りは、私にとって興味を惹かないのである。

私の公的生活は、一八三七年、ルイ゠フィリップに関わる頽廃の最中に始まる。

ブザンソンのアカデミーでは、学芸の道に進むフランシュ・コンテ地方の裕福でない青年に、三年ごとの奨学金（アカデミー・フランセーズの秘書官シュアール氏が遺贈したもの）を授与することになっていた。私はこれに志願した。アカデミーに提出した私の志願書——今でもその古文書保管所にある——には、こう書かれている。「労働者階級に生育し、現在もなお、心の愛情によって、とりわけその寛容と祈りの共同体によってそこに属しております私のさらに大きな喜びは、もしアカデミーの賛同が得られますれば、遅滞なく精励し、哲学と科学とによって、私の意志の全活力と精神の全精力をもって、わが兄弟にして同胞と呼びたい人々の肉体的、精神的、知的向上を計ることであります。また、彼らの間に、精神世界の法則と私が見なす学知の種を広めること、かつ、私の努力の達成を待ちつつも、既にして貴殿の面前に、彼らの代表者として認められることであります」

見られるように、私の信条は前々からのものである。その誓願を立てた時、私はまだ若く、信仰に溢れていた。諸君は、私がそれに忠実であったのかと言うだろう。私の社会主義は、ある学殖ある仲間の洗礼を受けたものであり、私には後見人としてアカデミーがあった。私の召命は、決意されたずっと以前から、仮にそれがくじけるようなことがあったとしても、当時私が尊敬すべき同郷人から受けた励ましのおかげで、永久に堅固なものとなったことであろう。

私はただちに著作にとりかかった。当時存続はしていたが、既に時代遅れになり始めていた社会主義学派には、私は決して真実を求めようとはしなかった。党派やジャーナリズムの人間たちも、私は同様に放っておいた。彼らは、彼ら自身の思想の結果に注意を払うには、あまりにも卑近な戦いにかかずらいすぎていたのだ。私はさまざまな秘密結社のことはそれ以上知りもしないし、探求もしなかった——この世界はすべて、折衷主義者やイエズス会派と同じく、私の求めていた目的からは遠いように思われたのである。

私はその孤独な企てを、古代の社会主義的な遺産の研究から始めたが、これは私の考えでは、運動の理論的・実践的法則を決めるのに必要であった。こうした古代の遺産は、まずは聖書の中に見出された。聖書は信徒に命令するのだから、私にとってはもろもろの権威の最初のものでなければならなかった。安息日の定めを研究することで、道徳、衛生学、家族と都市の関係の観点から鑑みて、わがアカデミーの銅メダルが授与された。生い育った信仰ゆえに、私は闇雲に純粋理性に突っ走ったが、奇妙なことに、そして私にとっては幸いなことに、以前にモーゼを哲学者にして社会主義者だとしたことによって、私は拍手喝采されていた。仮にいま私が間違っているとしても、その誤りは私一人のものではない――このような誘惑がかつてあったろうか。

ともあれ、私は懸命に研究に励んでいた。アカデミックな栄誉などにはあまり頓着しなかったし、学者はおろか、文学者や考古学者になる暇はなおのことなかった。私はまずもって政治経済学に着手していたのである。

私は自分の判断を基準としていたのだが、それは、その最終的な結末にまで追いつめられることで、一つの矛盾に帰着してしまうようなあらゆる原理は、誤りであり否定されるべきであるということであり、また、仮にこの原理が一つの制度をもたらすとしても、その制度自体はまがい物として、ありえぬもの《ユートピア》として考えられなければならぬということである。

この基準の下に、社会の中でより古く、より尊重すべきであり、より普遍的であるが、比較的論議されたことのないもの、すなわち〈所有〉を、試みのテーマとして私は選ぶことにした。これで何が起こったかは、周知のとおりだ。長期にわたる、細心の、そしてとりわけ偏ることのない分析を経て、私は方程式に導かれた代数学者のごとく、次のような驚くべき結論に達した。すなわち、所有は、それが解釈されるある側面からそれに付与されるある原理に至るまで……矛盾に満ちた観念なのである！　しかし、所有の否定は権威の否定を伴うのだから、私の定義からは、ただちに次のような、やはり逆説的な命題が演繹されたのである――政府の真の形態とは、無統治状態である。そしてついには数学的論証によって、社会経済のいかなる改良も、原初的な政体の力だけでは起きえなかったこと、また、人々の協力と思慮深い意志なしではありえなかったことを見出し、そしてまた、さまざまな共同体の生活の中では、当初は無意識的であった進歩が、人間の自由な理性の関与を必要とするような一時期が存在したということを認識することによって、私は次の結論に至った――〈摂理〉と呼ばれるこの衝動的な力は、この世界の諸事物の中には、何ら存在しないものであるということ。この瞬間から私は、あまり哲学的にではなく無神論者と呼ばれる者としてではないが、神を崇拝することをやめたのである。「しかし今後、君が神を崇拝することは、十分ありうるだろう」と、ある時『コンスティテューショネル』紙は、この件に関して私に言った。そうかもしれない。

これはしかし、弁証法的手段を操った私の方の不手際だったのか、この手段そのものから生まれた体系固有の錯覚だったのだろうか。あるいはむしろ、今示したばかりの結論は、社会の、したがって私の研究の、あまり進歩していない段階によって、不完全なままに放置された定式の、初歩的な表現にすぎなかったのだろうか。当初それはわからなかったが、この結論の正しさを明らかにすることを、私は決してやめなかった。

大衆の関心を惹き、学者に興味を持ってもらうためには、私の研究はそれ自体で十分懸念のあるものに思われた。私は人文・社会科学アカデミーに報告書を送ったが、それに対する好意的な対応、および報告者であるブランキ氏（革命家ブランキの兄。自由主義経済学者）が賛辞を与えるべきだとしたおかげで、アカデミーは私の理論の責任は負わぬものの、その研究には満足したと、私には考えることができた。そして私は、自分の探究を続けたのである。

所有の原理に関して私が注意を促した矛盾については、ブランキ氏の評言は全く言及していなかった。この矛盾は、とりわけ次のところにある——すなわち一つには、労働ないしは全く別の方法による事物の占有は、今日まで社会が経験してきた経済的不完全状態においては、当然、必然的に小作料、地代、利子の制度へと至る。これは、ティエールがその〈所有〉に関する本で見事に明らかにした通りである。一方では、小作料、地代、利子、つまり一言で言えば貸し付けの価格は、流通の法則とは両立せず、絶えず消失する傾向にある。この経済学者は、論議の核心には立ち入ることなく、私の論理に対しては単に拒絶するだけであったが、もしこの拒絶が理のあるものだったら、それはもっと断固たるものになっていただろう。「所有に関することにおいては——とブランキ氏は語っていた——実践によって理論には明白な反証が与えられる。実際、所有が哲学的理性の観点からは不当なものだとしても、それが社会的理性においては絶えざる進歩を示していることは証明済みである。それゆえ、この論理は不十分で人を欺くものに違いないが、これは哲学者たちの認めるところでは、一度ならず見られたことである。さもなければ、社会的理性が間違っているに違いないが、これは認めがたいことである」。これはブランキ氏自身の言葉ではないにしても、少なくともその観点は彼のものである。

二番目の報告書で、私はブランキ氏が事実を見誤っている旨を示した。つまり、実際は彼が考えていたのとはまさに反対だったのである。彼が進歩していると言った所有は、逆に衰退の状態に、あるいはもっと適切に言えば変化の状態にあった。そして、これは宗教、権力、一般にあらゆる理念についても同様であり、それらには所有と同じく、肯定的な面と否定的な面とがあった。われわれは、それらをある一つの方向で理解するが、実はそれらはまた別の方向の中に既に存在し、そこを通過するのである。その正確な有り様を得るためには、位置を変え、言わば望遠鏡を逆に向けてみなければならない。証明を完璧にするべく、私はこの現象の経済的理由を付与した。この領域では、私は優位を確信していた――経済学者たちは、肝心なのは科学にほかならぬ以上、所有も政府も信じないのである。

コンシデランに宛てた第三の報告書では、私はいくばくかの興奮がなくもなく、同様の結論を繰り返した。そして、秩序と所有者の安全の利益においては、経済学と法（権利）の教育を、なるべく早く改革するべきであることを強調した。弁証法のせいで、私は有頂天になっていた。論理学者に特有のある種の熱狂が私の脳髄にまで達し、そのせいで、報告書は一つの攻撃的パンフレットになってしまった。ブザンソンの検事局は、こうしたパンフレットには厳しく対処すべきだと考えていたので、私はドゥ県の重罪院に告訴された。財産への攻撃、政府侮辱の扇動、宗教および風俗の凌辱という四重の嫌疑であった。私は陪審員に釈明すべく、できることをした――現在の商業流通の状態下では、有効価値と交換価値は通約できる二つの量であり、果てしのない対立状態にあるのだから、所有というものがいかに全く非論理的で不安定なものであるか、そしてこうした理由によってまさに、労働者はますます貧しくなり、所有者もどんどん豊かでなくなるのだということを。この論証を、陪審員はろくにわかっていないようであった。彼は、これは学問の領域であり、したがって自分の能力を超えていると言い、私のためを思って無罪の評決をしてくれた。

もっぱら私の流儀によって、古い経済学の表面に私は溝を穿っていたのに対し、また、P・ルルー、ヴィルガルデル、ヴィダルおよび他の数人の人々も、さして変わらぬ方向でこの解体の学問的展開を見守っていたのに対し、一方、民主主義の代弁者たちは何をしていたのか。彼らがしていたことだって？　ああ、彼らにそれを思い出させることを私に許したまえ。それは共和国の不幸の責任を、社会主義者が単独で担わずにすむようにするためだ。社会主義者たちは、議会の懸案事項に没頭していたのだ。また、予約購読者に不安を抱かせまいとして、執拗に社会問題を回避することで、彼らは二月をうやむやにすることを企んでいた。この意図的な怠慢によって彼らは国立作業場を組織していたのだ。彼らは臨時政府のさまざまな政令を策謀し、それと知らずに誠実で穏健な共和国の基礎を放擲したのだ。『ナシオナル』紙――私はもはやこの新聞を恨んではいないが――は社会主義を呪いつつ、パリ防備に賛意を示すようにしむけていた。『レフォルム』紙は、善意に支えられて、普通選挙とルイ・ブランの政府中心主義に満足していた。まだ〝青い〟うちに引き抜かねばならなかったのに、夢物語《ユートピア》は肥大するがままだった。いつかは国を荒廃させ、権力への野心によって共和国を後退させるに違いない諸党派は、無視されていた。革命は中断されもしないし、にわか仕立てでなされるものでもないことを政治家たちにわからせるには、二月の経験はやはり必要だった。しかしながら、彼らがなおも、ラマルティーヌ氏と一緒になって自分たちの大失敗を社会主義のせいにしつつあることは、私は請け合うまい。実際、こうした諸氏の栄光にとっては何とも残念なことだが、民衆は、彼らの手中に自らの権力を放擲した後で、彼らにその保証を要求すべきだと考えていたのである！　しかしながら、批判というものは解体するだけでは十分ではなく、肯定し、再構築しなければならない。そうでなければ、社会主義はブルジョワジーには脅威であり、民衆には無価値な、単なる好奇の対象にとどまるであろう。これはまさに、私が日々考えていたことだ。それゆえ私には、保守主義者同様、ユートピア主義者の警告も必要なかったのである。

　今日では、構築するのに役立った方法は、真実を思い知らせるには無力なものとなった。理性が肯定するのに用いるやり方は、否定の際に用いるのと同じものではない――築き上げる以前に、この矛盾から抜け出て、革命的な創意のある方法、もはや否定的ではなくて、オーギュスト・コント氏の言葉を借りれば、肯定的《ポジティヴ》＝実証的な哲学を創り出さねばならない。集団的存在である社会だけが、絶対的でかつ即座の誤りを恐れることなく、その本能に従い、その自由意志に身を委ねることができる。その社会にあり、大衆の示威行動と個人の内省とによって徐々に自由になる至高の理性が、社会を常に正しい道に導くのである。しかし、哲学者には直観によって真実を発見することはできない。哲学者が導こうとするのが社会そのものであるとすれば、彼には秩序の永遠の法則の代わりに、常に誤りやすい彼自身の観点を置き、社会を奈落の淵へと押しやる恐れがあるのだ。

社会には、案内役が必要である。ところで、発展の法則、つまり人類そのものの内在的論理がなければ、この案内役とは何でありうるだろうか。片方の手に思想の糸を、もう一方の手に歴史の糸を持ちながら、私は――そう思い描いていたのだが――社会の深部の思考を貫いているはずであった。私は哲学者であることをやめずに、預言者となっていた。

こうして私は、『人類における秩序の創造について』の題のもとに、研究の新たな続きを開始した。この研究は、人間の知性が取り組みうる最も晦渋なものだが、当時私がいた状況の中では必要欠くべからざるものであった。この時期に出版されたこの著作は、撤回すべきものはほとんどなかったのだが、決して満足の行くものではなかった。また、第二版でも、読者からは十分な評価を得られなかったが、おそらくそれは正しいのである。(P) まさしく仕掛け爆弾としてのこの書物は、創造と破壊のあらゆる手だてを内に秘めたものでなければならなかったが、不十分な出来であり、資料を選び、整理する時間があったならばできたかもしれぬものを、はるかに下回っている。しかし、前にも言ったことだが、私は名声のために研究していたわけではなく、この時代のすべての人々と同じように、かたをつけることに急き立てられていたのだ。改革への意志は、私においては戦いへの意志と化していたし、征服者たちは機をうかがっている。その独創性にもかかわらず、私の研究は平均以下だ――これがわが罰であらんことを！

P――一連の方法に次いで私が最も重視している『秩序の創造……』の部分は、当然ながら、基本的な概念またはカテゴリーの決定である。一八四三年以来私は何度もこの問題に立ち戻ったが、常に同じ結論に達している。おそらくカテゴリーは理性の形相である。しかし、この形相が自然によって単に暗示されるものではなく、与えられるものであることを、カント自身にならって認めぬことはきわめてむずかしいように思われる。まずもって、形相は主体と客体とを前提とし、前者は形相を受け取るもの、後者は形相を誕生せしめるものである。それらは鏡の中の像のような反射の産物ではないし、蠟の上の封印形のような印象の産物でもない。それらはまた生得のものでもない。というのは、世界と関わらぬうちは、人間は思考しないからである。精神が感覚的事物から受ける知覚に際して、形相が精神に暗示されるという言い方は、全く曖昧である。では、この暗示とは何なのか……。

私にとって、流動性、個体性、気体性、弾力性等々が物質に属するように、純粋理性の概念ないしカテゴリーは、精神に属する。これらの形相、すなわち物体の根源的な性質は、非生得的であれ内在的であれ、それらに〈本質的な〉ものである。形相は、熱の存在の有無に帰せられる。このため物理学者は、熱の存在とは無関係に物体の中に形相を含めることはできない。それでも、実体と原因による時空の観念は、自然を前にして精神に抱懐され、理性にとって本質的なものとなるが、このような点においては、たとえ理性が自然を破壊しうるとしても、理性はもはや自然を自由に除外することはできない。しかし、これらの観念はもともと理性には存在しない。なぜなら、自然から切り離されれば理性さえもが存在しないからである。[50]

50――初版ではこう記されている――「それ（理性）は自然を破壊する」。最後の命題は初版にはない。

とはいうものの、今日ではいかに不十分なものと思われようと、当時は私の研究で十分であった。肝心なのは、私が自分自身のことをわかっていたということだった。つまり、私にとって、〈矛盾〉が解体の役に立ったように、〈系〉は構築するのに用いるべきであった。私の知的教育はできあがっていたのである。『秩序の創造……』が日の目を見るや、ただちにこの創造的方法の実践によって私にはわかったのだが、社会の諸革命を理解するためにまず第一にすべきなのは、その二律背反の完全な〈系〉を、『経済的諸矛盾の体系または貧困の哲学』を作り上げることであった。

私のこの著作を読んだことのない者に、その概念を伝えることはむずかしかろう。それでも、今日では誰もが理解している言葉を使うことで、私は帳簿係を務めてみよう。というのは、真の経済学的方法と私が見なすものを明確に伝えることが数行でできたとすれば、その経済学的方法がただちにあらゆる確信をもたらさぬとも限らないからである。

初期の報告書においては、私は既存の秩序を正面から攻撃しつつ、例えばこう主張したものだ――「財産とは窃盗である!」。問題は、われわれの制度の無価値さに抗議し、言わばそれを浮き彫りにすることであった。当時私は、それ以外のことにかかずらう必要は何もなかった。さらに、この耳を聾さんばかりの反響を呼んだ命題を厳密に証明した報告書においては、私は共産主義的なあらゆる結論に対しても抗議するべく、意を用いていたのであった。

『貧困の哲学』においては、最初の定義を呼び戻し、確認した上で、それとは全く反対ではあるが、別の秩序の考察に基づいた定義をつけ加えたが、これは最初の論拠を覆すものでも、それによって覆されるものでもありえなかった。すなわち、「財産、それは自由である」ということ。財産は窃盗である、財産は自由である――この二つの命題は『貧困の哲学』においてはともに隣り合って明示されている。同様にして、「分業」「競争」「国家」「信用」「共同体」等々については、それぞれの経済学的カテゴリーに基づいて取り扱っている。そして交互に、これらの観念のそれぞれが、したがって、それらが生み出す諸制度がいかに肯定的側面を持っているか、またそれらがいかにすべての点で対立する一連の二重の結果を引き起こしているかを示している。しかし私は結論として、常にそれらが一致、和解、総合されるという必然性に至るのである。したがってここでは、所有は、他の経済学的カテゴリーとともに、その存在理由と非存在理由とともに、すなわち経済的・社会的体系に、二重に直面する要素として立ち現われていた。

こうした論述は詭弁的で、矛盾した、曖昧さと悪意にまみれたものに思われたのである。所有を再び例に取って、これをもっとわかりやすいものにするよう努めてみよう。

社会的諸制度の全体の中で考えてみると、所有には、言わば周知の二つの説明がある――一つは、所有がもたらす財は、所有の本質から直接に生じるということである。もう一つは、所有が作り出す不都合やそれが要する費用は、財と同様にやはり所有の本性に直接由来するというものである。

それは競争、独占、国家などについても同様である。

所有においては、あらゆる経済要素においてと同様、その損害ないし乱用は利益と不可分であって、ちょうど複式簿記において借方と貸方が切り離しえないのと同断である。一方が必然的に他方を生み出すのだ。所有の乱用を抑えようとすることは、所有それ自体を崩壊させることだが、それは会計の借方で削減することが、貸方で財産をなくすことになるのと同様である。所有の乱用ないし障害に対してなしうることとは、所有を反対の要素と融合させ、統合し、組織化し、均衡させることだが、この反対の要素とは、債権者が債務者に相対し、株主が業務担当社員に相対し……等々といったように所有に相対するものである（例えばそれは件《くだん》の「共同体」であろう）。その結果、この二つの原理は変質ないし相殺しあうことなく、片方の善がもう一方の悪を補うようになるのだが、それは例えばバランスシートで、双方が互いに清算しあった上で、全くの損失か丸々の利益となるような、最終的な結果に至りつくようなものである。

したがって、貧困問題の解決は、会計係の技術をもっと高度なレベルに引き上げることであり、会社の帳簿の水準を上げることであり、それぞれの機構での借方と貸方をきちんと確立することにあるのだが、それは、社会的原簿の一般会計ないし区分のために、もはや「資本」「金融機関」「一般商品」「手形」「割引」等々といった通常の会計的用語ではなく、哲学的、法学的、政治学的用語――すなわち「競争と独占」「所有と共同体」「市民と国家」「人間と神」等々といった用語を採用することによってなのである。最後にこのたとえを締めくくれば、その時期ごとに秩序か無秩序かを確認し、〈均衡〉[P]を提示しうるためには、毎日きちんと帳簿をつけること、すなわち権利と義務を正確に決定しなければならないのである。

P――『一九世紀における革命の一般的理念』を参照。そこで私はこうした経済的諸効果の組織化について概観している。

私は二冊の本を費やして、お望みならば超越的と呼んでもよい、この会計学の諸原理を説明した。「二月」以来、会計管理と形而上学とに共通するこの基本的理念について、何度となく注意を喚起しているのだが、旧態依然たる経済学者たちは、私を前にして嘲笑したのである。また、政治的イデオローグたちは、民衆のために執筆するよう、私に丁重に勧めたのであった。私と強い利害関係にあった人々に関して言えば、彼らはなおのことひどく私を遇した。共同体批判をしたというので共産主義者たちは私を許さないのだが、あたかも国民は珊瑚を形作る大きなポリプ母体であり、また、社会的法（権利）を措いては個人の法（権利）など存在しないかのごとくである。資産家たちは、財産はそれだけで窃盗そのものであるという私の発言のゆえに、私に死の苦痛を要求した。あたかもそれは、所有が生産物からその流通価値（金利収入）を得ず、したがって、自分よりもすぐれたもの、集団的力や労働の連帯には依存していないかのごとくである。最後に政治家たちはと言えば、その旗幟は何であれ、彼らが無秩序と見なす無政府状態に、否応なく怖気をふるう。まるで、民主主義は権力の分配による以外には実現されえず、また、民主主義という言葉の真の意味は、政府の罷免ではなかったかのごとくである。こうした人々はみな、悪質な馬商人に似ている――彼は、自分のところの会計をはっきりさせるために店員を雇いながら、自分は盗まれたと思いこむ。というのは、彼は片方が借方、もう一方が貸方とされた、二列に整理された部分を見ていたのである。彼はこう叫ぶ。「わしは買う時はいつも現金だ！　わしは誰にも何も借りていない。絶対何も借りていないぞ！」。ティエール氏は、その素晴らしい明晰さで所有の起源と発達を説明したが、自らの堕落しがちな性質と頽廃とを指摘されるのを好まぬ彼は、こうした馬商人と好一対である。だからといってそれは、ティエール氏が今日、家庭と所有の救済者であることを妨げるものではない。彼の経済科学への褒賞として、ほどなく彼は大臣になるだろう。一方、帳簿の哀れなる検査員であるこの私は、公衆のペストであり、監獄に収監される。共同体と所有の図星を指してはならぬ……。

『貧困の哲学』、すなわち風俗と制度のこの〈巨大な書物〉は、数々の枠組みや一般的説明やカテゴリーをものともせず、社会の真の体系となっているが、この社会とは、歴史的に、かつ世代の秩序の中で展開するようなものではなく、それが持つ必然的で永遠なものの中にある。産業に見られるように、新たな関係は日々新たな会計をもたらし、労働の内的組織化、労働者や勤め人の配置、機械の使い方等々を絶えず修正する。こうして、社会においては、新たな知識、偉大な発見が絶えず新しい風習を生み、一般経済を変化させる。しかしそれでも、あらゆる商業ないし産業社会での会計学の原理と同様に、簿記の一般的体系は不変であり、帳簿はさまざまな取引の表現であって、管理者はその検討によって事業の展開を指揮するのである。これと同じように、社会においては、二律背反の理論が同時にあらゆる運動の表現であり、基礎である。職業とさまざまな機構が時代から時代へ、街から街へ変わるように、風習と制度は民衆から民衆へと変化しうる。しかし、そうした変遷を支配する法則は、代数学のごとく一貫している。労働によって仕分けされる人間が存在し、商品価値の思想が根づき、そして、産業の分業によって手形と製品が流通する場合――そうしたあらゆる場合に、社会の自らに対する変動、欠損、破産があれば、貧困やプロレタリアが存在すれば、社会の二律背反的な力は――これは、個人のあらゆる理性にも、集団的活動の展開にも固有のものだが――ただちに一定の均衡のうちに保たれなければならない。そして、社会と個人性の根源的な対立によって絶えず繰り返されるこの対立関係は、絶えずジンテーゼへと帰着されなければならない。

互いに対立状態にあるこの体系の中に、神と人間が立ち現われるのを見て、人は眉を顰《ひそ》めた。所有と共同体に対して私がしたように、人間的〈自由〉と憶断にすぎない〈摂理〉を私が説明しようとするのを、人は奇異に思った。偽善者《タルチユフ》どもは無神論だ、瀆聖だと叫んだのである。しかし、にもかかわらず、『貧困の哲学』のこの箇所は、哲学によって解明されたカトリシズム、象徴に取って代わった現実以外のものではない。

カトリシズムとは何か。神と〈人間〉との関係の、神秘的な体系である。諸矛盾に関する理論は、この神秘主義を廃絶する。それは、神学から、〈創造主〉あるいは〈あらゆる存在の母である自然〉と、その最も高度な表われであり、それゆえそのアンチテーゼである人間との関係に関する、実証的な科学を作るのである。

創造は、その霊的な現われにおいて見ると、本能と理性という二重の飛躍において生じる。本能を特徴づけるものは、敏捷さ、直観、自発性、不謬性である。理性を特徴づけるのは、記憶、内省、想像力、論理、思考の誤り＝彷徨、すなわちとりとめのなさ、進歩である。前者は、実を言えば自然における知性の形式である。後者は、人間における知性の形式である。

平行して現われた本能と理性が、ともに最高度に発達するのはまさに人間社会においてである。〈人間性〉と

〈神性〉は、社会的〈ペルソナ〉において結びついているが、当初は対立的であった。本能の現われは神ないし〈摂理〉の政府を形成する。哲学の現われは、自由の統治を形成する。宗教、帝国、詩、古代の巨大建造物は社会的自発性の創造物であるが、それらは理性によって無限に修正され、新たにされるものである。

しかし、社会においても個人においても、理性は常に本能に打ち勝ち、内省は自発性に打ち勝つ——これはわれわれの種に特有のものであり、われわれに進歩を形成するものである。このことから、〈理性〉が到来するのに反して、われわれのうちで〈自然〉が後退するのがわかる。別の言葉で言えば、神が立ち去り、〈人間〉がやってくるのだ。

人間は、まず最初は神ないしは〈自然〉のごとく、自分自身を崇拝した。彼は、イエス・キリストという形で〈人類〉として自らを崇拝することを始めた。宗教の運動は、天から地上へと向かった。しかし、自由は次第にあらゆる偶像崇拝を廃さねばならず、神に代えて自らをますます肯定しつつあった人間は、自己を知ることがさらに多くなるだけ、自己崇拝をやめることになろう(51)。

51——初版にはこう記されている「人間は、自然および自らを認識することによって、ついには神と和解するだろう」。

この哲学が拒絶されようと、私はそれを何らつらいこととは思わない——一体それが私にとって何であろうか。だからといって私は、信奉者に執着するというのか。しかしながら、それが無神論の口実の下に、反革命の手段とされるならば、私はあらゆる猫かぶりの偽善者たち、教皇第一主義者、新キリスト教徒たちに対してそれを擁護するものだ。これはほとんど報復などではない。われわれは諸君よりも強靭なのだ。どうか気をつけたまえ！

私は一八四六年以来、この体系に関する二律背反的な部分を刊行してきた。私はそれを総合することに努めていたが、その時二月革命が勃発した。多言を要すまいが、私は、社会主義的なあの政治的混乱には関わらぬよう用心していた。たとえば、ド・ラマルティーヌ氏は、そうした中で外交上の常套句を詩的散文に翻訳していたのだし、また、人々が語っていたのは、あらゆる商業を、あらゆる工業を、そしてやがてはあらゆる農業を次々と組合化し、公営化することであったり、あらゆる所有を買い上げて、それを行政的に活用することであったり、さらには、こうした統治体制を、わが勝ち誇れる軍隊のもとに、ヨーロッパの諸民族にもたらそうというのであった。私としては、引きこもって自らの手間のかかる研究に励むほうがもっと有益であると思っていたし、それは私が〈革命〉に奉仕しうる唯一の方法であって、無論のこと、臨時政府にせよ、ネオ・ジャコバン派にせよ、私を凌駕することはないと確信していたのである。

この新たな研究の最初の二分冊は、三月末頃刊行された。それは、民主主義者たちにはほとんど気づかれなかった。私は無名であったし、私のデビューはあまり彼らの気に染まなかったにちがいない。そもそも、公法と歴史の高度な考察によって、この〈革命〉の正当性を明らかにしなければならないと信じ、さらに権力に対しては改革上のあらゆるイニシアチブから身を引くよう勧めていた者の書いた小冊子に、彼らは関心を持ちえたのだろうか。しかし、一体それが何になるというのか！　彼らはこのような論争を引き起こそうと考えていたのだろうか。民主主義とは、至高のものではないのか。臨時政府は従属を求めないか。既成事実によって支配されたままの人々を納得させるには、何と多くの論理が必要なことか。

共和国とは太陽のごときものである——それを否定するのは盲人だ！

さてそれでは、当時の権力者たちは現在何と言っているだろうか。今日では明らかではないだろうか——革命を正当化しうる唯一のものである人民主権とは、宮殿を荒廃させ、城を焼き払う、あの野蛮な暴力ではないということ。それは、三月一七日、四月一六日、五月一五日のようなことをなした挙げ句に、一二月一〇日にその大失敗の仕上げをするような、あの狂信的な牽引力でもないということ。またそれは、少数派による多数派による少数派の、交互の抑圧でもないのである。では、人民の主権は、人民の根拠はどこにあるのか。憲法自体の改定が焦眉の急とされており、あらゆる党派が自分たちの利害に沿ってこの改定をまさにしようとしている。では見せてくれたまえ、この思想闘争の中で、この国民の意志、真の意志を。

ところで、私はこうした政令の製作者たちに対して、間違ってこう言ってしまった。

「おお、偉大なる政治家諸君、君たちは資本に拳を突きつけながら、一〇〇スー硬貨を前にしてはいつくばるのだ。諸君は『時代の王ユダヤ人』[52]を追放しようとしながら、黄金の子牛を崇拝するのだ（まさしく宣誓しながら！）。諸君によれば、あるいは諸君が流布させているところによれば、国家は、鉄道、運河、河川輸送、運送、鉱山、塩を独占しようとしているという。今後はもはや富裕者に対してしか税はかけられないだろうという。すなわち、奢侈税、累進税、使用人、馬、馬車、そしてすべての高価な物品に対する税である。また、雇用数とともに俸給の、金利の、不動産の額が減らされるだろうという。諸君のせいで、すべての金融的・工業的・不動産的価値の下落が引き起こされる。諸君はあらゆる所得の泉を枯らし、商業の、工業の血管を凍らせ、おまけに流通する正貨を排除するのだ。諸君は恐怖に駆られた金持ちにそれを手元に置かぬよう頼みこむ。よろしいか、独裁者諸君。もしこれがまさしく諸君のやり方であるというなら、早くユダヤ人たちと和解したまえ。ちょうど犬が警官のあとを追うように、資本家たちに革命のあとを追わせるようなこうしたテロリズムの示威をやめたまえ。そして、この保守的な現状に戻るのだ――その先は諸君には何も見えぬし、そこから決して出るべきではなかったであろう現状に。というのは、諸君がいる曖昧な状況においては、所有に手を出すのを禁じることはできぬからだ。しかし、もし所有に暴力的に介入するならば、諸君の負けである。諸君は既に破滅に瀕している……」

52――これはトゥースネルの本のタイトルである。一八四四年刊行、一八四七年再版。

「……そうとも、諸君には革命の現実が何もわかっていない。その原理も、その論理も、その正義も何ら知らない。諸君は革命の言葉で語ってはいない。諸君が民衆の声と思うものは、諸君同様に民衆の考えを知らぬ群衆の怒号でしかない。溢れくるそうした喧騒を押し戻したまえ。人々を尊重し、世論には寛容を。だが、足元にはいつくばり、諸君をさらに危うくするためにのみ助言する諸党派には、軽蔑を。党派とは〈革命〉のマムシだ――民衆は、いかなる党派にも属さない。徴用、押収、そしてとりわけ立法を差し控え、解任を慎むようにすべきである。共和国の預金に手をつけずに保ち、真実はひとりでになるがままに任すがいい。そうすれば、諸君は十分祖国に値しよう」

六月の戦いを経た後では私は、私のアフォリズムのいくつかに関して無知な者たちがやったのかも知れぬ悪用にも何も抗議しなかったし、自分の民衆的性向も否定しなかった。私は、瀕死のライオンを攻撃しはしなかったのである。しかし、政府の派閥を攻撃し、賢明な保守へ向けた私の考えを表明するには、もはや六月の戦いを待つまでもなかった。権力は常に私に敵対していたし、これからもずっとそうだろう――これは野心家の戦術なのか、臆病者の戦術なのか。

別のところで、私はこの政体の総括をして、政府の民主制とは、裏返しの君主制にすぎないことを証明していた。私が明らかにしたのは、この政体は君主制よりも高くつくだろうということであり、基本的な経済原理によれば、消費の観点からは、生産が最も拡大しうる条件とは、生産者が単独で、かつ労働者や勤め人の競合なしに活動するということである。また逆に、拡張しうる余地のあるあらゆる企業においては、一般経費は生産および利益よりも急速に増加するものだということである。

「民主主義とは、無限に拡大した国家の思想である。つまりそれは、すべての農業開発を単一の農業開発に、すべての工業会社を単一の工業会社に、すべての商店を単一の商店に、すべての合資会社を単一の合資会社に合併することである。したがって、それは共和国下で要請されるような一般経費の無限の減少ではなくて、一般経費の無限の増大である。それゆえ、国家によってその限度ギリギリまで推し進められた組織化は、その最終結果に至ることがあるかもしれない。たとえば、国民総支出が一二である一方で、実収入は六になるかもしれない」

確かに、私の出版物に欠けていたのは、穏当なる表現などではなかったのである。そうではなくて、私の思想は、あの先入見の逆を行くという誤りを犯していたのであった。現在に至るまで、社会主義の宿命的な過ちとは、経費の総額が収益に比較すれば取り引きの増加に応じて減少し、そこでさらに多くの仕事と人間が工場につぎこまれると考えることであった。このようにして、国家による労働の共同・連合・組織計画がすべて立てられたのである。これとは逆に私が主張していたのは、一つには、もしすべての仕事や工場などが互いに自立した労働者によって活用されえたならば、国内における一般経費の総額はゼロになるだろうし、また、もし逆にすべての産業、職業、技術に関してある統一的な活用がなされたならば、この経費の総額は確実に生産総額を超過することになろう。もちろん、こんな常識はずれのことをやるのは狂人しかいなかった。私のパンフレットには、常識というものはない。噂では、この男には荒々しい血が流れているということだ。彼はすべてを、所有を、共同体を、君主制と民主制とを、神と悪魔とを破壊するにちがいない。彼は自分に満足さえしていない……。

自分自身に満足しうる者は、何と幸いなことか。私は六カ月の間中じっと我慢して、憲法制定議会の資本家たちの、国家による労働の組織化に反対する声明を聞いていた。そのうちの誰一人として、三月以来私がわが盲目の同伴者たちに提示しており、また今しがた指摘したばかりの考察をなした者はいなかった。

苛立ちが昂じて、私は出版を見合わせ、〈貸し付け〉に関する考察を四〇頁ほどの小論文にまとめることにした。ここでまさに私は初めて、断固として、下からの革命の実行を提案した——それは市民各自の理性と利害に訴え、また、権力に対しては、今日では権力のみが一思想に与えることができる推進力と伝播力とをもっぱら求めることによってであった。私は体系の代わりに、無数の実例によって裏づけられた単純で、実践的で、合法的な方法を提示したのだが、この方法が発展するためにはあとは普遍化され、証明されることだけが必要だったのである。

私が理解されなかったのは明白である。私の企図は、権力の頽廃を宣告すること以外の何ものでもなかった。もしそれがうまくいけば、統治機構のすべてを徐々に廃する結果になるような、そんな先例を作り出すことを提起したのである。五〇万人の軍隊、六万人の賃金生活者、二〇億フランの予算にもかかわらず、国家はもはや何ものでもないのだ。これは恐るべきこと、信じられぬことであった。デマゴギーは権力のものであったし、社会主義自身も権力を代表していた。共和国のあらゆる手立てにもかかわらず、労働者が支持し、ブルジョワジーが控え目に服従していたにもかかわらず、かくも献身的な市民による、かくも純粋な愛国者による臨時政府が、まさに烏有に帰すなどということが、どうしてありえたのか。民衆が同意したあの悲惨なる三カ月が、何の実りもなく過ぎ去るなどということが、どうしてありえたのか。誰もが善を望みながら、それを作り出すことに誰もが無力であることが、どうしてありえたのか。逆に、悪をなすことを互いに慎むために、次々と破壊しあうことが、どうしてありえたのか。民衆に信頼されながらも、五月一五日の途方もない過ちに、彼らが民衆を巻き込んだままにしたのはどうしてなのか。六月には、彼らは銃撃によってしか、一〇万の国立作業場の人々に応えることはなかったのではないか。曖昧さに満ちた憲法が、彼らの意に反して、ほとんど彼ら抜きで可決されたのはどうしてか。一二月には、資格も、爵位も、財産もない、あの皇帝の甥が、ルドリュ＝ロラン派、カヴェニャック派、ラマルティーヌ派に抗して、五五〇万もの多数をもって大統領に選出されるなどということが、どうしてありえたのか。――いや、やめておこう。私はユートピア主義者、フロンド党員、不満分子であったのだ。必要なのは、民衆が二月に獲得した権力を手つかずのまま守り、民衆の幸福のためにそれを利用することだったのだ。ちょうど王権が、民衆の幸福を乱すために利用されたように。

四月の選挙がやってきた。私は立候補するという気まぐれを起こした。一八四八年四月三日付の、ドゥ県の選挙人に宛てた回状で、私は次のように語った。

「社会的問題は明白である。諸君はそこから逃れることができない。それを解決するためには、急進的な精神の頂点と保守的な精神の頂点とを、融合させる人間が必要である。労働者諸君、君たちは経営者に手を差し伸べたまえ。そして、経営者諸君、君たちは賃金労働者であった人々の前進を阻まぬようにしなければならない」

私がこのように考えを述べた時点では、民主主義的な影響力はまだ保たれていた。私としては、社会主義の目的と意義からしても、この普遍的な和解のために、その場しのぎの方針転換を求めてはいなかったのである。

四月一六日、私の立候補は無に帰した。この残念な日以後、人はもう極端な過激主義が語られるのを聞こうとはせず、極端な保守主義に身を任せることで、すべてを巻き添えにすることを選んだ。私としては、わが敬愛すべき同胞が、その利己的な先入見のなすがままになることで、何が得られたと考えているのか知りたいのだ。一体、憲法制定議会の中道主義は何をもたらしたのか。立法議会（一八四九―五一年）の絶対主義は、今後何をもたらすのだろうか。……あの間抜けの山岳派は「赤」に乗り換える。二年もすれば、農民たちは、カトリック的・君主制的フランシュ・コンテの隅々にわたってこう叫ぶだろう――「社会民主的共和国万歳！」。

失敗した立候補者、読者なき政治論者として、私はジャーナリズムに方向転換せねばならなかった。誰もが、私にいつもこう言うのだった——「本を書きたまえ。そいつは新聞よりも価値がある」。それはそうだが、しかし書物は読まれない。『実証哲学』の著者オーギュスト・コント氏が、やっとのことで二〇〇人の信奉者を講義に集めるのに対して、『フォーブリアン』、『ペール・デュシェーヌ』、『ヴレ・レピュブリック』各紙は国を動かすのだ。君は一〇年の月日を費やして八つ折り本を書く。五〇人のアマチュアがそれを買うが、それからジャーナリストがやってきて君をお払い箱にする——およそこんなところだ。書物というものはもはや、ジャーナリストの見習い期間にしか役に立たない。今世紀で最高の文芸ジャンル、それは社説であり、新聞小説なのだ。

三月一七日および四月一六日の戦い、リスコン・トゥとケルの不幸な事件(53)、政府委員の派遣のせいで各県に起きた騒擾、クラブの取るに足らぬ仰々しいだけの演説等々のおかげで、私には二月の革命家たちの回顧的な傾向が明らかになった。ジャコバン主義の剽窃と戦い、〈革命〉をその本来の道に戻すことが『ルプレゾンタン・デュ・プープル』紙の目的であった。われわれ——共同執筆者たちと私は、とりわけ次のようなことを理解させるべく努めた。すなわち、まさに産業の分立のおかげで、さまざまな所有はもはや独立したものではないこと、また、現在のフランスは、流通からあらゆる価値を引き出すことによっていっそう豊かではあるけれども、かつてのように、革命状態を一〇年耐え忍ぶことはできぬということ。さらに、二月革命は八九—九二年の革命とは全く似ていないこと。古き悪習を捨て去り、さまざまな夢物語《ユートピア》は放っておいて、問題の現実的な部分に真っ先に参入しなければならぬこと、などである。しかしこれは無駄な努力であった。『ルプレゾンタン・デュ・プープル』紙は、人気という成功しか勝ち得なかった。つまり、この新聞は知名度の点では恵まれた地位を獲得したのである。しかし、何を計画していたにせよ、それには何かを獲得する影響力も、何かを防ぐ影響力もなかったのだ。

53——一八四八年春の、二つの小さな衝突への暗示——一つはベルギー戦線で、もう一つはドイツ戦線でのことである。スピルソーンというガンの弁護士が、ベルギーの民主主義委員会の請願書を臨時政府に届けに、パリにやってきた。彼はルドリュ＝ロランの助力によって、理工科学校生に指揮された数人の男を集めて、ブリュッセルで奇襲を試みた。この遠征は、無残にも失敗した。この小部隊が三月に通過した戦線が、リスコン・トゥという名の小集落であり、この小事件の名はこれに由来する。
ケル事件を通してプルードンはおそらく、ドイツの民主的軍団の試みを理解している。カール・マルクスならばその長になろうとしたかもしれないが、しかし、ドイツの労働者部隊の指揮をとったのは、ゲオルク・ヘルヴェーク（詩人）であった。この部隊にはフランスの労働者も混じっており、ビュルテンブルクの軍隊と戦った（一八四八年四月）。

ジラルダン氏と知り合ったのは、ちょうどこの頃であった。この著名な作家は私の考えを裏切るまいが、とりわけ現在では、彼の税理論はわれわれと多くの共通点を持っている。つまり、彼は貸し付けに関する私の考えを認めていたのだ。しかしながら、政治家としての彼の性向によれば、彼は権威以外の何ものも当てにせず、民衆によるあらゆるイニシアチブを拒否していた。「権力の一時間は」と彼は言っていた――「ジャーナリズムの一〇年よりもましである」。この言葉は、ド・ジラルダン氏の政治とそのさまざまな変遷の秘密を明らかにしている。

その行政・金融理論からすれば、ド・ジラルダン氏は純然たる社会主義者であって、三位一体の内閣という彼の考えは、ピエール・ルルーから借りたものとさえ言われるくらいだ。ド・ジラルダン氏にとっては、経済問題がすべてであって、政治はさして重要ではない。彼が政府を重視するにしても、その形態に関しては懐疑的である。というのは、政府が結果として国民の商売・取り引きを引き受けさえすれば、人民主権であろうが神授権であろうが、彼にはどうでもよいのである。さて、こうした政治的無関心によっても、ド・ジラルダン氏の政府支持の精神は何ら変わることはなく、この点において、彼は正理論に対しても、共産主義に対しても、歩みを共にするのである。しかしながら、彼が求めるのは普遍的理性ではなくて、もっぱら権力のイニシアチブとして最も可能性の高い、最良のものと思われるものなのだから、また、そのすべての解決は収益だが、問題の与件は絶えず変化するのだから、彼の作家としての慎重さ・繊細さにもかかわらず、彼は常に何らかの矛盾――事実との矛盾であれ、世論との矛盾であれ、自分自身との矛盾であれ――に、何度も陥ることにもなるのである。

一二月一〇日の選挙後のある時、私は思ったのだが、商売上のお気に入りと一緒にやってきたド・ジラルダン氏は、彼の行政理論（実際それは共同体論に他ならない）に関して素晴らしい証明をしようとしていたのである。どうしてルイ・ボナパルトは、ド・ジラルダン氏を大蔵大臣にしなかったのだろうか。革命が上から開始されたものだったからである。ド・ジラルダン氏だったならば、ブランキが、バルベスが、ルイ・ブランがなそうとしたもの、国立作業場《アトリエ》が想定していたものを、実現しえたかもしれない。たとえば、ギゾー内閣下の時にもまして、今日でも依然としてド・ジラルダン氏が権力の敵対者であるのはどうしてなのか。ああ、要するに、ド・ジラルダン氏は革命的思想の持ち主だということであり、ティエール、バロ、ファルー、シャンガルニエ等の諸氏は、一二月二〇日の政府に対しては、もはや革命を望んでいないということであり、臨時政府および執行委員会は彼ら自身のために革命を望んでいなかったということであり、ルイ＝フィリップやシャルル一〇世も、それを望まなかったということである。要するに、農民や労働者と同じく、ブルジョワも革命を欲していないのである。(P)

P——この『告白』の刊行以来、ド・ジラルダン氏の思想は根底的に変容しているように思われる。無際限な自由の理論に日々いっそう執着することで、彼は徐々に権力のことを忘れている。しかしまさに既にして彼は、ルドリュ＝ロラン、コンシデラン各氏と、無政府状態に近接したレベルで出会っている。おそらく、民主主義のあらゆる力が、反政治的な同じ信条宣言のもとに結びつく日は、遠くはあるまい。——（一八五一年七月）

社会における国家の役割、権力の従属関係、政府の革命的無能力について、この一〇年来語り、書き、出版してきたすべてのことを考えると、一八四八年六月の私の選択は、民衆への軽蔑の結果であったという思いに駆られる。これらの思想は、私の初期の瞑想の時期に始まり、社会主義への私の召命と同時である。それらは、研究と経験によって発展され、私の著作と行動において、絶えず私を導いた。それらは、私が説明しようとするあらゆる行為の動機づけとなった。奇妙なことに、これらの思想が表わす保証、一人の改革者が提供しうる最も高度なものである保証の後で、私が判断を委ねた社会に対しては、私は唯一のチャンスのように思われ、また、私が望まぬ権力にとっては、恐るべき扇動者と思われたのである。

## 第12章　七月三一日、社会主義の新たな表われ

話は脇に逸れたが、再び始めよう。

蜂起を鎮圧すると、独裁的将軍カヴェニャックは、急いで委ねられていた諸権力の荷を下ろす。国民議会は戒厳令を維持し、議会と行政権力の長を任命し、内閣を組織する任に当たらせる。社会主義の諸新聞は発行停止状態だ。『ルプレゾンタン・デュ・プープル』紙は、当初は配慮される。しかし、この新聞は反動派のブレヌス流に「敗者に災いを!」とは叫ばずに、あえて彼らを擁護するので、たちまち同業者と同じ運命を被るのである。軍法会議は、一斉射撃を免れた不幸な人々を逮捕する。バスチード、マリ、ヴォラベルのような何人かの前日の人々は保護される。しかし、政府の顔色はたちまち青ざめる。セナール、ヴィヴィアン、デュフォール各氏[54]が権力の座につくことは、翌日の共和主義者がはっきりと前日の共和主義者の後を継ぐことを示しているのである。

54 ——ヴィヴィアン、デュフォールはルイ＝フィリップ治下の大臣であった。「二つの事実がこの国の政治状況を要約し、支配している」、とダリモンはプルードンの新聞『プープル』紙二号で書いている。「潰えた君主制にかつて仕えた二人が共和国の大臣になることと、共和国の未来の大統領選挙が次の一二月一〇日に決定されたことである」

これは、〈秩序〉の勝利の論理的な——私はほとんど「合法的な」と言ったが——帰結であった。それでもなお左翼は、二月の舗石の下に永遠に埋められたと思われた政治の、こうした復活に抗議する。では、諸党派はその戦略に、もっと大胆なものを盛り込みうるのだろうか。敵対者に対して、成功の果実を追い求めていると非難するのは、凱旋将軍に対して勝利を利用するのを禁じることと同じである。政府の狂信的行為のせいで、文明は未開のごとき戦争状態なのだから、しっかりした法も、政体も、理論も、経験もない。われわれが権力のために

争い合う限り、勝者には敗者を抑圧する口実に事欠くまい。政治家は、自分たちの原則を否認する理由を見つけるだろう。そうして、誰もが常に正しいことになろう。「私は負けた、殺せ」とは、一八三九年六月一二日の奇襲の後バルベスが言った言葉であった。これこそ、山岳派が一八四八年八月にはカヴェニャックに対して、一八四九年、七月にはルイ・ボナパルトに対して応えるべきであったすべてである――「われわれは負けた。君たちは財産を作り、利用するがいい。争いはやめだ。ただ、覚えておくがいい。この世のことは二度ある。今度はわれわれが君たちのようにするだろう！」

欺瞞と暴力の環の中で、とめどなく社会を回転させるこの野卑な運命論に対してこそ、私は戦うことを決意していたのである。この仕事は果てしなかった――私の行動計画は、どうあるべきだろうか。

反革命をその極点にまで推し進め、恐怖と疲労とによってそれを汲み尽くすことで〈革命〉に利するよう、反革命自体を仕向けなければならぬ、と私は独りごちる。

六月の勝者たちには、彼らが思っているようにはかたがついていないことを、何も始まってさえいないことを、彼らがその勝利から得た唯一の果実とは、さらに増大した困難さなのだということを、知らしめねばならぬ。労働者のモラルを再建し、反動派の誹謗中傷に対して、六月の蜂起が受けた仇をとらねばならぬ。倍加したエネルギーでもって、一種のテロリズムでもって、社会問題を提出しなければならぬ。それを、伝統的かつヨーロッパ的にすることで、なおも拡大しなければならぬ。また、保守主義者をして、彼らの特権を守るために民主主義の擁護者になるようにし、この方法によって、第二段階の計画では君主制を排除することで、〈革命〉を強化しなければならぬ。

権力に何も求めぬことによって、権力に打ち勝たねばならぬ。貸し付けによって資本を補うことで、資本の寄生状態を明らかにせねばならぬ。大衆のイニシアチブを組織することで、個人の自由を確立せねばならぬ。

一言で言えば、革命思想の再開が、社会主義の新たなる示威行動が必要なのだ。

私が自分の役割を誇張するなどということがあってはならない。私は自らの夢を語るのだ。一人の人間の考えが、社会の選択において何ほどでもないことはわかっている。私自身、思想が大衆に浸透するのが遅々たるものであることの生きた見本である。しかしながら、私の政治的行動の物語から、私の社会主義的思考の物語をたどらせることで、私としては同じ物語＝歴史《イストワール》を続けることしかしていない。すなわち、自国民の夢遊病の中に不本意ながら引きずり出された一思想家の物語＝歴史である。しかも、思索から行動へ移行することは、何ら役割を変えることではない。行動、それは常に思考することである。〈語ること、それは行なうことである〉。思索する著者、提案する立法者、原稿を書くジャーナリスト、実行する政治家、これらの間には、私にとって何の違いもない。だからこそ、私は私の行為を語る許可を求めるのだ、あたかも、私が書いたことをなおも私が語るかのように。つまり、私の行動と思想は、〈革命〉をしか目的としていないのだから、それは常に〈革命〉を語ることになるだろう。

さて、さらに言えば、国家はその原理的性格からして反革命的だということである。その唯一の合法的イニシアチブは、市民のそれである。そして、提案の権利は万人のものだ。だから何事かを提起しようではないか。ただし政府にではなく――政府は却下するだろう――国民議会や国民に向けて。できれば社会に対して、その潜在的な思想の一つを明らかにしようではないか。何らかの社会自身の良心を、鏡に映すようにして露わにしようではないか。最初は、それは激しい不安から尻込みし、自らを曲げ、自らを呪うだろう。だが、信じて待たねばならぬ。人間はさらに高い啓示を獲得するたびに、自らを恐怖するものだ。この恐怖はもちろんのこと、社会のこうした呪いは社会にではなく、啓示をもたらす者に向けられる。だが、かまわぬではないか。もし時間があるならば、前口上をぶって、理念を長々と引き出し、それに対して純真な人々を向かわせることもできよう。しかしその恐ろしい逆説はできるだけ隠し、変えておくべきだろう。だが、時間は切迫している――「かたをつけねばならぬ！」というわけだ。この際、生《なま》の真実が最もよく、「毒をもって毒を制す」やり方が唯一理にかなっている。スキャンダルや憎悪は、崇拝や愛と同じ効果をもたらすだろう。憎悪とは何か。それもまた愛である。

ペルソナを別とすれば、良心に、悟性に働きかけるものは何だろうか、諸君が自らに語りかけてくる者を滅びの怪物と見なそうと、あるいは救いの天使と見なそうと、結果が一様に変わらぬのであれば——。

とはいえ、何を提起すべきか——その時はすぐさまやってきた。

六月の戦いの後ただちに、『ルプレゾンタン・デュ・プープル』紙は、この破局の張本人であり、扇動者を覆い隠そうとする血塗られたベールを引き裂くことに着手した。それは、殺戮者たちに抗して犠牲者たちの擁護に立ち、同時にそこここに経済的思想を投げかけた。「支払期限」に関するある記事の中で[55]（七月八日付のこの記事によって発行停止に至ったのだが）、本紙があえて主張したのは、二月以来の諸事件が大多数の借家人にとっては不可抗力の事態をなすものであったが、彼らはそれを利用して、合法的に賃料の値引きおよび延期を得ることができたということである。この不可抗力の原因は、国家の行為に由来するものであって、決して作家につきものの作り事などではなかった——それは、あらゆる法律家の中に見出されるものである。ところが、この話題は社会主義的であった。かくして保守主義者たちは、そこに所有への攻撃を見つけ、私は略奪と内乱を説く者として、議会に喚問されたのであった。

55——この記事は素晴らしく激しいもので、プルードンがパリのブルジョワを震え上がらせることを目当てとしていたとすれば、これ以上見事にやることはできなかった。「期限だ！　期限が来た！　われわれはこの支払いをどうするのか。……もっと仕事を、もっとお金を、もっと資金を！　期限は満了で、もうギリギリだ。銀の食器一式も、女たちの宝石も、夫の懐中時計も、最高の布類も、何もかも質屋にある！　それでも、どうやって家賃を払えるというのか。どうやって生活すればいいのか！……」（訳注——巻末「資料」参照）

もはや、私には沈黙を守ることはできなかった。新聞に投じた一つの理念によって私は財政的提言を行なったが、それは明日に急を要するものとして——誰もがかたをつけたがっていた——財務委員会に送られた。

財務委員会とは何か。[56]

56——このテクストは明解である。プルードンはむきになった。彼は釣り糸を垂らされた。そして彼は、自らすすんでそれに引っかかった。

当時、財務委員会には、ティエール、ベリエ、デュベルジェ・ド・デュクレール、ガルニエ・パジェス、フェルディナン・ド・ラスティリの各氏が認められた。私と同時にそこに組み入れられたピエール・ルルーは、一度は出席したが、もはや二度と姿を見せることはなかった。「こいつらはどうしようもない馬鹿者だ！」と彼は私に言った。これは人物に関しては当たっていなかったが、委員会に関しては全くのところ真実であった。

私が財務委員会を非難するのは、それが、予算項目に印をつける以外のことを何らなしえなかったからである。つまり、委員会を構成するこの尊敬すべき代表者たちは、その全学識を挙げて、公的財産の調整のためにというよりは、むしろ内閣の事務職員のために働くのである。

財務委員会には、理論も、税も、賃金も、お金も、外国貿易も、信用とその流通も、株式も、要するに財務委員会の知識を形成するはずのものは、何一つない。財務委員会は、補助貨幣の改鋳計画をやり遂げることは、ついにできなかった。この目的に関する委員会の討議から判断するに、この種の貨幣の創出は、経済的特性の驚異ではあったが、それが超自然的な作用ぬきには実現されえなかったことは、信ずべきであろう。増税するか、あるいは減税するかという可能性、また、税の種類を変えるというある程度までの可能性は、財務委員会に十分含みこまれてはいる。しかし、国家収入である税を統一的な形態に戻す問題を自らに課すことは、決してないだろう。民衆の良識によって要請された税の統一性は、委員会にとって賢者の石である。この財務委員会は、公的貸し付けに関するあらゆる革新に、一貫して反対している。つまり、あらゆる流通手形は、その抵当が何であれ、委員会にとっては常にアシニャ紙幣の類なのである。あたかも、その特別な担保が銀である銀行券やその銀自体が、一種のアシニャ紙幣ではなかったかのように。しかし実際は、銀がその過剰そのものによって一〇分の一、一〇〇分の一の価値に下落することで、銀行券がたちまち信用を失うには、通貨量を一〇倍ないし一〇〇倍にするだけで十分なのである。ところで、その属性の二倍ないし三倍に抵当を設定された五〇〇億フランについても、これと別ではあるまい。つまり、この担保はその価値を維持しうるだろうが、対して銀行券には何もないだろう。それでは、この信用紙幣を形成し、それをアシニャ紙幣から分かつものは何か。銀自体があらゆる支払いとして受け取られ、あらゆる価値の標であるようにするものは何なのか。財務委員会はそれを知らない。

財務委員会は一つのこと——あらゆる革新に敵対することしか知らない。なぜなら彼らは、存在するものの理由も、存在しうるものの理由もよくは知らないので、世界は崩壊しつつあるといつも思ってしまうのだ。ちょうどそれは、自分の肉体を通してその器官の働きを見ている人間が、それが乱れるのを見るたびに震え上がるようなものだ。財務委員会が仮にセゾストリス（エジプトのファラオ）の時代に生きていたならば、彼らは人類をエジプト文明の段階に停止させたことだろう。彼らは何もしないだけではなく、他者が考えることを許さず、人々が現状に異議を唱えることを（それを守るためであってさえも）受け入れないのだ。ティエール氏はこうした事なかれ主義の哲学者であり、レオン・フォーシェ氏はその狂信者である。前者は運動を否定することに満足し、後者は、運動を肯定する者をできることなら火あぶりにするだろう。二月革命によってギゾー氏と同じくらい欺かれたティエール氏は、共和国にただちに与《くみ》しなかったことをおそらくは悔いつつ、汚名を晴らすべき自尊心を抱いている。社会主義者の鞭で激しく打たれたレオン・フォーシェ氏は、社会主義の背教者であり、彼には償わねばならぬ変節と、満たさねばならぬ憎悪とがある。

　まさにこうした裁判官たちを前にして、私は出頭し、自分の命題を展開しなければならなかったのだ。奇妙な申し出だが、財務委員会のためには合意しなければならない[57]。

57——プルードンは、自分が馬鹿げた役割を演じていることを、申し分なく知っている。

　彼らに繰り返し語ったことだが、〈信用〉とは、私的関係の観点からは全く単純に〈貸し付け〉である。そして社会的関係の観点からは〈相互主義〉であり、交換である。

　この交換から、流通が生まれる。

　確かに、社会を総体として検討すれば、流通は次のような活動に還元される。幾人かの市民が、農民に代表される社会に土地の前貸しをする。すなわち、彼らは所有者（地主）である。今度は別の種類の市民が、商人や実業家に代表される同じ社会に対して、資本や通貨の前貸しをする。すなわち、彼らは銀行家であり資本家である。さらに第三の市民が、国家に代表される社会に対して、彼らの貯蓄を前貸しないし預金するが、これは公的負債となる。すなわち、彼らは金利生活者である。最も大多数の、土地も家屋も資本も貯蓄もない者たちは、あらゆる市民に代表される社会に対して、自らの仕事を前貸しする。すなわち、彼らはあらゆる労働者である。

もちろん、社会の債権者、地主、資本家、労働者たちは、同時に農民、商人、国家と同じく、社会を代表するものである。

さて、明らかなことだが、受け取る側の社会も、貸し付ける側の社会と同じ道徳的存在である。このことから、地主なら「賃貸借」、銀行家なら「手形割引」、資本家なら「出資金」、高利貸しなら「貸し付け」等々と呼ぶものは、一般的表現に帰着させれば交換であり、または神学者が言う相互性である。この同じ活動は、私的利益および社会的利益の観点から考えると、交互に異なった性格を取る。すなわち、ある時はそれは種類によって区分されて貸し付けとなり、またある時は、相互性、信用となる。

したがって、この交換に由来する市民相互による価値の運動ないし移動が、流通すなわち、社会の大いなる経済的機能である。この交換によって引き起こされる独特な諸状態は、各種の債権者、および債務者に対して特別の収益体系を作り出し、その内容は、取る立場に応じて家計であったり、社会経済であったりするのである。家計の観点から見れば、地主はその土地を「小作料」と引き換えに貸す。資本家の場合は資金を「金利」と引き換えに貸す。銀行家は「利子」を差し引いて手形を割り引く。商人は「もうけ」を先取りしておく。仲買人の場合は「手数料」である、等々。社会経済の観点から見れば、市民の労働《サービス》は比例の規則に従って相互に交換され合い、これがその相対的な価値となる。天引きは存在しない。

この流通が停止することはあるのだろうか。

それは次のことを意味する。金利生活者が、何らかの理由から国家に資金を貸し付けるのを拒否し、損をしてさえ債権を売却する場合。銀行家が、卸売商の手形の割り引きを拒否する場合。資本家が、実業家に融資することも労働者に貸し付けることも拒む場合。商人が、販路の保証のない商品を引き受けるのを拒む場合。取りたてが不確実な地主が、もはや支出を維持することができず、仕事のない労働者がもはや消費しない場合。

この中断した流通を回復するには、どうすればよいのか。きわめて簡単なことである。つまり、以前には暗黙のうちに、納得もせずに行なっていたことを、今度は誰もが共通の合意と公的な協定によって行なうことである。

さて、こうして意図的・合理的に経済的諸関係を回復することは、無数のやり方で実施されることが可能だが、それらはみな、同一の結果に至るだろう。一八三〇年革命の後の七月王制は、その一例であった。また、「国立作業場委員会」——これは、六月蜂起の際に、その計画を私が報告したのだが——は、そのもう一つの例を示したものであった。そしてここに三つ目の例があるが、これには、通常の賃貸借をある減免によって代えることで、以上二例を普遍化するメリットがある。

すなわち、国家の債権者は、新たな公債（それを国家が彼に求めているのではないが）には同意せずに、減税あるいは税金の名目で、その金利収入の一〇〇分の一を放棄すること。地主は、新しくてよりよい土地を農業人口に供給するのではなくて（それは彼の権能ではない）、満期になった小作地の一部を減免すること。銀行家は、用心している手形を割り引いて受け取る（それは彼にとってあまりに軽率なことになろう）ことをせず、その手数料と利子を下げること。労働者は、彼に関わることでは一般的な努力に寄与すべく、一日に三〇分余分に働く（それは多分彼の能力に余るだろう）代わりに、彼の賃金の二〇分の一を企業主に委ねること。明らかに、こうしたすべてのケースにおいて、二番目の信用方式で得られた結果は、最初のやり方で得られたかもしれぬものと変わらないだろう。流通は、各債務者が債権者側から減免されるものすべてによって、増大するだろう。労働《サービス》の交換は、もっぱら私的経済の原則に従って、つまりは先取り、天引き、利息によってなされる代わりに、社会経済の観点から、つまり天引きも先取りもなしに、さらにいっそう行なわれることになろう。

この措置が、最も高い効果と公正さの段階に達するためには、それがすべての市民、金利生活者、資本家、地主、官吏、商人、実業家、労働者、等々に例外なく行き渡らねばならないのだから、次のようになる。

一、信用の一般性が与えられ、認められることによって、万人のために一つの補償が確立されること。そして、各人が出費を分かち合うことで、誰も何も損失しないこと。

二、逆に、信用（貸し付け）が増大すればするほど、別の言葉で言えば、賃借料あるいは賃金が――労働者に関しても、資本家・地主・企業家に関しても――減少すればするほど、社会が、したがって個人が豊かになるということ。同じ労働量に対する賃金の低下、あるいは同じ賃金に対する労働の増加、これは同じことである。ところで、賃金の数字は、生産の総数に基づいて各市民に戻ってくる利益配当の表われであり、そしてこの総数が今しがた言ったように増加したのだから、その結果賃金の一般的な低下はあらゆる人々にとって富の増加に等しいのである。

要するに、諸君が望むのは、ある特定の日に、合図があれば、全国民が指揮官の声に応ずる軍隊のように従順にさらに生産に励み、その結果いっそう消費することなのか、それとも、あまり生産せず、その結果さほど消費しないことなのか。このような奇跡を操作しうるのは、権力でも独裁でもないし、また献身でもない。その唯一の、しかし絶対過たぬ方法は、すべての生産物および労働のコストを、増大あるいは減少させることである。

加えて、すべての人の協力と分担を求めたこのシステムは、そのこと自体によって全体的な和解を意味している。市民たちは、権力的になったり搾取しあうのではなく、集団的に行動することを学ぶ。階級憎悪は、権力の争いによって増幅されるのではなく、この集団のイニシアチブの中で消え去るのだ。暴政は忘れ去られる。われわれは、この自由の中で、豊かな商取引によって高められるのである。

以上が、私が展開しなければならなかった命題に含まれていた諸原則であった。その詳細と適用に関しては、利害に合わせて随意に修正することが可能であった。その展開の方策は、国民議会に委ねられていた。

これを多少なりとも理解することは、委員会の財政―経済学者たちには無理であった。彼らは社会の諸取引を、あくまで私的関係の見かけに基づいて判断しようとしており、経済的現象が上から下へさげすんで見られた場合と、下から上へ見られた場合とでは正反対であることに、想い到らなかったのである。ティエール氏はこう言った。「君の言うことは全くわからない。どうして、地主が収入を放棄すればするほど儲かるのか。一体どうして、労働者が賃金を失うほど彼は豊かになるというのか！」。私は答えた。「それはそうだろう。彼が一方で支払うものと、他方で受け取るべきものとの間が釣り合っていることを、君が拒否する限りはね」。腹は否定することに決まっていて、否定したのだ。彼らは数字に言いがかりをつけ、何でもかまわず難癖をつけた。それはあたかも、公共経済に新たな原理を導入し、その取り引きの意識を族長時代のような旧習に受動的に委ねずに、この社会に与えることを目指したこの種の提案においては、数字が一番大切なのだと言わんばかりである。しかし、肝心なのは所得税でも累進税でもないと言っても無駄であった。私の考えからすれば、所得税とは嘘っぱちか幻想であって、それから逃れるためにこそ、私は並外れた法律を提案したのであった。この法律によれば、各人は三年間その賃金ないし所得に軽度の出費を受けなければならないが、全体的な状態は救われるのである。そうして公共の財産が増大すれば、将来のために思い巡らすことも容易となろう。私は窃盗を説き勧めたと非難され、所有からその三分の一の所得を奪い取ろうとしていると言われたものである。要するに私の提案は、宗教・家庭・財産にとって、破廉恥で、非道徳的で、馬鹿げており、侵犯的であると告発されたのだ。そして今日でもなお、所得に課税する問題——そんなことは私の頭の中にかつて入ってきたことはなかったし、これに対して私は絶えず激しく抗議し続けたのだが——が出るたびに、また、ガルニエ・パジェス、レオン・フォーシェ、グーショー、パッシーおよびその他の経済学者たちの責任を私が指摘するたびに、必ずや、この課税計画は私の提案によって刷新されたものだと言われるのである。

　かほどの悪意あるいは白痴ぶりは、聖者をも憤激させたことだろう。私は、この関係をほぐすことにした。そして、ティエール氏が揶揄していたのである以上、私としては睨みつけることにしよう。そうとも！　諸君は、経済的提案を真摯に議論する代わりに、その提案者に信じるところを説明させようとする。その告白によって彼を押しつぶすことができると、諸君は思い込んでいる。諸君は、社会主義のありのままをフランスに見せることで、一気にそれを根こそぎにしようとするのだ。さよう、これが諸君という人間である。今が潮時だろう。諸君が自ら言うようにけりをつけるのならば、私は世界の最も偉大な政治のために、諸君を押しとどめるのだ。

「私には何が欠けていたのか」を語る恵みを、自然は私に拒んだのだった。私の演説は集中砲火を浴び、まさにさらに多くの効果をもたらした。笑いは長くは続かなかった。誰もが先を争って、最も声高に憤激を露わにしようとするのだった[58]。シャラントン（当時有名な精神病院があった）へ行け！　と一人が叫んだ。動物小屋のほうがいい！　ともう一人が言った。六〇年前には、君たちはマラーという名を呼び合ったではないか！――六月二六日には、バリケードに向かうべきだった！――彼はあまりに卑劣だ！　恥ずべき、恐怖に駆られた、山岳派の一派は、同僚を非難するのを望まず、逃げ出した。ルイ・ブランは、多数の保守派とともに、正当化された議事日程に投票した。このことで社会主義者たちは彼を非難したが、彼らは間違っていた。ブランの投票は、議会に最も配慮したものであった。私が社会民主主義、民衆による革命を代表しているように、ルイ・ブランは、政府側の社会主義、権力による革命を代表している。この間には深い溝がある。ところで、無料で相互的な貸し付け、利子の廃止、賃金と所得の漸進的な減少による安楽さの持続的な増大、社会的流動化、等々といった、こうした新たな形態の下で、私の演説には何があったのだろうか。それは次のごとくであった――資本主義的貴族政治ぬきでもっと権威を。そして、権威ぬきでもっと統治を。労働が資本の支配力から解放されれば、民衆は政府側のイニシアチブについて、ただちにそうなることができる。そして、こうした提案はすべて、相同的で関連している。私が主張する社会主義とは、ルイ・ブランの社会主義とは正反対である。この対立は宿命的だ。この対立を際立たせるのに私がかなりこだわるとしても、それは党派の頭目に反対する快楽のためでは全くなくて、民衆の感化にそれが必要だと考えるからである。

58――ここではプルードンはかなり急いで筆を走らせており、彼の演説も、法（訳注――権利）の創造的力に関する彼の理論も、階級を対立させ合う彼のさまざまな声明も、うやむやにしたままである。彼はこれらを入念に準備していたのだろうか。彼は恐るべき、自分自身に対しても恐るべき即興的な演説家であった。この『告白』の調子は演説の攻撃的、悲劇的な調子とはかなり異なるものである。

フロコンはある日、七月三一日の私の演説について私に言った。「労働権を台無しにしてしまったのは君だ」。私は彼に答えた――むしろ、私が資本の喉笛を切ったと言ってくれたまえ。そのうえ、私がまさに恐れていたのは、正当化された議事日程が何ら進まないということであった。私の提案に加えられた馬鹿げた非難は、旧来の銀行主義が頽落することの証明であった。

私の演説は、表現だけは脅迫的な次のような言葉で終えられた――「資本は二度と戻ってはこないだろう。社会主義がそれを見張っているからである」。

それはこういう意味だった。社会問題は提起された。諸君がそれを解決したまえ。さもなければ諸君はかたをつけられまい！

あれから間もなく一八カ月になる。さて、ティエール氏よ、それは終わったのかね。君は社会主義の息の根を止めたのか。資本は、かつてと同様の特権とともに戻ってくるのか。この二年来、家賃や小作料の最も多くの部分が消えていくのを見ていた所有者たちは、君のリゴリスムでたくさん儲けたのだろうか。君は二度にわたって戒厳令を敷いた。君にはカヴェニャックの自惚《うぬぼ》れと、ルイ・ボナパルトの何にでも耐えうる従順さとがあった。三月一七日、四月一六日、五月一五日、六月二六日と勝利した後、さらに君は九月、一二月、五月一三日、六月一三日、七月八日にも勝利した。君はほぼ望みどおりに憲法を作った。ローマで、ドイツで、ハンガリーで、全ヨーロッパにわたって、君は民主主義を殺戮した。われわれは逃走時に、あるいは牢獄で、沈黙させられ、抑圧された。君には、狂信主義が、先入見が、エゴイズムが、策略が、野蛮な暴力が権力から与えられるあらゆるものがある。社会主義の終焉はいつなのか。資本が戻ってくるのはいつなのか。二月以来フランスでは、われわれは半ダースのユートピア主義者であった。現在では、おのれの体系を持っているような保守主義者はいない。革命は君を押し流した。かくして、既に君は憲法を頼みとせざるをえず、教皇に反対し、山岳派の政治というコートで身を守るのだ。ただし、そのコートを裏返しながら！　ごくわずかだけで済むと思えるならば、君は喜んで所得税に賛成投票さえするだろう。ああ、君は相互的貸し付けを望まないのだ！　ならば、君は権力と非常に仲がいいのだから、五〇万人の歩兵を思い切って家庭に帰してやりたまえ！……。

七月三一日以降、二月革命は決定的となった。つまり、社会問題がついに現実的な意味を受けとったのである。

社会的な激変の脅威の下、君主制は自らの無力を感じ、廃兵を引き取った。社会主義化した民衆は、そこから永久に逃れ去る。八九年には、田野を駆け巡って小麦を駄目にしていた架空の山賊への恐怖のせいで、全国民が武装し、革命が行なわれた、と言われていた。一八四八年には、あらゆる財産を奪うに違いない社会主義への恐怖のせいで、すべての人々が労働と所有の状態に反省を強いられ、そして、革命が行なわれた、と主張されていた。王位を要求する者が現われるかもしれないし、多数派がクーデターを試みるかもしれない。だが、労働者の問いかけに応えぬ限りは、何もなされなかっただろうし、都市や田舎の秩序はますます危うくされたことだろう。というのは、資本主義的な体系——平等をめざす民主主義の与件とは両立しえぬ、個人主義であると同時に凡庸化でもあるこの体系——においては、社会主義とかたをつけるには一斉射撃、毒、水死刑（一七九三年の「ナントの水死刑」の故事による）以外の手段はもはやないのである。もし旧来の状況にとどまるか、あるいは労働者階級を考慮して、すなわち彼らのために予算を可決することに、また、所有の最も純粋なものである所得からもっぱら天引きすることに固執するならば、必要なことは、彼らのために役所そのものを創設し、国家の中にその位置を与え、憲法において新たな権力として認めることである。あるいはまた、マルサスの法則に従えば、無用な口を削減するということだ。これに関しては中間というものはない。もはや否定することのできぬ普通選挙は、労働の資本に対する従属関係にとっては、一つの矛盾である。市民の協力と団結からなる革命によって、この相互主義的な原理から抜け出たまえ。避けがたい民主主義の下では、もはや民主主義以外の選択肢はない。プロレタリアの税か、さもなくば貧者の殺戮だ。所得の分割か、さもなくば農民反乱だ。

やはり七月三一日以降は、あるジャーナリストの表現によれば、私は「恐怖の的」となった。私には、これほどの中傷の猛威がかつてあったとは思われない。私は、説教され、真似され、小唄に歌われ、ビラで叩かれ、生活が暴かれ、戯画化され、非難され、侮辱され、呪われたのだ。私は軽蔑と憎悪にさらされ、議員仲間からは裁きに付され、私を委任した人々からは告発され、裁かれ、有罪とされ、政治仲間にとっては胡散臭く、協力者からは監視され、支持者からは密告され、同伴者たちからは否認された。コチコチの信者は匿名の手紙で、神の怒りの名のもとに私を脅した。敬虔な女たちは、祝別された護符を送りつけてきた。娼婦や徒刑囚たちは賛辞を送ってくれたが、そのみだらな皮肉は世論の過ちを証していた。私を卑劣漢として追放することを要求すべく、さまざまな請願書が国民議会に届いていた。(P) 神がサタンに、聖者ヨブを苦しめることを許した時、神は言った――余は汝に、ヨブの肉体と魂とを委ねる。だがその命に触れてはならぬ。命とは思考である。私はヨブにもまして虐げられたことがあるが、私の思考は絶えず不当に歪められ続けてきた。私はある時には、盗みを説く者であり、売春を称揚する者であり、神の特異な敵対者であり、アンチ・キリストであり、名もなき存在であった。私が予言したことは到来した――ちょうど、罪人がイエス・キリストの肉体を受け入れることで、その責めを食べ、かつ飲むように、社会は、社会主義者を誹謗中傷することで、それ自体有罪の宣告を受けるのである。社会は、その裁きを甘受したのだ。

P――ドノソ・コルテスすなわち、ヴァダガマス侯爵にしてスペイン大使と署名されたある著作――これはルイ・ヴイヨの監修による「カトリック叢書」から刊行されたものだが――の中で、私は悪魔に憑かれた者、ほとんど悪魔そのものとして描かれている。「人類に対しても聖霊に対しても、人間はこれほど重大な罪を犯したことはかつてなかった。彼の心のこの琴線がふるえる時は、常に雄弁で力強い響きを伴う。いや、その時語っているのは彼ではない。それは、彼であり、彼を支え、彼を支配し、あえぐ彼をてんかんのような痙攣の中に投げ込む、もう一つ別のものである。それは、彼を超えたもの、彼と果てしのない会話を繰り返す別のものである。彼が時折り語ることはあまりに奇妙であり、あまりにも奇妙なやり方で語るので、語っているのが人間なのか、悪魔なのか、また、彼が真摯に語っているのか、ふざけているのかわからず、精神は宙ぶらりんのままなほどである。彼に関しては、自分の意志で彼が物事を自分の欲望のままにできるならば、人間として見なされるよりは悪魔として見なされることを選ぶだろう。人間か悪魔か、ここに確実にあるものとは、彼の両肩には、神に見放されたこの三世紀が重くのしかかっているということである」(『カトリシズム、自由主義、社会主義に関する試論』)

　わが読者は、私の本を読んでも地獄の香りをかぐのを恐れず、安心されるがよい。ドノソ・コルテス氏が私について語ったことは、一語一語、エルサレムの「イエズス会派」たちが、ほぼもう一九〇〇年前にイエスについて語っていたこと――「彼の体には悪魔がいる」である。ユダヤ人の後では、異教徒たちは同じ議論を初期キリスト教徒たちを虐待するために利用し、教会は異端者と魔女を火刑に処すために用いた。ドノソ・コルテス氏は、見たところ、彼の宗教についても彼の国についても同様であって、怠りなくこうした手本を見習った。彼が彼である限り、彼は黄色い地獄服で私を被い、そして次の火刑で死刑執行人に叫ぶだろう、「火をつけろ！」と。

決して私が引き起こしたのではない事態の顛末のおかげで、私は、民衆そのものの意識を、当時まだ経験されたことのない深さにまで動かし、社会に対しては、おそらく一人の哲学者には二度と試みられぬような経験をすることができた。私はひそかに思っていたのだが、この民族、かくも疑い深く、かくも無信仰で、かくも堕落した民族は自らの神、自らの魂をあきらめたのだろうか。それは、道徳的な法の観念そのものを失ってしまったのだろうか。家族や結婚については、どう考えているのか。貪欲で、感覚主義的なこの人々は、心の底では功利主義的理論について、何と言っているのか。性的快楽を断とうともしなければ、その結果を引き受けようともしないマルサス主義者たちは、フーリエあるいはサン・シモンの弟子なのだろうか。彼らは何を情熱の、自由意志の最たるものと思っているのか。ヴォルテール主義者たちは、その懐疑におけるほど断固としているのか。小商人たちは、そのエゴイズムにおけるほど冷酷なのか……。ああ、いわゆる嫌悪の使徒として私は彼らに激しく憎悪されていたので、私のほうは、ルイ一四世がオルレアン公に与えた言葉「こいつらは偽悪家だ！」を巧みに彼らに貼りつけておいた。そう、この放縦で冒瀆的な社会は、もう一つの生の理念に震えているのだ。それは、神を笑おうとはせず、〈何事か〉を信じなければならぬと思っているのである。これら姦通者たちは、共同社会の一夫多妻制に反抗する。これら公共の泥棒は、労働の賛美者である。カトリシズムは、あらゆる人々の心の中で死んでいる。そこでは、人間的感情がかつてないほど生き生きとしている。禁欲は彼らを苦しめるが、彼らは純潔をあがめるのだ。他人の財に関して、汚れていない手はない。誰もが、利子の教義を嫌悪している。元気を出せ、わが魂よ。フランスは駄目にはなっていない。人間は、この死体の下で脈打っている。人間は、その灰から再生しようとしている。これは、地獄の神々に捧げられた私の頭にかけて誓ってもよい！……。

イスラエルの頽廃の責めを、贖罪の山羊として負わされて、私は禁欲主義を手に入れたが、それは私の気質にまで及ぶものではなかった。それゆえにこそ、所有の側の復讐は、私に襲いかからねばならなかったのである。

加えて、世論に強いることによって私が手に入れた一種の独裁は、罰を受けずにはすまなかった。七月三一日、私は世論に逆らって、社会主義の中に国民を駆り立てることで、五月一五日に自分一人だけの権威によって国民議会の解散を宣告したユベールよりも、重大な決心をした。私にはその権利があったろうか。その権利は、市民が当然のことながら万人のために考えかつ行動し、その良心と理性を完全に思い通りにしうるような、民衆の生活の中のさまざまな瞬間に属しているのだろうか。私はそれを認めることができない。そして、ユベールが国民議会の解散を宣告したが成立しなかったその同じ演壇で、私は絶対的確信をもって社会の解体を宣告したのだが、その時自分が全く自由であると思っていたとすれば、私は自分自身に対して仮借ない非難を加えることであろう。私の弁明は、妨害者たちの一人に私がよく考えもせずに与えた、次のような返答の中にある——「私が〈われわれ〉と言う時、私はプロレタリアと一体化している。そして、私が〈諸君〉と言う時、私は諸君をブルジョワ階級と同一視している」[59]。演壇で語っていたのはもはや私ではなかった。それはすべての労働者たちだったのだ。

59——プルードンの思考は何と捉えがたいことか。ここではこの言い方は断固たるものであり、諸階級を分離し、対立させる。だが、プルードンの思考はこの対立そのものに反対し、それに抗議し、それを貸し付けの刷新によって解決しようとするのだ。彼の苛立ちの引き金が引かれると、それは思想自体とは矛盾する警句となって迸り出るのである。しかしこの苛立ち、さまざまな警句を生み出すこの荒々しい本能もまたプルードンなのだ。

ともあれ、一八四八年八月中には、ルイ・ブランとコーシディエールに対する告訴の承認要請が起こった。パリは戒厳令下にあり、軍法会議は一万四〇〇〇人の被疑者略式裁判を行なっていた。多くの家族は、アルジェリアに向かっていた。窮迫しており、その土地に未知な彼らは、未来の所有者たちのために、自らの肉体でアフリカの土を肥やしに送り込まれたのであったが、しかし、これだけでは十分ではなかった。代表者たちにおける社会民主主義に打撃を与えねばならなかったのであり、正理論派の遡及的な裁判が始まった。五月一五日の襲撃に加担した廉に加えて、六月の戦いを準備した廉で告訴されたルイ・ブランとコーシディエールは、検察局に引き渡された。カヴェニャック将軍は、確たる理由もなくこうした怨恨の司祭となって、自ら承認要請書を提出した。

私には、さらに悪しきものが残されていた。私を訴訟に巻き込むためには、証言だけではどうにも不足だと思われたので、査問委員会は、私を誹謗中傷によってやっつけようとした。カンタン・ボシャールはその報告の中で、六月二六日、バスティーユ広場での「砲撃の崇高なる恐怖」[60]を冷ややかに称えることで私を表現した。

60――こうした言葉は、あまりにも色濃くプルードン的刻印を帯びているので、その正確さを信じないわけにはいかない。ただし、プルードンはその言葉を厳密には否定しているのではなくて、この報告に対して、この報告の精神に対して抗議しているのである。彼を取り囲む議員たちには、事態への彼の悲劇的ヴィジョンが人類に関して含み持つものを、理解することができなかった。

私の立場に関してこうして私の発言が歪曲されるのを聞いて、一瞬私は意気阻喪し、恐怖の叫びを抑えることができなかった――「私はこの報告を否認します」。これは私の憤慨した心から迸ったものだ。だが私はすぐに冷静になり、前にもまして黙り込んだ。辛辣な言葉が投げつけられ、憎悪がそれを支配し、増幅し、広めようとしていた――あらゆる抗議は無駄となった。〈真実でないものは思いつかれたものだ〉。一年後、モンタランベールは、思想に対してあの名高い宣戦布告をして、依然としてこのことを反復していたのだった。国民軍のある兵士は、市庁舎に私がネグリエ将軍――私から数歩のところで弾丸に倒れた――の遺体を送っていった際に、私が涙を流したのを見て、私の思いを申し立てるよう言ってくれた。私はこの律義な男に感謝したが、蜂起の間の私の態度を判断することが可能であった何人かの私の同僚たちの自発的な証言に対してと同じように答えた――抗議をしたとて何になろうか。ところで、この喜劇役者の世紀において、断固とした振る舞い、情熱的な眼差し、感動した声とは、一体何を示しているのだろうか。許しを与える役割を果たすために、私は中傷された者の高みから降りていくべきだったのか。そして、六月の叛徒たちが強盗や放火犯扱いされているのに、私は楽隊のネロと見なされることに耐えることができなかったのか。余計なお世話だ、偽善者どもよ。君たちに対して、われわれは徹底的に戦う。諸君が三六〇〇万人いようとも、われわれは諸君を許しはしないだろう。

ルイ・ブランとコーシディエールは、長々と弁護を行なった。彼らの代わりに私だったら、議会に立ち向かったことだろう。あらゆる問題に関して、山岳派とともに私が投票したなどと言う必要はなかった。しかし、私がこの二人の弁護を一言も聞かなかったことは、神がご存知だ。フランスでは、一八四八年二月二二日このかた、政治的不正行為があるのだろうか。権力と自由におけるあらゆる原則、あらゆる権利、あらゆる観念は、今日では混同されているのだろうか。ルイ・ブランやコーシディエールにしても、彼らの狂信的な告発者にしても、自分たちがやっていたことを、わかっていたのだろうか。

こう言ってみるがいい。ラスパイユ[61]とブランキは不満分子であり、バルベス、ソブリエ[62]、ユベールは粗忽者、ルイ・ブランは矛盾だらけのユートピア主義者だったと。さらには、六月の叛徒たちは、恐るべき挑発に乗るという間違いを犯したのだと。結構ではないか！　加えて、臨時政府は世にも稀な愚劣さで立ち現われようし、執行委員会は馬鹿げた盲目さで、反動的党派は地獄のエゴイズムで、国民議会は絶望的な無気力さで、その姿をさらすだろう。私には、刑の宣告など何ものでもない。ところが、革命以来のこの国における陰謀家たちときたら！　政治的襲撃の有罪者たちときたら！……古ぼけた異端再転向者たちよ、それゆえ君たちはまず、自分自身に求刑することから始めるがいい。君たちは、何度となくガレー船と徒刑場に値したのだ。

61――二月二四日に共和国を一番最初に主張していたラスパイユは、にもかかわらずおよそ公職というものを拒否していた。『アミ・デュ・プープル』紙を設立後、彼はそこですぐさま臨時政府を攻撃した。憲法議会の選挙には、彼は失敗した。
　五月一五日に国民議会に提出されたポーランドのための請願書は、彼によってまとめられたものであった。同じ日に逮捕された彼はヴァンセンヌの砦に留置されたが、九月一七日にはセーヌ県の議員に選出された。一八四九年三月、ブールジュの高等法院は、五月一五日の戦闘に加担した廉で彼を六年の禁固に処した。

62――ルイ＝フィリップ治下では、ソブリエは投獄された共和主義者の家族を救うために、その財産を捧げていた。一八四八年以後、当初コーシディエールとともに警視庁代表の議員だったが、病のため職を辞さなければならず、『コミューン・ド・パリ』紙を創刊、これはクラブの一種の公報となった。同じく彼は民主主義的なクラブを開き、また、彼が「山岳党（極左派）」と呼んだ私兵を、自分のために組織した。五月一五日には、議会に乱入した群衆と行動をともにし、逮捕され、七年の禁固刑を受けた。一八五二年に恩赦を受け、二年後に死んだ。

# 第13章　九月一七日、社会主義の進歩、山岳派の転向

ルイ・ブランとコーシディエールを告訴することに手を貸したことで、カヴェニャック将軍は、執行委員会が国立作業場の要求を軍隊の力ずくではねつけた時と同じ過ちに陥った。つまり彼は、自らを生み出してくれたものの中で自らを殺したのである。それ以降、リュクサンブール委員会の議長から戒厳令の議長に至るまで、誰もが関わったことを自負しえた反動は、革命戦線が最も後退した地点においてしか、停止することはあるまいと思われた。革命戦線となおも戦うことは、名誉なことでありえたのだ。しかし、革命戦線がその最終段階に達するまでは、それを抑えようとする努力はすべて、まさにそれを加速させることにしかならないだろう。

やがてある予期せぬ出来事によって、われわれは黙示録の終わりには達していないことを知った。すなわち、私は山岳派の転向について語りたいのだ。まずは、その転向を決定づけたことについて言及しよう。

六月の戦いを経た後では、何を企てるよりもまずなすべき唯一のことは、社会主義の旗を再び掲げ、世論を活気づけ、人々を統御することであった。それまで社会主義は、一つのセクト、そうでなければ分立する諸セクトにすぎなかった。それは、政治的宴会の席に決してつかなかったのである。これを多数の、活力ある、明確な党派にする必要があった。反動的な潮流はわれわれを後戻りさせつつあったから、それを前へと進める根源的な思想の逆流を引き起こさねばならなかった。さまざまな憎悪が階級間で激化していたから、民衆の恐るべき情熱に対しては、経済的諸問題を彼らと討論することによって、変化を与える必要があった。また、議会の争闘の中に彼らを当事者として関与させることで、暴動から彼らを逸らす必要があった。〈革命〉の偉大さを示すことで、彼らの忍耐を高めなければならなかった。平和的姿勢が彼らの救済の唯一の方法であることを示し、彼らの窮乏

についてさえ考察することを教えることで、この平和的姿勢を共有させせなければならなかった。

この企てには、さまざまな危険があった。一方では、反動派は、革命的問題を広く根深いものだとすることによって、迫害を新たにする者たちに警告を発し、呼びかけようとしていた。他方、われわれは、激しい論争を通して、冷静さと忍耐を説くことで、懐柔者、裏切り者と見なされる危険を冒していたのである。ことは、社会主義の人気に関わる問題であった。しかし、利点と不利は拮抗していた。社会主義が秩序を尊重し、合法性の中に身を持している限り、反動派はその不満と無力さの代償を得ることはあるまい。また、民主主義の活動家が体系を持たず、その政治が追憶の中に閉じこもって政府を追及することのみに留まる限りは、彼らはその行為自体によって、形を変えた正理論派でしかないと見なされたままであったし、彼らの仰々しい演説は、その無意味さによって崩れ落ちたのである。

この時点では、人々の動向は、最初の占有者のものであったと言うことができる。高度な政治も、長い演説も、何らいらなかった。大衆に支持されるためには、ただ姿を見せ、反動派に反抗するだけでよかったのである。合法的で平和的でさえあるこの最も些細な対立ですら、大胆な行為として引き合いに出されていた——この手順を踏むことには、まさに利益があったのだ。この成功はきわめて完璧なものだったので、国民議会でデュフォール大臣が、社会主義者の宴会を推進する秩序の、平和の、公正な討議の精神に敬意を表するのを見て、人々は驚いたほどであった。おかげで私の方は、山岳派から胡散臭く見られるようになった。彼らは、私が政府とうまくいっているのを中傷したのである。この嫌疑は、いまだに私につきまとっている。

社会主義は、六月の選挙の際には〈革命〉を代表していたのであり、そして九月一七日の選挙を行なった。あらゆるものが社会主義を押しつぶすべく結束したのだが、七万の人々が社会主義の呼びかけに応じて立ち上がり、六月の勝利に抗議し、ラスパイユを代表に任命した。この民主的選挙委員会が協議のために集まったのは、まさに『プープル』紙の事務所においてである。過度の反動に抗して、民主主義は最も活動的な組織をその旗手とした。〈社会主義〉のこの目覚しいデモンストレーションという状況にあって、山岳派はまさしく盟友として立ち現われるであろう。

この時を境として政治的状況が変化したことは、万人にとって明白であった。問題はもはや、君主制か民主制かにあるのではなく、明らかに労働か資本かにあった。かくも長いことないがしろにされてきた社会主義思想は、しかし一つの必然であった。まさにそうであればこそ、これら社会主義思想は人々の憎悪を掻き立てる一方で、また別の人々の野心を刺激することとなったのである。実際、もし民衆の側に立たぬとすれば、民主主義者を自称することに何の意味があるのか。さて、今や民衆側は社会主義に加担していた。つまり、当初社会主義の現実を知らなかった人々も、これからはその力をわがものにしようと考えていたのである。

われわれは今、〈社会主義〉にとって、まさに聖アントワーヌの誘惑であった一時期に逢着している。この孤独な隠遁者ほど恵まれてもいず、思慮深くもない社会主義は、誘惑の魔力のなすがままであった。後に見るように、これは社会主義にとって高くついたのである。

既に言ったことだが、社会主義思想の名の下に行なわれた共和国の創始から七カ月、一八四八年一〇月までは、民主的党派の最も先進的な一派（国民議会では極左に位置し、ジャーナリズムでは『レフォルム』紙に依拠する）は、〈社会主義〉の観点からはきわめて慎重に身を持していた。彼らは、そうとは宣言していなかったのである。彼らがロベスピエールを賛美していたまさにそれゆえに、彼らはバブーフを決して受け入れなかった。ルイ・ブランの雄弁や政府中心主義も、プロレタリアによって繰り返されたさまざまな示威行動も、ネオ・ジャコバン主義を葬り去ることはできなかった。しかし、二月以降は、ネオ・ジャコバン主義は、九四年によって憎むよう教えられたことも、一八年間にわたって見るのを拒んできたことも、不安と疑念をもってしか見られなかったのである。

ある決定的な出来事によって、ネオ・ジャコバン主義は、おのずとその伝統と本性から抜け出すことができた。九月一七日の選挙[63]、フォブール・ポワソニエールの宴会[64]がこの動きを決定づけた。民衆はもはや、この動きを否定できず、社会主義に向かい、ロベスピエールを捨て去った。人々が、社会主義者を表明することが決定づけられたのである。

63――この日には、一三の選挙が実施された。この選挙は保守派に有利で、ルイ・ボナパルトは五つの県で三〇万票を得て当選した。これによって、彼が共和国大統領へ立候補することが可能となった。

64――これは、ポワソニエール門で行なわれた「共和国の宴会」のことである。その会費は一人一フランであった。ラムネーがこれを主宰し、ルドリュ＝ロランが副議長を務めることになっていたが、二人とも現われなかった。そこには三人の民衆の代表者、プルードン、ピエール・ルルー、グレッポがいた。そして、二つの部屋に割り振られた二〇〇〇人の会食者が。

プルードンがその「革命への祝杯」を発表したのは、おそらくはこの宴会においてである。彼はそこで、その時までは分かたれていた二つの言葉――民主主義者と社会主義者を結びつけたのだ。

しかし、社会主義に同意することによって、われわれはいかなる未知に身を投じるのか。かくも急激に変貌したこの党派の象徴は、何だろうか。その信念の表明を担うのは、誰であろうか。われわれは何を変え、古き思想には何をつけ加えるのだろうか。党派は、その政策にどんな修正を加えるのだろうか。

社会的、宇宙論的、神学的、工業的、農業的体系は、一筆で即興的にできるようなものではない。サン・シモンとフーリエの後では、奔放な想像力の領野で落ち穂拾いできるようなものは何も残されていなかったし、宗教を望む者は哲学や社会経済を改革しはしないのである。

学問的で深い批判を試み、社会的法則の発見を体系的に進めること。これは長期にわたる研究、抽象化作業の習熟、予見的精神を前提としており、ジャコバン派の大袈裟な態度とはあまり両立せぬものである。

〈社会主義〉に加わるに際して、既成の理論を受け入れ、一つの流派に一斉に加わることは、一セクトの列の後ろにつくことだ。しかし、党の尊厳はそれを許さなかったのである。

もっと子細に検討すれば、山岳派は、とりあえずは自分たちがそうであったように、ほとんど何ものでもなく留まる以外にないのがわかったことだろうが。つまり、ある党派がその指導者たちの思うままに、そしてその時点の政策の都合次第で変わることはないということを知ったであろう。それどころか、諸党派の違いは、社会の政体そのものによるのだから、彼らは存在するのをやめることによってしか一つになることはありえず、その結果、彼らにとって唯一の問題は、存在するかしないか、生か死かであることを納得したことでもあろう。

　われわれは、〈社会主義〉の中に吸収されることに、同意しえたのだろうか、それとも、その方向性を採用し、われわれの政策の中でそれを操作することに、満足しえたのだろうか――これこそ、山岳派が自ら登場する前に自問せねばならなかったことである。さて、彼らがこの問いを自らに発したとして、これら二つの選択肢のうち、一番目は彼らの考えに全くなかったし、二番目は彼らの能力を超えていると呟いたことであろう。彼らは、正理論派が二月以後に共和派を放っておいたように、社会主義を放って置いたであろうし、昔ながらの行動パターンのままに、事態の変化をただ待ち望んでいたことであろう。

　党派的利害からすれば、この政策は矛盾なく、最も賢明なものであった。というのは、一人にされた社会主義は、そのユートピアの矛盾、滑稽さ、実行不可能性によってほどなく潰え去るものだろうから。その時、妥協しなかった山岳派は影響力を取り戻しているだろう。あるいはまた〈社会主義〉は、実践的・現実的な方法で確立されることになるかもしれぬ。その場合には、山岳派は、社会主義を自分の保護下に置きながら、依然としてイニシアチブを保っているだろう。山岳派が発見の栄誉を担わなかったのは確かだが、彼らは、政治団体としてはきわめて重要なことだが、確実さにおいてまさっていたのだ。加えて彼らは、社会主義政党に対して敵意も好意も示すよう、何ら強いられることはなかった。彼らは、どっちつかずのままでいればよかったのである。

　ネオ・ジャコバン主義の苛立ちは、こうした慎重さに甘んじてはいられなかった。彼らは、いつものように振る舞った。彼らは思慮深く決議し命令したように見えるが、実はそれは、最も痛ましい無力さを表わしていたのである。彼らは社会主義を私物化しようとし、流行のユートピアを取り出そうとして、しかし、たやすく予想されたことだが、一つの中道主義に辿りついたのであった。

　このことを否定せぬように――それとは知らずに社会・民主主義の折衷主義からなる山岳派は、ただ単に正理論派と化した。その自称社会主義は（私が妨害するわけではないが）偽りの人類愛でしかなく、その善意はほとんど不毛性を埋め合わすものではなかった。山岳派が育ててきた政府中心主義的な希望[65]が全く彼らの目を欺くものではなかったとしても、まさにこれは彼らがただちに気づいたはずのことである。

65——ここには、第一版と第二版との間に、特に最後の数語に若干の異同がある。プルードンは当初こう書いていた——「彼らにつきまとっていた政府中心主義的な情熱」

「社会革命は目的である」、と二月以前には彼らはずっとそう語っていた。そして「政治革命は手段である」。したがって彼らはこう結論するのだ——今度はわれわれが政治家になる番であり、九三年の伝統を引き継ぎ、二月に〈共和国〉を築いたわれわれが、政府のイニシアチブによって真の社会主義を設立する番であり、そして、政治的主導権とともに経済的主導権を握ることによって、さまざまな党派すべてをわれわれが統合する番である。こうして、権力を常に狙っていた山岳派は、同時にロベスピエールの、バブーフの、ルイ・ブランの思想を根本的に変えてしまったのだ。彼らは、彼ら以前になされたより以上に声高に、〈革命〉——だがどんな〈革命〉か？——を、私が望んだように下から提起するのではなくて、上から押しつける必要性を叫んでいた[66]。

66——この一節には異同がある。ロベスピエールの名前が後で追加されている。ルイ・ブランの名の後は初版では「すべての時代の共産主義者と絶対主義者」となっていたが、削除され、「だがどんな〈革命〉か？」がつけ加えられている。

私としてはこうした方向転換に騙されるはずもなかったが、当時は誰一人としてその理論上の矛盾に気がつかず、私はそのことを山岳派の未来に劣らず、〈革命〉の未来のためにも心底嘆いたものであった。極左の社会主義とは、私からすれば、その真摯さは認めるものの、その有効性はゼロであるような幻想でしかなかった。私の考えでは、三月一七日、四月一六日、五月一五日の企てをさらに大規模に再開することで、彼らは再び反動的な動きを掻き立てようとしていたのである[67]。ネオ・ジャコバン派は、彼らの企てに三度失敗した挙げ句、この間の大失敗で、彼らもろとも社会主義をまさに蕩尽しようとしていた。私に言わせれば、極左的な方向転換とは、これ以外の意味を持っていなかったのだ。

67——プルードンはここで、ある予感の形でこの書物の終わりを暗示している。彼にとって、一八四九年の日々、一月二九日、三月二一日、四月一六日、そして六月一三日は、一八四八年の日々と対称的であり、その確認であった。すなわち、その逐一の敗北は、フランスをさらに社会的な保守化の方向に進めるものであった。

原理的にも思想的にも根源的な相違は論戦となり、たちまち党派的対立となって現われざるをえなかった。これはしかし、不都合さとしては、まだ些細なものであった。私は必要とあれば、極左の盲目的な怒りにも、またマルサス主義者のさらにはるかに真摯な呪いにも、挑戦的に立ち向かっていったのである。(68)

68——「マルサス主義者たち」と題されたプルードンの論文は、センセーションを巻き起こした。この点に関しては、ダリモン前掲書五八—五九ページを参照。この論文は抜き刷りが作られ、三〇万部が売られた。ダリモンはこう書いている——「マルサス主義者という言葉は、当たりを取った。それは、ただちに政治的流行語となった。たとえば、『ルプレゾンタン・デュ・プープル』紙は、意見と思想を総体的に要約する効果的な一語によって、社会主義的な語彙が豊かになったことを認めていた」

とはいえ、重大な諸事情が私を押しとどめていた。極左派は、社会主義に一つの大きな力をもたらしていた。それを拒むのは政治的だったろうか。自らを社会主義者であると公言することで、彼らは決定的に政治に関わっており、共和国の重要な一部を彼らとともに賭けていたのである。しかも彼らは、社会民主的共和国を任命することによって、融和をまず第一に主張していた民衆の意向に応えていた。(69)社会主義は、民主主義と重なり合うことによって、反動に対していたのである。この利点を逸すべきだったろうか。

69——この言い回しを見つけたのは、本当に「民衆」なのだろうか。この表現は、ドゥレクリューズが設立した新聞のタイトルに使われていて、その第一号は一八四八年一一月七日に刊行されている。この新聞と平行して、ルドリュ＝ロランとドゥレクリューズの主宰による広範な協会である「共和主義的連帯」が形成される。この新聞と協会は、六月一三日の反乱を醸成し、この運動の鎮圧とともに消滅する。この二つは、プルードンが敵対する山岳派の中枢機関である。しかし、ルドリュ＝ロラン、ドゥレクリューズ、山岳派に敵対することになる社会主義的勢力は、同様のやり方で身を守る。すなわち、彼らは、ラスパイユの立候補を支持するべく、「社会民主的共和主義者中央選挙委員会」に結集する。この二つの言葉が当初結びついていたのはプルードンによってであり、プルードンのまわりにおいてであると考えるべき理由がまさにある。これについては、一八四八年一〇月一七日にプルードンが発表した「革命への祝杯」冒頭を参照のこと——「われらの思想と方向性に不安を抱く民主的共和国の友人たちが、民主主義者の呼称にわれわれがつけ加える社会主義者の呼称に対して抗議の叫びを上げるとすれば、彼らはわれわれをどう非難するのか。われわれが革命的でないと言って非難するのである」

極左派のプログラムが、説明すべき、定義すべきすべてをそのままにしたとすれば、まさにそのことによって、それはすべてを留保していたのである。ところで、社会主義のほうは、権力とともに自らを認めさせるようなものを、まだ何も作り出してはいなかった。それらの教義を確かめてみなければ受け入れられぬような場合に、したがって、私としてはいかなる権利をもって折衷主義者たちを押しとどめればよかったのだろうか。

山岳派が、小教会を無化することで多数派になったことは、一つの進歩として見なすことさえできた。〈革命〉がカトリックの教義にかなっていたことは、革命の教義は定まっていなかったが、もっともなことであった。しかし、いかなる名声、いかなる権力によって、さまざまな社会思想には、それらが形成されるに応じて、民主主義の最も活動的な部分を形成するような、活気ある、組織だった一党派が結びつけられようとしていたのだろうか。

以上が、私が悩まされながらも、一〇月一九日から一二月二三日に至る『プープル』紙上での論争で、一度ならず明らかになった考えであった。[70] この錯綜した状況の中で、私は、自分の自由意志が根こそぎにされるように感じた。最も精緻な弁証法でさえもが、もはや何の役にも立たず、政治的な影響や感情的な行動[71]によって、心ならずも私は押し流された。おまけに、山岳派の代弁者たちとの論争は、あまり私を啓発するものではなかった。さまざまな理由が、互いに呼応することなく交差していた。それらは併存していて、破壊しあうことはなかった。一致することも反目しあうこともできずに、二つの部分が戦わねばならなかった。敵対者同士がもはや理解しあわぬとすれば、これはあらゆる争いの解決法である。何人かの人物がこの争いに加わる[72]……。

70——一〇月一七日に、プルードンは「革命への祝杯」を発表し、山岳派との論争に入る。この「祝杯」は一八日に印刷に付されるので、最初の日付はこうして説明される。一二月二三日という日付は、理解しにくい。プルードンは、ルイ・ナポレオンが選出され宣誓したばかりのこの日に、ある種の危機、大統領制の危機が、そして同時にある種の政治的時期が終わりを告げたと見なしているのだろうか。おそらくはそうである。

71――第一版では「摂理による行動」

72――フェリックス・ピヤに決闘を挑まれて、プルードンは決闘の場に赴いた。名誉への社交的な配慮からなされたこうした譲歩は、彼をいたく辱めた。その後ほどなくして、ドゥレクリューズに挑発された彼は、これを最後に戦ったが、金輪際行なわぬことを言明した。「この日以降というもの」、と彼は書いている――「『社会民主的革命』紙が、その記事の中で、われわれのことを毎日のように臆病者、罪人、卑劣漢、スパイ、女衒、そして、それ以上は言わぬまでも、市場の汚辱の中に寄せ集められたような、そうした罵詈雑言で呼ぶことは勝手である」(一八四八年一二月三一日)

党派の頭目たちがあまりにもしばしば忘れていることだが、彼らは、その選挙人の名の下に語りながらも伝令官(王命の通達官と式部・紋章官を兼ねる中世の役職)でしかなく、また、彼らの第一の義務は、お互いに自分を宗教的人物と見なすことである。私のほうは、もはや情熱と暴力を免れたもう一つの存在に他ならなかった。不意を打たれて、私は人間的弱さには随分と大きな代償を支払ったものである。当時、私はまさに気づいていたと思うのだが(哲学がそれを私に可能にしてくれる!)、われわれのうちに内省が深まれば深まるほど、情熱は、それが爆発した場合に、ますます激しさを増すものである。したがって、天使と二本足の動物とは――その緊密な一体化がわれわれ人間である――それぞれの属性を混同することなく、もっぱら一緒に生きるのだと思われる。進歩がわれわれを導いていくのがそこだとすれば、それは一体何の役に立つのか……。

不安に苛まれながら、私は、あらゆる対立を終息させるはずの一二月の選挙の結果を待ちかねて、ジリジリしていた。この間に、憲法が可決された。私としては、それに関わった部分を語り、私の考えを説明しなければならない[73]。

73――この最後の言葉は後につけ加えられている。

# 第14章　一一月四日、憲法

一八四八年一一月四日、憲法は全体として可決された。七六九人の議員が審議に臨席、七三九人が賛成、三〇人が反対投票した。この反対した三〇票の内訳は、社会民主主義者一六、正統王朝主義者一四であった。真っ先に憲法を採択するはずのオディロン・ルドン氏は棄権した。

選挙当日、『モニトゥール』紙掲載のある手紙の中で、私は自分を決心させた諸理由を説明すべきだと思った。以下がその手紙である。

編集者殿、

国民議会は、「共和国万歳！」という止むことのない叫びに対して、憲法を宣言したばかりです。

私は、共和国に対する願望を、同僚たちとともにしてはいましたが、投票箱には、憲法に反対する青い投票用紙を入れました。これほどの厳粛な状況にあって私はどうしていいかわかりませんでしたが、四カ月にわたる討論の末、自制することができたのです。投票のあと、理解しがたいことですが、私には全く弁明が許されなかったのです。

反対派の、ないしは革命的騒擾の虚しい精神によってでは決してなく、私は憲法に反対の投票をしました。なぜならば、憲法は私があえて行なおうとすることを閉ざすからであり、すなわち、私は憲法を変えたく思うのですが、他の人々はそうは思わないからなのです。もしこのような理由が、一人ひとりの議員の意識を支配しえていたならば、いかなる法によっても、投票は決してありえなかったでしょう。

私は、この憲法に反対の票を投じました。というのは、それが一つの基本法（憲法）だからなのです。ある基本法《コンスティテューション》の本質をなすもの（私は政治的基本法のことを言っており、それ以外のことは問題ではない）、それは主権の分割であり、換言すれば、権力を立法権と行政権の二つに分けることであります。ここにこそ、あらゆる政治的基本法の原理と本質があります。これをおいては、語の現実的な意味での基本法はもはやなく、法律を作り、委員会や大臣によってそれを執行する、至上の権威しか存在しないのです。(P)われわれは、このような主権の組織化には全く慣れていないのですが、私の考えでは、共和主義政府とは、それ以外のものではありません。

したがって、ある共和国においては、基本法《コンスティテューション》とは全く無用なものであると私は思います。私の考えでは、この八カ月来の臨時政府は、君主制的伝統を多少引き継ぎつつも、さほど尊重はせず、決定的なものになりえました。私は断言しますが、この憲法《コンスティテューション》は、その最初の行為としてその特権、野心、咎めるべき望みを伴った大統領職を作り出し、自由への保証というよりは、むしろ脅威となるでありましょう。

繁栄と友愛の久しからんことを

P・J・プルードン
セーヌ県議員

一八四八年一一月四日、パリ

P――この表現は甘い。私はこう書くべきであったのだ――これをおいては、語の現実的な意味でもはや憲法はない。これら二つのうちの一つ、君主制的であれ、寡頭政治的であれ、独裁政治でしかなく、それは自らの法を作って、それを大臣たちに執行させるのだ。あるいはまた、自由な市民は個人的にであれ、評議会においてであれ、自己の利益と折り合い、そして、直接に、労働と社会のあらゆる責務を満たすのだ。

この手紙は立法者には十分だが、新聞側としては、読者にもっと十分な説明をしなければならない。われわれは、かくも権力に夢中であり、かくも王政化され、支配されることを好んでいるので、自由に生きる術《すべ》を抱きえぬのだ。われわれは、自らを民主主義者と思っているが、それは代々の王政を四度にわたって覆してきたからである。ある人々などは、選挙による大統領制を否定するまでになって――ただしそれは、公安委員会によって運営される国民公会的なものに権力を集中させるという留保つきだが――急進主義の極致を自認している。しかしながら、政府というこの固定観念に憑かれて、権力の行使のために戦争を起こすわれわれはすべて、絶対主義者の変種にすぎないということがわからないのだ。

政治的基本法とは何か。

社会は、政治的基本法なしで存在しうるのだろうか。

われわれは、政治的基本法の代わりに、何を対置しうるのだろうか。

以上が、私が解決するつもりの諸問題だが、それを提示するのみで多言は要すまい。私が示そうとしている思想は、民主主義のように古く、普通選挙のように単純なものであって、私としては、それを多少筋道だてることで組織化する以上のことはしないつもりだ。それでもなお、それらは民主主義者たちにとってはまさに一つの啓示、さらにはユートピアに思われるだろう。というのも、彼らの大部分は、右手と左手を取り違えて、人民主権から専制以外のものを決して引き出しえなかったのだから。

## 第一節(P)

あらゆる社会は、二種類の基本法に分けられる――一つは私が〈社会的〉基本法と呼ぶもので、もう一つは政治的基本法である。人間にとって本質的であり、自由で必然的な前者は、それが発達するためには、本質的に不自然で、限定的で、かつ過渡的な後者を徐々に弱め、排除していくことがとりわけ必要である(74)。

P――初版ではきわめて曖昧であったこの章は、『一九世紀における革命の一般理念』で詳述した原理に基づいて全て改定され、明確にされている。

74 ——第一版では「……本質的に専制的で抑圧的で退行的な」

この社会的基本法は、自由な〈契約〉に基づく諸利益の均衡および、〈経済的〉諸力以外のものではない。この経済的諸力とは、一般に次のようなものだ——労働、分業、集団力、競争、商業、貨幣、機械、信用、所有、売買における公平、保証の相互性、等々。

政治的基本法は、原則として〈権力〉である。その形態は、階級区別、三権分立、中央集権化、司法的階層制、選挙による主権の代理、等々。この基本法は、社会的基本法の代わりに、秩序のために考えられ、次々に補完されているのだが、一方、社会的基本法の諸原理と規則は、長い経験の結果によってしか見出されえなかったし、今日もなお、社会主義的論争の的となっているものだ。

容易に見て取れるように、これら二つの基本法は、全く異なった、両立不能でさえある性質のものだ。しかし、社会的基本法を絶えずもたらし作り出すのが、政治的基本法の宿命にあるのだから、常に前者の何かしらが後者の中に紛れこむのであって、不十分なものとなり、矛盾し耐え難く見えるその政治的基本法のほうは、ほどなく、譲歩に譲歩を重ねて決定的な廃止へと押しやられるのである。

社会的基本法の研究は別の機会に譲るとして、こうした観点によって、まさにわれわれは、政治的基本法の一般理論を検討しようとするものである。

最初は、政治的理念は茫漠としたものであり、〈権力〉の観念に帰着する。立法者が常に神の名のもとに語る大昔においては、〈権力〉は絶大であって、立法的な決定はほとんどなにもない。モーゼ五書の中には、[75]多少なりとも〈三権分立〉に近似したものはなく、ましてや、権力の権限を明示し、組織を動かすことを目的とする、いわゆる有機的な法律に近似したものは何もない。モーゼには、第一の権力であるいわゆる「立法権」についても、第二の「行政権」についても、この二つの混合したものである「司法秩序」についても、何の観念もなかった。モーゼにとっては、諸権限と裁判権との争いも、国務院《コンセイユ・デタ》のごときものの必要性を何ら啓示することはなかったのである。ましてや、法的な力学の避けがたい結果である政治的な対立も、彼に高等法院的なものの重要性を感じさせることはなかった。法的な観念は、この予言者にとって理解しえぬものにとどまったのである。この〈律法〉に対する四世紀にわたる民衆の抵抗を経てようやく、初めてイスラエルではこの観念が登場するのが見られるのであり、それはまさに、最初の王の選挙への直接の原因となるものであった。モーゼの律法による政府は、脆弱であることが判明した。人々はそれを強化しようとしたが、それは一つの革命であった。法的な観念が初めて、その真の姿――三権分立において立ち現われた。この当時においては、フィリップ四世（端麗王、一二六八―一三一四、フランスの国家的基礎を築く）と教皇ボニファキウス八世（一二三五頃―一三〇三、聖職者への課税に反対しフィリップ四世と対立）の時代のように、「世上権」と「教権」の二つしか人々は知りえなかった。この二つは、次のように捉えられる。すなわち、大司教に加えて王が現われた。これは、異議なしにはすまなかった。すなわち、当時の言葉を用いれば、祭司職の威嚇的な啓示なしにはすまなかった。[76]

75――ここで元の文章が想起される。第二、三、四、五番目の節は追加されたものである。第一版には、モーゼの律法に関して削除された三つの節がある。そこから何行かを取り上げてみよう。「モーゼの律法は単純であった」とプルードンは書いている。「それはあまりに単純であったので、律法から、偶像崇拝と奴隷制に代えるのに一〇〇〇年以上にわたってその全精力をつぎ込んだ一民族の知能の生硬さが、理解しがたいほどである。ユダヤ民族は、自由を望んではいなかった。先に述べたように、モーゼの誤りは、心ならずも彼らの解放を望んだことであった」。こうした言葉と、この先の箇所「モーゼの律法による政府は脆弱であることが判明した……」との間には径庭がある。

76――「モーゼの律法による政府……」以下には、第一版では次の四行が敷衍されている――「この時点までは、アラブ民族においては、王政の観念と対応する政治的基本法の観念は、民衆にとっては、進歩としてよりはむしろ脅威として映っていた」。

民衆の代表たちが王を聖別するようサムエルに強く求めに来た時、サムエルは言った。「憲法、すなわち王令は、次のようなものとなろう」。次のことに注意されたい。すなわち、王を信任するのは司祭であり、あらゆる民族にあっては、祭司職に反抗的な場合でさえ、権力は神授権によるものなのである。「王は、おまえたちの息子を新兵になるものとし、おまえたちの娘を酒保の女主人や小間使いになるものとするだろう。そして、王が兵力を持つならば、それは人間、家屋、家具、土地、酒、塩、肉、商品、等々に対して、その兵士を維持し、使用人や女主人に俸給を与えるべく、税金を課すだろう」

「そして、おまえたちはその僕となるだろう」

モーゼの後継者たるサムエルが、未来の政治的基本法を述べたのはこんな風にである。そして、シェイエス神父からド・コルムナン（一七八八―一八六八、ジャーナリスト・政治家）氏に至るまで、あらゆる政治家はサムエルと同意見である。しかし、当時の必然性に対するあらかじめの批判は、どのように可能だったのだろうか。祭司職は秩序にはあまり役立たず、彼らは排除されたが、これは正当であった。もし新たな体制が不実ないし無能ならば、われわれが自由や安楽に達するまでは、それも同様に遇されよう。しかし、われわれは決して後戻りはしない――これがあらゆる革命の論拠である。しかも、時代の要求に合致した現代の貪欲さは、司祭の不吉な戒告に脅えるどころか、そこに彼らを最も掻き立てるものを見出していた。確かに、政治的基本法、つまりは王政は、まずもって税であり、それゆえ権勢であり、安楽な地位ではなかったか。それは独占、金利収入、大所有であり、それゆえ人間による人間の搾取、プロレタリアをもたらしたのではなかったか。要するに、それはルイ・ブランの言うように、秩序の中の自由、槍と矢に囲まれた自由であり、それゆえ兵士の専制ではなかったか。したがって、誰もがそれを望んでいた。この時代のイギリス人であるフェニキア人たちは、長いことそれを享受していた。では、われわれフランス人、ポーランド人、ハンガリー人、コザック人のような諸民族の救世主をやはり自称していたユダヤ民族はどうなのだろうか。というのは、――われわれは慢心から互いに言い合うのだが――ユダヤ民族が隣国の後尾に留まろうとも、それは一つの狂気に思われるからである。実際、日の下には新しきものなし。立憲主義も、キリスト教主義も、英国狂いも同断である。


　したがって、政治的基本法の大いなる権限とは、『モニトゥール』紙への手紙で私が述べたように、主として「権力の分立」、つまり、政府における霊的性質と物質的性質という、まさに二つの性質の区別であって、すなわちこれは、結局同じことなのだが、イエス・キリストにおいては神にして人であるように、立法的性質にして行政的性質ということだ。驚くべきことだが、われわれの政治の根底には、いつも神学が見出されていたのである。[77]

77――プルードンは、ここでは第一版での展開を放棄している。すなわち、彼は、「今日では誤っており、実行不可能であるとされている」権力の分立に対する、生き生きとした批判を含んだ二節を削除しているのだ。

しかし、民衆はどうしてもこの構造なしにはすまないのだろうか、という疑問はあろう。その政府のためにさまざまな王政と祭司職を作り出す民衆は、この二つを同時に維持するのではなく、二つともなしですますことはできないのだろうか。その礼拝の義務と利益の保護のためには二重の〈権力〉が必要だとすれば、世上的なものをさらに再分割するどんな必然性があるのか。基本法などが何になろうか。さまざまな特権、紛争、野心、そしてあらゆる危難を伴ったこの二つの権力を区別することの効用とは、何でありうるのか。議会は、国民の要求の表われとして法律を作り、その中で選んだ大臣たちによって法を執行するのだが、それでは十分ではないのだろうか。[78]

78――この節は趣旨は変わらずに敷衍されている。

とりわけ、一八四八年の議会において、(ジュラ県の)尊敬すべきヴァレット議員はこのように語っていた。民衆を導き、革命を決定づける論理的必然性が現われるのは、まさにここにおいてである。[79]

79――この一節の代わりに、第一版ではこうなっている――「そして立憲政体の支持者たちは、彼らに対して応えていた、ルソーによれば……」。したがって、第二版ではこれに相当する展開を語るのは、第三身分に帰せられている。

人間は、社会生活を営むよう定められている。この社会は、二つの方法によってしか存立できない。すなわち、経済的能力の組織化ないしは利益の均衡によって、あるいはまた、産業組織がない場合には支配的、抑圧的、防御的に機能する権力の制度によって。社会の中に秩序を胚胎し、実現するこの後者の方法は、国家ないしは政府と呼ばれるものである。その本質的な属性、その有効性の条件は、「中央集権化」である。

したがって、国民のあるがままの諸力の中央集権化として定義されうる政府は、中央が単一であるならば絶対的なものとなろう。もし中央が二重であるならば、それは立憲的、ないしは自由主義的なものとなろう。権力の分割には、これ以外の意味はない。

市民の集会によって日常的に公務に介入しうるような小さな国家の場合にはいざ知らず、数百万の人々からなる国家にあって、その数それ自体のゆえに権力を代表制に委任せざるをえない場合には、権力の分割は、必要欠くべからざるものである。その時それは、公的自由を保証するものとなるのだ。

すべての権力が単一の議会に集中している場合を想定してみるがいい、すると、諸君は最低限の自由を議会から奪い取りつつも、自由の危険性を増大させることにしかならないだろう。こうした議会による政府は、専制君主による政府と全く同じくらい恐るべきものであろうし、諸君は責任をあまり持ちえぬだろう。こうした経験が明らかにするのは、議会による専制主義は、単一者による独裁よりもはるかに悪質だということであり、それは、集合的な存在というものが、諸個人を統べる人間性や、穏当さや、世論の尊重等々といったものへの配慮を受けつけぬという理由によるのである。それゆえ、権力の単一性、すなわち政治的基本法の欠如が、責任ある首長の権力を責任なき大多数の権力の中に吸収するよりほかの結果をもたらさず、しかも、政府の状態が同じままであるならば、われわれはどうすればよかったのであろうか。権力を分割し、諸権力の一つから別の権力を制御するものを作り出し、行政権に行動の自由を返すと同時に、対価として立法権の制御を行政権に与えるべきではないのか。要するに、権力の分割か、さもなければ絶対的な権力かだ——このジレンマは避けがたいものである。

こうした議論に対して、(80)民主主義は何ら真摯に応えなかった。おそらく、批判者たちが十分に指摘していたように、権威を二つの権力に分割することは、この六〇年来わが国を悩ませているあらゆる紛争の源であって、それは、専制主義がわが国に革命をもたらすのと同様である。しかしこのことは、権力の分立をおいては絶対的な政府しかなく、また、共和国を奪うことは永久に独裁権力を作り出すことであるという基本的な批判を排除するものではない。

80——第一版では以下の通り——「こうした批判に対して、民主主義は真摯な回答を決してなさなかった。これは何ら驚くべきことではない。民主主義を代表する人々は常に、正理論派と同じく政府中心主義者だったのである。したがって、民主的共和国、権力の区別がない共和国は、先入観を持たぬ人々にとっては政治的まやかし、まさに自由を隠蔽するもの以外では決してなかったのだ。私としては認めるのだが、あらゆる社会的権利が集中する、われわれの場合のような中央集権化の組織だった必然性から考えると……云々」。第二版では、憲法の受容がいかにいっそう迅速に、決定的になっているかがわかる。

したがって、民主的共和国、権力の区別がない共和国は、先入観を持たぬ人々にとっては、用語の矛盾であり、まさに自由を隠蔽するもの以外では決してなかったのだ。ありていに言って、あらゆる社会的権利が唯一にして至高の先導的・支配的中心に集中する中央集権化を仮定すると、私としては、慣習による絶対的でかつ無責任な政府よりははるかに、一つの議会によって統御された首長制による、分立しかつ責任ある政府のほうを選ぶし、選ばれた一首長制による政府よりは、立憲的な王政のほうを選ぶのである。君主制であれ、元老院であれ、分割すべき政府がどんなものであろうとも、権力の分割は社会的基本法への第一歩である。(81)

81 ――この最後の文章は第一版にはなく、プルードンは第一版のこの箇所では、丸々二つの節を抹消している。その最初の言葉を再録してみると――「一八四八年憲法、すなわち一八三〇年憲章のまがい物……」

さて、自らに固有な基本法に無知な社会が、現在までに自らのうちに作り出し、そしてその秩序を維持しようとした条件は、以下の通りである。

まず第一に、物質的であれ精神的であれ、政治的であれ経済的であれ、一言で言えば、ある王政にせよ、ある政府にせよ、そのすべての権力を中央集権化すること。

第二に、この絶対主義の不都合さを避けるためには、中心的二元性ないし複数性を、すなわち権力を分割し、かつ対立させること。

この最後の点が得られれば、問題はもはや、政治的理論家たちにとっては、分割された権力を確立することだけであって、そうすれば、彼らは同盟することも衝突することも決してなかったし、社会は彼らに抑圧されずに、その意志の発現とその利益の発展の中で救済されたことであろう。

古代および現代のあらゆる基本法が解決しようとしていたのは、まさしくこの三重の問題であり、ここにおいてまさに、どれもがその躓《つまず》きの石にぶつかったのである。一八四八年の憲法も例に漏れず、そこで躓いたのだ。一八三〇年憲章のまがい物である一八四八年の憲法は、根本的には社会主義、形態的には政治的というバランスを取っている。社会主義的側面としては、それは教育、信用貸し、労働、福祉を保証する。また、普通選挙を制度化し、進歩に従う。それらはどれも、旧来の立法者が知らなかった新たな原理であり、憲法制定議会がその〈信条《クレド》〉に加えたものである。——その政治的形態としては、旧来の権利の行使を保証することで、秩序と平和の維持を目的としている。

ところで、一八四八年憲法は先行例と同様、その政治的・社会的契約を何一つとして維持することができない。もし民衆がこの憲法をあまりにも真に受けねばならないとすれば、私はあえて言うが、政府は、二月二四日か六月二六日かの二者択一を、日々迫られることになろう。

この無力さの理由は、これから見るように、一つには、憲法に盛り込まれた社会主義的要請が政治的属性とは両立不可能なものであるということ、もう一つには、政府の傾向が常に（困ったことに）中央集権化をある特定の最終的段階に帰着させる、つまりは形成された諸権力を絶対主義の中に解消させることにあるからである。

しかし、これらの矛盾に関して非難すべきなのは、党派のことではない——それらは、思想と時代の自然な産物なのである。政府中心主義ははるか昔からのもので、議会では大半を占め、誰もそれを排除しようとはしなかった。社会主義はと言えば、それは憲法制定議会の召集、および二月革命のずっと以前から、人々の中に存在していた。それは、代表者たちがいなくても、時代の要請、および革命の帰結として、公に現われるはずのものであった。ルイ＝フィリップは、おのれの失墜によって実現したこの同じ運動が、おのれの権威のもとで成し遂げられようとも、王位に留まるのかもしれない。

新たな協定の社会主義的部分を形作るのは、次の三項目である。

一、権利と義務の宣言。この中には、〈労働権〉がない場合、およびその補償として、被扶助権が存在する。

二、第一一一項に由来する進歩の観念。これは、改正の永続的な権利を国民のために設けるものだ。
三、普通選挙。その効果はまだ気づかれないが不可避のものであり、政府を廃することによって、公法をすっかり変えることになろう。

さて、私の考えでは、こうした要素——それらの中に、社会的基本法の不完全で歪んだ表現を見るべきだ——は、それ自体としてはおよそ政府中心主義とは両立しえぬものだ。それに、諸権力が分立しているような場合には、このような宣言が権力にとって分裂と紛争の絶えざる原因と化すのは、やむをえないことである。その結果、諸権力は憲法によって課される義務を満たすことができぬばかりではなく、それら義務のおかげで必ずや対立状態になり、もしかすると、互いに、あるいは双方ともに、内乱の原因ともなるのである。

事実は思想の最もすぐれた表われなのだから、被扶助権を例に取ってみよう。

労働の代わりに政府が保証した被扶助権とは、エゴイズムの形式に装われた労働権と同じものだということを、ただちに見抜かぬ者がいようか。被扶助権が合意されたのは、まさに労働権への〈憎しみ〉からであり、政府が慈善事業を再組織するのを約束したのは、年金支払い義務の清算としてであり、財産の代償としてなのである。ところが、およそ論理と権利の感覚を有している人間、人間間の義務が遂行されるやり方を心得ている人間にとっては明らかなことだが、被扶助権は、それを享受する者にも、それを与える者にも、等しく不愉快なものであって、少なくとも現在の形では、社会の諸制度の中に収まることはできず、したがって、それは、政府に対する人民主権を代理するものとはなりえないのである。

私は、実施上のさまざまな困難さのことを言っているのではない。それらは、ほとんど乗り越えがたいものだ。——扶助とは施《ほどこ》しであろうか。否。施しは組織だてられはせず、契約の対象とはなりえない。それは、法律の中には場を持たず、良心にしか属さない。法の支配下にあり、行政的ないし司法的行為の対象となり、憲法によって権利として認められている扶助は、それゆえ施しとは別のものである。すなわち、それは手当てなのである。さて、被扶助権が手当てだとすれば、扶助として交付される手当ての最低額はどうなるのだろうか。二五、五〇、七五サンチームだろうか。それは、賃金の最低額と等しいのだろうか。……最高額はどうだろうか。どんな人に被扶助権があるのだろうか。年齢、性別、職業、障害度、住居によって、支給額はどうなるのだろうか。貧窮者に対する条件は作られるのだろうか。たとえば彼らは、特別の施設や特定の場所で、街よりは田舎で生活するよう強いられるのだろうか。われわれは、監獄のような体制に陥るのだ。扶助、仕事の施しは恐るべきもの、自由の施しとなる。それだけではない――扶助の資金は誰が作るのか。資産家か。二億フランでは十分ではあるまい。したがって、新たな税を設定し、財産を圧迫してプロレタリアに助成金を供給しなければならない。賃金に関しては、天引きシステムが作られるのだろうか。その場合、扶助するのはもはや国家ではないし、もはや資産家でも資本家たちでもない。まさに、労働者たちが相互に扶助しあうのである。つまり、働く労働者が働かぬ労働者のために支払うのだ――悪しきものには良きものを、浪費家や放蕩者には会計係を。いずれにせよ、扶助は不行跡のための年金、怠惰への助成金となる。それは、物乞いの扶壁であり、貧窮の救いの神なのだ。こうして恒久的貧困《ポペリスム》（ナポレオン三世に『恒久的貧困の絶滅』というパンフレットがある）は憲法にまつわる問題となる。それは社会的な機能であり、法によって聖別され、償われ、助成され、増殖された職業なのである。貧者の税金は、貯蓄銀行、年金基金、トンチン年金（最後に生き残った者が積み立てた金額をすべてもらえる仕組み）等に対抗する、放蕩・乱脈のための論拠なのである。諸君は、将来への備えと信用という制度によって民衆を強化するというのに、扶助によって彼らを堕落させるのだ。もう一度言うが、私はこうした微妙な問題――そこでは、悪習が至るところで善と有用さと入り混じり、公正さはえこひいきでしかない――を討議しようというつもりは全くない。ただ、原理的に一方で欲望を、他方で憎悪をはらむ制度、二つの階級の対立を確認し、維持し、神聖化して、権利と義務の宣言においては社会闘争の契機として立ち現われるように思われる制度の中にあって、権力の行動はどんなものでありうるかを問うているのだ。

　明らかに、被扶助権は労働権と同様、政府の能力を超えている。普遍的意識によって主張されるこの二つの原理は、全く異なった思想秩序に由来しており、その土台が権威であり、その報いが暴力であるような政治的秩序とは、両立しえぬものだ。労働権、被扶助権、所有権等は、もう一つ別の憲法の中で現実的なものとなるかもしれないし、私としてはそう主張するものだ。しかしながらこの憲法は、現時点でわれわれを統べている憲法とは、何の共通性もない。それは、現下の憲法とはすべての点で正反対であり、全く対立するものである。(82)

82――この節はすべて書き足されたものである。

心ならずもではあったが、財務委員会でのティエール氏への回答によって、この憲法から労働権を却下させるのに私は一役買った。だが、この新たな嘘を、わが同僚議員、わが国民から取り除いたことを、私は何ら悔いてはいない。私は彼にこう言ったものだ。「私に労働権を与えたまえ、そうすれば君に所有権を委ねよう」。私がこれで示そうとしたのは、労働が所有を、したがって憲法を、権力の行使を絶えず修正することで、労働の保証は諸制度の完全な改革の契機となるということである。しかし、思ったとおりにはいかなかった。私の言葉は、所有への脅威と見なされたのである。私は、それ以上説明する気にはならなかった。この時からただちに保守派は、労働が保証されるのではなく、保護されるのを当てにした。これは、彼らがこれ以上所有を保証しなかった以上、彼らの観点からすれば、十分正当なものに思われた。彼らは、目を見張るような効果を挙げ、戦術の手練手管を尽くすのを確信したのだが、労働の代わりに〈被扶助権〉を、不可能性に代えて無意味さを通用させたのであった。だから、私はこうした盲人たちに対して、こう言うべきではなかっただろうか――「さあ、私に被扶助権を与えたまえ。そうすれば私は労働権を委ねよう」と……。したがって、すべての人々にとって労働権と同じく危ういものとなった被扶助権を嫌って、もう一つ別の保証で我慢するか、さもなければすべてを認めぬべきであったろうが、それは不可能であった。保守的な博愛のどの提案に対しても、私は常に同じ論法を繰り返しただろうから、これは果てしがない。結局のところ、社会的保証は政治的保証の裏返しにほかならないのだから、私としては、もしそう言いうるのならば、この政治的保証を糾明することで、基本法の観念そのものを却下させることを確信していたのである。

確かに、労働権および被扶助権と同じく、社会が依って立つあらゆる政治的・経済的要因についても同様である。すなわち、それらはすべて互いに補い合うことができるのだ。なぜなら、それらは絶えず互いに方向を変え、変化し、吸収しあうからであり、矛盾していると同時に相関的なのだから。

また、別の機会には、私はこう言ったものである。「教育の無償を認めたまえ。そうすれば、教育の自由を委ねよう」

同様に、さらに言いうるならば、私に信用貸しの権利が認められるならば、労働権と被扶助権についても諸君を免除しよう。

信仰の平等を認めたまえ。そうすれば、国家宗教を認めよう。

いつでも憲法を改正できる自由を認めたまえ。そうすれば、永久に憲法に従おう。

普通選挙の恒久的な実施を認めよ。そうすれば、普通選挙のすべての産物を前もって受け入れよう。

諸原則を論議するのを禁じるよりももっと大胆に、出版の自由を認めよ。そうすれば、自由の原理そのものを論議することを認めよう。

本質的に知性によってのみ理解しうるものである社会は、こうした矛盾、類義性、あるいは同等性に全体として依拠しているが、それらはすべて互いに入り組んでおり、その仕組みは果てしがない。この社会的問題の解決は、相互の矛盾状態においてではなく、問題のさまざまに異なった表われを提示することにあるが、たとえば、それはまずは、社会形成の初期に現われるものであり、また、一八四八年憲法が依然として、ただし〈割り引かれた形で〉示しているものである。したがって、たとえば、労働権、信用権、被扶助権といったこれらの権利はすべて、政府的な手段によっては実現が困難なものであって、所有、価値の均衡、交換の相互保証等々に関する基本法のごとく、政治的命令よりは上位で、それとは無縁の原初的な和解＝取引から導かれるのであり、公的権威のイニシアチブを当てにするのではなくて、それを従わせるものである(83)。

83――この文章は、次のようなもっと難解なものから変えられたものである――「……そして、互いに同程度の障害に出会う代わりに、そこにもっと堅固な保証を見出す」。この種の改稿は頻繁にあるので、いちいち明示はしない。

われわれの共和主義的怠慢と同時に、こうした諸変化に対する無知こそが、まさにさまざまな手段に関してわれわれを盲目にし、いかなる政府にも果たすことのできぬ約束（これは、絶対政体、立憲政体、共和政体といったように、どんなやり方で組織されようとも政府とは相容れないものだ）を、基本法の本文に書き込み、諸法の目録に記載するよう、常にわれわれを掻き立てるのである。

要するに――政治的行為を社会にもたらし、外国に対する戦争を組織し、心中では貴族政治の優越性と労働者階級の副次性を確認し、プロレタリアの解放の企てに抗して特権を維持することを、諸君はひたすら望んでいるのだろうか。権力の区別があろうがなかろうが、政府の命令はたくさんだ。それはこの目論見の中ででっち上げられたのであり、それ以外には何の役にも立たなかったのだ。自由な政府の根本条件として諸君に提案されている権力の分割とは、優遇された階級を政府の利益に与《あずか》らせるやり方にほかならないのである。(84)

84――この節は、権力の分割に明瞭に反対した節に代えたものである。

これとは逆に、諸君は、法的に取得された財産とともに、労働、扶助、交換、信用、教育、有利な取引、自由な世論、出版の自由、一言で言えば諸手段の平等を、万人に保証しようと望むのか。経済的諸力に関わる法は、諸君を満足させることができるのみである。しかし、この基本法は、権力手段によって確立され、ある点では政治的基本法に結びつきうるどころか、権威そのものの否定なのである。その原理は暴力でも数でもなく、一つの和解＝取引であり、契約である。

したがって、社会的保証が権威の発露と見なされるようなレベルで一八四八年憲法に投票すること、それは、政治的基本法の下に社会的基本法を、市民の権利の後に生産者の権利を位置づけることであり、つまりそれは社会主義を放棄することであり、〈革命〉を否認することであった。

進歩の原理を提示する憲法前文の第一項も、被扶助権を表現する第一三項も、普通選挙を確立する第二四項も、私の同意を決定づけうるものではなかった。つまり、この三つの原理は、その社会主義的、反政府的な重大な影響力にもかかわらず、憲法においては政治的秩序に従属しており、また、さまざまな事実が論理的必然としてほどなく明らかにするはずだが、新たな権力を前にした進歩、被扶助権、普通選挙に関しては、ちょうど憲法制定議会を前にした労働権と同様のことが言えるのである。[85]

85――この節と続く二節は、第一版では短かった節を敷衍したものである。

進歩だって！　しかし明らかなことだが、経済思想に関わることにおいては、国家はとりわけ停滞しているのである。

労働、信用、扶助を組織化すること、それは社会的基本法を強く主張することである。ところで、社会的基本法は政治的基本法を二次的なものとし、否定する。では、政府がこのような進歩のイニシアチブを取ることが、どうして求められるのか。政府にとっての進歩とは、それが労働者に対してあるのとは、逆の意味である。さらに、全体的な歴史が示していることだが、政府は進歩するどころか、後戻りしようとしかしない。諸君は、実際、政府が権力の分割というその基本的な原理とともに、どこへ向かうのを望むのか。ますます大きくなる分割へか――しかし、これはその喪失に繋がろう。政治的基本法の観点からは、四年ごとの大統領職と統一的な国民代表制は、進歩どころか、既にして制度の頽廃である。立憲政体の真の雛型とは、完全な政体が絶対権力であるのと同様に、一八三〇年の憲章である。人は、七月王政に回帰しようというのか。ルイ一四世まで後戻りしようというのか。権力が進歩しうるのはこの方向だけだという理由によって？　うんざりしていない者がそう言うがいい。

普通選挙だって！　しかし、普通選挙を裏切るさまざまな手段を持ちながら、まさにそれを制限する手段を留保していたような憲法においては、どう考えることができたというのか。この憲法が五月三一日の法令に門戸を開いたのは、選挙権喪失を確立することによってであった。[86] 普通選挙の真実性、その諸決定の真正さに関しては、投票のつど変わる結果と、民衆的・総合的・個人的思想との間には、どんな関係があるのか。普通選挙はいかにして民衆の思想を、その真の思想を、実現するというのか――民衆は、財産の不平等さのゆえに互いに従属的な階級に分かたれ、奴隷根性か、さもなければ憎悪によって投票するというのに。この同じ民衆が権力にいいように引き回され、その主権にもかかわらず、自分の考えをろくに発言できぬというのに。民衆の権利を行使しても、

三、四年ごとに、その首長および香具師《やし》を選ぶのにとどまっているというのに。民衆の理性は思想と利害の対立に慣らされていて、一つの矛盾からもう一つの矛盾へしか進むことができぬというのに。民衆の善意は、電報の、予期せぬ出来事の、まことしやかな問題のなすがままだというのに。人々は良心に尋ねる代わりに、思い出を呼び起こしているというのに。党派の対立ゆえに、人々は一つの危難を避けるにはもう一つ別の危難に飛び込んでいくしかなかったし、自らの身の安全が危うくなるや、その良心を裏切ることを余儀なくされるというのに。二〇〇フラン政体（国税二〇〇フランを支払う者のみに選挙権があった）の下では、社会は不動であった——ある詩人は、それを境界神の胸像の形で表わしていた。[87] 普通選挙が確立して以来、社会はしかし即座に変質する。それは以前は麻痺状態に澱《よど》んでいたが、いまや、錯乱状態にある。では、われわれが無数の豹変をとげた暁には、われわれはもっと進歩し、豊かで、自由になっているのだろうか……。

86 ——これは追加されたもの。一八五〇年五月三一日の法令は選挙権を制限するものであった。この「法令」という語は、きわめて誤りの多い現行版には欠落している。

87 ——ラマルティーヌの有名な演説を暗示するもの。彼はそこでギゾーの体制を批判しつつ、こうした状態で統治するためには政治家は不要であり、「境界標だけで十分だ」と言っている。

もし仮にいま、一八四八年憲法がしたように、政府が労働も、信用も、扶助も、教育も、進歩も、普通選挙の真正さも、社会制度を形成するものを何も保証できないとすれば、政治制度は自らをいかに保証しうるというのだろうか。それは、秩序をいかに保証するのだろうか。奇妙にも、われわれに社会改革をもたらすはずであったこの政治改革は、それがいかなる側面から図られていようとも、果てしなく異様なものに見えるのである。[88] 政府は権力の分立ゆえに、自分自身に対して葛藤状態にあるだけではなく、自らの権限の両立不可能性によって、社会に対しても葛藤状態にあるのだ。立法権と行政権の区別なしには、政府は自由に対していかなる保証も与えることはない。社会的諸権利の宣言がなければ、貧窮にもかかわらず、富を認可するために与えられる暴力があるのみである。しかし、権力の分立とともに、諸君はさまざまな紛争、腐敗、団結、分裂、競争への扉を開く。そして、諸権利の宣言とともに、諸君は権力のあらゆる決定と行為に対する拒絶を作り出す。しかし、諸君が何をしようとも、すべてを両立させるはずの憲法には、この争いを仕掛けることしかできない。内乱とは、実は諸君の言うところの「社会契約」に依るものである。(89)

88――第一版では「不可能性」。
89――この節は「自分自身に対して葛藤状態にあるだけではなく……」以下、大幅に修正されている。第一版では、プルードンは、政治的基本法の内的矛盾を分析している。第二版では、表現を圧縮したこの分析に加えて、あらゆる政治的基本法と社会的基本法との間にある矛盾について分析している。

この迷路に、出口は見出しうるのか。政治的基本法から社会的基本法への、なめらかな移行は可能なのか。私は、あえてそれを肯定する。ただし注意されたいが、それは妥協によるのでも、折衷主義によるのでも、どんな思想の犠牲によるのでも、力とバランスのいかなる調整によるのでもないだろう。それは、現に対立状態にある、立憲的かつ社会的なあらゆる原理――中央集権化と権力の分立、普通選挙と政体、労働と信用、自由と秩序を、最高の強度へと高めることによってであろう。一見したところでは、この方法は対立を深めるように思えるが、しかし、結果的にはそれを終息させるだろう。ともあれ、もはやわれわれには、政治的基本法と社会的基本法の区別はないだろう。すなわち、政府と社会は一体化し、見分けがたいものとなろう。

## 第二節(P)

それゆえ、あらゆる政治的、ないし社会的基本法の欠陥――争いを引き起こし、社会に対立を作り出すもの、それは一つには、現時点で私が検証したく思う唯一の問題に限るならば、諸権力の分立、もっと正確に言えば、諸機能の分立が不十分で不完全だということであり、もう一つには、個別の権利をこれ以上は尊重しない中央集権化は不十分だということである。以上から、集団的権力はほぼ至るところで機能せず、思想、すなわち普通選挙は施行されないということになる。この分立は開始されたならばただちに、可能な限り先まで推し進め、個々の機能は別として中央集権化しなければならない。また、普通選挙は、その種別に応じて十全に組織し、民衆には、彼らに不足している活力と行動性を返さなければならない。[90]

以上が行動原理である。それを明示し、社会的構造を明らかにするためには、私はもはや推論するだけでよかった。事例はもう十分だろう。この場合、実証諸科学と同様に、実践とは理論である。事実の正確な観察は、科学そのものなのである。

P——『一九世紀における革命の一般理念』の中で私は、経済的基本法の原理と形式とともに、政府を無化する問題を、社会的流動化と産業的諸力の組織化とによって解決する方法を示した。本節で私が明らかにしたかったことは、政治的メカニズムを形成する中央集権化と分立の諸原理が、そのあらゆる結果において責め立てられながらも、やはり国家の絶対的な廃棄に帰着するということである。要するに、『一般理念』においては、経済的基本法があらゆる貨幣から生じ、政治的基本法に取って代わりつつ、これを排除することを示しているのに対して、『告白』においては私は、政治的基本法が経済的基本法に変化してゆくことをわからせるのにとどめているのだ。——これは異なったやり方で得られたものとはいえ、同じことである。

90——「普通選挙は、その種別に応じて」は、のちに追加されたもの。

何世紀も前から、教権（霊的権力）は、公認された限りでは世上権（地上的権力）から分離されていた。ついでに指摘すると、諸権力、すなわち諸機能の分立という政治的原理は、産業の分立、すなわち分業という経済的原理と同じものである。このことによって、既に政治的基本法と社会的基本法の同一性が見え始めるのがわかる。

さらに注意を喚起したいのだが、産業的な、または別の一つの機能がそれ自体として現実性と豊穣性を含んでいればいるほど、分立と中央集権化によってそれはますます大きくなり、自らを実現し、生産的となる。したがって、一機能の最大の力は分割と集中の最高レベルに対応し、その最小の力は、分割と集中の最低レベルに対応する。この場合、非分割と非力さとは同じ言葉である。分立と中央集権化は、したがって、機能が現実的であれ

虚構のものであれ、人々に認められている手段に対する二重の基準である。(91)

91——この節は新規のもの。

ところで、教権や世上権、および大部分の政治的機能は、経済の諸法則に従って少しも区分・分類されないばかりではない。それだけではなく、さらにこれから見ようとするのは、これらの権力や機能が、それらのために援用される組織化の原理によって強化されるどころか、この組織化そのものによって逆に衰弱し消滅するのであり、その結果、この理論に従って権威を存続させるはずのものが、まさしく権威を殺すのだということである。

たとえば、まずもって、霊的なものと地上的なものとの間には、完全な分立があることになろう、もしも地上的なものが神秘の顕揚、秘蹟の授与、小教区の指導、等々に何ら関わらないばかりではなく、それが司教の任命にも介在しないとすればの話だが。次いで、もっと大規模な中央集権化が、そしてそれゆえもっと正当な政府がもたらされよう。ただし、民衆がそれぞれの小教区内で、自らその神父たちを選ぶと同時に、それを全く受け入れない権利を有していればの話だが。ただし、司祭たちが各司教区で自分たちの司教を選ぶとすればの話だが。そしてまた、司教会議、あるいはガリアの首座司教が宗教問題、神学の教育、祭式のみを統括していればの話だが。この分立ができれば、聖職者が政治権力の手の中で民衆に対する暴政の具となることはなくなるだろうし、政治的支配力を再び掌握するという秘めた願いを保持することもまたあるまい。そして、この普通選挙が実施されるならば、本来集権化されている聖職者による政府は、教皇や政府からではなく、民衆からの示唆を受けて、社会の要請や市民の道徳的・知的状態と安定した調和に入ることとだろう。

というのは、権力の代理人である祭式の司祭が、他のあらゆる社会的機能同様、一つの中心に属しているとしても、その中心自体がもともと民衆に属していなければ、また、それが民衆の上に位置したり、民衆と無関係であるならば、一国の中央集権化にとって、それは何ものでもないからである。この場合、中央集権化とはもはや中央集権化ではなく、専制主義である。人民主権が定着されたものとしてある場合には、政治的中央集権化とは、政治的勢力である限りで、集権化された民衆自身以外のものではない。つまり、民衆の直接行動から中央的管理を保護することは、民衆に対してその主権を拒否することであり、中央集権化の代わりに圧政を民衆に与えることである。屈従的な者たちによる選挙とは、あらゆる中央的管理の出発点である[92]。

92――この節は新たに加えられたもの。

この民主的にして合理的な体制でなければ、われわれには何が見えるのか。確かに、政府は信仰の問題には容喙しないし、教理問答は教えない。また、神学校の教壇に立つわけではない。しかし、政府は司教たちを選び、そして司教たちは、お互い無関係で、対等で、ローマのみに、教皇の人格のみに、彼らの中心を見出すのだ[93]。この司教たちは、主任司祭および分教会の司祭たちを選び、彼らを小教区に派遣するが、それは民衆の意向に少しも関わることなく、往々にして民衆を無視してさえ行なわれる。それゆえ、教会と国家は互いに絡み合い、時には争いながらも、民衆を排除し、その自由とイニシアチブに逆行した一種の攻守戦線を敷くのである[94]。この両者による複合統治は、国につくすのではなく、国を圧迫するものだ。しかし、私がこうした自明の事態の結果を強調するまでもない。それは万人の眼に明らかだからだ。

93――このローマおよび教皇への言及は後に追加されたもの。
94――第一版では――「国民の自由とイニシアチブに逆行した一種の攻守戦線」

したがって、組織的、政治的、経済的、または社会的な真実――それはすべて同じことなのだが――を回復するためには、次のことが必要である。すなわち、一、国家から司教の任命権を剝奪し、世上権から教権を決定的に分離することによって、憲法上のそうした兼任性を廃止すること。二、漸進的な選挙システムによって、教会をそれ自身に集権化すること。三、基本的に、教会権力に対しては、国家の他のすべての権力に対してと同様、市民による選挙[95]を課すこと。

95――第一版では「普通選挙」。この修正に関する説明はおそらく、もっとあとで読まれる新たな一節によって与えられているものである。それぞれの宗教を規制することになるこの選挙は普遍的なものではなく、ある種の宗教によって自分の考えを明らかにしている市民に対しては限定的なものとなろう。

このシステムによれば、今日〈政府〉となっているものはもはや、管理するものでしかない。教会の機能に関わるものに関しては、フランス全体が中央集権化されている。また、国民は、その選挙上のイニシアチブという行為のみによって、救済の問題においても俗界の問題においても、身を処すのである。国民はもはや、統治されないのだ。外国の宗教は、これに基づいて維持ないし抑制されるべきである。しかし、さしあたり問題はそこにはない。国民が自らを保持するとすれば、それは彼に固有な活力によってであろう。また、彼が自らを消滅させるならば、それは生命力の欠如によってであろう。いずれにせよ、その運命は、それがどんなものであろうとも、人民主権の表われであり、それは絶対的な分立と諸機能の正当な中央集権化によって——言い換えれば、宗教に関わることにおいては普通選挙の組織化によって、明らかにされるものであろう[96]。そして既に予見されていることだが、国民の霊的な組織化のために、今しがた示されたばかりの基礎に基づいて、国民全体を世上権に対して組織することができるならば、たとえ組織された権威、すなわち政府と今日われわれが呼ぶもの（それは中央集権化の模造品にほかならない）が何らなくても、最も完全な秩序、最も活力ある中央集権化が存在しうるだろう[97]。

96——「外国の宗教は」以下のこの文章全体は、新たに加えられたもの。
97——「それは、中央集権化の模造品にほかならない」もまた、第二版で追加された。

もう一つの例——。

かつて、立法・行政権のほかに、第三の権力——司法権が数えられていた。これは、分立的二元論に対する例外であり、産業と同様、政治的諸機能の一般的区別へのさらなる一歩であった。一八四八年憲法は、一八三〇年および一八一四年の憲章にならって、司法秩序のことしか語ってはいない。

ここには、教会におけると同様にその秩序、権力、あるいは機能が、そして、中央集権化の口実のもとには国家の兼任性の新たな例が、したがって、人民主権への新たな侵害が認められる。

司法的諸機能は、そのさまざまな専門性、位階制、単一の大臣に収束されることなどによって、分立と中央集権化への明瞭な傾向を示している。

しかしそれらは、少しも裁判所の管轄するものに属してはいない。それらは、全く行政権の意のままであり、四年ごとに任命され、民衆によっては罷免されえない権限を持っている。それらは選挙によって国民に従属するのではなく、任命権によって、政府、大統領あるいは王族に従属するのだ。その結果、裁判所が管轄しうるものは、司祭に対する小教区の信者のごとく「法律上適正」と称する裁判官へと委ねられ、民衆は、家屋敷のごとく司法官のものとなり、裁判官が訴訟人に属するのではなく、訴訟人が裁判官に属することになるのだ。

教会の諸機能に対すると同様、司法の諸機能にも、普通選挙と段階的選挙を適用せよ。選挙権の放棄である終身的身分保証を廃止せよ。司法秩序に対するすべての介入、影響力を国家から取り上げよ。この秩序が、それ自身のうちに独立して集権化され、もはや民衆以外には従属せぬこと――そうすれば、まずもって諸君は、圧政の最も強力な道具を権力から奪い取ることになろう。また、裁判から、秩序と同じく自由の原理を作り上げることだろう。そして、普通選挙を通じてあらゆる権力は民衆から生じなければならないのだが、その民衆が自己矛盾していないこと、民衆が宗教に望むものを裁判には望まぬという仮定を別にすれば、権力の分立はいかなる紛争ももたらさぬことは確かだ。分立と均衡は今や同義語だと、思い切って仮定しておいてもよい。

こうして、厳正な権力の分立と中央集権化とによって、民衆は教会と法廷を意のままに支配することを得る。この二つの秩序に従事する者たちは、直接にであれ間接にであれ、民衆に依存している。民衆はもはや服従せず、命令する。彼らは統治されるのではなく、自ら治めるのだ。

さて、十全になされた分立と中央集権化の結果は、これに留まらない。既に言及したように、初期の野蛮人たちが暗示し必然的なものにした人工的諸機能、そして文明が、初めは自由の行使によって、次に分立それ自体の進歩によって消失させようとしている人工的諸機能からなる社会にこそ、民衆は今いるのだ。祭式および法廷も、こうしたものに含まれるのだ。

仮に、信仰に関する世論が真に自由ならば、そしてこの自由の結果、既に生まれているものであれ、これから生まれようとするものであれ、あらゆる宗教が信仰を前にして平等であるとされるならば、その結果、各市民が、他のことに頓着することなく大臣を任命し、自分の祭式の費用を議決することが認められるならば——次のようなことになる。すなわち、一、各市民は、合理的な確実性や現実的な処罰のない事項においては、最終的に審判者であり、宗教の統一性、すなわち集権化は不可能になっている。それは、信仰告白の相違がさらに広がるだけに、なおのこと不可能である。二、宗教的意見の重要性は弱まるだろうし、教会への敬意は、教会を増加させねばならなかった原因そのものによって低下するだろう。三、結局、教会の機能は、普通選挙および社会的組織化の法則とは両立せず、徐々に不要になるだろうし、宗教界は遅かれ早かれ無に帰すだろう。

要するに、分業が産業の安定の条件であり豊かさの理由であるのに反して、宗教的自由は、権力と社会的機能としての宗教の破滅である。われわれは、これ以上何を望むというのか。教会は、社会を前にしては存在していないのである。

同様のことが、法廷にも起こらなければならない。五年ないし一〇年ごとの人民による司法官の選挙は、この原理の最終的な結果ではない。つまり、訴訟人ないし被告人には、それぞれの訴訟において自分の裁判官を選ぶ権利があるという認識にまで進まなければならない。というよりも、プラトンとともにこう認めなければならないのだ——あらゆる人間にとって真の裁判官とは、自分自身の良心であり、裁判や法制度を、個人的義務や契約に置き換える。つまりは、司法制度を廃止に導くことなのである。

こうして、絶対的な政府という、いつかは排除される仮説——それは排除されぬことはありえない——、宗教と司法の秩序における統治原理は、それ自身の法の展開、機能の分立、およびその中央集権化によって、それ自身の否定に至る。これは、矛盾をはらんだ観念である。(98)

98——これより前四つの節は加筆されたもの。

もう一つの諸行為の秩序、「軍事職」に移ろう。

軍隊が統治に固有の問題であるというのは、また、それが立憲的擬制にもかかわらず、国民よりは国家に属しているというのは、確実ではないだろうか。かつて、軍隊の参謀本部は文字通り「王の奉公人」(王直属の従者たち）であった。帝国下では、エリート集団の集まりは、老いも若きも「近衛隊」という名であった。毎年八万もの新兵を採用するのは政府であり、彼らを捧げる国民ではない。まさに権力こそが、その身勝手な政策のために、そしてその意志を尊重させるために、指導者として、国民軍を武装解除すると同時に軍隊の出動を命じるのであって、国民のほうは、自らの防御のために自発的に武装し、最も血で汚れていない警察力を利用するのである。そこでは依然として、社会秩序が巻き添えにされている。なぜか。それは、一つには、人民に依存せず、人民の外にある軍事的集権化とは、全くの専制主義にほかならないからであり、もう一つには、陸軍省は、他の省からいかに独立していようとも、それでもなお、一人の首長・大統領をしか認めない行政権力の一特権だからである。

人民は、こうした異常さに漠然とした勘を持っているが、それは、革命のたびごとに、軍隊を遠ざけることを彼らが主張する時や、徴兵に関する法律、国民軍および軍隊の組織化を彼らが要求する時などである。そして憲法の起草者たちは、漠然とその危険を予想していたのだが、それは彼らが第五〇項を決めた時である。すなわち——「共和国大統領は、自ら軍隊を指揮することなくこれを自由にする」。実際、何と慎重な立法者たちなことか！　大統領が自ら軍隊を指揮しようがしまいが、どうでもいいではないか——もし、大統領が軍隊を自由に使うならば。もしローマでもモガドール（モロッコの港）でも好きなところへ彼が軍隊を派遣できるならば。もし、命令を与え、軍隊内の階級を任じ、勲章や恩給を授与するのが彼ならば。もし、彼が自分に代わって命令する非常呼集権を持っているとすれば。

しかし、市民こそはその軍事的指導者たちを——一介の兵士や国民軍を低い位置に、将校を高い位置に——階級的に任命すべきである。

このように組織された軍隊は、市民的な感情を保持している。それはもはや国家の中の一国家、祖国の中の一祖国、一種の移動する植民地ではなくて、そこでは、市民は定着した兵士として、自分自身の国に対して戦うことを学ぶ。それは、権力とは独立して、自らの力と若さの中で集権化された国家そのものであって、司法秩序や警察の司法官と同じく、法の名のもとに治安維持力を要請することができるが、それを命じたり、勝手に使用することはできない。戦争の場合には、軍隊は国会議員および彼らに任命される指導者以外には従う必要はない。

だからと言って、私は、軍職を社会に固有で自然な制度と見なし、そこに欠点としては自由を危うくする、不備な組織化をのみ見出すべきなのだろうか。それでは、私は革命についてあまりに凡庸な理解を持っている者だということになろう。私としては、普遍的な非武装の時機について、唯一判断する資格を持った国民が、武装平和から抜け出すことを納得するようになるまで、人民が自らの防御と自由を同時に保証するような方法で、いかに軍職を組織すべきなのかを明らかにしたかったのである。しかしながら、司法や宗教とともに戦争に関してもそれは同じことであって、国際的利害の調停を経て最も確実に戦争を廃絶する手段は、今しがた示したごとく、また、九三年の諸原則が望んでいたように、国民の同意抜きで政府と戦う方法を擁護することであると、一体誰が認めないだろうか[99]。

続けよう。

社会はいつの時代にも、外国からの輸入に対して、自国の商業および産業を庇護する必要を感じていた。すなわち、それぞれの国において固有の労働を保護し、それに国内市場を保証する権力、あるいは機能が税関である。私はここで、税関の道徳性または非道徳性、その有効性または非有効性を、すぐに決めてかかろうというのでは少しもない。私はただ、社会によって示される通りにそれを捉えるのであり、諸権力の構成の観点からそれを検証するにとどめる。もっと後で、政治・社会問題から純然たる経済問題に移る時には、貿易収支の問題についてはそれに適した解決法を探し、国内生産が税も監視もなしに、つまり税関ぬきで保護されうるかどうかを検討しよう。

税関は、それが存在するというただそのことのみによって集権化された機能であり、その起源は、その行為と同様、あらゆる分割の観念を排除する。しかし、では、とりわけ商人と産業人が管轄するものであり、商工会議所の権威にもっぱら属すこの機能が、依然として国家に依存しているのはどうしてなのだろうか。

99——この節全体は文体的に改変されているが、文体のみである。

フランスはその産業生産物のために、四万人以上という大量の税関吏を保有しているが、彼らはすべて銃とサーベルを装備していて、毎年国には二六〇〇万フランの経費がかかる。この一団の使命は、密輸入者を追跡すると同時に、輸入・輸出商品に対して一億から一億一〇〇〇万フランの税を徴収することである。

ところで、産業そのものは、どの点でどの程度保護される必要があるのか。天引きすべき補償はどのくらいであるべきか。どんな製品が助成金・奨励金を受けるべきなのか――こうしたことを誰がよりよく知りうるのか。そして、税関の業務に関しては、その出費の調整は当事者がやるべきであって、権力は、差別関税から収入を引き出して浪費するのと同じく、税関業務をお気に入りたちのための利益の出所にすべきではないのは明らかではないか。

税関の管理が権威の手中にとどまる限りは、保護貿易主義的なこのシステム――しかも私はそれ自体としてこれを評価しないが――は、必然的に欠陥のあるものとなろう。それには真正さと公平さが欠けるし、税関によって課される料金は一種の強奪となる。そして尊敬すべきブランキ氏の表現によれば、密輸入は権利にして義務となろう。

「宗教」「司法」「軍事」そして国際交易、つまり「関税」の諸省庁に加えて、政府はさらに他の省庁を兼ねている。すなわち、それらは「農業・商業」省、「公共土木事業」省、「公教育」省であり、つまるところ、何よりそれらすべてを決算するものとしては「財務」省がある。われわれの言う権力の分立とは、こうしたあらゆる権力を兼ねあわせることにほかならず、われわれの中央集権化とは、一つの吸収・併合にほかならない。

それゆえ、諸君はこうは思わないだろうか。既に各市町村や共進会で組織されている農業従事者たちは、政府の手を介さずに十分その集権化をなし、その一般的利益を管理しうるだろうと。

仮に、こうだとしたらどうだろうか――あらゆる種類の商人、製造業者、工場主、実業家が、商工会議所に全く開かれた環境を持ち、等しく権力の助けを借りずに、権力の気まぐれによる救いも、その未熟さによる破産も待たずに、独力で、無料で、集権的な管理を組織し、総会ではさまざまな問題を討議し、他の省庁と連絡し、共和国大統領の検印なしであらゆる有効な決定を採択し、貴族院議員によって選ばれた彼らのうちの一人、たとえば大臣に彼らの意思の実行を託しうるとすれば？

また、こうだとしたらどうだろうか——農業、工業、商業であれ、県や市町村であれ、すべてに関わる公共土木事業は、それゆえ、彼らが利害をともにする地方および中央の省庁の間で配分されるべきであり、もはや、それなりの階層制、諸特権、内閣組織といったすべてをそなえ、国家の手に完全に握られた軍隊、税関、公社などのようなものを、同業組合は別にして——形成すべきではないということ。そうでないと、国家は、鉱山、運河、鉄道から利益を不正に得、証券取引をし、株式に投機し、九九年の賃貸借契約を友好会社と交わし、道路、橋、港、堤防、貫通、掘削、水門、浚渫等々の諸工事を、一群の企業家、投機家、相場師、贈賄者、公金横領者——彼らは公共財産、職人や日雇い労働者からの搾取、国家の愚行などによって暮らしている——に請け負わせることができるのだから。

諸君には公教育もまた同じく〈一般化され〉、管理され、支配されているとは思われないか。教練教官、教授、総長、視学官たちもまた選別されていると。もし、市町村議会や県議会には教師たちを制度化することが要請されるとしたら、研究体制もまた、利害や風習と全く一致したものとなろう。一方、大学は彼らに対して、免状を交付する必要しかないだろう。そして、もし軍事的経歴同様に公教育においても、下級段階での功績表が上級への昇進に要求されるとすれば、もし大学のまさに高位にいる者が、初等教育の教師および学監の職務を経なければならなかったとすれば、諸君はこう思うだろうか——全く民主的なこの制度は、学校の教科、教育の道徳性、教育職の尊厳、家庭の安全に対して、有害なものではあるまいか、と。

なぜかというと、それはあらゆる管理の源が金銭だからである。予算は国民のために作られるのであって、予算のために国民があるのではない。税金は毎年、人民の代表者たちによって自由に決められるべきである。それこそが、共和制下でも君主制下でも、ともに国民の根源的で侵すことのできない権利である。予算の収入同様、支出も政府に命じられる前に国民によって同意されるべきである以上、諸君はこう思わないだろうか——すべての基本法によってはっきりと認められているこの財政上のイニシアチブの結果は、財務省すなわちこの税務組織自体は、王族ではなく国民のものであったということ。この組織は、予算を蝕む者たちにではなく、それを支払う者たちに直接依存していたのだということ。そしてもし国家には、宗教、司法、軍隊、税関、公共土木事業、公教育等々と同じく、公共財政をも自由に処理することができないのであれば、国庫の運営における乱用、横領、赤字欠損は限りなく減少するであろうということ。

おそらく、農業、商業、工業、公共土木事業、教育、財政に関わることにおいては、宗教、司法、軍事、税関について先に示したように[100]、分立は消滅することはないだろう。それどころか、この関係のもとでは、経済的機能の発達によって政治的権力の廃止が埋め合わされ、権威の原理は、一方で失うものを他方で取り戻すだろうし、統治的観念は消えるどころか強化されることが考えられよう。

100 ――プルードンは思い違いをしている。税関が廃絶されるべきだとは彼は示さなかった。彼は二六七頁でこの問題を検証することを約束していたのだが、ここで検証抜きで回答を与えている。

しかしながら、今しがたその機能の消滅を目的とした政府は、その集権化の原理がもはや権威ではなく契約であるような形態における限りは、今度はその絶対的な自立性を目的とするのだということを、理解せぬ者がいようか。

専制的にして代議制による諸国家において中央集権化を行なうもの。それは王、大統領、総裁政府から国民のところに降りてきてその権利を奪う世襲的な権威、または選挙によって選ばれた権威である。反対に、その産業または利益の性質に応じて集まる自由人たちによる社会――彼らにあっては、集合的にして個別的な主権は、決して委任されも自らを放棄することもない――において中央集権化を行なうもの、それは契約である。したがって、その原理は変化しており、それ以来経済はもはや同じものではなく、もう一つ別の法から生じるその機構は、逆転されたものなのだ。社会的統一性は、今までのように議員と称する連中による諸力の没収と併合からもたらされるのではなく、市民の自由な合意によって生み出される。事実上も法的にも、政府は普通選挙によって存在

しなくなったのである。(P)(101)

P――経済的組織化によって、こうしたさまざまな種類の公的サービスがすべて、およそ政府的な形態ではなく、いかに形成されるかは、『一九世紀における革命の一般理念』を参照。

101――「おそらく、農業、商業、」以下の本文は後に追加されたもの。

これ以上例を挙げるのはやめる。以上を見れば、この続きはたやすいし、集権化と専制主義との間にある違い、社会的機能の分立と、あまり哲学的でなく「立法権」と「行政権」と呼ばれているこの二つの抽象的概念の分立との間の違い、要するに管理と統治との違いを理解することは容易なことである。たとえば、統一性を下に、分立を上に置く真に民主主義的なこの体制がもたらされれば、われわれのすべての基本法におけるのとは逆に、支出における厳しさ、公的サービスにおける厳密さ、官吏に対する責任、市民に対する管理側の親切さはさらに増し、隷属主義、団体精神、紛争、要するに無秩序はもっと少なくなると諸君は思うのだろうか。それゆえ諸改革はかくも困難に見え、権威の影響は市民たちの判断を腐敗させ、贈収賄は根底から生活習慣を規定し、そして、一〇〇倍少なく支配されるからといって、一〇〇〇倍もさらに管理されることにはなるまいと諸君は思うのだろうか。

国家的統一性を作り出すためには、唯一の権威にすべての公共的諸力を集中させなければならないと、かつては考えられていた。次いで、そのようなやり方では専制主義をしか作り出さぬことがただちに気づかれた際には、権力の二元性によって、この不都合さが改善しうると考えられた――あたかも、人民に対する政府の戦いを阻止するためには、政府に対する政府の戦いを組織する以外の方法がないかのようだ！

繰り返すが、一つの国家が統一性のもとに立ち現われるためには、この国家は軍事力において集権化され、農業、工業、商業において集権化され、財政において集権化され、要するに、あらゆる機能と権利において集権化されなければならない。そして、この集権化は下から上へ、周辺から中心へと行なわれ、すべての機能は独立し、それ自身によって管理されなければならない。

そこで諸君は、一つの特別な行政機関によって、あるいは議会によって、この全く経済的にして不可視の統一性を眼に見えるものにし、伝統への愛によって、古い政府のイメージを保とうとするのだろうか[102]。

102——この節は追加されたもの。

これらさまざまな省庁を、その最高責任者ごとにまとめよ。そうすれば、諸君は行政権力たる、閣議《コンセイユ・デ・ミニストル》を手中にし、したがってそれは十分国務院《コンセイユ・デタ》なしですますことができよう。

こうしたすべての上に最高審判機関を、立法機関を、すなわち国民議会を位置づけよ。これは国民全体によって任命されるもので、また、それは大臣を任命することを担うのではなく——大臣たちにはその信任者と特定の選挙人がいる——、会計報告を確認し、法律を作り、予算を決め、省庁間の悶着を裁くことを担う。検事局、ないしは内務大臣の意見・申し立てを勘案した上でのこうしたすべてに、以後、政府総体は還元されよう。そして、集権化がますます強固になる分、いっそう集権化の中心は増殖し、責任が現実的なものになればなるほど、権力間の分立はさらに明瞭になるだろう。こうして諸君は、政治的にして社会的な基本法を手にするのである。

さて、政府、国家、権力など、それにどんな名が与えられようとも、それはしかるべき範囲内に限定され、立法するのでも執行するのでもなく、ましてや抑止するのでも裁くのでもなく、それは、もし説教所があるならば、立ち会い人として説教を補佐し、裁判所や議会があるならば、裁判の審理および議会の討議を補佐する。また、情勢上軍隊や将軍たちを保持せねばならぬ場合には、彼らを監督する。法律の意味を回復し、その矛盾に警鐘を鳴らす。法の執行を助け、その侵犯を告発する——こうして、たとえば、政府とは社会という高等中学《リセ》の校長であり、人民の見張り番以外のものではない。あるいはむしろ、政府はもはや存在しない。というのは、かつて政府が糾合していた諸権能はすべて、分立と集権化の進歩によって、あるものは消え去り、他のあるものはそのイニシアチブの支配から脱したからである[103]。つまり、「無政府《アナルシー》」からこそ秩序は生まれるのだ。まさにそこで、ついに諸君は、市民の自由を、諸制度の真実を、普通選挙の真正さを、省庁の公明正大さを、司法の公正さを、歩兵の愛国心を、党派の服従を、セクトの無力さを、すべての意志の一致を手に入れるのだ。社会は組織化され、活力があり、進歩的だ。それは一人の人間のように考え、語り、行動するが、まさしくそれは、社会がもはや一人の人間によって代表されるものではないからであり、もはやそれが個人的権威を認めないからであり、また、社会においては、組織され、活力あるすべての存在におけるように、パスカルの無限におけるように、中心があらゆるところにあり、周縁はどこにもないからである。

103 ——「というのは、かつて政府が糾合していた」以下の挿入節は後に追加されたもの。

まさしく、この反政府主義的な構造に向けてこそ、われわれの民主的伝統、われわれの革命的志向、集権化と統一性へのわれわれの要請、自由と平等へのわれわれの愛、もっぱら経済的だが、すべての基本法によってきわめて不十分に適用されていた原理が、否応なしにわれわれを導いていくのである。そしてこれこそ、私が国民議会の人々に何がしかの言葉で理解させようとしたことである——もっとも、普遍的真理《リユー・コマン》に耐えられぬこの議会が、常套句《リユー・コマン》以外の言葉を聞くことができたとしての話だが。そしてまた、およそ新しい観念に対する、その盲目的な反感や社会主義者への卑劣な挑発の中で、議会が社会主義者たちに対して「われわれを納得させられるものならやってみるがいい」と言うようには見えなかったとしてのことだが。

しかし、国家と同じく議会にもいろいろあるが、それらは不幸な出来事によってしか学ばないものだ。われわれは十分には苦しんでおらず、君主制的な隷従や政府の狂信的行為によっても十分苦しめられていないので、自由や秩序をすぐには愛せないのだ。人間による人間の搾取、人間による人間の支配に関しては、われわれにおいてはすべてが依然として共謀しているのである。

ルイ・ブランには、強大な権力が必要である。それは、彼が「善」と呼ぶもの（それは彼の体系の適用だ）を作るためであり、この体系に対立するすべてのものである「悪」を抑制するためである。

レオン・フォーシェ氏には、強大でかつ無慈悲な権力が必要である。それは、イギリス的経済学とマルサスの栄光のために、共和派を抑圧し、社会主義者を廃絶するためである。

ティエールとギゾー両氏には、ほとんど絶対的な権力が必要である。それは、彼らの曲芸的な大いなる才能の実践を可能にするものだ。統治すべき人間たち、抑止すべき議会的対立、あらゆる政府につきものの陰謀を国家の中に見出さぬとすれば、天才的人間が亡命せざるをえない国家とは一体何なのか。

ファルーおよびモンタランベール両氏には、その前であらゆる者がひざまずき、平身低頭し、あらゆる良心がひれ伏す神的な権力が必要である。それは、王たちがもはや教皇の近衛騎兵、地上における神の代理者にほかならぬようになるためである。

バロ氏(104)には、立法的にして行政的な二重の権力が必要である。それは、議会における矛盾・対立が果てしなく、社会が現世でも来世でも、立憲代表制を補佐する以外の目的を持たぬようにするためである。

104 ――オディロン・バロについてはプルードンによる結構な評言がある。彼はこう書いている――「常に何事も深く考えぬこの男……」(『プープル』紙、一八四八年一二月二四日付)

ああ、われわれは何と見栄っぱりで卑屈な民族であることか。われわれは、政府の愚行とわれわれ自身の恥のために、年に一八億フランも支払っている。われわれは、子供たちに機銃掃射するために、五〇万人の兵士を養っている。われわれは、暴君たちのために圧制を可決し、あげくは彼らに永続的な議席を占められている。われわれは、諸国民を独立に誘い、そして彼らを暴君に委ねている。われわれは、今日は一僧侶の復讐のために、昨日は一宮廷女の快楽のために、隣国や同盟国に戦争をしかけている(105)。われわれは、おべっか使いをしか評価せず、寄食者をしか尊敬せず、娼婦をしか愛さず、労働者と貧民のみを憎悪している。われわれは、かつては英雄の、今や偽善者の、密告者の民族である。われわれが諸国民の救世主だというのが本当ならば、それゆえにわれわれはほどなく頽廃の杯を飲み尽くしてしまうのではないか。あるいはまた、われわれが決定的に自由を捨て去ってしまうならば、下劣さゆえに、卑劣な民族や偽証者への永遠の見せしめとなろう(106)。

105 ――この「僧侶」とは、フランス軍がローマで復権させようとしていたピウス九世のことである。また、「宮廷女」とはポンパドゥール夫人のことで、彼女は革命の言い伝えによれば、七年戦争へのフランスの参戦に責任があった。七年戦争の記憶は当時においては、一八四八年革命の記憶が今日(訳注――二〇世紀初頭)あるのと同じくらい生き生きとしたものであった。

106 ――第一版では――「……今や偽善者の、密告者の民族である――おまえが言うように、世界の自由におまえが必要ならば、それゆえほどなくおまえは頽廃の杯を飲み干してしまうのではないか。あるいはまた、おまえが自由な諸国民の地図から永遠に消え去るならば、下劣さゆえに、卑劣な民族や偽証者への永遠の見せしめとなろう」。この頓呼法はすべて、第一版では第二人称になっている――「おお、見栄っぱりで卑屈な民族よ、おまえが支払うのは……」等々。

# 第15章　人民銀行

わが友ヴィルガルデルは、私にこう語っていたものだ。「社会は、二月革命の一年前に、医者たちをも殺すような病気にかかっている」。改革を企てる者たちへの忠告である。

わが友ヴィルガルデルほどすぐれた予言者は、決していなかった。普通選挙の父、ルドリュ＝ロランは亡命中である。労働補償の問題を提起したルイ・ブラン──亡命中。フーリエの後継者、コンシデラン──亡命中。詐欺師と見なされたが、イカリア島の創始者カベは移住。(107) そして、無償貸し付けの理論家である私は服役中。共和国のために死に、苦しみ、なおも苦しんでいる他の数千の人々は、黙認するにとどめる。ルドリュ＝ロラン、ルイ・ブラン、コンシデラン、カベ、そして私自身を私が引き合いに出すのは、同じ不幸に見まわれたわれわれすべての友の名を挙げるのと同じことである。つまり、万人に代わる数人である。

107──ルイ・ブランは、六月の戦いの後、逃亡した。ルドリュ＝ロランとコンシデランは、六月一三日の戦いの後、逃亡した。アメリカで共産主義的共同体の創設に専念していたカベは、組織を脱退した何人かの狂信者の告訴によって資金横領の咎で裁判に訴えられていた。欠席裁判にかけられた彼は、フランスに戻ってくるとただちに裁判にかけられたが、一八五一年七月二〇日に無罪放免となった。

自分の立場上の義務を心得ている医者にとっては、苦しむこと、いざとなったら命を落とすことは、病人が治るならば何ものでもない。しかし、病人は治るのだろうか。これが問題である。彼は、単に治療法を求めるだけではないのだ。成功は定かではないが、私も同様に、わが友ヴィルガルデルとともに活動に参加したいところなのだが。

人民銀行の創設者たちは、無償貸し付けや諸々の経済的術策によってその企てを発展させようと考えていたが、ここでは、それらについての議論に手をつけるつもりは全くない。私は、このテーマに関しては十分に記事やパンフレットを出版していたので、今では読者のおかげで、紙幣に関する論考をものすることができるほどである。しかし、そこにはしかるべき時と場所で戻ることにしたい。どうか読者は文句を言わないでいただきたいが、われわれは計画を諦めたわけではない。重罪院の判決の中に人民銀行を清算する口実を見つけてわれわれが喜んでいると主張した人々は、われわれの意図についてもその手段同様に知らぬことを、良心を失いつつ白状したのだ。それは、延期したまでなのだ。諸君、どうかわれわれの言葉を信じてほしい。女たちにとってと同様、われわれにとっても、「延期されたものはなくなったものではない」ことを信じたまえ。

私はただ、その根本思想を報告したいだけなのだが、それはあらゆる財政的空論の外で人民銀行――それは設立者の見解では、信用制度システムを、それゆえ社会の全体的経済を改革するべく定められたものだ――の創設をつかさどるものであった。

人民銀行は三重の目的で設立されていた。すなわち、

一、先に示された社会的基本法の諸原理を適用し、自発的で、独立した、そして社会的な集権化の例によって、政治的改革の先駆けとなること。

二、民衆的イニシアチブを拡大し、相互性によって個人的自由をますます獲得させることによって、共産主義の過度な形態にほかならぬ政府中心主義を非難すること。

三、生産者を生産の原理と目的として、言い換えれば、資本家と消費者として互いに組織することによって、あらゆる生産者に労働と安楽を保証すること。

したがって、その形成の原理からして、人民銀行は何ら国家銀行になるべきものではなかった。国家は、信用を与えることはできないことは別にしても、財産も担保もないのだから、実業家または商人同様、銀行家になる資格はない。

それはもはや、株式会社のために機能し、多少なりと貸し付け上有利な条件を民衆に提供する銀行ではなく、料理人組合や仕立て屋組合のように、それ自身の利益において機能する銀行であった。この原理に基づいて人民銀行による組合が構想されたならば、それは、現在ある労働者のすべてのアソシアシオン同様に、独占的制度にほかならなかったであろう。それは、特権に戻ることであった。そして、特権はそれがいかに民衆的なものであろうとも、常に均衡の否定であり、反社会的なものである。

人民銀行は、そのサービスを受けるすべての市民の所有物であるべきであった。そして、この目的において、正貨基盤がなおしばらくは人民銀行にとって必要不可欠だと市民が判断するならば、彼らは資本を人民銀行に融資することだろう。市民たちはどんな場合でも、優先的な手形割引を人民銀行に保証し、支払いとしてその確認を受けていた。このことからすれば、人民銀行は、その顧客層となっているこうした人々自体の利益のために機能しながらも、前貸しに対して受けるべき利潤も、手形割引に対して取るべきコミッションもなかった。つまり、人民銀行は、給料および経費用のわずかばかりの報酬しか、天引きする必要がなかったのだ。それゆえ貸し付けは〈無償〉であった!……こうした原理が実現されて、その影響は無限に広がった。

わが経済学者たち、財政家たち、資本家たち、大地主たち、大実業家たち、すべてこれらの秩序を、博愛を旨とする人々、これら労働の、商業の、有利な取引の、進歩の味方たち――彼らは一体どうして、この思想を抱くことが全くなかったのだろうか。一人の社会主義者が、生産の、流通の、消費のために、労働者の、商人の、農民の、すべての人々のためにこの考えを主張した時に、なにゆえ彼らはそろってこれを拒絶したのだろうか。このシステムによるならば、農民は〇・五パーセントの利子で長期に借り入れできるのに、三年ないし四年ごとに借金を繰り返す貧しさのおかげで、一二および一五パーセントの利子を払い続けることを、なにゆえ彼らは望むのか。人民銀行という合名会社が、その指導者(プルードンのこと)を奪われて解散を余儀なくされた時に、彼らはなにゆえそれを喜んだのか。人民銀行は、彼らに損害を与えたのだろうか。それは、資本や年金に何ごとかを要求したのか。それは、所有や政府を攻撃したのか。……もうこのくらいでいいだろう。ただ、こうした人々に問いたいのは、私は高利の契約によって縛られているとは毫も思っていないのであり、彼らの側のこの驚くべき排斥は、一体なにゆえなのかということである。

人民銀行は、今や一つのものに一体化している政府にも、公共経済にも、ともに十分民衆のイニシアチブの手本であり、それゆえプロレタリアにとって、解放の原理にして手段となった。すなわちそれは、政治的かつ産業的自由を創り出したのである。そしてあらゆる哲学、あらゆる宗教は、社会経済の形而上的ないし象徴的表現なのだから、人民銀行は社会の物質的基盤を変えつつ、哲学的・宗教的革命の先駆けとなった——人民銀行の創設者たちが考えていたのは、少なくともこういうことである。

しかし、人民銀行の設立に際してみなぎっていた革命的思想を際立たせるには、私としてはその原理に注意を促し、それをルイ・ブランによって報告されたリュクサンブール委員会の方法と対比するにしくはないだろう。

## I

さて、人民銀行の出発点、それが追求していた目的は、自由であった。個人の自由のさらなる発展によってこそまさに、人民銀行は集団的自由、多様にしてかつ一体化した社会、諸々の知性の連帯を切望していたのである。この自由によってこそ、それは共和国の標語「自由・平等・友愛」の実現を望んでいたのだ。

では、まずもって自由とは何か。自由には二種類ある——単純には、未開人でも文明人でも、「自分の家にいて、自分のことは自分でする」という自由以外の法を認めぬ場合である。これが複合的になると、生存のために二つないし複数の自由を前提とするようになる。

未開人的な観点からすれば、自由とは孤立の同義語であり、その行動が他者から最も制限されぬ場合、最も自由な人である。かくして、地球の全表面上にたった一人の人間しか存在しないのであれば、ありうべき最も高度な自由の観念がもたらされよう。社会的な観点から言えば、自由と連帯は同一の言葉である。すなわち、各人の自由は、他者の自由においてもはや制限を受けるのではなく、一七九三年の『人および市民の権利宣言』（フランス革命時の「人権宣言」は一七八九年）におけるように、ある補い合うものを見出すのであり、最も自由な人間とは、同胞たちと最も関わり合いを持つ者のことである。

自由をめぐるこの二つの考え方は互いに相反するものであり、その結果、野蛮人の自由は社会形態をとっている人間によって合理的かつ正当に引き受けられることはできない――いずれかを選ばねばならない。

二つの国家が海峡または山脈で区切られている。それらは、互いに干渉しない限りはそれぞれに自由であるが、豊かではない。これは単純な自由によるものである。しかし、もし生産物を交換するならば、彼らはもっと自由に、もっと豊かになるだろう。これが、私が複合した自由と呼ぶものである。この二つの国家のそれぞれの独自な活動は、消費財および労働生産物を互いに供給し合えばそれだけますます拡大し、彼らの自由も同様に大きくなる。なぜなら、自由とは活動だからである。それゆえ、この交換は国家間にさまざまな関係を創り出すが、これらの関係は、国家に連帯的な自由を回復させ、その範囲を広げるものだ。つまり、自由は連合によって力として増大する。〈力は大いなる統一性なり〉。この基本的な事実によって、われわれに自由のための新たな発展のシステムが明らかにされるのであり、このシステムにおいては、生産物の交換がその第一歩にほかならないのである。

確かに、交換が今でも原始的形態で、現物で行なわれねばならないとしたら、それは人民にとって、すぐさま隷属の、服従の、極端な不自由の原因になるであろう。一つの手段が必要なのだ――交換によって創られた関係から何も取り除かずに、それゆえ諸交換の重要性を減少させずに、逆にそれを増大させ、交換を生産そのものと同じく容易に、自由にする方法が。

この手段とは、貨幣である。貨幣の発明によって、交換は〈商業〉に、すなわち所有と共有とが、個人性と連帯性とが一緒に組み合わされたものに、要するに、第三の権力に高められた自由になったのである。

したがってたとえば、労働する人間、すなわち自然と交換関係に入る人間は、野蛮人のように自然を荒らし、それを盗む人間よりも自由である。他のやり方で関係し合うのではなく、自分たちの生産物を交換する二人の労働者は、彼らが交換しない場合よりも自由である。そして、現物交換の代わりに、大多数の他の生産者との協定によって、貨幣のごとき流通としての記号を取り入れるならば、彼らはさらに自由になるだろう。その自由は、彼らが結合する度合いに応じてではなく、自分たちの仕事を交換する度合いに応じて大きくなる。もう一度言うが、まさにこれこそ、私が交互に単純な自由と複合した自由と呼ぶものである。

さて、貨幣ぬきでは交換は隷属の原因にして手段となったかもしれないのと同様に、貨幣は、個人間にさらなる自由とさらなる活動をもたらすのに続いて、ほどなく諸個人を金融的・同業組合的な支配制度に、以前の悲惨さよりもはるかに耐えがたい組織化された隷属に連れ戻すことになるかもしれない——もし、鋳造貨幣に類似したある新しい手段によって、こうした隷従への傾向を正し、したがって、さらに高度な段階に自由を高めることにたどり着かないのならば。

以上が、人民銀行が解決すべく目指している問題である。

通貨、すなわち最も理想化された、最も交換可能な、最も正確な価値である試みの実際はというと——それはあらゆる商取引に役立つものであり、商業が交換によって行なわれていた時代には経済的自由の手段であったし、分業のために工業と商業が高度な発展を獲得した時には搾取と寄食の具となるものであり、さらに政治権力の分立と相似的な経済的権力の一種の分立によって、生産者たちは相対立する二つの部分、企業家―資本家―地主と、労働者または賃金生活者に分かたれるようになるのである。

したがって問題は、金銭の支配下に置かれている人々を自由へと返すことであり、要するに、金銭自体が土地から農奴を解放したように、資本からその奴隷たちを解放することである。

現在のところ、社会主義がなすべき主要な務めはまさにそこにある。

さて、かかる革新が社会経済の根幹に関わるものであり、それゆえ既存のあらゆる政府の権威より上位の権威の介在、〈自由〉そのものにほかならない集団的〈理性〉の介在を要する、とりわけ根本的な問題であることは否定できないだろう。

　そして、金および銀がその価値にもかかわらず、当初は信用通貨としては用いられず、それらの使用は交易の中で徐々に、そしてあらゆる領域の全面的な意思によって確立され、一般化したのと同様に、流通の新しいシステムは、もし別のシステムが発見されるのであれば、市民の自由な競合によって、権力のいかなる教唆も強制もなく、自然発生的に確立されねばならないだろう。

　これは結局、ほぼ次のようなことになる――すなわち、自由が存在するためには、自由は自由でなければならぬ。好きなだけ発明し、思索し、組み合わせよ。ただし、その戦略を民衆に押しつけないのであれば。自由、常に自由、ひたすら自由あるのみだ。決して政府主義ではない。これこそが、まさに革命の教理問答だ。

　したがってこれが、人民銀行流の社会主義と他派の社会主義とを元から分かつものである。その思弁的かつ総合的な価値は別にして、社会主義を他から分かつもの、それは社会主義がその実現の条件と手段として、自由以外のものを認めぬということだ。社会主義は伝統の上に築かれ、憲法および諸法と一致し、あらゆる慣習を甘受することができ、出発点においては産業的流通の特殊なケースの大掛かりな適用にすぎないのだが、それは国家に何も求めず、いかなる合法的な利益をも損なわず、いかなる自由をも脅かさないのである。

　しかし、これは言っておかねばならないが、社会主義は、他所《よそ》ではこのようには理解されていないのである。ルイ・ブランは、行動するためには、自らが統治機構、あるいは少なくとも進歩の司祭たることを期待していた。彼自身そう書いていたように、善をなすためには、彼には独裁的権威が必要だったのである。

　コンシデランとその仲間たちは、モデル・コミューンを組織すべく、二〇年前から四〇〇万フランの貸し付けと一里四方の土地を請願している。つまり、彼らは現在の世界で行動するのを拒み、そこから何も引き出すことができず、それを白紙に戻す《タブラ・ラサ》のだ。その結果、仮にモデル・コミューンが成功したら、人類はそっくり引越ししなければなるまい。認めなければならないが、これは、さまざまな革新も変貌も不足はなかった人類の歴史においても、類例のない革命なのかもしれない。いやそれどころか、四〇〇万フランと一里四方の土地だけでは、ファランステールの設立には依然として全く不十分である。若い世代の中から、文明社会のいかなる不吉な刻印も受けていない四、五〇〇人の子供たちからなる集団を選び、選別する必要がある。フーリエ主義には、その実験のために、思い通りに人格などを形成しうるような、汚れていない魂が必要である。文明のために堕落した古き信奉者たちに関して言えば、彼らには自己自身に対する十分な信念もなく、あえて自ら実験メンバーになることもあるまい。

ついに共産主義は、全くこの国に絶望してしまった。あたかも、フランスに生まれた社会主義が何よりもまずフランスに適用されるべきではなかったかのように、イカリア島の著者（カベのこと）は古き世界と袂を分かったのである。そして彼はミシシッピ川のほとり、ポー・ルージュにそのテントを張りに向かった。

目的に対するこの無知、手段のこの矛盾は、大方のユートピア主義者たちに見られるものだが、これは改革者たちの無力さ同様、理論の実行不可能性の明白な徴《しるし》である。何と、諸君は人間をもっと自由に、もっと賢明に、もっと美しく、もっと強靭にしようというのか。しかし、諸君がどんな幸福の前提条件を約束しようとも、諸君が要求するのは、人間の肉体を、魂を、知性を、伝統を、財産を諸君に委ねさせることであり、その存在の完全な放棄を手中にすることなのである。では、永遠の、普遍的な理性に一五分間の知恵をもって代える諸君とは一体何なのか。国民経済において有用であり、信仰において真実であり、制度において正当、記念建造物において美しく偉大となったすべてのものは、自由および先立つ諸事実の論理的結論からもたらされたものである。権力それ自体に関して言えば、それは既得権を保護し、平和を維持するためにのみ存在する。権力に対してより大きな行動の分け前を与えることは、それを保護者から圧制者に、治安判事から開拓執達吏にすることである。警察以外の他のすべての条例においては、国家の条例は足枷であって、その仕事は汚職であり、それが推奨するものはさまざまな特権であり、それがもたらすものは腐敗である。この問題に関しては、かなりの紙幅を要するだろう。すなわち、政治、宗教、工業、公共土木事業、財政、税金等々における政府の汚職を物語ることは、現時点では民主主義にとって最も有効な行為であろう。

ところで、諸君には適切な考えがあるのか。何か重要な発見があるのか。ならば、それを市民たちに急いで知らせたまえ。次いで自らがその作業に取りかかり、企て、行動せよ。そして、政府を刺激したり攻撃してはならない。諸君の社会民主主義的破城槌で権威の壁を打ち叩くことは馬鹿げたことであり、不当なことである。むしろ、それを大衆の無気力に対して、民衆のあらゆる飛躍を押し止める政府主義的な偏見に対して向けるべきであり、専制主義はその無益な行ないそのものによって堕落するにまかせるがいい。集団的活動を掻き立てたまえ。それがなければ、人民の条件はいつまでも不幸であり、その努力は報われぬままだろう。権力を追求する代わりに、それがもはや何ものにも介入せぬことを祈りたまえ。権力の助けなしで、自ら豊かさと秩序とを築くよう、民衆に教えたまえ。

わが魂と良心において、私が社会主義を常にどう考えてきたかは以上の通りである。それは、私を他派からとりわけ遠ざけるものであり、二月以前に私が望んでいたことであり、私とわが仲間たちが後に実現しようと努めたことである。七月三一日の私の提案――その唯一の目的は、相互税の制定によって、社会経済の新たな原理に必要な周知の事実を与えるよう、政府を促すことであった――を除けば、私は何にせよ政府がすべきことを提案しはしなかったし、議会に対していかなる種類の計画を示すこともなかった。私が光栄にも人民を代表する限りは、私はわが議会的イニシアチブを眠らせたままにしておいた。つまり私の沈黙とは、わが政治的生涯の中で、最も有効で、最も知的な行為だったのである。私の投票は、ほとんどいつも否定的なものであった。問題はおおかたの場合、立ち現われるユートピア、すなわち多数派の悪しき意思を妨げることであったが、私としては、少数派のユートピアに対しても同じ決意で投票したことだろう。

人民銀行は、『プープル』紙が主張していた思想に当時好意的であった市民からすれば、わが国ではごく自然な企業精神の結果であったのだが、統治に対するわれわれの執着ゆえに、それは往々にして稀なものになりがちなのである。憲法採択とルイ・ボナパルトを選んだあとでは、行動の必要性が差し迫ったものに思えた。カヴェニャック将軍の中道政府、ルイ・ボナパルトのさらに反動的な政府は、各派にほとんど希望を残さなかった。山岳派はと言えば、民衆の活動をおいては、保守党同様、全く不毛なものであったことを証明するために、彼らのさまざまな計画があるほどである。われわれに言わせれば、そこには、社会主義者たることを何ら引き受けることなくしていつまでも社会主義を語る、ペテンと卑劣さがあったのだ。

必要性が差し迫ったものであるのと同じくらい、チャンスにも恵まれていた。熱狂はリュクサンブール委員会の諸宣言の時期までしか続かなかったが、議論を盛んにするようになった人々は、さらに賢明になっていた。社会主義は全体として「無償貸し付け」を受け入れざるをえなくなっていた。この考え方は十分普及していて、そのまがい物が既に出回っていたほどである。ある者は、人民銀行をマゼルの銀行[108]とさも取り違えたふりをし、この経済学者の思想を私が盗んだと非難しようとさえしていたし、またある者は、商店の資金を動かすことで、いわゆる無償貸し付けの理論を発見したのであった。この理論によれば、私はこの件に関して何も理解しておらず、また、真の無償貸し付けとはすべてに無償ではないということを私に示したのであった。党派とセクトの何という貧しさか！　卑近な事実を当てはめることで、人民銀行による会社が一つの力となりそうに思われたまさにその時に、その指導者（プルードン）は、八年前から所有に関する言い古された定義の下で無償貸し付けの否定的な言い方に対して抵抗してきたその当の者たちによって非難され、泥棒やら剽窃者扱いされたのである。

108――マゼルという名の人物は、一八二九年にあるシステムを考えつき試してみたが、それはプルードン的銀行と比較対照しうるものとは思われない。マゼルが目指したのは、貸し付けの改革によって利潤を廃止することではなくて、消費者および生産者に提供されるあらゆる商品を、交換手形で、適正な価格で買い、支払うことによって、この両者を和解させることである。この点については、ジッド&リスト著『経済学説』三六二ページを参照。彼らは、この二つのシステムを同一視することに反対している。――両者の相違はまさにこの著作の二八九頁でプルードンによって明解に示されている。「保税倉庫に入れられた商品の受領証は、保証がきわめて不十分な紙幣であり、〈価値〉を設定するためにはその商品が査定されるだけでは十分ではないことを考えると、それが〈売り渡される〉ことが必要である」

だからこそ、すべてが、党派の誇りが、恰好のチャンスが、労働者の焦慮が、われわれに行動を迫っていた。

人民は、次のことを理解し始めていた。すなわち、手形の流通（これはマゼルがしたように、商品の輸送と混同されるべきではない）は、無償で行なわれることができるし、またそうであるべきこと。この操作が無料で行なわれれば、すべての商取引は事実上現金で決済されるということ。そうすれば、手形割引、出資金、利つき貸し付け、減価償却、賃借小作および家賃、終身ないし永久年金への投資等々は、今後は対象のない貸し付け方式、役に立たない制度となるということ、である。

ところで、この企て、私がその反政府主義的原理を、その経済的重要性を、その高いイニシアチブと深い自由主義の精神を知らしめたばかりのこの企ては、それゆえ実施の面から見ると、そんなにも困難であったのだろうか。断じて言うが、着手というよりは下準備の段階であったこの三年間でわれわれに明らかになったことの後では、もはや何一つ簡単ではないのである。

生産物の流通、すなわち交換を原理とするマゼル銀行とは逆に、価値の流通が経済改革の出発点とされたのだから、問題はまさに、流通の中心を創り出すことであった。そしてそこにおいては、取り引き（個人の資格での、一定の期限つきの、個人出資）の通常の価値は、担保と保証という通常の条件下で、社会的性格を帯びた一般的証券と交換されるようになる。この一般的証券は、裏書きされた有価証券として手から手へ渡り、銀行の顧客（その数がいかに多数でも）の間に為替の効果を生むであろう。

理論的には、こうした操作は銀行に〈二人の〉加入者があれば、直ちに開始が可能であった。次いで、加入者の数が増えれば増えるほど、このシステムの効果はさらに迅速に、さらに決定的になるはずであった。

この諸原理の一つは、銀行に加入者がやってくるのに応じて、無用となった通貨を徐々に流通から取り除くこと、したがって、今のところ無駄に用いられている資本を生産者に返すことであった。同時に、貿易収支というきわめて重要な問題が解決された。すなわち、金銭の寄生状態とともに、税関の寄生状態もなくなったのである。

手短に言えば、以上が人民銀行の根底をなすべき（貨幣の理念よりも単純な）経済的理念であるが、これは光栄にも理解されず、社会主義者からは馬鹿にされ、経済学者には口笛を吹いて野次られ、民主主義者からは意味不明のものとされ、正理論派からは反体制的とされ、イエズス会派からは冒瀆的であるとされた。一人の男がやってきてこう言うとしよう――私には、空気も水も蒸気も燃料もなしに動くモーターがあって、これを造るには、原料費込みで一馬力につき一〇〇スーもかからず、その維持費はゼロである。このモーターは、諸君のあらゆる機械、作業所、牽引用・農耕用動物を無用のものにし、労働力の四分の三を一気に圧縮し、生産コストでは六〇億フラン節約するのだ――このような人間は、公衆の敵として扱われ、すべての人々から怪物として追及を受けよう。貧しい人々は、彼が仕事を奪うと文句を言うだろう。金持ちは、彼のせいで所得が奪われると言うだろう。詐欺師たちは、六〇億フラン分の労働力の圧縮によって、いかにして公的財産を六〇億フラン増加させうるかと尋ねるだろう。司祭や信心家たちは、この男を物質主義だと非難するだろう。過激派や正理論派たちは、政治的利益をおろそかにすると言って彼を非難し、社会主義者たちは、地主制度をこっそりと復活させるとして非難するだろう。この運の悪い発明家に対しては、諷刺攻撃文書《パンフレット》が霰《あられ》のように降りかかり、新聞は激しく非難し、人文・社会科学アカデミーは提起された議題の中で破門制裁を叫ぶことになろう。

　人民銀行は、すべての所得および賃金への控除案同様、〈互助性〉の原理の際立った実践であり、社会経済の基礎であった。既に指摘したことだが、この原理の名においては、社会経済の諸現象は、不都合にも「政治経済」と呼ばれている「家計＝国内経済《エコノミー・ドメスティック》」の諸現象とは逆のものである。つけ加えるならば、共産主義者にせよ保守主義者にせよ、諸党派に共通の誤りは、それぞれがともに社会問題および国家問題を、個人的利害の決まりきったパターンと、市民から市民への取り引き形態にならって取り扱おうとすることに起因するのだ。そんなわけで、かくも激しい熱狂と、かくも厳しい非難とを同時に掻き立てたルイ・ブランの体系も、国家によって今日に至るまで尊重されてきた農業・工業生産に対して展開されたティエール氏の統治と選ぶところはない。この二人の著作家の経済思想は、実践の一般性を除けば全く同じものである。つまりそれは、常に国家にとって規律の役を果たす家計＝国内経済であり、統治形態として採用された堅実な管理である。いずれにおいても、国家は売り、買い、貸し付け、借り受け、利潤を支払い、所得を受け取り、利益を得、事務職員に、局長に、従業員に給与を支払い、貯蓄し、蓄財し、減価償却し、出資する、等々。要するに、国家に当てはめられた家庭の、個人財産の、私企業の、私的取り引きの慣習である。すなわちこれが、あらゆる苦境の、あらゆる社会的抑制の原因である。これが、社会主義者が今まで隠されたマルサス主義者でしかなかったことの理由であり、それはジャコバン派がその政策とともに絶対主義のまがい物でしかないのと同じである。

しかも、リュクサンブール委員会の「定式」の検証から明々白々に現われるものこそまさに、ルイ・ブランが臨時政府を選択するに際して提案すべきものであった。この『労働の組織』の著者は、理論的には、さほどの愛にも、さほどの憎悪にも値しないことが明らかになろう。この能弁な著作家はまさしく、こうしたテーマに取り組んだあらゆる人々に倣《なら》って、特殊なことにしか当てはまらぬものを社会に適用することで、その仮説の結果を論理的に演繹すればするほど、ますます確実に矛盾撞着に陥ったのであった。

## II　政令案

（『新世界[109]』一八四九年九月一五日号より抜粋）

〈第一項——進歩省を創設すべきこと。その使命は社会革命を完遂し、プロレタリアの廃止を段階的、平和的、円滑にもたらすことである〉

所見——政府には社会革命を完遂する能力はない。この方法によってプロレタリアの廃止を平和的にもたらすという希望は夢物語《ユートピア》であり、進歩省は閑職である。

〈第二項——このために、進歩省は次の責務を負うものとする〉

〈一、国債によって、鉄道および鉱山を買い戻すこと〉

109 ——『新世界』は月刊で、ルイ・ブランが一八四九年七月から一八五一年七月まで主宰した。

社会は何も買わないし、国債を規定もしなければ買いもしない。公債の設定は社会経済的には誤りであり、家計＝国内経済の習慣からくるものだが、そこから常に必然的にもたらされるのは、倒産である。

〈二、フランス銀行を国家銀行に変えること〉

国家は銀行を作りはしない。ロー（ジョン・ロー、一六七一―一七二九年、スコットランドの財政家）の理論はやはり社会経済的には誤りであり、家計＝国内経済をなぞったものである。

〈三、万人の利益のために、かつ国家のために、さまざまな保険を集中すること〉

国家は、何ら保証するものではない。社会の観点からすれば、保険はあらゆる利得の観念を排する、本質的に互助主義的な作用である。こう仮定してみよう――単一の形態に還元された税金が公益法によって、各納税者の正味の資本に基づき、国家が設定した保険料に変換されるとすれば、この場合、保険はもはや利益を生む商取引きではなく、互助的な行為であろう。そして、その効果はまさしく、資本の利潤を、取り引きによる法外な利益を排し、したがって、国家にはいかなる種類の利益も残さぬだろう。

〈四、責任ある官吏の指導のもとに、保税倉庫を設立すること。生産者および工場主は、そこに自分たちの商品や食料品を預けることができ、それらの商品は、流通価値があり、完全に保証された紙幣の代用となりうる受領証によって代理されよう。なぜなら、紙幣は一定の査定された商品を抵当として有するからである〉

国家は何ら保税倉庫の商取引をしない。商品は生産地から一直線に消費地に、駅や倉庫など途中で停滞することなく向かわなければならない。保税倉庫に入れられた商品の受領証は、保証がきわめて不十分な紙幣であり、〈価値〉を設定するためにはその商品が査定されるだけでは十分ではないことを考えると、それが〈売り渡される〉ことが必要である。

〈第三項――今日、鉄道、鉱山、保険、フランス銀行が私的投機にもたらす利益（これは新しいシステムでは国家に戻るものであり、そのうえ保税倉庫税から生じるものである）によって、進歩省は特別予算、労働者のた

めの予算を構成するものとする〉

国家は利益を生みはしない。社会においては、純益と粗利益は区別されない。私的投機による利益は、国家および進歩省を通して労働者に戻るということは、それが私的投機に戻ることとなのだが、これは、この仮説においては矛盾である。

〈第四項――先の操作の結果、支払うべき金額の利潤および償還は、労働者のための予算から天引きされ、あとは、一、労働者のアソシアシオンに融資するために、二、農業コロニーを設立するために、用いられることとする〉

国家は何ら負債を負わず、利潤と償還を決して清算する必要はない。国家にはもはや所得がないように、それはアソシアシオンに決して融資もしないし、コロニーを設立しもしない。この問題の解決は、現在の搾取者から所有権を奪って、連合しているにせよそうでないにせよ、別の搾取者に代えることにはなく、次のようなことにあるのだ。すなわち、生産者が最も低い――ゼロの年利率で貸し付けが得られるようにすること。また、消費者ができるだけ低い価格――原価で生産物を買えるようにすること。労働者が自分の労働に等しい、それ以下でもそれ以上でもない賃金を受け取れるようにすること。商取引には、まさに国内に常に十分な販路（いかに生産が増加しようとも、常に生産に見合った販路という意味である）が見つかるようにすること。こうした条件が整えば、もはや搾取者も搾取される者もいない。国家による組織化は無意味である。

〈第五項――国家融資を享受することが約束されるためには、労働者のアソシアシオンは友愛的連帯の原理に基づき、共同の、侵しえぬ、そして常に増大する資本が得られるよう、設立されなければならない。これが、多少とも高利をなくし、また、資本がもはや圧制の具ではなく、労働機械の所有がもはや特権ではなく、貸し付けが商品ではなく、安楽が例外ではなく、怠惰が権利ではないようにする唯一の手段である〉

連帯が仮に互助性以外のものに基づくとすれば、それは個人の自由の否定である。すなわちそれは、共産主義であり、人間による人間の支配である。もし連帯の基底に互助性があるならば、それは国家融資を必要とせず、アソシアシオンの必要すらない。諸君が理解しているような、市民法と商法によって定義しているようなアソシアシオンとは、依然として族長的経済の新たな観念であって、それは拡大していくどころか、逆に消滅する定めにあるものである。したがって、労働条件が最後の頼みとせざるをえないのは、力ではなく、責務である(110)。高利と貸し付けに関して言えば、諸君は利子と利益を規定しているのに、どうして前者をなくしうると思うのか。諸君は保税倉庫税を作ったのに、どうして後者が商品ではなくなるだろうと言いうるのか。

110 ――プルードンが認めているこの義務は、言うまでもないが、現代社会を決定づけている。すなわち、財のアソシアシオン（連合）とは資本主義であり、人間のアソシアシオンとは労働組合主義である。

〈第六項――したがって、国家融資を享受しようとするあらゆる労働者のアソシアシオンは、その存在の基礎を構成するものとして、次の諸規定を受け入れなければならない〉

労働者のアソシアシオンの諸条件を決定するのは、決して国家の役目ではない。それは、個人的自由と同時に組合的自由を破壊することである。それは、別の形態の下で同時に、商業および工業の自由に対する封建的な桎梏と、市民の結合や連合に敵対する君主制的な支配とを再度作り出すことである。では、諸君の規約を見てみよう。


〈賃金、資本の利潤、維持費、材料費から天引きしたあとで、利益は次のように分配されよう。

四分の一は、国家が取り引きをした所有者に属する、資本の償還のために。

四分の一は、老人・病者・負傷者等々の救済基金の設立のために。

四分の一は、後で示すように、利益として労働者間に分配される。

最後の四分の一は、予備基金――その目的は後で示されよう――の形成のために。

国立作業場《アトリエ》におけるアソシアシオンは、以上のように組織されよう〉

諸君は絶えず、賃金、利子、償還、利益など、原料費とともに販売価格を構成するあらゆるものについて語る。では、賃金の程度とは何なのか。労働の日給とは？　加えて、貸し付けの代価はどうなるのか。利益はどう分配すべきなのか。物の価格は、労働者の要求に応じて測られるべきなのか、それとも、労働者の要求は物価によって調整されるべきなのか。要するに、〈価値〉とは何なのか。これこそまさに、給料や分け前について語る前に知るべきことである。皮を売る前に、熊を殺さねばならぬのだ。そうでなければ、空中楼閣である。諸君のアソシアシオンの基底をなすものは、諸君自身に倣えば、仮説以外の何ものでもない。続けよう。

〈同一産業のすべての国立作業場を互いに連帯させるために、それらの間のアソシアシオンを、なおも拡大しなければならない。それには、二つの条件で十分だろう。

まずは、原価を決定すること。産業界の状況を考慮して、合法的な利益の数字は、原価以上に設定されるべきであろう。これは、統一価格を達成して、同一産業内でのアトリエ間のあらゆる競合を避けるためである。

次に、同一産業のすべての国立作業場において、同一ではなく比例配分された賃金を設定すべきこと。これは、物質生活の条件が、フランス各地で決して同一ではないからである〉

相互主義的な連帯の代わりに、いつも共産主義的な連帯だ。いつも人間による人間の支配であり、いつも隷従だ。

〈原価を決定すること〉。これはほぼこう言っているかのごとくである。「これは実現不可能だろう、解決不能の問題だろう」と。原価とは、つまるところ賃金で構成されている――では、賃金とは何か。日給とは何か。賃金は、労働者の要求に基づいて測られるのか。それとも、消費者が商品に与える価格に基づいてなのか。価格とは何か。価値とは何か。常にそこに戻らなければならない。

〈合法的な利益の数字は、原価以上に設定されるべきであろう〉。これはやはり、こう言っているかのごとくである。「合法的な盗みの数字が設定されるべきだろう」、と。これは利子、物価、価値と同様、利益についても言えることだ。つまりそれは、生産者の競合によって、あるいはまた、消費者の要求によっても決定される。それには法的な尺度はない。これを丸ごと拒否するか、またはそのあらゆる可能性のうちに、そのすべての変動とともに認めるかである。

〈統一価格を達成し〉〈あらゆる競合を避けるため〉。独占であり、談合であり、事なかれ主義である。価値と同じく物価は本質的に不安定であり、したがって本質的に変わりやすいものであり、その変動の中で、競合によってしか——すなわち、不当に高い値をつけた者のサービス抜きで消費者が済ますことを、自分にも他者にも認める能力によってしか解決されないのである。競合を取り除いてみたまえ。そうすればもはや物に価格はなく、価値とは単なる言葉でしかない。交易は専制的なものとなり、流通はそのバランス棒を失ったのである。駆動力をなくした社会は、バネのゆるんだ振り子時計のように停滞してしまう。

〈同一産業のすべての国立作業場に〉〈比例配分された賃金を設定すべきこと〉。常に同じ問題が蒸し返される。物価を作るものは何か。何が価値を構成するのか。パリおよび各市町村にとって、賃金の限度あるいは配分はどのようなものか。……こうした問題の解決には、最も困難で、最も矛盾に満ちた、ある科学全体が前提とされる。すなわち、単なる情報として「それは決定されるだろう。確立されるだろう。固定されるだろう」と読者に言うのは、彼らを欺くことである。

〈同一産業のすべての国立作業場間にこのように連帯を確立し、秩序の至高の状態、憎悪を、戦争を、《革命》を永遠にありえぬものにする状態を、最後には実現しなければならない。すべての異なった産業間に、社会のすべての成員間に、連帯を確立しなければならない〉

ここには、三月一七日の人間が認められる。ルイ・ブランはあらゆる政治家同様、革命の敵である。革命を妨害するためにこそ、彼は冷たく非情な連帯を、最初は同一国立作業場のすべての労働者間に、次いで同一産業のすべての国立作業場間に、さらには、あらゆる産業間に作り出す。世界がこのように凝固してしまえば、世界には運動が不可能である。これとは逆に人民銀行は、革命を正常化し、革命を常に変わりなく確立し、それを社会の合法的、合憲的、司法的な状態にしようとする。われわれは一貫して革命的であり、ルイ・ブランは一貫して反革命的である。

〈このためには、次の二つの条件が不可欠である。すなわち、各産業の利益の総額を出し、この総額をすべての労働者間に分配すること〉

〈各産業の利益の総額〉とは矛盾を含んだ観念である。分断化され、無秩序に競合した社会においては、ある人の利益はもう一人の欠損から成っており、この利益は、家計＝国内経済に固有の対立・敵対関係を表わすものである。しかし、同一産業におけるすべての労働者、国家におけるすべての産業が連合し、連帯しているならば、もはや利益の余地はない。というのも、合法的な利益が万人にとって等しいならば、その利益は何ものでもなく、売り値と原価、正味と粗利は同じことだからである。各産業のすべての労働者に利益を分配することは、万人に二万五〇〇〇リーブルの年金を与えるのと同じくらい馬鹿げている。

〈次に、先に述べたさまざまな準備金から、すべての産業間の相互援助基金を作ること。これは、ある年に不調な産業が、好調な産業に援助を受けられるようにするためである。こうして大きな資本が形成されるが、これは特定の一者に属するのではなく、集団的にすべてに属するものである。

全社会によるこの資本の分配は、全国立作業場の頂点に立つ、管理評議会に委ねられよう。すべての産業の指導権はこの評議会の手中にまとめられるが、それは、各個別産業の指導が、国家によって任命された一技師の手に託されるのと同断である〉

矛盾につぐ矛盾ではないか。われわれに利益について語ったあとで、ルイ・ブランは準備金について話す――相も変わらず、家計＝国内経済から借用した観念だ。しかしそれは、社会経済の中に消え去るものである。

準備金とは、生産者の財産部分であって、生産されたものでも、生産手段でも、動産ないし不動産でもなく、自由資本ないし現金化された資本、すなわち貨幣である。ところで、貨幣は社会にとっては富ではない。それは、全くただ単に流通手段であって、紙切れによって、何ら価値のない物質によってきわめて有利に置き換えられうるものである。このことから、社会において貨幣は準備金にはなりえないことがわかる。いや、それどころか、社会のための準備金などは存在しないのである。すべては機械ないしは商品であり、生産手段ないしは消費物である。社会的備蓄だというのか。おお何と、それは一数式の中の剰余ではないのか。

〈社会による準備金の分配〉を担わされた管理評議会に関して言えば、それは一空想的社会主義者の脳裡にかつて芽生えた、最も愉快なる冗談である。社会の備蓄は、各産業によってあらかじめ作られた全生産物から成り、これらは倉庫で消費者を待っている。この準備金の分配は、流通、「生産物と生産物との交換」以外のものではない。――人類が呆然としつつも、最も大いなる凡庸さによってしか共通の方向に戻ることのできぬような時代というものがある。われわれはそうした時代の一つにいるのだ。

国家は、持続的な措置によってこの計画の実現に至ろう。問題は、何人《なんぴと》をも強制せぬことだ。国家がそのモデル――その傍らにはさまざまな私的アソシアシオン、現在の経済システムが存続している――を提供するだろう。しかし、われわれが自らのものと信じている柔軟性の力とはそういうものであって、われわれは断固信じるが、ほどなくしてそれは、その力の抗しがたい魅力によって、対抗するシステムをその中に引き寄せつつも、社会全体に広がるのだ。それは水に投じられた石であり、常に大きくなりながら、次々と生まれる輪を描くことだろう。

〈第七項――さまざまな農業コロニーも、同じ目的、同じ原理によって、同じ基礎に基づいて設立される〉

ルイ・ブランはこのように彼の計画を説明した後、労働者のアソシアシオンに対して、互いに協力し、彼の言によれば「周囲から彼らを支える連帯のこの貴重な絆」を結び合うよう勧め、要するに、彼らの自然発生的な組織化によって、進歩省を創設するように促す。これは本来開始されるべきところで終わることであって、国家による組織化を唱える者が、民衆のイニシアチブに訴えるのを見るのは奇妙なものだ。あいにくなことに、仮に指針がよくても、指示された手段は救いようがない――その他ならぬ証左は、ルイ・ブランのさまざまな奨励のあげくに、なおも戻ってくるこの進歩省である。教会をおいては救済はなく、政府の外に自由はない――このリュクサンブール委員会の改革者は、そこから出ることはない！……。

私としては、ルイ・ブランの善意を、彼が自らの体系に抱いている堅固なる信念を、そしてそれを実現しようとする――仮に、その手段が進歩省によって与えられたものであっても――そのゆるぎない意志を、一度たりとも疑ったことはない。その文体の美質や研究の深遠さよりは、はるかにその断固とした精神、その大胆にして積極的な特質によってこそ、まさにルイ・ブランはわれわれにとって尊敬すべき著作家なのであり、反駁されるに値するのである。今日では、上からのイニシアチブは彼の理論にはないのだから、彼は労働者たちに彼ら自身のイニシアチブによってそれを実現するよう、その雄弁をふりしぼって説くのだが、これはその実践がのちに明らかにするように、彼の体系にとっては既にして矛盾である。それだけではない――ルイ・ブランは、共産主義的観点からローの国家に対する貸し付けの理論を再び取り上げて敷衍した後、『新世界』誌の第一号で「無償貸し付け」の原理に与《くみ》したのだが、しかし彼は、無償貸し付けというものが国家による貸し付けの否定そのものであり、同時に「利益」の、「利子」の、「償還」の、「正味」の、「一律賃金」の、「社会的備蓄」の、「競合なき連帯」の、「共産主義」の、「政府中心主義」の、要するに、彼の言う「労働の組織化とアソシアシオン」をなすすべてのものの否定であることに、考えが及んでいないのである。

人民銀行は、絶対主義およびマルサスの理論に対してと同様、リュクサンブール委員会の理論にも反対して設けられたものである。だから、今日にあって、そこから共同体的封建制や重商主義的政府中心主義の手立てを作り出そうとするのは、奇妙なことだ。無償貸し付けを創始せよ――この貸し付けは各生産者に、いかなる連帯的アソシアシオンの条件もなしに、労働と販路の手立てを同時に保証する。したがって、あらゆる形態およびあらゆる段階での共同体、すなわち人間による人間の支配は、永久に不可能になるのだ。

経済問題は、この人民銀行によって劇的に単純化された。もはや共産主義も、サン・シモン主義も、フーリエ主義も、新キリスト教主義も、神秘主義もない。問題はもっぱら、結果を度外視すれば次のことを知ることである。すなわち、価値の流通は無償で行なわれうるのか否か。この流通は合法的なのか不法なのか。資本は、互助組織の競合に対して異議を唱える権利があるのかどうか。労働者は、彼らに提示される組織化の理論の相違がどんなものであっても、六〇億フランの天引きから彼らをすぐに解放する貸し付けの組合わせを受け入れるのだろうか。それともそれを拒絶するのだろうか。ここでは、家族および所有に関する反動的な要求は、もはや力を持たなかった。アソシアシオン、ファランステール、コロニー化の諸計画は、まだ基礎工事のレベルでしかなく、あらゆる問題は有利な取り引き、資本の無根拠さに帰着されるのだ。当時また別の問題として、高利を廃止すること、流動資本と固定資本との間に起こる競合によって徐々に小作料を減少させることがあるのを、農民たちは理解していた。また、公益も補償金も抜きで、企業家や地主の所有権を奪うのも別の問題である。こうして問題は、平和的で合法的な解決を見た。すなわち、革命は誰をも傷つけず、脅えさせずに行なわれたのである。

　無償貸し付けの原理が実施され発展させられないまでも、人民銀行によって少なくとも民衆の意識の中に定式化され、具体化され、位置づけられた一八四九年の一月、二月、三月というこの三ヵ月は、私の生涯の最も美しい時期であった。天が私を処断しようとも、この月日を私はいつまでも、わが最も栄えある戦いと見なすだろう。取り引きの中心としての人民銀行とともに、おびただしい産業群が政治的策謀や騒擾の埒外で、商取引の平和な状態の上に組織されていた。これはまさに新しい世界、「約束」の社会であって、古い社会に接ぎ木されながら、その社会を、そこから取り入れられた、従来は目立たなかった原理の助けによって、徐々に変貌させたのである。対立する諸党派の密かな敵意や(P)、極左派の無関心（彼らの関心は政治に奪われていた）にもかかわらず、人民銀行への賛同者の数は、六週間でほぼ二万に伸びており、これは少なくとも六万人の住民を代表していた。ところが、イギリスの政治経済関係の諸新聞ときたら、厚かましくも――というのは彼らは、顧客や販路の広がりによってではなく、出資者の数によって商取引を評価するからなのだが――指導者（プルードンのこと）のやむをえぬ退陣のために避けられぬものとなった人民銀行の延期を、さんざん嘲笑したのだ！　二万の生産者たちがなしえたことを、われわれは想像しうるのだろうか。この生産者たちは、行動の自由と個人的責任を持った各加入者に対しては真偽の保証なしに、彼らが生産したすべての価値、または消費されたすべての価値の流通を集権化していたのである。

P——この敵意は、ピエール・ルルーとルイ・ブランの最近の出版物に、白日の下に明らかになっている。無償貸し付けの原理に異を唱えるには、それがあまりにも民衆的であることを認めつつも、人民銀行を論ずるに当たって、この二人の社会主義者のうち、前者はそこに件《くだん》の三点セットが全く見られぬのを理由に馬鹿げたものと述べ、後者はそれが「その業績に応じて各人に」という原則を前提にしているがゆえに反社会主義的であると述べている。

人民銀行は市民にも、国家にも、何ら負担をかけるものではなかった。それはある時には国家に二億フランの収入をもたらすことができたが、一方で、市民には常に開放された販路を、つきせぬ仕事を保証していた。遅かれ早かれ、負債に苦しむ国家や困惑した国民を救済するためには、この豊かな制度に頼らねばならないだろう。旧弊なる商人や金融家にしても、この仕組みを逃れることはできないし、同じく自称社会主義者たちにも、これに代わるものはないのである。しかしわれわれは、前もって数億フランもの援助金、軍備費、輸送費、植民費、暴動鎮圧費、拘禁費を使ってしまっているだろう。また、最も奇妙で、最も抑圧的、最も破滅的なあらゆる経済的妄想によって、抵当債券、偽りの流通、はなはだしく高利な借り入れ、所得に対するあらゆる種類の課税、累進税、奢侈税、相続税等々を試みて、ついには破産に至ってしまうことだろう。

先入観に囚われ、[111]野盗や法螺吹きどもに統治される場合には、人類はこのように歩むものだ。わが不幸な国民は、一握りの無知な衒学者の栄光や、偽善者どもの満足のために苦しみ、なおも苦しみ、いつまでも苦しまねばならない。こうして国民を疲弊させ、虐殺する者たちは保守主義者と呼ばれ、最も恐るべき破局から人類を守るべく、多少の寛容さを求めていたわれわれは、家族と所有の敵というわけだ！　何という皮肉だろうか！

111——初版では、「摂理による本能に囚われて」

# 第16章　一二月一〇日、ルイ・ボナパルト

歴史においては、すべてを説明しようとしてはならぬ。これは、哲学が欠如していると同時に、危うさに満ちた言い方であろう。使徒が語っていたことだが、知恵には限界があり、その限界を超えては、論理も理性も、もはや精神の虚栄と苦悩でしかない。しかしながら、一見してもっぱら偶然にのみ帰着するような、説明しがたい偶発事の外観を呈する出来事というものがあるが、しかし、粘り強い探求によって、われわれはついにその理由をつきとめるのである。一二月一〇日の選挙とはそういう類のものだ。

六カ月以上にわたって[112]、私はルイ・ボナパルトの共和国大統領選挙の原因をではなく（それは誰も知らない）、その哲学的意味を探し求めていたが、この選挙はある者たちをいたく喜ばせ、またある者たちをひどく憤慨させ、そして当然にも、誰もがそれに驚いたのであった。共和国大統領ルイ・ボナパルトだって！　それは、多少なりと厳密な理性ならば毅然として立ち向かった不当な出来事であって、というのも、そこには理由も言い訳も見出せないからである。二月このかた起こった出来事は、すべて歴史的法則の下に生起していたのだが、唯一この事件のみがそれから免れていた。もはやそれは現実的、合理的展開ではなくて、『モニトゥール』紙がその始まりと経過と結末を報告している、専制的な選挙の賜物、一つの伝説であり神話であったのだが、私にはそのはっきりした理由をつきとめることも、論理的な結論を出すことも、要するに、その意味を説明することが禁じられていたのであった。神意は抗いがたい――神には抗弁できないのだ。

112――プルードンのさまざまな論説には、確かにこの探求の痕跡がある。ある場合には、ルイ・ボナパルトは革命を意味している――「ルイ・ボナパルトは民衆の投票によって、一八四八年の革命を完成することを余儀なくされた……

社会主義者か裏切り者か、彼にはその中間はない」（一二月一五日）。またある場合には、彼は反革命を意味している――「民主主義および社会主義にとって、今日ボナパルトより大きな敵はいない！」（一二月二一日）。すぐあとで見られるだろうが、この場合、大衆がルイ・ボナパルトを選んだのは、ある極度の穏健さに駆られてのことである。もっと先の三二〇頁で（第一七章）、プルードンはこの選択を再び取り上げ、ルイ・ボナパルトが権力と破局の道を歩み始めたことを明らかにするだろう。一八四九年一二月三日、サント・ペラジーに投獄中の彼はある友人に宛てて、ある重大な取り引きがサント・ペラジーとエリゼ宮の間で用意されていることを告げる。それは他でもない、ルイ・ボナパルトが人民銀行に融資することであった……「ルイ・ブランでも彼でも同じだ」――一二月二日の直後、プルードンは『一二月二日のクーデターによって証明された社会革命』を出版するが、これによって彼は、共和派から忌避されることになろう。

この謎を私が解明するには、ルイ・ボナパルト自身の証言につくにしくはなかった……。人間は自然の自我であると同様、神の自我である。人間が自らの運命に関して、何らかの感情、直観を持たぬことは稀だ。(113) そしてルイ・ボナパルトは――彼をおいては何人《なんぴと》も理解しえぬことは、その並外れた僥倖によって説明されるが――、現代の形而上学の基底をなす主体の、あの同一性の驚くべき実例なのである。

113――初版では、「人間が自らのことを知らぬことは稀だ」

ルイ・ボナパルトが自分自身に与えた判断の深さを測るために、まず明らかにしたいのだが、選挙民たちには、人間的賢明さの規律に従ってこの候補者を拒否する、考えられうる限りのあらゆる理由があったのであり、彼らすべてにとってルイ・ボナパルトは未知の者でしかなかったのである……。未知の者――しかし何という投票の根拠か！

この候補者の人格を考慮するにせよ、共和国を分裂させていた諸党派の立場に立つにせよ、私には納得できないように思われた。おそらく、一二月一〇日の投票によって私は、フランスが望んでいなかったことを教えられたのであった。爵位もなく、高名な門閥もなく、党派もない一亡命者に投じられた五五〇万票に対するに、カヴェニャック、ルドリュ＝ロラン、ラスパイユ、シャンガルニエ、ラマルティーヌの間でばらばらに分かたれた約二〇〇万票は、そのことを認めるのに十分であった。しかしながら、フランスが望んでいたこと、その願望、行政権を代表させるのにルイ＝ナポレオン・ボナパルト——かつて貴族院法廷によって断罪され、政府に対する反乱の首謀者としてアム城塞に投獄されていた——を選択することでフランスが求めていた政治的ないし社会的理念とは、それこそまさに私には理解しがたいものであって、だからこそ私は、あれほど駆けずり回った選挙民たちも、彼らを導いた見えざる手も、ともに不合理だとしたのであった。

　非論理的な状況ほどゆゆしいものはない。一二月一〇日以来、われわれの誤解はすべて、ルイ・ボナパルトが万人にとってよくわからぬ人物のままであったこと、彼が自分の役割に抱いていた直観にもかかわらず、当の彼自身が自分が何を代表しているか、何者であるか、いまだ冷静に説明することができなかったことに依るのである。私に関しては、はっきり言うが、この選挙以前および以後に私が彼に反対したのには、かくも長いこと私が留まっていた、この知らず知らずの無知以外の理由はない。自ら解明できぬものとは、私が世界で最も嫌うものである——私は、エディプスのようにスフィンクスを殺していたであろう。さもなければ、私がむさぼり食われるかだ。ルイ・ボナパルトは私に何をしたか。無礼は何もなかった。それどころか、彼は私に好感を抱かせたのであり、もし実際のところ、儀礼的なわれわれの一時間の会見のみを考えるならば、私は彼に恩義を感じている[114]。しかし、この立候補が問題となるや、この難問の答えを見つけようとしつつもそれができずに、この男がその栄光ある名前にもかかわらず私とは相容れぬものとなり、敵対的なものと化したのを私は感じたのである。ことが全く別の場合であれば、三〇年間の流謫の後に見知らぬ祖国に帰還し、その選挙の担保に基づいて、おそらくは善意によるものだが、しかしリュクサンブール委員会や市庁舎と同様に、民衆に対して実現しそうもない約束をするこの男に同情したでもあろう。しかし、二月の、六月の、一一月四日の後となっては、正統王朝派が、オルレアン派が、古典的共和派が、ジャコバン派が、社会主義者が、大統領職のまわりに作り上げていた呪われた人々のあの輪の最中に、ルイ・ボナパルトは位置していたのである。このことは、私にはきわめて不思議な、理解しがたいものに思えたので、ティエール氏同様、私はそこに、わが国民にとってのさらなる恥辱をしか見ることができなかったのだ。

114――プルードンとルイ・ボナパルトのこの会見については、一八四八年一二月七日付の『プープル』紙と、とりわけエミール・ド・ジラルダン宛の一八四九年七月一一日の手紙を参照のこと。この手紙の中でプルードンは、一八四八年七月二六日の日付の彼の「手帖」の文章を写している――「ルイ・ボナパルトを訪問。この男は、感じのいい物腰をしているように見える――騎士のような顔と品格、強い野心以上に伯父の栄光に満ちている。しかしつまるところ、凡庸な才能だ。よく見れば、成功するかどうか疑わしい。――しかし、用心すること。最初に党派の頭目たちを調べるのは、あらゆる王位要求者のやり口だ」

この男のことは脇へ置いておこう。ここで問題なのはオルタンスの息子（ルイ・ボナパルト）のことでは何らなく、彼を記号と見なした国民のほうである。いや、それどころか、まさしくフランスこそが、このいわゆる諸民族の女王こそが、その僧侶たち、作家たち、伊達者たちに操作されて[115]、まるでうわべだけで商品を選ぶ顧客のように、この男の名前を信じこんで、彼を首長として選びに向かったのである。われわれが不当にも手に入れた共和主義者というこの称号への敬意によって、また、共和国憲法の作成をわれわれから任じられた代表者たちへ敬意を払って、思うにわれわれは、共和国大統領には一人の共和主義者を選ぶべきであった。そして、偉大な個人がいなかったとしても、重きをなす著名人は不足してはいなかったのだ。カヴェニャックは中庸を得た共和国であった――彼はそのためにすべてをなしたのではなかったか。ルドリュ＝ロランは赤い共和国だった。ビュゴー、シャンガルニエは軍事的共和国だった。われわれはこうした人々を知っていたから、彼らが大統領になれば、われわれに不安を与えるはずがなかった。かくしてわれわれは、納得しうる理由もなく、われらの誇りを尊重することもなく、共和国を生み出し、それに尽くした人々を嘲弄するためにのみ、王朝的、幻想的、神秘主義的な候補に栄誉を与えたのであった！……

115――以下に具体的な名前を挙げてみよう。「伊達者」に関しては、未来の公爵であるモルニーが考えられる。しかし、当時誰がモルニーのことを気にかけていただろうか。おそらく、この言葉の意味をもっと広く取らねばなるまい。伊達者たちとは、おのれの主張を持たぬ政治家たちのことであり、おそらくその代表は、オルレアン派で王族大統領候補を支持したティエールのような存在である。「僧侶」に関しては、一八四八年一〇月になるとすぐ、ルイ・ボナパルトはモンタランベールに会い、彼やヴイヨと一緒に行動する。――「作家」たちとは誰だろうか。個人的にはこの王族の友人であったとはいえ、ジョルジュ・サンドのことではなかった。また、社会主義者ウージェーヌ・シューのことでもなかった。

探求すればするほど、それだけ私は絶望したものだ。

憲法によれば、大統領の権限は四年間継続するものである。そして、任期の満了した大統領は、さらに四年経たなければ再選されることはできない。君主制的な欲求には何の余地も与えぬこの規定は、一人の市民を選択することを要請するものだが、およそその市民の願いとはまさしく、四年の間、献身と愛国精神をもって同胞たちの第一人者たることであり、われらの歴史の年代記の中に、立派にその名を書き記されることであった。それなのにわれわれは、偶然に挑戦するかのように、純血種の人間を、王位要求者を、要するに王族を選んでいたのだ！　既にして四年の任期満了を待たずに憲法を改定し、ルイ・ボナパルトの権力を延長することは確保されていた。このことは、大統領の権威を王の権威に近づけるものであり、過渡的段階をしつらえ、王政復古への道を開くものであった。加えて、すべては合法性への愛と憲法の尊重によるものだというのである。おお、偽善者である以上に卑劣なる正理論派たちよ！　では、ただちにこの憲法を引き裂くがいい！　諸君は最も強大なのではないか。憲法に反対するよう民衆に呼びかけることは、現在では四年後ほどの意味を持たぬのではないか。もし国民が正当に永続的なその権利を断念し、堕落する王国を再建し、普通選挙を廃止することができると諸君が思うのならば、諸君の言う四年の延長は、無益な怯惰である。違法な協定に対する抵抗は、諸権利の根本にして義務の最も神聖なるものである。諸君が共和国に抗して行なうはずのことを、われわれは君主制に対して行なうのだ。そのことだけでも忘れずにいたまえ。何なら試しにやってみるがいい。

こうして私は、ルイ・ボナパルトの選挙の論理的帰結だと思われた想像上の脅威に対して、感情を爆発させていた。そして、私は自らの憤懣には根拠があると思っていただけに、ますますこの候補者の通達にそのような目論見の予兆が見られると思われたのだった。

ことは選挙によって選ばれる、暫定的な、責任ある官職に関わっていた以上、大統領において何よりもまず考慮すべきなのは、公的業務のすばらしさ、才能の偉大さ、個性などであった。共和国において行政官というものは、それが君主制下では王の尊厳の反映であるように、共和主義的美徳の見本を提供しなければならない。ところで、いかなる名目、いかなる理由のもとにルイ・ボナパルトは立候補したのだろうか。血縁関係か、世襲的な要求か。彼自身はこう言っていたのだ――市民諸君、私を選挙に促したもの、それは私がボナパルトという名だということだ！〈余が獅子と呼ばれる所以《ゆえん》なり〉。既にもう、一二月一〇日の選挙以前に、この論拠は十分決定的で有無を言わせぬもののように見えていたので、ルイ・ボナパルトを国民の代表に選ぶのに加えて、ナポレオン・ボナパルトを、ピエール・ボナパルトを、リュシアン・ボナパルトを、ムラ（カロリーヌ・ボナパルトの息子）を、これらの王族を選択するのには十分であった。廃兵院長官のジェローム・ボナパルトには、四万フランの給与を与えようではないか。ヨンヌ県の議員に再選されたばかりのアントワーヌ・ボナパルトはもういい。われわれが望まぬのは、マッツィーニの友にしてローマ人のシャルル・ボナパルトだけである。そうすればわれわれは、革命的民族に、先駆的民族に、諸国民の救世主になるだろう！　ところで、誰がそんなことを言ったのか。

……こうした考えは、私を激怒させた。

選ばれる者の検討から選ぶ者のことに話を移せば、彼らの選択にはなおのこと道理が見出せない。赤（共産主義者）にも白（王党派）にも青（共和派）にも、これら三色には、事態に対して激しく前進していく理由が何もない。党派的利害、原理への忠誠、未来への顧慮によって、それらすべてはルイ・ボナパルトに対して直接的に行動することが要請されていたのだが、そうはせずに、お互い憎み合うことによって、彼のために一致団結していたようなのだ！

この場合、私は一再ならぬ侮辱を耐え忍ばねばならなかったのだから、民主的党派において何が起こったかを報告しようと思う。そのことによって、爾余のことを判断されたい。

憲法の採択の後、社会問題に関して『プープル』紙と山岳派の組織との間に前からあった論争は、大統領選挙の問題をめぐって新たな紛糾の段階を迎えた。私の懸念は、ことごとく的中していたのである。

社会主義は、資本に対する抗議であるというまさにそのことによって、権力に対する抗議である。ところが山岳派は、権力によって社会主義を実現し、なお悪いことには、権力を手に入れるために社会主義を利用しようとしていたのだ！……社会主義党派にとっては、組織的な棄権のうちに閉じこもるのか、それとも、自分たちの数を測り、自らの影響力を知るために、候補者を立てるという手段を取るのか、要するに、政府的な行動を取るのか否かはつとに大問題となっていた。山岳派はもっぱら独断によってこの問題に決着をつけていたが、それは、ルドリュ＝ロランが（確かに、彼に異議を唱えるべきものは何もないが）社会民主的共和国の候補者たるべきであると明言することによってであった。

まずもって『プープル』紙はこの決定に異議を唱え、大統領職に関する山岳派の周知の見解は、あらゆる点で社会主義とは反対のものであると見なしていた。同紙の主張は――選挙の誘惑のために民主主義的信条を犠牲にするように見えるのは、権力分立の原理をあれほどの精力を費やして排除したあとでは、この党派にとってあまり名誉なことではあるまいということであり、また、大統領制が危惧されるのは、制度それ自体のせいというよりははるかにそこに着任するかもしれぬ人物のゆえと思われる、等々ということである。また、われらが同志たちがこの困難を除去できると信じたのは、候補者が選出された場合には、名誉にかけて次のような契約を彼に結ばせることによってであった。すなわち、その権威を行使してただちに憲法を改定し、労働権を認めさせ、大統領職を廃止させること。しかしこれは、われわれの観点からすれば反憲法的であり、実現不可能であり、あまりにも他愛ないという三重の欠点のある配慮なのである。

そこで『プープル』紙は、こうした風潮を実践に立ち戻らせるよう努めた。同紙は、人々が相変わらず投票に固執している以上、少なくともある事実を受け入れるべきことに注意を喚起した。すなわち、社会民主主義の候補者にはいかなるチャンスもないこと。したがって、彼に投じられる票は絶対的多数の数を引きあげることにしか役立たず、その分だけ、ルイ・ボナパルトの有利になるような確率を減少させ、同じ割合でカヴェニャックのチャンスを増やすことになるということ。こうして、ラスパイユあるいはルドリュ＝ロランに投票するということは、実際には〈六月〉の勝者、この時期には最も憎まれていた人間に投票することであったということ。社会民主主義者としては、カヴェニャックとルイ・ボナパルトの二人の候補者のどちらが大統領の地位につくことをより恐れるべきであろうか。問いはいかに提出されるべきであったか。以上が『プープル』紙が語っていたことである。(116)

116――この記事には、プルードンがここで語っている以上のものがあった。彼は、カヴェニャック／ルイ・ボナパルトの二者択一のみならず、カヴェニャック／ルドリュ＝ロランの二者択一をも検討していたのであり、関心を惹かぬこの問題、つまり大統領職に関して誰を選ぶかと聞かれれば、他の誰をおいても彼が選択を明言するのは、カヴェニャックのほうである。このような役どころを占めるべき理にかなった候補者は彼なのである。

この、実に算術的な批判は、離反と映った。『プープル』紙は、民主主義から追放された。窮余の一策として、団結の必要性、懲罰の要が訴えられたが、激情に駆られた者が穏やかな者に打ち勝つに至るのは、こうしたことによってである。『プープル』紙は、諸原理の領域にしかありうべき団結はないと反駁した。そして、ラスパイユの立候補が、ルドリュ＝ロランの立候補に真っ向うから対抗して支持された。

哀れなる山岳派よ、哀れなる近視眼たちよ！　諸君は権力を欲し、それを手にしつつあったが、それも最後だろう！(117)　要するに、ルイ・ボナパルトは、愛国者たちの間に一体感を回復することとなった。三月、四月、五月、六月に自ら敗北した民主主義への憎悪、中道的共和国への侮蔑、カヴェニャックの尽力の忘却などにより、権力はルイ・ナポレオンに与えられた。再びフリュクディオールのようなことが起きる可能性に対しては、国民はブリュメールの可能性をもって答えた。もう一度言うが、それは国家理由だったのか。自らの主人である偉大なる国民にとって、それはかくも大きな利害に見合う考えであったのか。

117――一二月六日付の『プープル』紙におけるルドリュ＝ロランへの手紙を参照のこと。「この大統領職、この立候補、この政治的乱闘、それはどんなところでわれわれと関わるのか。君は依然として権力を信じているが、われわれはもはやそうではない……われわれにとって、なしうる改革はすべて行なわれている。しかもそれらは、それを信じる人々を苦しめている」

おそらく、人々はこう尋ねることだろう。社会民主主義者には立候補の機会がなかったのだから、『プープル』紙によれば、彼らの党派がカヴェニャックが代表する党に投票するにしてもしないにしても、何を得ることができたのか。要するに、ルイ・ボナパルトの就任にわれわれが反対するのには、どんな理由があるのか。投票しないことで、社会民主主義者は、政治的懐疑主義という目覚しい行動で人々に衝撃を与えた。彼らは、自らの政府中心主義を廃棄した。そしてまさに、そのあらゆる拒否によって規模を拡大し、人数的には勢力を四倍にした。さらに彼らは、一八五二年の憲法改定がもたらすことになる問題点をあらかじめ見据え、かくして未来の憲法反対派という性格を明確にした。つまるところ、この民主主義者の手本が見習われなかったにしても、少なくとも彼らは、屈辱的な敗北という恥辱を被りはしなかったのである。

カヴェニャックに投票した場合には、社会民主主義者はその本質をなす融和の原理に従ったのである。彼らは中道的共和制に影響を及ぼし、それに同化し始めていた。彼らは、あらゆる共和主義的分派がその共通の理想によって目指すものを表明していた。彼らは未来の政府として国民に認められており、数年にわたってその勝利を進展させた。

この場合、われわれには反駁の余地のないものと思われるこうした諸理由は、一二月一〇日の民衆の霊感からはへだたったものであった。では、一般的思考が隠蔽していたものを、一体どんな知性が見抜きえたのだろうか。しかし——と人は言いつのるだろう——社会民主的党派にこのような洞察力に欠けるところがあったとすれば、それは諸君をなおも分裂させる理由だったのだろうか。ラスパイユのこの立候補は、何になるというのか。

ラスパイユの立候補は、まさしくルドリュ＝ロランの立候補に動機づけられたものであった。メンバー全員一致で自らの原則を裏切る党派とは、堕落した党派である。カヴェニャックに投票すれば、民主主義は単純に憲法への服従を行為に表わしたことになろう。ところが、民主主義は決してそれに同意しなかったし、その原則を留保し、その教説には容喙しないままだった。民主主義は、ルドリュ＝ロランに投票することで政府中心主義的な理論に対して態度を明らかにしたのに、もはや社会主義的ではなく、正理論主義的となった。未来の反対派の名誉のためには、その只中から一つの抗議が立ち現われなければならなかった。そうでなければ、それは一二月一〇日のあとでは、もはや沈黙するか陰謀を企てるしかなかったのである。

今となってはわかるが、すべてこうした理由には、当時は何がしかの意味がありえたのだが、それらは、大衆を選挙に駆り立てながらルイ・ボナパルトに投票するように密かに彼らに強いていた高度な知恵とは、遠くかけ離れていた。しかし、当時はすべてが一緒になって、判断を狂わせていたのである。

してみるとわれわれには、一人の専制君主（ナポレオン一世のこと）の思い出を抱いた諸精神の信じがたい連鎖の中にあって、社会民主的革命への盲目的な憎悪と、例の四五サンチーム税への恥ずべき抗議以外のものを見ることができたのだろうか。ところで、またわれわれ社会主義者に対してしばしば非難されるように、否定するだけでは十分ではなく、肯定しなければならないのだ。では、国民はルイ・ボナパルトを任命することで、何を肯定しようとしていたのか。いかなる霊感に国民はつき従っていたのか。彼らは、どんな原理を提示しようとしていたのか。それは反動の思想だったのか。皇帝の甥と全く同様に、カヴェニャックは反動家たちに仕えることができたのであり、そのことを彼は六月に証明した。さらに彼には、ブルボン本家にもブルボン分家にも不安を抱かせぬ功徳があった。彼は、単なる共和国大統領であった。つまり、誰も彼のうちに王位要求者の恐れを抱く必要はなかったのである。一人のボナパルトのために、一体誰が正統王朝派的選択を決定しえたのか。誰がオルレアン派的選択を決定づけたのか。この二つの党派の首長たち、このかくも抜け目のない男たちは、どうしてわからなかったのだろうか。ルイ・ボナパルトが共和国と結びつき、憲法擁護を引き受けたならば、遅かれ早かれ共和派を自分の味方につけて、失墜した王朝に背いて、カヴェニャックがなしえたかもしれぬことを、彼よりもさらに巧みに行なうであろうということを。また逆に、彼が自らのもともとの性向に従うならば、彼がその帝国的な観念に立ち戻るならば、四年の間、彼はさらなる競争相手となるということを。問題が王位に関わる場合、四年とはまさにそういうことだ。したがって正統王朝派、オルレアン派、そしてあらゆる反動派は民主主義者と同じく、誤った議論をしていたのだ。彼らは自分たちの王朝と相容れぬこの立候補に同調することで、自らの原則を裏切り、賢明さのあらゆる教えに背いていたのである。ただ一人、カヴェニャックに投票した左派の共和主義者たちやラスパイユの名のもとに再集結した少数の社会主義者たちとともに、ただ『プープル』紙のみが共和国への論理と忠誠の途上にあった。まさにそれゆえにこそ、私は全力でルイ＝ナポレオンの立候補に反対したのである。そして私は帝国に抵抗していたと思っていたのだが、一方で何とあいにくなことに、革命の邪魔をしていたのである！　私はエゼキエル（旧約聖書の預言者）の輪に梃子《てこ》を入れ(118)、ボシュエが語ったごとく、天界を支配しかつ共和国を統治する〈存在〉を従わせようとしていた。私はまさに、人類を冒瀆していたというわけだ！　私はそれによって罰された――〈ワガ過チニヨリテ〉

118――技術用語として使われるこの語（embarrer）には二重の語源、二重の使用法がある。一つには、名詞 barre（棒）から生じたもので、enfoncer（打ち込む、差し込む）を意味する。もう一つには、イタリア語 imbarrare、したがって imbarazzare から生じ、embarrasser（邪魔する、困らせる）gêner（妨げる、迷惑をかける）を意味する。おそらく、ここでフランシュ・コンテ地方の農民によって用いられるこの語を使ったのは、車輪の輻の間に棒を配することで車の車輪の動きを止める行為を表わすためだろう。

率直に言って、一二月一〇日以前では、私はルイ・ボナパルトの立候補に賛同する以上のことを求めはしなかっただろうし、かつまた一二月一〇日以後では、その政府を支持する以上のことはしなかっただろう――いかなる理由で、いかなる原理の名のもとに、いかなる歴史的、政治的、ないし社会的必然性によって、カヴェニャックやルドリュ＝ロランよりはむしろ彼が共和国大統領に選ばれたのかを、もし彼が私に言うことができたならばであるが。しかしながら、支配する者は考察すべきことを何につけ支配される者にまかせておくものであって、私がそのことを考えれば考えるほど、私の熱意にもかかわらず、なおのこと途方にくれるのであった。私は自分の考えに没頭しながら、ある日、求めていた解決を、ミラボーの次のような予言的言葉に見出したように思ったが、これは他ならぬ一八四八年一二月一〇日と類似したある状況（一八〇四年一二月五日の皇帝の戴冠式のことだ）に際して、シャトーブリアンによって想起されたものである。「われわれを次から次へと打ちのめすあらゆる危機をどの時代にももたらした、あの盲目的で揺れ動いてやまぬ無思慮の新たなる一例を示そう。われわれは眼を見開くことができず、世の終わりまで、時には反抗的な子供であり、そしていつも争闘を好む者であることを決めたように思われる」

何と移り気なことか！　とフーリエなら言うことだろう。それが理由なのか。原理なのか。それが必然性だと言うのか。おお、神よ！　御身の勝ちだ。御身の思《おぼ》し召しは測りがたい！

ついにルイ・ボナパルトが口を開いた。彼は自らを明らかにしたが、しかし、人々は依然として彼の言うことを理解しなかったのだ。

何のために、いつ、そしてどこでかはもはやわからないが、彼はこう語った(119)——フランスは私を選んだ。それは私がいかなる党派にも属さぬからである！……翻訳すれば、「フランスは私を選んだ。それはフランスがもはや政府を望んでいないからである」

そう、確かにフランスはルイ・ボナパルトを共和国大統領に任命したのだが、それはフランスが党派に疲弊していたからであり、あらゆる党派が死んだも同然だからであり、諸党派とともに権力自体が死んだも同然であって、もはや埋葬するしかないものだからである。というのは、この物語の展開の中で既に見たように、権力と党派は互いに原因と結果だからである。前者を取り除いてみたまえ、そうすれば後者を破壊することができる。逆

119――この言葉を同定することは困難だが、それが表わす思想は、当時ルイ＝ナポレオンが行なった演説に絶えず見られるものである。次に一例を示す。「私は単に一党派を代表するものではなく、一八四八年と同様一八〇四年において、フランス革命の偉大な原理を秩序によって救おうとした、あの二つの偉大な国民的総意《マニフエスタシオン》を代表するものなのであります」（一八五〇年夏、リヨンでの演説）

もまた真なり。

ルイ・ボナパルトの選挙は、政府中心主義的フランスの勝利へと、したがってその最後のため息へと向かっていた諸党派の自殺であった。かの偉大な皇帝の死の床における最後の言葉は「前へ！……軍！……」だそうだが、一二月一〇日の投票におけるわが政治社会の最後の言葉は次の四つの名前であった――「ナポレオン、ロベスピエール、ルイ一四世、グレゴワール七世！」

さらば、教皇よ！

さらば、王よ！

さらば、皇帝よ！

これからはわが子孫たちに対しては、地上的権威も、霊的権威も、革命的権威も、法的な権威もないだろう。行け、ボナパルトよ、そして賢明に、かつできることならば、ルイ＝フィリップよりもなお一層見事に已れの職務を果たすがよい。君はフランスの最後の支配者となるだろう！(P)

P――『一九世紀における革命の一般理念』において私はこう言っている――「フランスはルイ＝ナポレオン・ボナパルトを選んだが、それはこの皇帝がフランスにとって〈革命〉だからであり、また、フランスが何よりもまず革命的だからだ」。これはこの『告白』で示されているのと同じ考えである。一九世紀に存在するいかなる党派も、ジャコバン的伝統を引き合いに出した党派でさえ、革命的ではなかった。そのことをこれら二冊は明らかにした。ところで、革命が何であるか、今日では人々は知っている。すなわち、労働者には労働を、農民には土地を、市民には、市町村には、地方には独立を。そして社会的平等と、必要ならば外国に対する武装したプロパガンダを。

ルイ・ボナパルトは二つのやり方でその役割を果たすことができた。すなわち、〈革命〉の先頭に立つことによって。あるいはまた、王党派やイエズス会派と共謀して進歩を妨げることによって。彼は彼の伯父を破滅させたことのある、そして彼自身をも破滅させる後者の党派を選んだが、それでも〈革命〉を一歩も後退させることはなかった。これに反して、諸党派は方向転換する――ジャコバン主義が反政府主義的になる一方で、正統王朝主義は八九年にかけて誓うのだ。〈まことに手のこんだことだ！〉

# 第17章　一八四九年一月二九日、バロ／ファルーの反応、政府の破滅

ルイ・ボナパルトが大統領になるとともに、権力の葬送が始まる。この最後の展開は、社会民主的共和国の実現を準備するためには、必要不可欠のものであった。先立つ状況、一二月一〇日に続き、そして容赦ない論理で展開され続ける諸事実は、われわれにそのことを明らかにしつつある。

一八三〇年の王政を作り、四〇年の戦いを経て、反省と自由をもってティエールの、ギゾーの、タレイランの政府を生み出すことで、フランスは新しい革命の原理を提示した。さながら後で変態する本能を持っている幼虫のように、フランスはその繭を紡いでいたのだ。それは九カ月の危機の後に、すべての党派の候補者であり、かつその棄権の象徴である一人の大統領を自らに与えることで、その〈事終わりぬ〉（十字架上のキリストの最後の言葉）を示し、沈没せぬうちに、その最後の意志による政令を公布した。

権力の腐敗は立憲君主制の結果であったが、大統領の使命はその権力の葬列を導くこととなろう。ルイ・ボナパルトはもはや、その革命的立場を欠いたあととなっては、カヴェニャックやルドリュ＝ロランが言ったかもしれないように、遺言執行人でしかない。ルイ＝フィリップは古き社会に毒を注ぎ、ルイ・ボナパルトはその社会を墓地に導いた。ほどなく私は、諸君の前にこの不気味な葬列を通過させるつもりだ。

間近に見てみれば、フランスは疲弊しきっており、救いようがない。生命はそこから遠ざかっている。心臓の代わりにあるのは、利潤という金属の冷たさだ。思考の席を占めているのは、全く相容れず妨害し合う主張の爆発である。それは、既に寄生虫のたかった屍体だと言ってもいい。自由、名誉、祖国について一体何を語るというのか。国家としてのフランスは死んだ――ローマ、イタリア、ハンガリー、ポーランド、ライン公国は、その

柩《ひつぎ》にひざまずき、「デプロフンディス（深キ淵ヨリ）」を朗唱しているのだ。かつてフランス国民の力と偉大さをなしたすべてのもの、君主制と共和制、教会と議会、ブルジョワジーと貴族、軍事的栄光、科学、文学、美術、すべては死んだ。何もかもが葡萄の取り入れのようになぎ倒され、革命の醸造桶に投げ込まれた。この解体作用を止めないように注意することだ。生き生きとした鮮紅色のリキュールを、澱や搾り滓《かす》と混ぜようとしてはならない。それは、墓の中のラザロ（死後四日目にキリストによって甦った）を二度殺すことになってしまう。

　われわれが衰弱し始めてからのこのほぼ二〇年間というもの、われわれは一体何度、変貌の最終段階に達することを思っただろうか。ほんの一つの出来事でも、復活の兆《きざし》としてわれわれが受け取らなかったことはなく、最も小さな物音ですら、審判のラッパとしてわれわれの耳に響かなかったことはない。しかし年月は流れ、偉大な日は訪れることはない。これではまるで、中世における至福千年説のまやかしである。ポーランド、ベルギー、スイス、アンコーヌ（アドリア海に面したイタリアの港）、四国同盟、臨検権、秘密結社、仕掛け爆弾、議会協定。さらにベイルート、クラクフ、プリチャード（ジョージ・―、イギリスの宣教師、一七九六―一八八三）、スペインの結婚、ロシアの借款。またさらに、飢饉、選挙改革、〝悪人同盟〟、そしてとりわけ贈収賄！……[120]。そしてとうとう、二月革命、一二場からなる見世物、普通選挙、反動。そして依然として、なおも相変わらず贈収賄だ！　誠意の残りがわれわれを打つかどうか試させる、何と多くの機会があることだろうか。また、われわれが民衆であるならば、何と多くの行動の理由があることだろうか。時折り、われわれは立ち上がろうと試みたのだが……、死の冷気がわれわれを再び棺桶に打ちつけたのだ。われわれは壺とグラスの間に最後の炎を投げ込んだのだが、王朝派の、民主主義者の、社会主義者の乾杯は、一八四七年七月から一八四九年までは、歴史におけるわれわれの分け前なのである。

120――ルイ＝フィリップの治世のすべては、わずかな言葉で要約される。それは、ヨーロッパにおいては反革命によって、フランスにおいては革命によって打ち砕かれた。

ルイ・ボナパルトの政府を非難することを、われわれは――不当にも私が筆頭なのだが――やめはしない。そうやってわれわれはルイ＝フィリップを非難していたものだ。一二月一〇日の政府！　それはわれわれにとって復活の手段となったかもしれないのだが、ルイ・ボナパルトの野心にはそれほど高邁な意図はない。彼は、遺体安置室に封印をするためにのみ存在する。だから、彼が葬儀人夫の役割を果たすにまかせるがいい。七月王政にも比べるもののない、この恐るべき仕事のあとでは、大統領のなすべきこととは、諸君を死体置場に配することだ。ルイ＝フィリップは、権力ゆえに社会の破壊者であった。ルイ・ボナパルトはそのルイ＝フィリップの残したもの、権力を解体する者となるだろう。彼自身はカトリシズムと結びつくことで、その務めを限定した。彼の選挙に付随した諸状況、革命的系列の中で彼の占める位置、彼の推薦者たちが彼に強いた政策、彼の権威によって作るようにされた慣習、彼の前に開かれた展望、そうしたすべてが彼を押しやり、彼を急き立てる。まさに革命そのものが、ルイ・ボナパルトにとって教訓となったのだ。彼はルイ＝フィリップのように、イエズス会派と正理論派とを、互いに傷つけ合わせるために一緒に組み合わせなかったろうか。その就任演説において彼は、王の殺害者であり新キリスト教主義者の子孫であるカヴェニャックの政策を継承すると言わなかったろうか。……まこと、諸君らに告げるが、共和国大統領の役割は運命の書に記されていたのである。すなわち、その役割とは、カリエ（ジャン・バプティスト・――、フランス革命期の政治家、一七五六―一七九四）が死刑を頽廃させたように[121]、権力を頽廃させることとなのである。

121――カリエは、一七九三年にナントの大量溺死刑を行なった。

　こうした事情が理解されれば、社会主義が進むべき道はすべて示されていたのである。社会主義は権力と言わば協力して行動し、計算ずくの対立によってルイ・ボナパルトの事業を助けながら、権力の頽廃を推し進めるだけでよかったのだ。この戦術によって必然性と神意は再び一致を見、一二月一〇日以前の段階では山岳派の同盟について社会主義者に危惧を抱かせていたさまざまな思惑は、もはや存在しなかった――この同盟は利益そのもの、恩恵そのものとなったのである。ルイ・ボナパルトが圧倒的多数で選ばれ、彼によって反動はきわめて恐るべきものとなったので、権力を再び掌握する望みは、極左の山岳派の目の前から久しく消え去っていたのであり、彼らは自らの計画に縛られ、われわれが望む方向へと進まざるをえなかった。

なすべきことは二つあった。第一には、資本主義的原理と権威の原理を同時に、かつ真っ向から攻撃することによって、社会的問題の中に政治的問題を吸収合体すること。第二には、権威の原理に対して、その最終的な様式のすべての帰結を生み出させること。言い換えれば、その原理がわれわれのうちにある限りは、大統領職をその自滅行為において手助けすること。

このことによって、古き社会はその土台から根こそぎにされたのである。ジャコバン主義は純然たる社会主義となり、民主主義はさらに自由に、さらに哲学的に、さらに現実的になった。そして、社会主義自体はその神話的な外観から抜け出て、ちょうど二本の円柱の上にあるように、高利と権力の二重の否定の上に位置したのである。このことをもとにして、社会的体系はさまざまな夢物語《ユートピア》から自由になり、社会は自分自身をはっきり意識し、自由は民衆的天才の庇護の下に矛盾なく発展したのだ。

同時に権力は、平和裡にその運命を果たしていた。かつては権力を生み出していた自由は、それを経帷子《かたびら》で包んだ。社会主義の勝利とは、民衆が素朴にも語ったように、権力にその天寿を全《まっと》うさせることだったのである。(P)

P――この一節が書かれてからやがて二年になる。著者のこの予測が厳密には満たされていないことは、今日誰も否定することができない(122)。

122――プルードンは、これらの脚注をいつ書いたのだろうか。一つには、一八五一年七月という日付がある。まさにこの月に、一八四八年憲法の改定に関する論争――トクヴィル、ファルー、ユゴー、ベリエ（訳注――ピエール・アントワーヌ・―、一七九〇―一八六八、熱烈なカトリック信者にして王党派の弁護士）らが参加した、かの有名な論争が展開される。改定は退けられたが、しかし、きわめて賛同者が多数だったので、憲法派は精神的に衝撃を受けたほどである。「憲法は改定されないだろう。しかしそれは死んだのだ」ということである。ラ・ゴルス著『フランス第二共和国史 II』四四五ページを参照のこと。

しかしながら、資本や権力のほかに、第三の勢力があった。これは、この六〇年来眠っているように見えたのだが、その断末魔はまた別の意味で恐るべきものとなる危険があった。すなわち、教会である。

政治の秩序においては資本の類同物は政府であるが、宗教の秩序においてはその類義語としてはカトリシズムである。資本の経済的観念、政府あるいは権威の政治的観念、教会の神学的観念は、同一的でかつ相互に交換可能な三つの観念である。それは、今日あらゆる哲学者が十分知っているように、一方を攻撃することはもう一方を攻撃することになる。資本が労働に行ない、国家が自由に対して行なうことを、今度は教会は知性に対して及ぼすのだ。この絶対主義の三位一体は、哲学におけると同様、実践においても宿命的である。効果的に人民を抑圧するためには、その肉体、意志、理性を同時に縛りつけなければならない。したがって、社会主義が完全で、現実的で、あらゆる神秘主義から逃れたやり方で姿を現わそうとしたならば、やるべきことは一つしかなく、それは知的循環の中にこの三つ揃いの観念を投入することであった。[123] チャンスとしてはこれ以上ない時であった。

123 ──後になって、プルードンはその構想をすぐさま素描した著作を著す。すなわち、『革命と教会における正義』である。

カトリシズムの首長たちは、あたかもわれわれと同意見であったかのように、革命的弁証法の脅威のもとに彼ら自身を位置づけようとしていた。民族性に対しては神聖同盟に加担し、臣民に対しては政府に加担し、労働に対しては資本に加担していた。ローマでは、この闘いは教権政治と革命との間で開始された。そして、社会主義的表明をさらに目覚しいものにするためであるかのように、ルイ・ボナパルトの政府はカトリックの利益の名のもとに、公然と教皇に味方していたのである。社会主義的表明がただちに理解されるためには、われわれとしては社会的隷属のあの三重の形態、祭壇と王座と財産のあの共謀を際立たせるよりほかはなかったのだ。反動派がわれわれの無神論──確かにそれは多少はわれわれを不安にさせるものだが──を暴き立てていた間に、われわれはカトリック同盟のいくつかのエピソードを語っていたものだが、民衆は、仰々しい演説も論証もぬきに、非君主制化、非カトリック化されていたのである。

以上が、一二月一〇日以来、『プープル』紙が示し、社会民主主義の諸紙が一般的に倣《なら》っていた闘争プランであった。あえて言うが、このプランがいまだ最終的には勝利を得ていなかったのは、それが既に不滅の結果を生み出していたからである。あとは時間の問題である。

資本は、その覇権を再び手にすることは決してないだろう——その秘密は暴かれたのだ。その最後の大饗宴を祝うがいい。明日にはそれはサルダナパロスのように、その財宝の上で身を焼かねばならないからだ。

権力は、フランスにおいては頽落しており、日々自己防御のために振る舞うことを余儀なくされていたが、これが社会主義ならば、破壊のためにもっと恐ろしいことを考えつくのかもしれない。

カトリシズムは、その仮面が剝がされるのを予期してはいなかったが、その経帷子の下には骸骨が露《あら》わにのぞいていた。キリスト教徒たちは、教会や教皇に反して報復を求めている。ウディノー（ニコラ・シャルル・ウディノーの息子、一八四九年にローマを占領したフランスの将軍）の遠征は、教皇庁にとどめの一撃を与えた——正理論派は、ジェズイット会派に仕向けられて、ジャコバン派の拠点の一つを攻撃して彼らを打破することしか考えていなかったが、彼ら自身は社会主義の仕事をしたのである。ピウス九世において、法王権は崩壊した。ところで、教皇庁が失墜すれば、カトリシズムには力はない。「死人に口なし」である。

哲学の問題に無知な、狂熱的な党派やら聖職者やらがやるべきことをやっているにしても、彼らのやることに難癖をつけるのはきわめて不用意なことであり、ほとんど犯罪である。われわれとしては、この敵対者たちが無分別ゆえに諸事実を明るみに出すのに応じて、その意味を明らかにするだけでよかったのだ。つまり、ルイ・ボナパルト政府が自らの臓腑を抉り出したその論理——ほとんど誠実さと言ってもいいが——を際立たせること。バロ／ファルー／フォーシェ内閣によるさまざまな雄弁な表明を認め、顕揚さえすること。あるいはまた、これは全く同じことになるのだが、それらを告発すること。そうすれば、その仲間たちは、そこに絶えず新たに持続的な動機を見出しうるのである。

二月以前から既に私は、何が起きるか予知していた。これ以上、ある闘いに対して平静に心構えのできていた者は、誰一人としていなかった。しかし、政治的論争のあまりの激しさゆえに最も賢明な者でさえいつも情念に押し流されるありさまなのだ。説き伏せるにはただ理性だけで十分な時でも、私は一種の憤激をもって論争の場に身を投じたのだった。山岳派の数人の指図による、私を標的とした諸々の不当な攻撃は、私を傷つけた。私に言わせれば共和派にとって不当なルイ・ボナパルトの選挙は、私に重くのしかかっていた。私は、圧政の毒針に傷つけられた時の、また、支配者に抗して怒号しつつ蜂起する時の、民衆と同じであった。われわれの立場の真実と正義は、私の熱情を鎮めるどころか、煽り立てることにしか役立たなかった。それほどに、最も知力を活用する者はしばしばその情念において最も御しがたい者であるというのは真実なのだ。私は研究に沈潜し、瞑想によって魂を鎮めたのだが、私の怒りっぽさをさらに掻き立てることにしかならなかった。重い病いから回復するや、私は共和国大統領に宣戦布告した。私はライオンと戦いを交えようとしていたのだが、私は一匹の小蝿ですらなかった。

諸事態をさらによく判断できるようになった今だから告白するが、国家の首長に対する私の側からのこの過度な攻撃は、常軌を逸したものであった。

その任務に服した最初の日から、大統領政府は上から与えられた命令に忠実であり、諸権力間の葛藤を引き起こしつつ、権威の原理が衰弱する前兆であった。私としてはここで、憲法制定議会でのオディロン・バロ氏の解散勧告や、有名なラトー提案(124)以上のものを期待できたであろうか。私の見通しを固めにきたものが、どうして私から平静さを奪ったのか。運命の道具として、その熱意ゆえに結局称賛に値した一人の男に対する罵詈雑言が、何の役に立つと言うのか。

124——この頃、エリゼ宮と議会の間の衝突が始まる。議会は国民に憲法を示すために選定されていた。その任務はほぼ達成されていたが、もう一つの任務が取って代わる可能性もある。首相のバロは議会に(一八四九年一月八日)残りの日数がほとんどないことを想起させる。そこでラトーという名の男は、期日は議会の開始のために固定されるべきだと提案するのである。

政府はその本性上、反革命的であり、それは抵抗し、抑圧し、腐敗し、あるいはまた猛威を振るうものだということは、私にはちゃんとわかっていた。政府はそれ以外のことは知らないし、できないし、望まないだろう。

聖ヴァンサン・ド・ポール（一五八一―一六六〇、フランスの僧侶。慈善家として知られる）のような人間を権力につけてみたまえ。そうしたらギゾーかタレーランになるだろう。二月以前に遡らずとも、臨時政府、執行委員会、カヴェニャック将軍、すべての共和主義者、すべての社会主義者など、諸事件を潜り抜けてきた彼らのうち、ある者は独裁に、他の者は反動に関わったのではなかったか。彼らの轍をルイ・ボナパルトが踏まなかったと、どうして言えようか。彼の過ちは彼のせいだったのか。周知の彼の思想は、自分の政策に対する一つの抗議ではなかったのか。まさに運命に責めを負わせるものでしかないこの糾弾の激しさは、それではなにゆえなのか。私がルイ・ボナパルトに負わせた責任は、間違っていた。彼を反動の咎で非難したために、私自身が、そうあるまいとしたのに反動的であったのだ。

私はもう、これ以上知らずにいることはあるまい。そして、誰が私以上にそのことを知ろうか――すなわち、憲法の二〇項目にわたって明示された表現ゆえに、権力分立の原理の名のもとに、共和国大統領は議会の主体にして従属者であるとすれば、彼は自分と対等であり、かつ宿命的に敵対者なのであったということを。したがって政府においては、権限の衝突も、特権の競合も、相互の軋轢も、非難の応酬も、それゆえ権威の差し迫った崩壊も、存在しないということはありえなかったのである。ラトー提案、または全く別の提案でも、鋼に当たる小石の衝撃で火花が出るのと同じくらい確実に、憲法の二重性から出てきたはずであった。つけ加えれば、ルイ・ボナパルト、この凡庸な哲学者には、確かにこれを彼の罪にするものではないが、助言者として世界で最悪の論理家であり、最も唾棄すべき政治家であるイエズス会派と正理論派とがいたのである。加えて、彼はその位置の不正ゆえに、政令以外にはサインすべきでなかったある政策に、自ら責任があった。すなわち、彼がその火つけ役にされた憲法上の衝突に責任があった。選挙人たちの協定によって彼に押しつけられた、助言者たちの愚劣さと悪しき情熱に責任があったのだ！

この国家首長の悲惨さに思いをいたす時、私は彼のことに涙する気にかられ、わが牢獄を呪うのだ。かつて、これほどに無残に犠牲に供された人間がいただろうか。大衆は、この前代未聞の出世に驚いた――それは墓場における野心の死後の罰としか私には思えないのだが、社会正義はこれをなお追及したが、民衆は忘れっぽさゆえに、もう顧みなかったのである。あたかもこの甥が伯父の罪障を担わなければならないかのように、ルイ・ボナパルトは――私はそれを恐れるのだが――政府主義的な狂信のさらなる犠牲者としかならないだろう。つまり彼は、彼の先行者である君主たちをその堕落において見習うだろうし、あるいはまた、ルイ・ブランとルドリュ＝ロラン、ブランキとバルベスといった、彼に道を開いた民主主義者たちと、その不幸において再び結びつこうとするだろう。というのは、彼らすべてと同様に、彼は権威という原理を代表しているからである。そのイニシアチブによって革命を早めんとしようと、押え込まんとしようと、彼はこの務めに敗北し、滅びるだろう。哀れなる犠牲者よ、君の努力を喜びつつも、君に同情し、君を許し、おそらくは君を擁護せねばならなかったとすれば、私は君に対して、侮辱と皮肉しか持ってはいなかったのだ――私は意地が悪かった。

もし、超自然的な召命というものをいささかなりと信じるならば、次の二つのうちのどちらかであろう。すなわち、ルイ・ボナパルトが共和国大統領職に必要とされたのは、皇帝によって復活され、強化された権力による隷属状態から民衆を救い出すためであるか、さもなければ、皇帝の専制主義の罪をつぐなうためである。実際、二つの道がルイ・ボナパルトには開かれている。一つは、人民のイニシアチブと諸利益の有機的な連関とによって、まっすぐ平等と平和へと至ることである。これは、社会主義的分析と革命の歴史によって示される道である。もう一つの道は、権力によって彼を間違いなく破局へと導くことであろう。これは、装われた、あるいは力ずくで開かれた簒奪への道であり、一二月一〇日に選ばれた男は、明らかにこの道に引き込まれている。われわれはこの男が他の人々と同じように破滅するのを、またも見なければならないのだろうか。そして彼には、あらゆる回復が閉ざされているのだろうか。……彼自身に尋ねてみるがいい。私としては、これ以上何も諸君に言うことはできまい。あえて忠告を与えるには、私はあまりにも敵でありすぎる。私としては、過去の中にこの国の未来がちょうど鏡のように映されているのを諸君に見てもらうだけで十分である。これは、時がたてばわかることだ……。

ところで、共和国大統領は、それがどんな存在であれ、政府主義的位置を、それゆえ反動的位置を占めることになると肯《うべな》うのは、一二月一〇日以前においては、一〇〇〇人に一人であった。二三日になるや、ルイ・ボナパルトは憲法に対して宣誓し、この不吉な予測を体現した。私はカヴェニャックの政策を引き継ぐつもりだ、と彼は言っていたものだが、同盟のしるしとして、彼はそのライバルに手を差しのべていたのである。この将軍としては、ルイ・ボナパルトの口自体から、自分の政府が絶対主義への準備でしかなかったことを聞くのは、何たる発見であったことか！　己れをかくも卑劣に裏切っていた、これらの誠実で穏健な人々への致命的な好意を、彼はいかばかり悔やまねばならなかったことか！　また、即位の日のために、おそらくは和解のしるしとして留保していたあの特赦を認めなかったことを、彼はいかに嘆かねばならなかったことか！　何が起ころうとも汝の義務をなせ！　この封建的な格言は、一共和主義者にふさわしいものであった。

対立の諸原因が急速に浮上し、政府の自滅が始まった。ラトー提案は、首相の解散勧告に続いて、種々の敵対行為を告発した。権力間の性格が相容れぬものであることは、三〇日目を待たずに明らかになった。と同時に、民衆の政府に対する、政府の民衆に対する、お互いの、本能的な、さらに熾烈な憎悪が明らかになった。一月二九日の戦闘――そこでは政府と民主主義とが結託して互いに非難しあい、街頭に出て、いまにも戦いが始められようとするのが見られたのだが――は、おそらくは一つのパニック[125]、彼らの相互不信の結果にほかならなかった。この出来事でさらに明瞭になったのは、かつてルイ＝フィリップと反対派との間にあったのと同様に、大統領と民主派との間には戦争が蠢いていたということであった。

125――今日でもなお、この戦闘はうまく説明がつかない。政府は暴動と思い、軍隊を投入した。共和派はクーデターだと思った。そこには暴動もクーデターもなく、軍事的示威行動があったのであり、保守党が点を稼いだのである。内務大臣フォーシェは、短気で疑い深い性格の男であった。プルードンはすぐあとで、この戦闘における彼の責任を指摘する。

この戦いの中で『プープル』紙はとりわけ人目を惹いた。その社説はまるで糾弾文書のようであった。大臣レオン・フォーシェ氏はその第一の務めに戻って、われわれに回答してくれた――『モニトゥール』紙に掲載された彼の見解は共和派のジャーナリズムに批判され、怒りと同情のものすごい反響をもたらした。神によってそのカリカチュアよりもさらに醜く造られ、その評判以上に危険たらんとするという奇妙な性癖を持ったこの胆汁質の男は、社会民主的なあらゆる攻撃以上に、自らが代表する権力に対してたった一人で立ち向かっていたのである。もしも忍耐ゆえに山岳派が支持され、あと三カ月フォーシェが大臣であることが支持されえたとすれば、パリのわんぱく小僧たちはルイ・ボナパルトをアムの砦に、その大臣どもをシャラントンに追い返したことだろう。けれども、そのような首尾はジャーナリスティックな卑劣さには残されてはいなかった。[126] 社会的問題は、この滑稽な存在の戦いで解決されるはずもなかったが、それはこの問題にとっては名誉なことである。

126 ――これは、この語に関して知られている最も古い用法の一つである。プルードンはここでこの語に出会い、そして一再ならずこれを使う。偉大なジャーナリストである彼は、このジャンルの危険さを知っている。「描写的で、大袈裟で、感じやすく、仰々しい流派が行き着くのは、『パリの秘密』であり、G・サンドの小説であり、ジャーナリスティックな無駄話であって……」（『書簡集』IX三三三ページ）

立法者の意志と助言者たちのエゴイズムとによって、反動と怨恨の政策を担う推進者となったルイ・ボナパルトは、一二月の選挙によってもたらされた勢力の最良の部分を、三カ月にして失った。O・バロに危うくされ、ド・ファルー氏による自由を踏みにじる遠征に関わり、レオン・フォーシェによって辱められた政府は、新しい大統領のもとで衰弱し、もはや立ち直れないのだ。権力への信頼、権威への尊敬は、奥底のところで死んだ。一体、銃剣の切っ先にしか立脚せぬ力とは何だろうか。王と王族は、彼ら自身もはやそれを信じてはいない。つまり、資本家への関心が君主の尊厳に勝っているのだ。今日、彼らが関心を持っているのは王冠のことではなく、財産のことなのだ！　彼らは、かつてのミトーの亡命者・ルイ一八世（何度も亡命しながら王政の復活を画策した）のごとくには、民主主義の諸行為に決して反対はしない。彼らは民主主義に、自分たちの収入を求めるのだ。フランスにおいて君主制を試みることは、誰もが、その正統継承者ですらが、そこにもはや王室費の問題をしか見ていない時、死体に短刀を向けるようなものである。

死者も負傷者もいない勝利というものはない。立法的権威と大統領の特権との間で交えられた一月二九日の戦闘で、私は三年の刑を背負いこんだ[127]。それこそ、社会民主的共和国がその兵士たちに保証する十字架と年金である。私はそのことに文句はない。「災いを求める者は滅びるだろう」と聖書は言う。そして、「戦時には戦時のように」と。しかし、私はここで注意を促さざるをえないのだが、一体いかなる深い叡智をもって、立法者は諸党派の復讐に配慮し、陪審制度の中に彼らが互いに殺し合うというご立派な方法をもたらし、また、彼らの憎悪に仕えるために、われわれの法にオストラシズムを復活させたのだろうか。

127――二つの記事「戦争」(一月二六日付)と「大統領には責任がある」(一月二七日付)を理由に、『プープル』紙は発行停止に付され、プルードンは告訴された。これらの過激な記事は、その過激さのゆえに、一八六八年版では再録されえなかった。それを読むためには、新聞に依らねばならない。ここにその一例がある――「ああ、確かに、もし民衆が、寓話の猿のように港の名前と人間の名前を取り違えて、共和国大統領に熊のマルタンか牛のダゴベールを選んだとすれば、そしてもし、この普通選挙で選ばれた者が彼のように振る舞い、四つ足で歩くよう命令するとしたら、彼に甘んじて従いうるのだろうか……」「戦争」は凡庸な記事であって、『プープル』紙の事務所で書かれたものだが、プルードンによるサインと手直ししかなされていない。(ダリモン前掲書一三〇ページ参照。訳注――巻末資料参照)

ルイ・ボナパルトを攻撃しつつも、私は正義に対しては、全くもって恥じるところがないと信じていた。私が咎められうる唯一の罪とは――もし私がその一つを犯したとすれば――それは共和国大統領を侮辱したことであった。ところで、共和国大統領は他のすべての行政官同様、責任があるのだから、したがって、一八一九年の法律によって決定された王室関係の人間の特権は彼のためには存在しないのだから、私としては、私が侮辱したかもしれない大統領の告訴によってのみ法廷に召喚されうるのであって、私人間の抗争には決して関わるべきではない検事局からは告訴される必要はないのである。かくして、それは私に帰せられるべき政治的違法行為ではもはやなく、全く個人的な単なる侮辱、ないしは名誉毀損なのであった。この領域では、何ら恐れるものはなかった。私はルイ・ボナパルトの私生活を攻撃したことは断じてなく、もっぱら彼の権力の振る舞いについて語っていただけであった。憲法および法を前にして、私の位置は難攻不落であった。そのことがあまりに如実に感じられたので、のちになって、ジャーナリズムに関する一番新しい法律を論議する際には、大統領に対してジャーナリズムが犯した侮辱の告訴は、特別条項によって検事局に付与されるべきだと考えられたのである。

しかし、検事局の詭弁家たちにとっては、私――綿密な論理家である私にとっては乗り越えがたいものと思われるこの困難も、取るに足りないものにすぎなかった。全くもって驚いたことには、共和国大統領についてのみ問題となるようなパンフレットに対して、私は告発されたのである。すなわち、

一、政府への憎悪を扇動した件、

二、内乱を挑発した件、

三、憲法および財産を攻撃した件！

さらに、ルイ・ボナパルトに対する『プープル』紙の記事に関しては、嬰児殺しやら強姦やら贋金作りの罪を私に負わせるのがメイナール・ド・フラン氏のお気に召すのならば、彼はそうすることができた。この告発は、全く問題になるまい。私がこれほど見事に、これほど適切に有罪宣告されるいわれは何もなかった。神と諸人を前に、名誉と良心に誓って、四対八の過半数により、陪審はすべて望みどおりに私に有罪を宣告し、私は三年の刑を受けた。純心なる読者よ、かかる専制的な告発に、名誉と良心がいかにして一致しうるものか尋ねてみるがいい。同種のあらゆる問題を解決するのに役立つ、謎を解く言葉を次に示そう――

「法は――と治罪法典三四二項は言う――陪審員たちに対して、彼らが得心するに至った事由の説明を求めるものではない。それは、陪審員らが証拠の十全性と能力とを特に依拠せしめるべき諸規定を、何ら彼らに命ずるものではない。それは、彼らに次のように言うものではない――〈かくかくの数の証人によって証拠立てられた事実を、真実と見なすべきこと〉。またやはり、こうも言うものではない――〈しかじかの調書、しかじかの証拠、多くの証人あるいは多くの手がかりによって形成されぬあらゆる証明は、十分根拠あるものとは見なさぬこ

と〉。それは、陪審員の義務を最大限に含める次のような問いを出すだけである――〈諸君には密かな確信があるか〉」

もうお分かりだろうか。陪審員たちはこう言われたのだ――「市民P・J・プルードンは、今ここで国家にとっては危険なる臣民であり、イエズス会派にとっては厄介であり、資本および財産にとっては不安を抱かせる存在だということに、密かな確信が諸君にはあるか」。罪の実体があろうがなかろうが、検事局が告発にいかなる証拠も出さずともよい。また、検事局が依拠する理由が、被告に帰せられた犯罪や罪と関係がなくともかまわない。法は、諸君が得心する事由の説明を求めはしないし、諸君の判断に何の規定を設けるものでもない。しかしそれでも、当該のプルードンは諸君に次のことを明らかにするだろう――それは十分可能である。すなわち、告発書に記載された諸事実は、捏造され、歪曲されたものであるということ。仮に、被告がさまざまな証拠や証言によって、告発されたところとは全く反対のことをなしたのだと証明し、また、まさにルイ・ボナパルト自身こそが、起訴された記事を通して、憲法を攻撃し、市民を内乱に挑発し、教会と政府を解体し、財産を危険にさらしているのだと明らかにしても、諸君にはこのような手がかりに身を任せる必要は何もない。諸君は被告のことを知っているし、その主張を聞いたことがある。すなわち、彼の狙いは、資本をその信用によって競争させることによって、資本からその所得を失わせること以外ではなく、同様に、普通選挙を組織することによって、政府を解体する以外のものではない、ということだ。法としては諸君に対し、諸君の義務を最大限に含める、ただ次のような問いを出すだけである。すなわち、この人間に関して「諸君には密かな確信があるか」

民事訴訟においては、裁判官は自らの決定の根拠を説明しなければならない。彼は、諸事実に、証拠品に、証言に、法文に、判例に注意を促さなければならないし、さらに、推理し、推論し、また、原則と結論を提出しなければならない。一言で言えば、「理由書」とは、「主文」が判決の重要な部分であるのと同様に、判決そのものの証拠となる部分である。

犯罪者については事情は別である。この場合は、陪審員は評決理由の説明を免除されている。彼にはその「密かな確信」しか求められていない。彼は本能的に、直観的に、女たちや動物たち――そこには神性が宿っているといつも信じられていた――のように、宣告する。「君はアリステイデス（前五五〇―四六七、アテネの将軍・政治家、「正義」とあだ名された。オストラシズムによって追放されたことがある）をどうしたんだい」とあるアテネ人は、この有名な追放者に対して反対の黒球を投じようとしていた田舎の陪審員に尋ねた。この正直な自由人が答えるには、「いつも彼が〈正義〉と呼ばれるのを聞くのはウンザリなんだ！　こいつが密かな確信さ！」

私は、わが判事たちを呪うのを控えはしなかった。彼らは、そのつまらぬ直観によって、ある精神を追跡することしかしなかったのだ。しかも、わが友ラングロワが言ったように――彼はこの時は、自分のためにヴェルサイユの陪審員の前に出頭したのだが――この厄介な瓦は、いつかはわが頭上に落ちてくるはずであった。しかし、もし私が十分に審議され、判決を言い渡され、さらに投獄されるのを望んだとすれば、それはたとえば、人民銀行という重大な理由によるものだろうと、せめて私は心中望んでいたのである。しかし、私を追跡していた神意は、私が真実のために苦しむには値しないと判断されたのだ。

社会民主共和国万歳！

# 第18章　三月二一日、クラブに関する法律——合法的抵抗

かくして、一二月一〇日の選挙とバロ／フォーシェ／ファルー内閣の形成とによって、反動は新たな段階に至った。政府は、翌日の共和主義者から正理論派へと移行した。さらにもう一歩、愚かしい民主主義の示威行動が加わって、われわれはイエズス会派の手に落ちた。こうして革命の継承者となったその結構なる神学者どもの支配の下でまさに、権威の原理は潰え去らねばならなかったのだ。

あらゆるものは社会の歩みの中で互いに関連しあっており、あらゆるものが革命の進展の役に立つ。哀れな議論屋であるわれわれが、ある盲目的な政治の打撃のためにもう駄目だと思う時でさえ、すべては救われている。行動と同じく反動はわれわれを前に押しやるのであり、抵抗とは運動なのだ。共和国大統領の歴史的意味とは、われわれの間で権威の原理を解体することであって、彼は山岳派に語りかけて、自ら破滅する行為をすべきでは決してなかったのだ。自分でも知らぬ間に諸政府や諸社会を先導する、革命的弁証法の法則に従えば、それはルイ・ボナパルトにしてみれば、退行的な動きであったのかもしれない。二月以来、世界の軸線の位置がずれたのであり、われわれは、後退していると思われたところで逆に前進していたのだ。われわれは今しがた、オディロン・バロ氏が、憲法それ自体の名のもとに憲法を侵害し、諸権力の間の軋轢を高めるのを見たばかりだが、今度は、一月二九日の扇動者であるレオン・フォーシェ氏が、クラブに関する法律によって諸制度を侵害するのを見ることにしよう。この諸制度の次は諸原理の番であり、そして諸原理の次は社会の諸階級の番だろう。こうして権力は自らを使い果たす——それは憲法とも、諸制度とも、諸原理とも、人間とも生きることはできない。この、権力自らによる権力の解体によって、一連のあらかじめ決定されていた特別な行為、一種の分析的操作が生み出

されるのだが、われわれはこれからこうした行為が、ルイ・ボナパルト政府によって厳密に、わが国民特有の精密さでもって実行されるのを見ることになろう。フランス国民は、あらゆる国民の中で最も論理的なのである。

確かに、集会の権利の名において――市民間で国民の利益を討論し、その意見を権力のさまざまな行為に対して公式に表明するという、市民が持つ権利の名において行なわれた二月革命のあとで、また、はっきり言えば、人民主権のこの輝かしい確立のあとで、民主的権力が尊重しなければならぬ制度があるとすれば、いや、単に尊重するだけではなく、秩序と平和のための最も力強い手段がそこから作り出されるようになるまで発展させ組織しなければならぬ制度があるとすれば、それはクラブであった。私がクラブと言うのは、会合、民衆の集会、カジノ、(古代ギリシアの)ギムナシオン、学院、会議、選挙会(フランス革命当時の組織)等々のようなものであり、一言で言えば、あらゆる性質およびあらゆる種類の結合と集合である。この名前は、事態に何の変化も及ぼすものではない。クラブの名においてであれ、あるいはお気に召す全く別の名においてであれ、問題なのはどんな形ででも普通選挙を組織することであり、〈民主主義〉を構築することそれ自体である。

臨時政府はクラブを監視させるのみにとどまっていて、その寛大さを自画自賛していた。大目に見るだって！ それは既にして敵対的であることを公言することであり、その原理を否認することであった。寛容のあとには、必ずや不寛容が到来するにちがいなかった。カヴェニャックがその前兆であった。気難しいレオン・フォーシェは、自分の前任者の仕事を不十分と見て、それを補完することを企てた。ある法律の計画が彼によって提出されたのだが、それは無条件にクラブの禁止を申し渡すものであった。

クラブを禁じ、集会の権利を抑圧し、目的の如何《いかん》にかかわらず、二〇人以上の集会は認可と当局の意向に基づかない限り、市民にこれを許可しないこと――これは、次のように表明することだ。すなわち、権力がすべてであり、権力のみに進歩、知性、思想が属するのだということ。民主主義とは一つの言葉にすぎず、社会の真の構造とは独房のごとき体制であること。また、世界平和と文明の秩序のためには、絶対的な必然性によって、市民のイニシアチブか政府のそれか、自由かさもなければ政府か、これら二つのうちのいずれか一つが滅びなければならないということ。レオン・フォーシェ氏の計画には、結局のところ、このジレンマ以外のものはなかったのである。

オディロン・バロ氏が諸権力の軋轢を高めつつ、政府の〝契約の櫃〟（モーゼの十戒を刻んだ板が納められていた箱）に手をかけた時、われわれは、彼の考えに対しては、ルイ・ボナパルトの頭上にダモクレスの剣（常に身に迫る危険を表わす）をぶら下げつつ、大統領の責任を請け合った。レオン・フォーシェ氏は、諸制度を責め立てていた――これに対して何にもまして行なうべきことは、彼に対して一つの制度、合法的な抵抗を対置することであった。

われわれは、三月二一日のあの名高い会議を忘れてはいないが、そこにおいて報告者のクレミュー氏は、クラブに関する法制化の計画を検証すべく任命された委員会の名のもとに、この計画によって憲法が侵害されること、したがって、委員会はこの論議への協力を中止することを明らかにした。周知のように、この表明に続いて、憲法制定議会のほぼ二〇〇人のメンバーが議場を出て、〈熟慮決定〉すべくただちに旧大広間に集まった。これはまさに六月一三日を思わせるある示威行動の始まりであり、憲法を擁護する抵抗への道の第一歩にほかならなかった。しかし、われわれにはあまりにも二月が生々しかった。だから、議員たちの慎重さは見上げたものであって、誰もが権威が弱体化することを恐れて、革命を行なうことよりは侵犯を耐え忍ぶことを選んだのである。議会的な調停のおかげで、少数派の表明は一貫しなかった。しかしその翌日になるや『プープル』紙は、反対派の考えを補足し、議会がこの法制化計画を採択するかどうか、この時点からただちに市民に対して抵抗を呼びかけたのである。

合法的な抵抗の問題は最も重大なものであり、共和主義的権利の一部をなすものだが、それは日々権力と議会的多数派の専制によって帰順させられ、また、一七九三年の〈宣言〉が認めた反乱の権利と多くの人々によって混同されているのだから、私としては、この状況で『プープル』紙が守った政策について説明する前に、真の原理を簡単に要約してみよう。

反乱の権利とは何か。

合法的抵抗とは、どういう意味であるべきなのか。

それぞれは、どういう場合に適用されうるのか。

仮に、政府が秩序を真に配慮し、自由を尊重して専制をあまり求めないことが可能ならば、政府は熱意をもってこうした問題を公的に論じるだろうし、この仕事を一ジャーナリストに委ねたりもしまい。ところが、政府は何よりもまず合法的問題を憎悪し、あたうかぎりそれらを押さえつけるのだ。政府が躍起になること、それは著者たちを、印刷者たちを、新聞売りを、伝播する者たちを、ポスター貼りたちを追及することであり、政府が指令と通達をためこんでいるのは、まさに彼らに対してなのである。

まずもって私が指摘するのは、反乱と抵抗の権利は、服従と敵対関係の時代に特有のものであって、自由が守られている場合には問題にならないということである。人民主権に基づいて組織された民主主義にあっては、このような権利の行使の余地はありえないだろう。既に、普通選挙の確立によって、一七九〇年憲法は反乱の権利を暗黙裡に認めつつも、それを弱体化していた。皇帝の独裁、一八一四年と一八三〇年の憲章、二〇〇フランの選挙税は、公的問題に大衆が関与することを押さえつけつつも、それを回復した。二月革命は、死刑と同時に再びこれを廃止したのだが、議会多数派の専制による恐るべき主張は——政府はそれを支配的にしたいのだろうが——依然としてこの権利を復活させるのである。

したがって、実を言えば、われわれがここで論じようとするのは社会民主的制度の原理ではなく、絶対的な立憲君主制の原理であり、特権から生まれた観念なのである。社会主義は、反乱の権利と合法的抵抗を拒絶しており、その理論にとってはそのようなことの認可はどうでもよいのである。しかし、憲法が社会主義を必要とするような状況においては自己弁護せざるをえず、それは現在の憲法の作成者、ないしはその推進者である絶対主義者、および正理論派からその理論を借り、スコラ学派の言う対人論証《アド・オミネム》的に、彼らに対してそれを利用するのだ。

反乱の権利とは、それによって人民というものが、独裁者の圧政に抗してであれ、貴族政治の諸特権に抗してであれ、前もって通告することなく、かつ武器によって、自らの自由を要求することができる権利のことである。

これはありうることだし、また今まで大方の国民のほとんど常同的な状態だったのだが、バラバラにされ、武器を奪われ、裏切られた膨大な人民が、独裁者の命を受けた何千という衛兵のなすがままにされているということがある。こうした状態においては、反乱は全く正当な権利を持つものであって、それには慎重さとチャンスを窺う以外の規則はない。七月一四日、および八月一〇日の蜂起とは、そういう類のものであった。一八一二年におけるマレ（クロード・フランソワ・ド・—、一七五四—一八一二、フランスの将軍。ナポレオンに対し反乱を企てたが失敗し、銃殺された）の陰謀も、やはり合法的でありえたかもしれない反乱を準備するものであった。一八三〇年の反乱の場合は、協定を破った王に抗議する多数派の議員に国民が味方したもので、申し分のないものであった。一八四八年の反乱は、大多数の国民が選挙権を要求するために議会の多数派に抗して立ち上がったのであって、それが合理的なものであっただけに、まさにそれは、普通選挙を確立すると同時に、反乱権の撤廃を目的としたのであった。

ところで、国民公会は予備的な議会を組織し、再び普通選挙を神聖なものとしてから、共和暦二年の憲法で反乱権のことを記載したのだが、その時点でそれは、厳密に言えば、逆行的な立法だったのである。すなわち、国民公会は、ある危険に対して担保を取ったのだが、原則としてそれはもはや存在しなかったのだ。一八四八年の憲法制定議会も同様の措置を取ったのであって、憲法第二四項で「直接・普通選挙」を明らかにし、次いで一八三〇年憲章にならって第一一〇項をつけ加えたのだが、それは議会が「憲法の預託物とそれが認める諸権利とをすべてのフランス国民の保護と愛国心に委ねる」というものであった。繰り返すが、原則として普通選挙は反乱権を廃止するものである。ところが実際には、諸権力の敵対関係と多数派の絶対主義とによって、それが再び浮上することがありうる。いかにして、どんな場合にだろうか——それこそまさに明確にすべきことである。

それゆえ反乱権は、独裁者に対しては抑圧された民衆、貴族政治に対しては第三身分、少数者に対しては大多数の人々を想定するという特徴および特性を示す。これが原則である。それを別にすれば、反乱権は世論や利害の軋轢とともに消失する。実際、普通選挙が広がり普及し、また、経済力の均衡が取れるに応じて、社会的結合は別の性格を帯びるのである。つまり、少数者の支配のあとには多数者の支配が続き、さらに、そのあとには普遍性の、言い換えれば絶対的自由の支配がやってくるのだが、これはあらゆる紛争の観念を排除するものなのだ。

それにもかかわらず、この反乱権が、多数者に抗する少数者によって、合法的に援用されうるような場合がある。それは、過渡期にある社会において、多数派がその専制を永続化するために、普通選挙を廃止、あるいは少なくとも、その実施を制限しようとするような場合であろう。この場合にはまさに、少数者には、力ずくでも抑圧に抵抗する権利があるのだ。

確かに、普通選挙とは、多数派と少数派が互いに自らを表明し合う方法である。まさにそれによって多数派は自らの生活と同時に権利を得るのだが、したがって、もし普通選挙が廃止されるならば、あらゆる少数派は異論の余地なく自分を多数派と称し、その結果、反乱に訴えることがありえよう。このことは、臨時政府のある種のメンバーたちが演壇で勝ち誇っていた、この三〇年間の陰謀を正当化するものである。一八一四年から一八四八年にかけては普通選挙は存在しなかったので、政府の正当性は常に疑わしいものとすることができた。この経験によって繰り返し明らかにされたのは、実際、普通選挙をおいては政府のこの正当性とは何ものでもないということである。

手短に言えば、人民またはその代表者たちのおよそ相反する投票にもかかわらず、普通選挙に対する人民の暗黙の、あるいは明白な同意は、あまり評価されてはいないのである。(P)

P——これは、五月三一日の法律——三〇〇万人以上の市民から選挙権を奪い、普通選挙を制限選挙に代えた——より六カ月以上前に書かれたものである。この法律の採択の時には私はドゥーランスにいたが、四月の諸選挙に関するある問題のために、私はそこに中央から転任させられていた。この『告白』で私が敷衍した諸原理を民主主義者たちが実行に移さなかったとしても、それは『ヴォワ・デュ・プープル』紙のわが協力者たちのせいではなかった。警察が彼らをぴったりとマークし、この新聞を発行禁止にしたのである。もっと慎重な——私はこれを認めるが——『プープル』紙は、無用な殺戮の、そしておそらくは勝利の機会を権力に提供するよりは、自らの権利を守るためには、権力を協定破りに夢中にさせたままにしたほうがましであることがわかっていた。こうした賢明な行動においては、すべてが革命のために役立っていたのであり、それはジャコバン主義の再来を永久に終わらせるものであった。

以上が、われわれの不完全な諸政体や革命的伝統に基づいた、あえて言えば、反乱権の法的解釈である。ここで留意すべき最も重要なこととは、民主主義の進歩に伴って、この恐るべき権利は、自分自身を廃絶するということである。そして、これは断言しうるのだが、絶対主義的思想の（今やありえない）復活がない限りは、陰謀と反抗の時代はとうに終わりを告げていたはずである。

合法的抵抗のことに戻ろう。

既に述べたことだが、普通選挙が組織され始めている国においては、反乱権は、多数派に抗する少数派に対しては認められることができない。多数派の決定がいかに横暴なものであろうとも、協定の侵害がどんなに明白に見えようとも、多数派は、彼らがそれを侵害したことを常に否認することができる。このことは、紛争を単なる判断の問題に還元し、それゆえ、反抗に対してはどんな口実も許さぬものだ。そして、たとえ少数派が、憲法より以前の、あるいはそれより上位のある種の権利を利用するとしても（それを多数派は認めないかもしれないが）、今度は多数派のほうがまた別の――国家の保安権のような――以前の、あるいは上位の権利を引き合いに出し、それによって自らの意志を正当化するのは容易なことであろう。そしてその結果、結局は、常にまたしても投票による解決、数の法則の話に立ち戻らねばならないだろう。だから、次の命題を証明済みのものとして認めよう――普通選挙によって、憲法に基づいて明らかにされた市民の少数派と多数派の間においては、武器による戦いは非合法なものである。

しかしながら、少数派は多数派のなすがままにはなりえないのであって、暴力の否定である正義は、少数派が自らの保証を持つことを望んでいる。というのは、政治的情熱と利害の対立の結果によって起こりうることなのだが、権力による政令に続いて少数派は、多数派がその保証を否定するのに反して、憲法が侵害されたと強く主張するのだ。次いで、この不和に関して最終的に弁じるよう、人民が至高の裁判官として要請されたのだが、多数派の市民は多数派の議員たちと結びつく。したがって、真実と正義は、故意に、そして容赦ないエゴイズムによって、憲法に従って本来それらを擁護しなければならないような人々によって、まさに踏みにじられたのである。ところで、公然と抑圧された少数派は、もはや政治的・議会的対立による党派ではない。それは、禁じられた党派であり、まさに法の外に置かれた市民の一階級なのである。このような状況は、あらゆる社会的絆の恥であり、自殺であり、破壊である。しかし、憲法的なレベルにおいては反乱は禁じられている。では、このような場合において、少数派には何が可能なのか。

法が大胆にも侵害される場合、民衆の一部が社会から追放される場合、党派の怒りが「われわれは決して譲歩しない」と言うにまで至る場合、国民の中に、抑圧されたより弱い国民と抑圧するより多数の国民という二つの国民が存在する場合、そして、この分裂が双方から認められている場合、少数派の権利とは、この分裂を明らかにすることでそれを完成させることだというのが、私の考えである。社会的絆は断ち切られているのだから、少数派にはあらゆる政治的契約に関して、多数派に対する法的義務はない。すなわちそれは、権力に服従することの拒否、税金を払うことの拒否、兵役の拒否、等々によって表わされるものである。このように正当化された拒否は、新聞記者たちによって「合法的抵抗」と名づけられたのだが、というのも、政府は合法性の埒外に位置しており、市民は政府に服従するのを拒絶することによって、それを合法性の中に立ち戻らせるからである。

憲法を侵害し、民主的党派を言わば法の埒外に置くクラブの法制化、選挙集会への官憲の介入、ローマへの砲撃、これらは、民主的党派が国内で少数である限りは、合法的抵抗の原理の適用を正当化するものであった。そして、仮にこの党派が大多数を獲得しても、政府が存続するならば、その時反乱権は当然生じえたのである。

大臣たちのうちのある者は、憲法全体を要約する「社会民主共和国万歳！」という叫びが反憲法的で秩序壊乱的であると主張していたし、もう一人の大臣は、社会民主主義者たちを犯罪者、略奪者だと告発していた。また別の大臣は、彼らをそのようなものとして追及し、裁き、有罪刑を科していた。また政府のほうは、秩序の名のもとに、共和主義的意見の根絶以外の何ものも求めなかったし、パリでは革命をあえておおっぴらには攻撃しなかったが、ローマではそれを抑圧しようとしていた。また、〈諸思想〉に対して宣戦布告し、「譲歩はない！」と声高に語り、何かにつけては六月二三日のごとく「かたをつけねばならぬ！」という最後通牒を繰り返していたのだが、こうした大臣・政府に関しては状況は明白であって、誤解すべくもなかった。社会民主主義に対する迫害がいよいよ始まっており、われわれは侮蔑と憎悪にさらされ、権威による制裁の――この法制化の発案者たる大臣は、そのことを隠さなかったが――生け贄とされたのである。そのことは『プレス』紙が先頃ものした次の報告でどうか判断されたい。私としてはこれを、この中心人物であった男の永遠の恥辱のために、ブロンズ製の銘板に刻みつけたいところである。

「フュレ氏に加えられた処置よりも、さらに形容しがたい悪しき事がある。それは、レオン・フォーシェ氏によって書かれた手紙であり、これは当時内務大臣であった彼が、同僚の海軍大臣に宛てた、六月の叛徒たちが徒刑に服さざるをえなかった制度に関わるものである。それは、殺人や窃盗ゆえに有罪に処された徒刑囚と彼らとの間には何の違いもあってはならぬと勧告するにとどまらなかった。それは、抑圧の極みをさらに押し進めて、六月の受刑者たちが互いに慰み合うことも拒絶し、それぞれの叛徒たちを殺人犯やら窃盗犯と組み合わせることを命じさえしたのである！　幸いなことに、内務大臣代理がラクロス氏に任されたために、新たな、がらりと変わった命令が出されたのであった」

レオン・フォーシェ氏は、四〇世紀に一度しか見られぬタイプの一人である。彼の同類を見つけるためには、神話時代に、その生け贄を死体にくくりつけて殺させたホメロスの、あの悪人に遡らなければならない。なんとあろうことか、この男ときたら、一月二九日には秩序への愛によって（！）――革命への憎悪によってと言い直すがいい――国民軍を社会主義者の虐殺に駆り立てたのである。また、三月二一日には、権力の瓦解をもたらしかねないような乱暴な法律を持ち出したし、五月一一日には、国民の代表から共和派の候補者を排除するために、電報文書偽造を犯し、その責めを負った[128]。そして、内閣から追放され、その熱を冷ますべく、叱責を浴びながらなおも彼は、民主主義者に対する対応が甘いとして後任者を非難していたのだった。そうしてつい最近では、各省庁を扇動し、秩序の名において憲法に反対して立ち上がるよう、それらをそそのかしていた……もう止めよう。この狂信者が内閣に入ったことで社会主義に対して以上にわが国になした悪のすべてを語るには、一冊の書物を必要とする。牢獄をくまなく巡り、囚人名簿を提示させ、拘留者を尋ね、弁護士に照会し、有罪判決の隠された理由とうわべの理由を確かめよ。そして次いで、すべて社会主義者であるという理由で、不法に逮捕された人々、丸何カ月も未決拘留された人々、首に鎖をつけられて、憲兵隊から憲兵隊へと引き回された人々、最も取るに足らぬ口実で有罪を宣告された人々、そうした不幸な人々の数を数えよ。それに加えて、社会主義の疑いがあるという理由で、そして社会主義が判事たちにとっては加重情状となったために、また、社会主義者を犯罪者と同一視することが求められていたがゆえに、こうした人々の刑がさらに重くされるのを認めていた（真の罪において責められるべき）人間たちの数を数えよ。そうしたことを経てからなら、私に言うがいい。国民の三分の一以上を数えるある党派が——五月一三日の選挙がそのことを証明しているが——根拠なく迫害されたものとして見なされえたのかどうか。クラブへのこの法制化案によって、憲法に関しては、それは承知の上で侵害されたのかどうか。レオン・フォーシェのこの法律は、社会戦争を宣告するものではなかったかどうかを。

128——選挙の二日前の五月一一日に、無政府主義者たちから次には武器を奪うよう、フォーシェは電報で知事たちに告げた。議会はほぼ満場一致で、彼が権力から退かざるをえないようにした。

私に関して言えば、われわれの義務は、反乱をただちに組織することではなく（われわれは、多数派に抗する少数派であり、同盟した党派に抗する一党派であった）、可能なあらゆる範囲で合法的抵抗を組織することであると信じていた。

私は、効果のないままの提案を今の時点で繰り返すつもりは全くない。六月一三日以来、状況は変わっていた。当時取るべきだと私が提案していた手段を説明するとすれば、それが役立つ機会は、少なくとも私はそう願っているが、永久に過ぎ去ったということである。革命はその急速な進展の中で、もはや合法的抵抗というすり減った木靴で歩むしかなかったのだが、私には、公共の治安に危険を及ぼすことなく、その理論を要約することができる。私は、ルイ・ボナパルト政府に対して激しく戦った。私が信用されていたならば、おそらく一度ならず事態は違った展開を見せたであろう。しかし、社会主義軍にはグルーシイやブルモン流（ともにフランス革命期の軍人）の人々、無能者でかつ裏切り者たちがいたのである。そして、私の考えでは、政治の現在の紛糾を前にして合法的抵抗に訴えることは過ちであり、ほとんど革命に対する犯罪であるからこそまさに、この種の措置に特有の形式的手続きに注意を促すことで、そこからなされるかもしれない乱用には、私は反対するものである。

その方法は、目新しいものではなかった。それは、一八三〇年にギゾーやティエール、およびその一味がまさに取ろうとしていたものと同じであって、その時正統王朝派の反応は、さまざまな事態を加速することで、さらに完全でさらに迅速な勝利を事態にもたらそうとするものであった。しかし、その思想は古ぼけたものだったので、実現はこの上なく容易で、確実だったのである。

まず、山岳派は威嚇的な形で、演壇において合法的抵抗を声高に主張しなければならなかった。次いで民主的ジャーナリズムは、そのことについて一ヵ月にわたって、民衆を教導する記事を作った。代議員たちは、それを選挙民に書き送った。至るところで、反動化路線を止めるよう、政府に対する要請がなされていたのだ。権力は、自らになされたさまざまな通告にもかかわらず、相変わらずであったので、その時は政府をくまなく包囲するために、さまざまな委員会が形成された。市民および種々の自治体は一体となって、同時に税金を、入市税を、直接収税を、航海税を、登記料を、兵役を、当局への服従を拒否した。世論は煽り立てられ、こうした抵抗はその前兆もなく、自然発生的に至るところで勃発するに至った(129)。抵抗の動機は、単純かつ明解であった。クラブの法制化、ローマ遠征、司法上のさまざまな迫害は、共和国にしかけられた戦争だったのだ。しかし、金と兵士を供給するのは、今度は共和派の番だったのだろうか……。

129——これは、プルードン的サンディカリストたるペルーティエが、一八九五年頃に説くことになるゼネラル・ストライキにほぼ近いものである。

フランスの三万七〇〇〇の自治体で組織された抵抗がどんなものでありえたか、理解されているだろうか。民主的党派は国民の三分の一以上を数えていた。では、三〇〇〇万人の納税者を抑制するための徴税請け負い人《ガルニゼール》や憲兵を探してみるがいい。農民たちは、彼らがどんな意見を持っていようとも、納税の拒否が語られるのを耳にするや、自分の考えを述べぬうちに、まずは税の支払いをもはや止めたことだろう。塩税、酒税、そして四五サンチーム税への憎悪によって、彼らの意向は確実に固まっていた。政治的危機の時期には、銀行、証券取引所、およびあらゆる金融・商業界で起こることが、都市や田舎で起こったことであろう。つまり、不確かな事態にあっては、各人は騙されぬように、できるだけその支払いを延ばすのだ。政府としては、厳格に対処したかったところだろうか。しかし告訴することは、問題をさらに紛糾させることにしかならなかっただろう。ただの一撃で、争いも流血もなく、われわれのきわめて複雑な税体系はくつがえされ、それをくまなく変えることが余儀なくされた。すなわち、徴兵制を廃止すること、抵当権に関わる改革をすること、貸し付け制度を勝ち取ること。民衆は自身で税を採決するよう促され、社会主義は少数派のこの決議によって必然性の法となり、国家の実践そのものに加わった。

　このような対立による体制が、正式に発表され、力強く維持されたのだが、これはとりわけ五月一三日以後では抵抗しがたいものがあったということを理解するためには、民衆と統治組織について多少の知識があればよい。この体制を、取るに足らぬものであり、実現不可能でありえぬものとしたのは、民主的党派だけであった。人々は、動産の差し押さえを、競売を、強制執行人を前にして震え上がる農民のことを語っていたのだ！　最も進歩的で最も怒り狂っていた新聞でさえも、自ら言っているように、この途方もない政策、この管財人の術策には驚いていた。彼らは、民衆をまるごと徴税請け負い人のようなものにさらすことになるのではないかと危ぶんでいたのだ。最も好意的な者たちでさえ、この決定が無分別で、無謀で、反政府的なものだと見なしていた。彼らはよく言っていたものだが、もし民衆がいったん税金を払うのを拒否するならば、彼らは金輪際それを払わぬだろうし、政府は駄目になるだろう！　もし市民が分裂することを学び、議会の軋轢に関しては、聖山上のローマ人民の物語が繰り返されるとすれば、県や地方はやがて互いに分立していくだろうし、集権化はあらゆるところから攻撃されるだろう。そしてわれわれは、連邦主義に陥るだろう——もはや「権威」は存在しないだろう！　ジャコバン派が心を奪われているのは、常に政府である。彼らには政府が必要であり、それとともに、できるだけ秘密資金からの予算が必要なのだ。要するに、反革命は革命機関によって見事に保護されていたのであり、ジャコバン派はそれほどにジロンド派を嫌悪していた。というのは、ジロンド派は、地方自治権の名のもとに中央の専制に異議を唱え、正理論派のために弁護していたからである。『プープル』紙はそのイニシアチブのゆえに懲役五年の刑と罰金一万フランを受けたが、『コンスティテューショネル』紙は忍び笑いをしつつ、沈黙を守っていればよかったのだ。

　私には、何という教訓であろうか！　何という哀れな堕落であろうか！　私は、わが同時代人、保守主義者たち、秩序の側のわが友人たちを、いかに骨の髄まで見誤っていたことか！　私は、いわゆる革命家、権力者、策謀家たちのことを、いかにわかっていなかったことか——彼らは九二年に生み出された革命については、公安委員会とロベスピエールの警察のことしか理解していなかったのである！　そして、レオン・フォーシェを激昂させたのは、まさにこの左翼たちだったのだ！　ルイ・ボナパルト政府が余計な不安を掻き立てていたのは、まさにこうした、いわゆるテロリストたちのことであった！　何という誹謗中傷か！

　党派というものは社会と同じであり、人間と同じである。それは、年老いることで子供時代に帰る。一八四八年二月二五日から一八四九年六月一三日に至るジャコバン主義の歴史は、過ちの連続でしかない。しかし、私の自尊心にとっていかにつらかろうとも、私はなおも告白しなければならない。革命は、私が提起した決定的な方法によってよりは、ずっとその首謀者たちの無能さによってかしずかれていたのであった。六月一三日以来、われわれは諸党派および政府とは縁を切っていた。そのほうが、正理論派やイエズス会派の代わりに山岳派を復活させたことよりはましなのである。事のなりゆきで、われわれにはもはやなすべき余地は何もない。〈世界は一人で進むのだ！〉(130)

130

——この諺は、プルードンにあってはよく使われるものである。第五の「手帖」にもこれが見られるが、その使い方はこの箇所の理解の助けになる。プルードンは世論を激しく罵っている。「世論とは」と彼は書いている。「それは山師の喜びであり勝利である」。そしてすぐ続けて、「世論とは、無秩序であり、不合理である。——進歩というものは、世論が求める方法以外のところで起こるのだ」——「世界は一人で進むのだ！」

# 第19章　四月一六日、ローマ遠征

読者はおそらくお気づきだろうが、一八四九年の革命的日付は、ほぼ一日ごとに一八四八年の諸事件に対応しており、加えて驚くべき対照性を示している。

一八四八年一月および二月の場合は、ギゾー／デュシャテル内閣とバロとの対立をめぐる議会の論争である。――一八四九年一月および二月の場合には、政府の中に同じ特性を持った闘争が見出される。ただし、主役の役割は違っている。最初の場合は、彼は政府に抗して戦った。二回目は、政府のために戦っているのだ。

一八四九年三月二一日も、一八四八年三月一七日と同じような一致を示している。この場合、民主的党派は、その庇護のもとに権力を守ろうとする。臨時政府が危機だとの知らせに、諸クラブは政府を助けるべく、一五万人の示威行進を差し向ける。――一八四九年の場合は、権力は民主主義に対する迫害を組織し、集会の権利を侵害しようとする。権力は、諸クラブに襲いかかる。ただちに国会は市民を援助しようとするが、国民議会は自ら入り込んでいた反動化の途上で立ち止まる――民衆への恐れが、政府を後ずさりさせるのだ。

四月一六日に関しても、同様の意味と類縁関係がある。一八四八年四月一六日、社会民主主義は、革命思想を実現するよう臨時政府を急き立てる。――一八四九年四月一六日には、ルイ・ボナパルト政府はこの思想に抗って、ある遠征を企てる。教皇制復活のための三万人。これが、リュクサンブール委員会の請願に対する、一年後の期限の回答である。

五月と六月の日付についても同様のことが見られようが、なおもさらに奇妙に思われることには、ルイ・ボナパルトの豹変が、カヴェニャックのそれに対して、一種の埋め合わせとなっているのが見られよう。この、ほとんど数学的な正確さでもって諸事件が引き起こされ、一定の間隔を置いて並び、補い合う時、こう結論すべきではないだろうか——自由には物質と同様にその法則があり、人間の思考には、死すべき人間の熱望を分かち合うまでに至った二つの力——「摂理」と「偶然」とを、この世の政府の中で取り替えようと望むことが、正当なる傲慢さとともに可能なのだと。

確かに、反動は革命への仲介となり、民主主義者に取って代わるのである。オディロン・バロ、レオン・フォーシェという、この正理論主義者とマルサス主義者は、自らの仕事を全《まっと》うした。そして、イエズス会派のド・ファルー氏が登場しようとしている。

ローマの問題に関しては、政治的観点からはすべてが語られている。さまざまな事実は知られているが、その証拠は、すべての人々の手の中に握られている。その結果は日々われわれのもとに、さらに恥ずべき、さらに嘆かわしい形で届いている。

この遠征の哲学的・革命的意味を明らかにすることがまだ残されているが、この遠征に対しては、山岳派が反対し、私自身も反対したし、また、今なお私は自分の思考の全精力をかけて抗議しているものだ。というのは、考える人間は断じて運命に屈してはならぬからである。われわれの伝統的な偏見、および現在の逡巡ゆえに必然的なものとなった崩壊作用の中で、しかしこの遠征は、事態を前進させる唯一の方法となっていたのである。

ローマ共和国にしかけられたこの戦争は、権威の原理がルイ・ボナパルトの手によって自らに向けたとどめの一撃である。——それでは、輪廻というのは本当なのだろうか。誰もが請け合うように、死者の魂が子孫や後継者の中に甦って、彼らが前に生きていた時に行なった善を引き継ぎ、あるいはまたその悪を償うということを、信ずべきなのだろうか。今世紀の初頭に、権威の最も高度な化身であったのは一人のボナパルトである。そして五〇年後に、その最も明瞭な否定と化すのも一人のボナパルトである。もう一度言うが、これは偶然なのか、それとも神秘なのか……。

ルイ・ボナパルトの手に落ちた政府が、最初はラトー提案によって、次いでクラブへの法案によって、どのように失墜し始めたかは既に述べた。最終的結論としては、ローマ遠征に帰着せざるをえなかった三段論法の前提としてあった政令のそれぞれに含まれていた定式を明らかにすることが有益である。

一、〈ラトー提案〉――憲法によれば、権力の分立はあらゆる政府の条件である。確かに既に見たように、この分立がなければ、政府は独裁的で専制的である。これは、政治学上全く疑いのない事実であり、理論的に受け継がれているものだ。しかし、この権力の分立とともに政府は衰弱する。立法権と行政権とは必然的に衝突し、それらが機能するとたちまち、互いに消耗させあうのだ――まるで、一対の回転砥石が、互いに回転しあうことで、仮にその回転力のせいで事前に砕け散るのでないならば、やがて粉塵と化すように。この六〇年来、少なくとも七回、ある時は行政権力が立法権力を排斥し、ある時は立法権が行政権を罷免するのを、われわれは見てきた。二月以降にあっては、こうした経験は十分であったはずであり、この仕組みを断念する以上に今後なすべきことはないように思われた。しかし大多数の人々にとっては、この問題は依然として曖昧なものであった。今まであらゆる経験を要約することによって、ある単純な定式に帰着しうるような、民衆の記憶の中に一つのアフォリズムとして刻み込まれうるような、最後の試みが必要であった。

さて、以下がその定式である。

多数派――単一支配か、さもなければ二元主義を。

少数派――しかし、単一支配は不可能であり、二元主義はなおのこと不可能だ。

結論――したがって、政府は不可能である。

ラトー提案と一月二九日の戦闘は、この三段論法の具体化以外のものではない[131]。

憲法制定議会に対して、大統領の前では身を引くよう要請することによって、バロ氏とその一統は、万人の目に憲法的な敵対関係を露わにした。それはあたかも、人民に対してこう言ったかのごとくである。すなわち――そう、権力の分立は、自由な政府の第一条件である。しかしこの分立は、文字通りに受け取られる必要はない。

131――巻末の正誤表Bを参照。

つまり、二つの権力のいずれかが他方に従属しなければならず、そうでなければ、それらはともに互いをむさぼり食うのである。それだからこそわれわれは、憲法制定議会がその権力を放棄し、大統領の示唆にもっと従うような立法議会と交代することを要求するのだ、と。

（一八一四年にルイ一八世が公布した）憲章下にあっては、一八四八年憲法が原則的に権力の分立を定めていたのと同様に、王は多数派の中から大臣たちを選ぶべきことが認められ、慣習となっていた――ただし、その選挙人たちから従順なる多数派を獲得するために、あらゆる努力をするという留保つきでだが。これが、分立の結果から免れる一つのやり方であった。一八四八年憲法のもとでは、大統領は全市民によって責任を負わされ、選ばれ、任命されるものであり、憲章下の場合とは逆に、大統領が多数派を頼みとするのではなく、多数派が大統領を支えるのだと考えられた。これは全く論理的な帰結だが、〈権威〉の矛盾と危機を露わにするものである。

二、〈クラブに対する法律〉――行為は観念の表われである。自然の法則を知るためには、その現象を観察すれば十分であるのと同様に、ある政府の内奥の考えを知り、その命運を予言するためには、その法令を分析しさえすればよい。ラトー提案はわれわれに〈権力〉内の対立を明らかにすることで、その将来の崩壊を予感させるものであった。クラブへの法律は、〈国民〉と〈権力〉の間の対立を露わにすることで、この予感をさらに確実なものとする。

権力の分立は憲法の本質であり、権威と自由の一致がその〈目的〉である。一七九〇年以来、憲法制度の支持者たちは、とりわけこの一致に心を砕いてきており、われわれの憲法のどれもが、九三年のそれでさえも、彼らの理論の応用の試みであった。誰もが相次いでこの問題が解決を見たと主張し、そして誰もが次々にこの試みに失敗した。一八三〇年憲章の作成者たちは、中でもこれを解決したと得意になったが、この場合は他の場合以上に経験が理論を裏づけなかったとすれば、反対派のバロが断言していたことだが、この制度を狂わせたのは、王権とその大臣たちの責任であった。その原因は、ジャコバン派の言うところによれば、議会の二元性であり、君主制的な特権であり、選挙上の特権であった。

したがって、この試みが決定的なものであるためには、それは、正理論派とジャコバン派から同時に要求された条件を、すべて合致させなければならなかった。

ところで、社会というものはその漸進的な歩みにおいて、一般にあらゆる過渡的段階を辿らざるをえず、一気に次の段階に飛躍することはほとんどないのだから、今日に至るまであらゆる党派に採用されてきたスローガン「自由と権力の一致」をどうすべきか知るためには、一方では憲法がジャコバン派的な意味で[132]改変され、また一方では対立する正理論派の人々に権力が与えられるということが生じなければならなかった。

一八四八年憲法によって与えられた試練は、決定的なものとは見なされえない。おそらくそれは、誰もが指摘するだろう。というのは、この憲法は、山岳派や正理論派がそれぞれの立場から望んだようには、大統領に関しても単一な議会に関しても、必ずしもなっていないからである。

しかし、この見方は容認されまい。語の真の意味に応じて、社会において権威を形成するもの、権力を実現し、君主制そのものの本質をなすもの、それは憲法に関して見たように、政府の単一な特性というよりは、さまざまな権限の〈累積〉なのである。ところで、この累積は何において減少されるのだろうか。権力の君主制的な構造は何において変わり、民主主義がさらに現実的なものとなるのだろうか。というのも、閣議が議会の任命にそれぞれ対応するならば、ルイ・ボナパルトは首長の座を去っていただろうし、行政権力の首長にはバロ氏をおいては残っていないだろうから。立法議会の多数派が支配し、ド・ファルー氏が大臣であるからといって、ローマ共和国への戦争は——これは、教皇に対するカヴェニャック将軍の馬鹿げた献身によって、あらかじめ明らかにされていたが——反動への必然的政策たることを減じたとでも言うのだろうか……。議会の二元性に関して言えば、それはさまざまな意志を裁決しつつも、統制の役を果たし、必要とあれば諸権力間の軋轢を終息させる以外の目的を持たないのだから、バロ派は現在にあっては、上院がないことを口実にする根拠はあまりないだろう。というのも、支配し、かつ多数派であるのは他ならぬ彼らなのだから。

132——初版では「過激派的な意味で」

したがって、一八四八年憲法は、旧来の対立による諸事件に関わりつつも、望ましきあらゆる率直さと明白さの条件を糾合するのである――この試練は、そう望まねばならぬが、最終的なものだろう。

さてさて、この試練の結果は、三月二一日の戦いがわれわれに知らしめたものである。つまり、本質において矛盾したものである政府は、その目的に対して、自由に対してさらに矛盾しているのだ。ただちにその解決法を示すよう要請されて、王朝反対派は、前日の共和主義者たちがマリ氏の口を借りてそうしたように、レオン・フォーシェの口を借りてわれわれに答えたのだ――「われわれは騙された！」と。共和主義的な諸制度、出版の自由、集会と結社の権利は、権力の範囲を超えている。自由には限界を課さなければならない、さもなければ政府は、秩序を請け合えまい！

こうしてジレンマは深刻なものとなり、定式はさらに激しいものとなった。

自由がないか、

政府がないか、いずれかだ。

これが、クラブへの法律と出版に対する最近の法律の意味である。

たとえば、一二月一〇日の政府は、革命的表明としては、権威の原理の自己撞着化としてのみ存在している。それが踏み出すどの一歩も、自由に向けられた論法である。「私を殺せ。さもなければ私がおまえを殺そう」と、それは自由に対して言う。――今や、この政府は、つきまとう自由に対して最後の頼みの綱である神授権を引き合いに出すことによって、また、最後の避難所である教皇庁に逃げ込むことによって、その王殺し的な定式を一般化するのが見られよう。

三、〈ローマ遠征〉――はるか昔の時代から、国家は教会から独立しようとしていた。世上権は教権と分離していた。王というこの最初の革命家たちは、その鉄の籠手《こて》で教皇に平手打ちを食わせた。彼らは、自らの権利と剣にしかもはや頼らぬつもりであったが、しかし彼らは、君主制的法とは教会法と同じものであり、その至上の裁き手は教皇であること、また、剣の法（権利）とは反乱の法（権利）にほかならず、その至上の裁き手は人民であることを理解していなかった。自由は、奴隷たちの口を借りて教皇に語りかけていた。王権は教皇庁に対し反乱を起こし、それ以来その滅亡に向けて歩み始めていた。神授権は、王たちがその特権の擁護のために頼りうる唯一のものなので、教皇への不服従は事実上、王を排斥し、臣下たちを臣下の誓いから解放するものであったが、もし王が彼らを力ずくで服従させようと企てても、臣下たちには王を攻撃し、王を殺す権利があった。こうしたことを決疑論者たちは決定していたが、それは一六八八年、および一七九三年の共和主義者たちが、彼らの教えを実行に移す遥か以前のことであった。

さて、この分裂は、教会と王との間では何世紀も前から存在しており、それは、教会と君主制にとっては大きな損失であったが、人民にとっては大きな利益であり、人民の解放はそこに絶えず新たな力を見出していた。一六世紀においては、進歩と新しい精神を食い止めるべく、ある陰謀が組織された。イエズス会が、布教と教育とによって、王たちや人民を教皇的権威に連れ戻すべく、また、できる限り時代の進歩と要求とをキリストの代理者（教皇）の聖なる、そして不滅の権利と両立させるべく設立されたのであった。しかしほどなくして、ヤンセニウスの清教徒派が、ロヨラ会修道士の策略の化けの皮を剝がしにやってきた。その少し後には、ヨーロッパの大方の国家からイエズス会派を追放させることで、以来この分裂をほとんど手の施しようのないものにしたポンバル侯爵（一六九九―一七八二、ポルトガルの政治家）と教皇クレマン一三世（一六九三―一七六九）とともに、ヴォルテールと百科全書派が同時に現われた。次いで、（一七九〇年の）聖職者民事基本法は、かつて所有者であった〈教会〉を俸給を受けるものとし、祭式と教義の観念論の中に貶めることによって、その権力からあらゆる現実性を奪い去った。シャルル一〇世下に出された諸勅令は、一人の司教によって連署されたものだが、それらは、ボシュエが一世紀半前に主張したフランス教会の分立の確立であった。最後に、一八三〇年における〈憲章〉の改定は――ここでカトリックはその国家宗教の資格を失い、単に大多数のフランス人の宗教にすぎぬことが宣せられた――世上権と教権の分離を、もっと正確に言えば教権の消失を完成させたのである。

このように教会が屈服させられたので、権威の原理はその源において打撃を受け、権力はもはや一つの影でしかなく、国家はもはや偽りでしかなかった。どの市民も、政府に対してはこう問いかけることができた――「私が敬い、服従するためには、君は何者なのか」と。社会主義はすかさず、この結論を明らかにした。君主制に相対し、福音書を否定した憲章に手を伸ばすことで、社会主義があえて自らを〈無政府主義者《アナルシスト》〉、あらゆる権威を否定する者と称した時、それはまさに、諸政府や王たちの革命的行為のもとに何千年来展開されていた論理から、一つの結論を引き出したのである。

そういうわけで、ヨーロッパの列強にとっては、市民たちの問いかけを前にして自らを廃棄するか、さもなければイエズス会派を甦らせ、教皇を復権させる時が来ていたのだ。〈革命〉あるいは〈教会〉に関して優位に立つのは、誰であろうか。最期の時がやって来ていた。聖座と玉座を奪わなければならない動乱が轟き起こる。果てしのないジレンマがますます強固になり、その仮借ない深みにさらされる。

教皇が存在しないか、
自由が存在しないか、いずれかだ。

まさにこんな風に、一八四九年二月二〇日の忘れえぬ会期において、憲法制定議会に問題が生じたのである。

市民ルドリュ＝ロラン――「イタリアでは、歴史に長く刻印を残すであろう重大な行為が成し遂げられたばかりであります。共和国はそこで宣言されたばかりであり、指導者たちの世上権力は頽廃に見舞われていたのであります。これは、自由の支持者たちにとってはよい知らせです」（どよめきと抗議）

この演説者は次いで、株式取引所の噂では政府に帰せられる介入計画を告発し、「政府が介入をもくろむのは、ローマ共和国を支持するためか敵対するためか、教皇の世上権力の復活を支持するためか反対するためか」を問う。

外務大臣・市民ドロアン・リュイ――「政府はフランス共和国とローマ共和国との連帯を認めておりません……そうだとすれば、問題はきわめて微妙であるということであります。なぜならば、それは世上権と教権の和解の必要性を示しているからです。これは、世界に魂と肉体が存在して以来、解決が求められていた大問題です。われわれが、善意と願望とともに喜ばしい結果に達しようとするのは、まさにこの問題の解決なのであります」

市民ルドリュ＝ロラン――「問題は、世上権と教権を和解させることではなく、それらを分離することであります。諸君の言う和解とは一つの併合にすぎず、それは自由そのものの押収であります」

市民プージュラとエイリ――「教皇制の存在はこの和解に分かちがたく結びついており、あらゆる公教会性はこれに関わっています。この介入はカトリックのではなく、キリスト教的ヨーロッパのための権利であります」

市民プルードン――「自由は公教会性に勝るものです！」

こうして、政府の立場と教皇のそれとは繋がり合っていることが明らかにされた。権力を保持する観点からすれば、教会の諸問題へのルイ・ボナパルトの介入は当然であり、必然的なものであった。いやそれどころか、それは、王たちやその反抗的な末裔たちによって、教皇の権威に対して一〇〇〇年以上前からなされている、あらゆる反抗と冒瀆という、教皇への加辱刑であった。教皇の世上権力（それがなければ、肉体のない魂が、古人が言っていたごとく一つの抽象、霊魂にすぎないように、教権は公正さの一権力にすぎない）を復活させることによって、フランス共和国政府は自らを強固にしようと望んでいた。ローマの山岳派を攻撃することで、絶対主義的反動はパリの山岳派に打ち勝った。したがって、もう一度言うが、介入にせよ死にせよ、私は肉体的な死を待望することによる精神的な死のことを言っているのだ。――以上が、ルイ・ボナパルト政府に関しては、そもそも社会主義者たちやイエズス会派たちによって、申し分なく理解されていた問題であった。

しかしながら、そして、この介入の主唱者たちがあれほど非難されていた曖昧な性格が現われるのがまさにここなのだが、大半が旧来の自由主義者たちによって構成されたルイ・ボナパルト政府には、その立憲的な先駆者や自由主義の伝統を欺くことなく、また、国民の民主的で理屈好みの感情を傷つけることなく、有無を言わせぬやり方で教皇擁護を行なうことはできなかったのである。この数世紀来の、そして歴史的に獲得された既成事実、すなわち、われわれの公法の原理、フランス教会の風習、宗教に関する慢性的な無関心、合法的な無神論、こうしたすべてが、権力においては控え目にしか作用せぬ必然性を、また、奇妙なことだが、権力が絶対主義のために介入するのに、依然として自由の保証人として振る舞うという必然性をもたらしていた。この矛盾は、あらゆるところで権力についてまわった。オディロン・バロ氏が言っていたことだが、もし政府がチベル川右岸のデマゴギーに抗して教皇庁の肩を持つとすれば、それは、なおも教皇を不可侵の特権のうちに復権させるためというよりはむしろ、神聖にして寛大なる政府のもとで、節度のある適度な自由をローマ人民に享受させるためなのである。ルドリュ＝ロランが非難していたように、政府は世上権・教権という二つの権力を混同することは求めず、〈和解〉させようとしたのであり、それは以前に、一八三〇年憲章によって君主制と自由とを和解させようとしたのと同じやり方である。

こうして、この立憲王政（これは、それを作り出した当の人々によって三度覆されたものだが）と対をなす立憲教皇制の下で、ルイ・ボナパルトの大臣たちは、長いこと哲学が解決不能としていた問題を解決することを引き受けた。彼らは教皇の名のもとに、そして教皇の意に反して、『理性と信仰の一致について』という、この哲学的神父の書を書き直したのだが、この書によってまさに、その著者の意図に反して、〈信仰〉と〈理性〉は永久に相容れぬものとなるのである。正理論派たちがローマで試みようとしていたこととは、この六〇年来〈革命〉によって不可能なことが明らかにされたもの、すなわち、権威と自由の結合であり、円積問題や永久運動（ともに実現不可能とされる）のごとき何ごとかなのである！

善意と同様、錯覚によるこの政策には、常に和解を一つの妥協と見なす中道主義《ジュスト・ミリュー》の精神が認められるが、それは極端な手段を恐れることで、必然的に自らを無力状態に追いやるか、さもなければ再び対立状態に戻るのである。哲学上の折衷主義者が求めるもの、それを正理論主義者は、政治において作り出そうとする。これほどに、まこと、人間の行為というのは、思想の発現にほかならぬのである！

折衷主義者に対して、こう問うてみるがいい。「君は唯物主義者なのか」と。――否、と彼は答える。

唯心論者なのか。――さらに違う。

では何なのか。現実主義者か。――神のご加護を！

理想主義者か。――評価はする。

汎神論者か。――さあて。

無神論者か。――あえてそんなことは。

懐疑論者か。――ありえない。

おやおや、では、君はペテン師でなければ馬鹿者だ！

正理論主義者の政策とは、こうした折衷主義の正確なる再現である。

共和国についてはどう思うのか。――既成事実だ。

君主制については？――私は、合法的範囲内からは逸脱しない。

大統領は？――五五〇万票によって選ばれた人。

憲法は？――われわれの政治的思想の集約。

社会主義は？――高邁なる夢物語《ユートピア》だ。

所有については？――必要な悪習。

宗教は信じるのか。――それは尊重する。

平等は信じるか。――それを望む。

進歩は信じるのか。――それには逆らわない！……

折衷主義者と正理論主義者、そして彼ら以上にイエズス会派、以上が、いつの時代も世界を支配してきたと言ってよい、フランスを現在支配している三つの要素である。後者は、絶対主義的原理を代表していたが、その敵対者である社会主義者と同じように、しばしば追放されたのであった。教会ですら、教皇や司教たちの意見によって、イエズス会派に対しては一再ならず苛酷な態度を示した。あいにくなことに、ヨーロッパが今日置かれている情勢にあって、追いつめられた権力がもはやどんな政策を取るべきかわからぬ時に、イエズス会派勢力としては、折衷主義者と正理論主義者に打ち勝ち、しばらくの間彼らを排除しなければならなかったのである。

自由に対して、王と教会の間で当初から企まれていた陰謀は、したがってその宿命的な流れを取り戻した。容赦ない神学によって求められていた犯罪が、羅針盤なき政策の母たる、真理の標識なき哲学によって犯されたのである。オディロン・バロ氏の提案に基づき、国民議会はフランス軍がチヴィタ・ヴェッキアに布陣すると宣言した。これは、〈共和国〉に対する戦争を採択することであった。さまざまな事実によって、急速に観念の実現が担われた。

絶対主義のこの攻撃に対して、社会主義はどう応えようとしていたのか。

ローマ人に対してなされたこの戦争は、社会主義にあまりにも有利な立場を与えていたのだが、イエズス会派自慢の巧妙さからすれば、彼らがこの点に関して間違いを犯すとは考えられない。つい今しがた言ったように、教皇制と自由との間にはジレンマがあるとすれば、この遠征の成功がどんなものであろうと、教皇制がそれゆえに滅びることは明白である。さもなければ、それは自らの力に裏切られて、マッツィーニの諸改革のもとに消え去るだろう。すなわち、その世上権を奪われた教皇とは、もはやローマの司教でしかないのだから、大多数のローマ人が従う宗教のこの最高位の賃金生活者は、何ものでもなかったのである。教会の中にカトリシズムを閉じ込めること、それは地上からそれを追放することである。あるいはまた、外国の銃剣によって復権し、反抗した臣下たちの血によって強固にされ、キリスト教世界にとって恐怖の的となった教皇制は、その自らの勝利ゆえに滅びるであろう。サーベルによって支配する、キリストの代理者たる教皇は、三重冠（司祭権・司牧権・教導権を象徴するローマ教皇の冠）を戴いた冒瀆である。すなわちそれは、アンチ・キリストなのだ。

反動的な情念が、イエズス会派を突き動かした。彼ら自身の規律を忘れ、その会則の精神を否認し、一方で敵対する原理に加担しなければならなかった彼らは、往時のように、議会改革運動《レフォルム》（一六世紀の宗教改革《レフォルム》と、七月王政末期の議会改革運動《レフォルム》とをかけている）に対するトレント宗教会議を望み、それにかたをつけようとした。復讐の長き渇きに苛まれて、その宿命的な天分によって憲法制定議会を六月の死に追いやったこれらの人々は、さらに議会をローマ砲撃の共犯者にする影響力を持っていた。彼らは、その狂った思念の中で、地上から抗議というものを廃絶しようとしたが、最も低劣なやり方で、宗教の存在そのものを危うくするのに成功したにすぎなかった。

四月一六日の投票の後では、ローマ共和国への戦争は不可避であった。フランス軍によるローマ占領の後、教皇庁の失墜はもはや疑いようがなく、それはいつかは、カトリシズムの失墜をもたらすはずである。もしいまだに真のキリスト教徒が存在するならば、彼らは司教たちに向かって立ち上がって、「宗教は危殆に瀕している」と言うことだろう。「教父たちよ、よくお考えを！」

私としては、四月一六日の会議後は、事態の迅速さに危惧を抱き始めていた。教会への打撃がその当の首長たちの手によってもたらされたことを、私はほとんど悔いねばならぬほどであった。それは、宗教に対する利害によるものでないとすれば、人類の尊重によるものであった。カトリシズムは現代社会の中で依然として最も古く、最も力のある、有機的な構成要素であって、これのみがさらに古く、さらに力強いものとして革新されうるのである。その変化には前提条件として、政治革命と経済革命とが想定される。イエズス会派およびローマ宮廷の行動は、歴史のこうしたすべての法則、進歩のあらゆる観念を覆したのだ。私はほとんど、この絶望的な政策の中に、革命へのさらなる裏切り行為を見たい思いに駆られていた。

しかしながら、社会主義は敵対する原理を助けに行くことはできなかった。その進むべき道は、線引きされていたのである。革命的義務は、社会民主主義組織に沈黙を守ることを許さなかった。それどころか、抗議することを強いていた――その抗議が、反動家たちの情念を煽るよりほかの効果を持ちえなかったとしても。この大いなる論争に関しては、諸国民の判断に呼びかけ、ローマ人民に反して行なわれた遠征の、その精神、その手段、その目的、その結果に対しては、最大限に周知徹底すべきであった。聖職者たちがそう望んでいたのである以上、この宿命的なジレンマをすべての良心の中に想定すべきであったし、カトリシズムが被迫害者から迫害者と化し、殉教者から死刑執行人に化していることを明らかにすべきであった。ローマ教会は狂暴になり、教皇は信者たちを砲撃させる。枢機卿や司祭たちは、追放リストを作成する。かつては信仰の徒であり、神の最良の友であった労働者や貧しい者たちは、今や破門制裁を宣せられ、一方、不信心でみだらな富者が誉めそやされ、喝采されていた。ついには、ある共和国政府は、〈修道会《コングレガシオン》〉の合図を受けて平然ともう一つの共和国を責め苛むのだが、なぜならば、それが政府だからであり、教皇至上的《ユルトラモンタン》論理によれば、教皇庁に従属せぬ政府はすべて簒奪者的な体制であり、非合法の所業ということなのだからである。

　ところで、民主的ジャーナリズムとイエズス会派の機関紙とは、秩序壊乱の激しさでは似たようなものであった。『プープル』紙は、その最後の日に至るまで、人殺しの教皇庁に対する攻撃の合図を鳴らしたのであった。そのプロパガンダは農民、奉公人、兵士に至るまで行き渡った。私は、サーベルによる共和国軍兵士の力に大きな信を置いたことは決してない。私はいつも、兵隊とは知性的であるよりは粗暴なものと思っていたのであり、当然にも私は将校団のことを、国民の名誉や革命の成功に対してよりは、彼らが規律と呼ぶものに対して敏感な存在と見なしていたのである。それでもなお、ローマの戦争の神学的・政治的問題は軍隊に知らされ、その選挙人としての権利から、政府の審判者となった各兵士によって討論された。その結果はあらゆる予測を超えており、権力は震撼した。とはいえ、このプロパガンダの数カ月は、われわれとしては軍隊を、おそらくはその軍旗のもとから去らせ、上官に反抗させるようにするのではなく、彼ら自身がある示威行動の主導権を握るようにしむけるべきだったのだ。そうすればその結果は、六月一三日の場合とはまったく違ったものになったことだろう。

　このような戦いは、思想家、真の革命家にとってはまさに、大砲が轟き、鉄と弾丸がもっぱら人間の肉体的部分のみを脅かすような戦闘よりは、はるかに崇高なものである。革命の六〇年間によっては、フランスから権威の重視を根絶することはできなかった。しかし、ジャーナリストたるわれわれは誇りをもって言えるのだが、われわれはあるキャンペーンにおいて、教皇庁と政府、教権的・世上権的支配に打ち勝った。われわれは、父祖たちより堕落してはいなかったのだ！……。

　正理論派がイエズス会派と同盟したため、すべてが、宗教が、教皇制が、君主制が、政府が失われた。今では、後悔が彼らを襲っているように思われる。共和国大統領は、教皇の絶対主義に抗議するために手紙を書こうとしたが、無駄な努力である！　身をまかせる女は、羞恥とともに意志も放棄するものだ。正理論派はイエズス会派に支配され、思想的には彼らにはイエズス会派のものしかない。イエズス会派は、フランス軍がローマから出て、人民があらゆる祭司的復讐の思うままにされることを要求しており、フランス軍はこれに従うだろう。吝嗇が陰謀と綯い交ぜになり、銀行主義者は兵士の滞留に必要な貸し付けを拒否するだろう。教皇を復権させるためには二五〇〇万フランを捧げたであろうに、われわれの勢力を維持するのには、わずかな寄付もあるまい。虐殺と偽証のゆえに、自由に対して罪を犯した正理論主義者は、後悔して自らの胸を叩く。イエズス会派がやってきて、言う――「さあ出かけよう！」

フランスの司教たちよ、私は、自分が代表する世論には斟酌せずに、諸君に率直に語ろう。世界においては何ものも破壊されてはおらず、何ものも失われてはいない。あらゆるものが絶えず発展し、変化しているのだ。これが諸存在の法則であり、社会的諸制度の法則である。今日に至るまで、宗教的感情の最も高度で最も完璧なキリスト教そのものも、政治的統一性の目にみえる象徴である政府も、個人の自由の具体的な形態である財産（所有）も、それらは完全に消滅することはありえない。それらが被らねばならぬ変化がどんなものであろうとも、こうした要素は、その本質的な矛盾によって世界に絶えずその運動を伝えるべく、少なくとも潜在的には常に存続するであろう。何世紀もの間に自由思想の影響によって変形してきたカトリシズムは、ローマ的特質と封建的精神とに交互に鼓吹された後では、社会思想の発展によってそのギリシア的・哲学的な根源に近づかなければならなかった。ローマ共和国に対して起こされたこの戦争は、教会に対して諸民族の非難を掻き立て、カトリシズムの名誉を傷つけることで、革命を腐敗させ、良心を曇らせ、ヨーロッパの平和を危うくするものである。諸君を回心させるのがその使命であった社会主義は、諸君を打ち砕く――用心したまえ。なおもその時である限りは、イエズス会派から身を引き離したまえ。そして諸君の首長・ピウス九世に警告したまえ。さもなければ諸君は破滅である！

# 第20章　五月一三—六月一三日、社会民主主義的党派の立憲性

社会主義総体を三つの象徴的形態——カトリシズム即ち教皇制、君主制即ち政府、資本即ち高利——のもとに表わされた単一の原理に還元し、次いでこの原理によって二月革命そのものを結論づけるという考えには、成果があった。狂信者たちの手に落ちた政府は、まるで自ら望むかのように自滅した。それは、『プープル』紙の指示に政府が従ったかのようであった。世論は見る間に変化した——あらゆるところで立候補が行なわれ、選挙人たちはこの世論——フランスにおいては今後はもはや、〈労働〉党と〈資本〉党という二つの党派しか存在しないという考えの影響下で投票を行なっていた。保守派はこのように示された問題を受け入れ、君主制と教皇制は、二の次のものとして片づけられた。人は社会民主主義者であるか、さもなければ反動派かなのであった。

憲法自身も、この分類に当てはめられた。保守的であると同時に革命的であり、政治的であると同時に社会主義的であるものとして、憲法はあらゆる解釈を許したのであり、問題は、バランスがどちらの側に傾くかを知ることであった。社会主義が、この国および議会においては、依然としてしばらくの間少数派のままであったことは、問題ではなかった。それが憲法に根を持っていた以上、また、この思想のもとに諸々の選挙が行なわれた結果、ちょうどルイ＝フィリップ治下では王朝的対立が事なかれ主義の多数派に属していたように、それは資本主義的な多数派に属していたのである以上、社会主義は、多少なりと見かけ上は、その時点までには合法的で合憲的な党派であるか否か、争われうるようなものにはなっていたのである。既にして、それは国民を手中にしていたのであり、その勝利はもはや時間の問題でしかなかった。

こうしたわけで、革命的状況は一八四九年五月においては、一八四八年の二月、三月、四月、五月よりもずっ

とましなものであったが、一方、社会主義的思想のほうは定義が不十分であり、依然として表現も十分ではなく、あらゆる共和主義的ニュアンスの差――バルベスのニュアンスを始め、バスティードのニュアンスに至るまで――によって次々と拒絶され、さらにはラクロス[133]、およびセナール[134]のニュアンスのもとにぶち壊しにされたのである。社会主義は、ユダヤ人の神のようにこう言ってもよかったのだが――「私はあるところのものである！　私は若く力強い集団であり、成長する集団であり、火事のごとく広がり伝播し、もし行く手が遮られようとも、諸君を、衰弱した集団であり老いぼれの、瀕死の集団である諸君を、焼き尽くすであろう」

133――七月王制下の議会では既に王朝左派に属していたラクロスは、革命後は憲法制定議会と立法議会に登場し、一八四八年末には公共土木事業大臣に就任した。クーデター後には完全に帝政に加担し、上院書記官となった。

134――セナールは、一八四七年の改革運動には積極的な役割を演じた。二月革命後には憲法制定議会議員に選ばれ、その議長となった。六月蜂起の後には、カヴェニャックの最も熱烈な支持者の一人であった。議会はこの将軍に対して、彼が「祖国に貢献した」とさえ宣言した。王族大統領（ルイ・ボナパルト）の選挙の際には敵対側に回り、帝政末期までその位置にとどまらねばならなかった。

　こうして、運動は常に拡大して行き、権力の崩壊はそれに歩調を合わせて進んで行ったので、事態が遅かれ早かれ左派の手に落ちようとしていることは、容易に見て取れた。山岳派にとっては、ほどなく彼らになされる召集に応えうる時が到来していた。彼らは政府を意のままにしており、最後の手段を講じる前に、彼らにはその計画を周知させる必要があったのである。

　ルドリュ＝ロランは、立法議会の会議のまさに当日に、社会民主主義者の名のもとに発言するのだが、大統領職に、そしてある程度までは憲法に反対して投票していた一党派の首魁であった彼が、その憲法を自らの党派が尊重していることを断固たる調子で主張するに至ったとすれば、一体彼はどんな結果をもたらしえたというのか！　五つの県から選出されていたルドリュ＝ロランは、たちまちにしてフランス全体の人間になったのである。

　五月一三日の選挙の後に、社会民主主義者が秩序と憲法の党として国民の前に立ち現われた必然性について、『プープル』紙が何を語ったか、ここで繰り返すことはすまい――この顛末は、苦痛に満ちた調子で語られたのである。この駆け引きに一つの獲得を見るのではなく、ジャコバン派はそれを後退と見なした。ルイ・ボナパルトとその大臣たちを糾弾することは、結果として、ルドリュ＝ロランを、一二月一〇日の候補者にして、今や反対派の首魁であるこの男に大統領職を与えることだと指摘したがゆえに、『プープル』紙は、ある場合には山岳派の演説者に罠をかけたと疑われ、また別の場合には彼らに取り入ったとして非難されたのである。当時、人々の迷妄はこれほどのものであったのだ！　われわれの言葉が聞き届けられるには、われわれはあまりにも正しすぎたのだ――革命は、たった一人で目的に向かって進んでいた。

しかしながら、今まで語られなかったこと、今日かつてないほどに周知させるべきことは、われわれを支配していた社会経済的理由である。保守的党派はさほど強固な基盤を持っていないので、ほどなく権力から脱落し、共和国政府をその敵対者の手に委ねるかもしれない。いや、それどころか、二月以来多くの例に見てきたように、両極端は相通じるという原理のもとに諸思想が人々を動かすのだとすれば、山岳派が政権の座に就くことが次にはありうると、依然として考えねばなるまい。その場合、民主主義者の政策はどうなるのか。国民としてはそれを問う権利がある。それゆえ、状況は六カ月前の場合とこの六カ月間とは同じなのだから、われわれは、五月一三日以後展開したような議論を再度始めようとしているのだ――もし、諸事態の影響と六月一三日の不幸な戦いによって、われわれの討議が中断しなかったならばだが。

問題を整理しよう。

社会主義は、資本と権威の否定として、五月の選挙以後は、政府と国民に対しては議院外的な世論として振舞って、反動的権力と不完全な憲法の失墜を早めるためにのみ、議会の討議に関わるべきだったのではないのか。さもなければ、それは秩序と進歩の党として、憲法に依拠し、その擁護に手を貸しつつ、現在と未来のために〈もっぱら合法的手段によって〉革命の勝利をもたらすことを目的とすると明言すべきだったのではないか。

要するに、社会主義が内閣に入った場合には、合法性と憲法において振る舞うべきだったのではないか。さもなければ、独裁すべきだったのではないか。

問題はまさしく、この上なく重大なものであった。それはさらに慎重に検討され、深められ、論じられるに値したので、それだけになおのこと、経済的観点からも政治的観点からも、最も高度な利害に関わるさまざまな考察をもたらしたのであった。

仮に社会民主主義者のさまざまな機関紙が、せめて何が問題なのかを理解さえしていたならば、仮に彼らが『プープル』紙に抗して多少なりと曖昧ながら主張していたテーゼの、独自で良質な側面を理解していたならば、呪詛も罵倒もせずにわれわれにこう言いえたでもあろうが。すなわち――

よろしいか。諸君は合法性と憲法について、あたかも革命的時代には、昂然として進行する反動を前にして、合法性が自殺行為ではないかのように、また、あたかも変貌する社会は、有害な構成員を法的に組織立てる前に、それらを力ずくで制御する必要はないかのように語っている。では、われわれは現在、一七九二年の父祖たちと同じ状態にいるのではないのか。その当時われらが父祖は、憲法に訴えた君主制を、そして合法性に訴えたジロンド派を交互に打ち倒し、憲法と合法性とを踏みにじることによって革命を救出したのではないのか。……それゆえ、やはり合法は滅び、憲法は失墜し、反動派は自縄自縛に陥り、革命家たちは自らの仕事をするがままにするがいい！……

実際、私の言っているさまざまな新聞、情念が支配的になるに至った新聞が、革命的必然性によってその組織的な非憲法主義の根拠を説明することを真摯に企てたのであれば、その時民衆には、何が問題なのかがわかったであろう。革命がその方法を白日のもとに討議していたならば、人民としては、よく事情を心得て態度を明確にしたことであろう。そうすれば、人民に支持されたにせよ非難されたにせよ、民主主義は六月一三日に勝利したことだろうし、さもなければこの示威行進は行なわれなかったであろう。

しかし、この民衆の党派は、不幸な勢力によって指導されていたので、自らが取らされた進路については何も知らされていなかった。問題に対する無知にせよ、率直さの欠如にせよ、民主的ジャーナリズムは、つかの間『プープル』紙に反対して集結したものの、哀れむべきどっちつかずの状態に留まっていた。社会民主的党派が紛争に巻き込まれるような場合には憲法を尊重すべきか撤廃すべきかという、明確に提示されたこの問題に対しては、『デモクラシー・パシフィック』紙は十段にわたるくだくだしい逃げ口上の記事で、こう答えていた。「われわれとしては」と同紙は言う。「これについては、人民主権に従うつもりだ。ある人々にとっては、憎悪は満たすべきものであり、社会主義は排除すべきであり、独裁は確立すべきものである」――彼らはこう白状したのだ！　彼らはこれを印刷に付したのだ！――「また、別の人々にとっては、ユートピアは実験すべきものであり、公共財産は操作すべきものであり、国民は羊の群れのごとく〈鞭ト棒ニヨッテ〉指導すべきものである」。これが、われらが哀れなる敵対者が、最も恥ずべき言い落としという形で、やっとのことで隠していたことどもなのである。

もちろん、選挙の予期せぬ成功の後に、合憲的・合法的政党として社会主義が自らを位置づけるべき必要性を『プープル』紙が述べた際には、『プープル』紙は自分が何をし、どこへ向かおうとするのかわかっていた。われわれはすべての人々と同様、革命の歴史を読んだことがある。われわれがわずかでもそれに苦しめられるならば、おそらくはこう認めたことであろう。すなわち、それ自体としては申し分のないジロンド派の形式主義が、不都合で危険なものであったこと。また、合法性は九二年の嵐によって一掃されてしまっていたのだから、九三年においてそれを利用することは、およそ矛盾したことだったのである。

しかしながら、社会民主主義者の名のもとにわれわれが九三年の継承者であったということによって、われわれは、一八四九年においてはその〈反復〉を余儀なくされたということになったのだろうか。『プープル』紙は、これを全く否定した。同紙は、革命が現在ある段階においては、合法性と憲法に依拠することによってしか、もはや前進しえないと主張していた。そしてその結果、同紙は、社会民主主義に抵抗し、それを迫害していた保守主義者も、その勝利を保証するという口実のもとに、社会民主主義を絶対主義に駆り立てた愚かな急進主義者たちも、ともに社会民主主義の敵と見なしていた。さて、つけ加えるならば、二月の思想を損なわぬまでも、それを後退させる最良の方法は、ルイ・ブランによって求められ、民主主義者たちによって一八四八年の三月、四月、五月に、無益にも懇願されたあの独裁的権力を作り出すことであろう。

そこで、この問題は次のような表現に帰着された。

革命は、一八四九年においては、一七九三年と同じ行動方式を許容するのだろうか。

私としては、躊躇なくこう答える――否、そうではない。その理由は、一七九三年の革命は何にもまして政治的であったが、一八四九年のそれは何にもまして〈社会的〉なのだということである。

一七九三年における革命は、自由都市によって数世紀前から起きていた運動の最終段階――すなわち、第三身分の上層階級への上昇、聖職者および貴族の諸特権の廃止、〈法〉の前での平等――であった。九三年においては、したがって公共秩序は改めてその構造を作り直したのだが、それはもっぱら政治的観点からのみであり、社会経済的与件を除いたものであった。要するに一言で言えば、九三年の革命は閉鎖的階級の諸特権にしか向けられていなかったのだが、一八四九年のそれは個人そのものの特権に、現代社会において人間と市民とを構成するもの、所有に関わるものなのである。

半社会主義者に関しては、私は実に残念なのだが、こうした考察――それは彼らに不平を言わせるものだ――を彼らに絶えず想起させねばならないのだ。しかし、そこから彼らは自分たちの態度を決定しなければならない。すなわち、確かにその変化がどのように行なわれるべきものであれ、所有に関する根源的な変化がなければ、ありうべき社会改革も、労働の保証も、生活保護も、無償の教育も、無償の流通も、プロレタリアの解放も、貧困の根絶もありはしないのだということである。

では結局のところ、八九年の革命とは何だったのか――封建的特権の侮辱に抗した、第三身分による所有の普遍的保証である。

一八四八年の革命とは何であるのか――所有の乱用に抗する、労働の普遍的保証である。

自称共和主義者どもが私を呪おうとも、古ぼけたジャコバン主義の剽窃家どもが革命法廷で私を告発しようとも、彼らは私が知っていて誰も反駁しようのないこと、はっきりと語ることが私の義務であるようなことを、妨げはしないだろう。それは、民衆に警戒心を持たせて、私が間違っている場合には私を非難し、あるいは、私が正しい場合には民衆に私を支持させるためである。——つまりは、社会革命、労働権、無償貸し付け、累進税、所得および財産税、所有（現在の形での）の永続性は、すべて矛盾を含んだ用語だということなのである。その理由を研究してきた者にとって、この問題はもはや、所有をあるがままの形でいかにしてプロレタリアの根絶と一致させうるかではなく、所有者に損害を与えることなく、社会を混乱させることなく、いかにしてプロレタリアを廃絶し、したがって所有を変化させうるかを知ることなのである。

ところで、国民公会の独裁による九三年の所有には、危惧すべき何かがあったのか。何も、全く何もない。そこには接収され、破産した貴族たちがいたが、もちろん、それは政治的原因によるものであって、経済的理由によるものではなかった。彼らは貴族として、貴族政治主義者として、亡命貴族等々として打撃を受けたのであって、決して所有者としてではない。さまざまな徴用が累進税の原理に則《のっと》って設定されたのだが、さらにそれ以上に、こうした徴用は、それらを一時的で例外的なものとして設定した当の人々によって告げられたのであり、それらは何ら組織的なものではなかった。それらは、パッシー氏やグーショー氏の法案のような憲法付属の法ではなく、国家公安法であった。結果的に考えれば、それらはこれを最後に所有による革命に支払われた保険料だったのである。

したがって、九三年の件《くだん》の独裁は、所有に抗したのではなく、所有のために行なわれたのであった。「アンラジェ（怒れる人々）」と称された当時の社会主義者がギロチンにかけられ、九二年から九四年にかけては社会問題の恐怖が反革命の恐怖よりも大きかったのは、国民公会とジャコバン派が擁護しようとしていた所有の結果であった。この独裁の打撃のもとに失墜したのは、当時第三身分の中で生きていた社会ではなく、時代の進歩によってそれ自身社会の外に置かれていた特権階級なのであった。そして、ローマ人が独裁を抱懐していたのは、やはりこうした理由によるのである。彼らにあって独裁とは、諸制度を改革するためではなく、敵を排撃するために時々現われたものであった。

ここで私は、つらい比較対照をすることを禁じえない。

「土地均分法」の名のもとに、一つの社会問題がグラックス兄弟（兄ティベリウス・グラックス、前一六二―一三三。弟ガイエス・グラックス、前一五三―一二一。ローマの護民官。農地改革を試みた）によって提起されたことがあった。ところで、この兄弟の対立が続いた二〇年間に、彼らは法的手段によって粘り強く事を進めたのであって、決して独裁の恩恵を求めようとはしなかった。問題は、現代のように、ローマの所有を変えることではなく、平民出の古参兵の間で、敵から得た土地を分配することにほかならなかった。さらにこの分配は、遡及的効果を持ってはならなかった。グラックス兄弟によるこの「土地均分法」は、健全なる政策によるものであった。つまり、外国を犠牲にして、所有を平民に分け与えることによって、この法のみが揺らぐ共和国を強固にし、皇帝の簒奪を抑えることができたのだった。しかし、この法は、穀物や他の食料品を買い占める人々がしているように、征服された領土に関して世襲貴族が行使し、乱用していた、購買・所有権に対する制限と思われ、その結果、ローマ人においてはきわめて絶対的で不可侵の所有権に手をつけるものであったので、グラックス兄弟によって試みられたこの改革は、彼らが期待したようには実施されえなかった。この二人の護民官は、民衆への愛と法の尊重の犠牲となって、次々と敗北したのである。この土地均分法に関して何が起きたのか、次に見てみよう。

当初、この土地均分法は経済上の制度であったのだが、ほどなくして政治的な問題となった。それは、無節操な野心家たち――マリウス（前一五七―前八六）、カティリナ（前一〇八―前六二）、ユリウス・カエサル（前一〇一―前四四）といった、当時の社会民主主義の首長たちの口実であり、方便として役立った。このユリウス・カエサルとともに、平民はついに世襲貴族に打ち勝った。しかし、平民たちはこの勝利の恩恵には浴さなかった。自由と豊かさの代わりに、彼らはそこから果てしのない専制政治、皇帝たちの独裁をしか受け取らなかったのである。この時、社会的問題は共和国とともに葬り去られたのであり、世襲貴族たちはその所有を守った。そのためには、彼らとしては、皇帝のご機嫌を取りさえすればよかったのだ。彼らはその所有を増やしさえし、彼らが高利で得た金は平民を常に味方につけ、平民をますます隷従化させる手段となった。平民たちはと言えば、代償として小麦の分配を受け、見世物がただとなった。こうしたことが、元老院とローマ民衆が行なったことであった。

われわれにとっての社会主義は、グラックス兄弟にとって土地均分法が持った意味合いと同じである。それは、合法性、すなわち既得権と憲法の尊重によってしか実現されえないのである。もしそれが政治の流れのままになるならば、もしそれが制度的問題であることをやめて統治の問題と化すならば、また、もしそれが専制的権威によって確立されることを要求するのならば、それは社会を混乱させ、果てしない反動を引き起こすことにしかならないだろう。それは数限りない混乱の後に、自らがのちに取ろうとするはずの権力の打撃のもとに、ついには敗北するに至るだろう。こうして、九三年の社会主義は、権力のためにジャコバン派と連合した後、ジャコバン派に攻撃されて滅んだのである。[135]

135 ――この最後の一節「それは数限りない混乱の後に」は、第二版では、もっと短く、もっと断固とした別の文章に変えられている――「所有を侵犯することで、それ（社会主義）は国家の崩壊とヨーロッパの混乱をもたらすだろう」

しかし、こうした考察は所有の本質に関わるものではあるが、今日民衆の生活が左右されている流通の管理が現代社会に引き起こす諸問題に比べれば、いまだ何ものでもない。

二月の戦いの後まもなくして、『ルプレゾンタン・デュ・プープル』紙は、次のような重要な事実を明らかにした。すなわち、今日にあっては、フランス国民は八九年のように所有にではなく、もはや流通に依拠しているということ。産業の分業化は豊かさを増大させつつも、財産の独立性を破壊したということ。その結果、数十億フランもの国家財の売却のおかげで、とりわけ経済体制の違いのおかげで、三部会の開始からブリュメール一八日に至るまでの間、動揺を受けることもなく、革命の嵐の一二年間をしのぐことのできたその同じ国家が、二月を経た後では、二年間の操業停止でさえ、もはや破滅せずに耐えることができなかったということ。[P]

P ――この時点で起きたことは、『ルプレゾンタン・デュ・プープル』紙の予測を、最も見事に追認するものとなっている。所有は流通の欠陥によって無化され、もはや所有者に何ももたらさず、税と担保によって食い尽くされて、とりわけパリにおいては保証であることをやめ、さまざまな隷従のうちで最も耐え難いものとなった。（第一版の注）

それゆえ、経済的問題の条件を満たすためには、革命はあるがままの社会を受け入れ、その諸関係を、直接的な利害および物質的素材には手をつけずに変えることで、システムを存続させつつ、それを改革しなければならない。というのは、忘れてはならぬが、バベルのような混乱、圧政、恐るべき悲惨さを引き起こすや否や、社会主義は、すべての人々をその当事者にして共犯者とせねばならないからである。

確かに、机上では次のようなことほど容易なことはない。すなわち――国債という手段によって、運河、鉄道および鉱山を、つまり大所有と大工場を償還すること。合資会社を労働者のギルドに代えること。国家が賃金を支払った執政官を所有者や企業家にすること、などである。リュクサンブール委員会の有力者たちの承認のもとに、ルイ・ブランがいかに自信をもって、人材の、原料の、さまざまな所有の、国家のあらゆる産業の譲渡を、政令によって行なうことを提案していたかは既に見た。

はてさて、この新しい政体のもとに株主たちの、労働者たちの、重役たちの、視察官たちの、徒弟たち等々の権利と義務が定められたといっても――実はそうではなかったのだ。

各産業の、各会社の、各個人の配分が決められたといっても――実はそうではなかったのだ。

全従業員の給与や全生産物の価格が決定されたといっても、実はそうではなかったのであり、そうあることは不可能だったのだ。

国家が、労働者のさまざまなアソシアシオンのために償還する流動資本を彼らに返済させる方法が、架空の利益という形で見出されたとしても――社会経済という最も単純な問題によって、所有の一般的な弁済の観念は、償還の可能性とは両立しないことが明らかなのである。

すべての意志が一致していたとしても――社会主義の只中には、最も深刻な不和が存続していたのだ。

議論によっては解決できないこうしたあらゆる情勢、理論では測りがたいこうした情勢が決定的であったとしても――最も簡単な問題でさえ、解決されていなかったのだ。

私は依然として信ずるものだが、行為に移る以前にまずなされるべきであった最低限のこととは、厳密な点検だったのであり、断言するが、私は財産の、諸機能の、人間の、原料の、利益のこのような移動を引き受けるよりはむしろ、専制政治の死をこそ、遥かに選んだことであろう。

いったい、協定や委員会や、あるいはまた独裁者によって社会革命を成し遂げることを、人は本気で夢見ていたのだろうか。あらゆる個人、労働者、企業家、資本家そして所有者の移動を伴う、国家のあらゆる動産および不動産の調査、評価、譲渡とは何であったのか、人はわかっているのだろうか。つまり、国家および新たなアソシアシオンの帳簿上に、二億ないし三億フランものさまざまな口座を即座に開設することを前提とするものは、何なのだろうか。というのも、いったんこの道に踏み込めば、それは最後まで歩き通されなければならなかったからである。県、および市町村としては、パリの例に倣《なら》おうとしただろう。さまざまな職業は工場と同様に打撃を受け、小所有は大所有の命運に従ったことであろう。この動きから外れたままになっているものは、すべてこの動きへの障害となりつつも、このシステムを日々さらに普及させざるをえなかっただろう。国家財産のある部分の償還が（補償金抜きの接収を見よ）障害を引き起こせば起こすほどに、革命の焦燥は、ますます新たな接収によってそこから逃れようとしただろう。どうかこう考えられたい――代用的償還方法によって試みられる社会革命は、リュクサンブール委員会が想像したように、大混乱にしか帰着せず、その当座の結果とは労働の停滞であり、土地の不毛化であり、流通の急速な停止であり、社会を拘束衣の中に押し込めることであっただろう。ただしそれは、そのような状況によってせいぜい数週間だけ、三〇〇万ないし四〇〇万の人々が、予期せぬ飢餓のために命を落とすことが延期されうるとしてのことだが。

しかしながら、仮に、リュクサンブール委員会の考えに倣って、社会革命が性急さも混乱もなく、時間の浪費や出資も損害もなく、行なわれえたと認めてみよう。こうしたすべてが、暫定的にではあれ、警察や何らかの公的命令抜きではなされえなかったことについては、少なくとも私は同意を得られよう。専制は、それが専制ではあっても、臨時内閣ないし政府の政治的問題にとっては、臨時の企業家や臨時の農民による産業や農業にとっては、必要なものであっただろう。要するにそれは、法律を、法令を、暫定的な法廷を、つまりは、おそらく不完全ではあるが欠くことのできないものである合法的状態を必要としていたのであり、この理由ゆえに人々は、一八四八年憲法を、本質的に改革可能であり、見直しを要するものと主張したのであろう。

では、どうしてただちに、打ち立てられた政体は廃止に至るまでは守られるべきであり、改革は少なくとも、その後になってから主張されるべきであると明言しないのだろうか。間違いなく進歩的であり、それゆえ常に修正を受け入れることができ、それゆえ暫定的なものであるもう一つの憲法が作られるのを待ちながらも、まずは暫定的な憲法を討議し、それを可決すべきだったのだろうか。この時間の浪費が、いったい何になろうか。既成の憲法に依拠することによって、どうしてただちに行動を開始しないのか。支配者となった急進派たちは、何によって憲法を侵害する必要があったのか。……憲法は労働を保障していないというのか！　しかし、多くの人々が言う意味で、「労働の組織化」が意味のない言葉ではないとすれば、憲法もまたその組織化を妨げはしない。人々は、ハンガリーやローマのために介入することを望んでいたのか。しかしながら、その介入が、民衆が政府を選択するに当たってその自由な意思表示を保証する——すなわち、外国に対して彼らを保護するという以外の目的を持たぬのであれば、憲法は決してこれを妨げはしなかったのである。一二月にルドリュ＝ロランが立候補した共和国大統領職は、どうしてその党派のさまざまな要求には満たなかったのであろうか。そして、それを専制に変えるのは、どんな必然性なのだろうか……。

このような諸問題は検討されてはいないが、問題を提起することはそれらを解決することである。『プープル』紙は政治の方向転換の予測のもとで社会民主的党派の合憲性を力説しつつも、山岳派に対しては、彼らが一年前から自身で行なった以上に、彼らに利益をもたらしていた。最大多数のブルジョワが山岳派に加わることは彼らの憲法承認にかかっていたのに、憲法を率直に受け入れるのを拒否したことは、政策も根拠も欠いたものであった。それは、社会主義とプロレタリアに対する裏切りであり、革命に対する犯罪であった。

人はこう言うであろうか。私が故意に専制的権威による諸結果を誇張して、次いでその不条理さを明らかにする楽しみを得ているのだと。また、ジャコバン派においては、出し抜けにあらゆる法律を廃止すること、市民の所有権を奪うこと、財産を移動させること、思想によって人間と事物とを入れ替え、干渉することは何ら問題ではなかったのだと。

何と、私は十二分に知っているのだが、ネオ・ジャコバン主義はまるで社会主義ではないのだ。それに、勝利が得られれば、かつてロベスピエールがしたように船から社会的問題を投げ捨て、民衆にはあまりにも多くの気晴らしを与えることが提案されたので、ルイ・ブランが求めた進歩省を除けば、また、コンシデランや労働者の団体に投げ与えられた数百万フランの貸し付けを除けば、人々には労働の組織化のことを考える暇がないほどであった。穏健派に対しても、社会主義者に対しても、反動が準備されていた。ちょうど、一八四八年の三月、四月、五月そして六月におけるように。

しかしまた私にはわかっているのだが、こうした政治的目的は、いわゆるその主――「当然の成り行き」と称され、民衆においては宿命のように容赦ない、あの耐えがたい主抜きで重要なものであった。しかもそれは、国内的、政府中心主義的、共同体的な経済の原理に従いつつ、国家に対して銀行を、運河を、鉄道を、鉱山を、保険を、運輸を、さらに他の多くのものを併合した後でのことである。それはまた、累進税を設立し、相続を廃し、徒弟修業を含めて教育を、共通の、無料で、義務的なものとし、競争を、換言すれば私企業に対抗する労働者集団の独占を組織し、定価表を設定し、給与に関する最低値を定め、生産物と利益に関する最高値を定め、紙幣を確立し、等々といったことの後でなのである。とは言っても、成功を目前にして途中でやめることはできなかっただろうし、否応なしにわれわれは、工業の、商業の、所有の、要するに二万八〇〇〇平方里の国土の人間と事物に存在するあらゆるものの、全体的な組み換えに至ったことであろう。

さて、要約すれば、五月一三日における現行の合法的状態を維持することは、民主主義にとっては、その希望を実現するために、全く無条件に必要なことであった。

憲法を暫定的に別のものに作り直すことは無用であったし、専制主義に身を投じることはありえなかったのだから、それは憲法についても同様だった。

かくして、自分のために国家を持つことはできず、憲法によってしか勝利することはできないのに、合法性と憲法の外で国家と権力に向かい合うことは、狂気と悪意を行動に移すことであった。

私は六月五日に逮捕されてしまったので、こうした考えを『プープル』紙で展開するには時間が足りなかった。それは多分、一三日の示威行動を延期させるはずのものだったのだが——。示威行動だって！　おお神よ！　党派の始末におえぬ子供たちが、過度な革命的ピューリタニズムのゆえに、憲法の場に決然と位置することをためらい、また、専制を口にすることで党の方針を危うくしていたばかりの、この時期にというのか！　示威行動は、国民に対してこう語っていたように思われた——ルイ・ボナパルトは憲法を望んでいないが、われわれはそれ以上に望んでいないのだ！　マッツィーニに抗して教皇のために介入したルイ・ボナパルトは憲法を侵害したが、われわれは、教皇に抗してマッツィーニのために介入することによって、憲法を侵害することはない！　これではまるで、一共和国の国内問題に介入することは、どんなやり方であっても、常にその国の自由を損なうことはなく、それゆえ憲法に関しても例外ではないかのごとくである！……

人々は頭に血が上っており、理性は邪魔なものとなっていた。既に『ヴォワ・デュ・プープル』紙が非難されていたように、『プープル』紙も、権力と取り引きしたとして、自分が有利になるようにしたとして、また、さらに悪いことには、社会主義思想に密《ひそ》かに反対したとして非難されていた。示威行動の政治が、勝利を収めたのである。

私は、六月一三日の措置が非合法であったなどと言っているのでは全くない。民衆は、立法議会の大部分によって要請されていたので、彼らにはあれほど重大な状況の中で自らの意見を述べ、また、憲法が侵害されたとする少数派の議員と、そんなことはないとする多数派との間で、最終的に発言する権利があったのである。それどころか、私は、確立された憲法を維持する以外のことをしようとした示威行動に参加した市民たちを、これ以上非難はしない——民主的ジャーナリズム自体は、あらゆる層から寄せられた批判に基づいて、最終的には『プープル』紙の政策に同調したのであった。六月一三日の示威行動に関して私が非難するのは、それが時宜を得ぬもので、不手際で、きちんと指揮されていなかったことである。したがって国民は、民主主義全体は、そのことをこう判断したのである――ではその結果として、権力にはわれわれの不手際を罰する権利があったのだろうか……。

　私は独立はしていたが、政治的同調者たちと離反していたわけでは決してなかった。議会的手段から出ることを嫌っていたとされるルドリュ＝ロランとその仲間たちとも、二人の友にして協力者であり、あの運命的な軽はずみの無実の犠牲者であったピールとラングロワとも、私はともにあったはずである。わが運勢とカルリエ氏が、それを別の形にしてしまったのだった。(136) ところで、今日私に関して真実であることは、ヴェルサイユのあらゆる被告たち（出頭者も欠席者も）についても、おそらくなおのことそうである。蜂起に関わったという廉で政府が告発しうるのは、何と言おうとも、どんなこじつけがなされようとも、その中には一人もいない。憲法は侵害されていた。大衆の良心は、山岳派の口を借りて抗議していた――国民の名誉のためには、彼らが抗議しなければならなかった。彼らの背後では、多数の市民が意見を表明していた。しかし、共和主義的権利に関して一般的に存在する無知においては、この種の表明の中に法的ないし超法的に現われうることに決断がつかず、用心を、もっと正確に言えば、最も必要欠くべからざる手続きを怠って、その迷いが広がるままになった後では、もはや遅疑逡巡にしか行き着かないので、権利の擁護に立ち上がったその同じ市民たちが、もはや警察とグルでしかなかったのである。彼らは、あたかも自分たちがスパイであったかのように、共和国に奉仕し、憲法を擁護したことを自慢することができるのだ！……正理論派とジャコバン派は、相前後して、いつも政府の追及からは逸れている。彼らには生命の息吹はなくなっており、彼らはもはや党派には属しておらず、普通の人間なのである。

136――警視総監のカルリエは、一三日の示威行動の数日前にプルードンを逮捕することに成功した。

　それでもなお六月一三日は、権力に対して耐え難い苦境を作り出していた。

　今度もまた、社会民主主義の勝者こそが、二月革命で約束された経済的改革を行なうべきである。六月一三日の勝利は、秩序派にとっては一つの督促なのであった。政府が何もしなければ、政府は失脚する。何かをするとしても、失墜する。なぜならば政府は、資本と自らに逆らう以外には、一言で言えば権威の原理に逆らう以外には、何もなしえないからである。資本の失墜と権力の終末。これが、一二月一〇日の選挙によって生じたジレンマの至高の結論であって、それはルイ・ボナパルトの大臣たちによって恐るべき力で拡大され、六月一三日の示威行動によって現実化されたのである(137)。

137――「六月一三日の……」は追加されたもの。

権力は、その成功の合法性を維持しなければならず、六月一三日の参加者たちを刑事訴追した。権力はこの執拗な自尊心によって、誰を説得しようと考えたのか。ヴェルサイユの訴訟は、政府の自らに対する以前からの陰謀を拡大させるさらなる犯罪的行為であって、この陰謀の中にわれわれは、代わるがわる次のようなことを目撃してきた――すなわち、一月二九日における立法権への侵害、三月二一日における諸制度の侵害、四月一六日における諸思想への宣戦布告である。六月一三日以後には、政府は人間に対して戦いを挑むのだ――いったい諸君には、政府が長くもつと思えるだろうか。検事局がその陰謀による告発を成立させるべく何をしようとも、大衆の良心は被告たちの味方であった。そして（法的）実質にはつけ入る隙がなかったので、彼らには形式において勝利するしかなかったのだが、彼らは何とそれを望まなかったのである(138)!……。

138――最後の「彼らは何とそれを望まなかったのである」は後で加えられたもの。これは、六月一三日の被告たちが採った方針がプルードンにもたらした失望を表わしている。被告たちは、形式ではなく実質に関する弁護を望んでいたが、高等法院はミシェル・ド・ブールジュが反乱権を弁護するのを許さなかったので、彼らとしては弁論を拒絶したのである。「プルードンは」とダリモンは書いている。「そのことに、ほとんど怒りとともに悲しみを感じた」（前掲書、一八三ページ）。次いで長い一節が書かれたが、プルードンはこれを削除した。これは、六月一三日に逮捕された共和主義者の一種の擁護であった。この訴訟が結審し、一八四九年一〇月の裁判で有罪判決が言い渡されたので、おそらく彼は、弁護し続けることは無用だと思ったのである。以下がその全文である。

「普通選挙体制下の、一共和主義国家において、私はおそらくそのことを真っ先に認める者だろうが、議会の多数派が協定を踏みにじるからといって、少数派がただちに反乱という結論に至ることはできない。人民は議会に参加し、議決を行なう必要がある。しかしそれでは、この場合反乱はどうなるのか。襲撃はどうなるのか。私は起訴状を読んだが、そのどこにも権力の悔恨しか見られなかった。ジャーナリストたちは憲法について支離滅裂なことを言っていたし、狂信者たちがいつもいつも存在し、新聞の記者たちは、一八四八年二月の時のように、一八三〇年の時のように、警告するために会う約束を取り合っていたし、国民軍は制服で出動した。これらは、万人に対する彼らの権利であった。彼らは、自分の位置する状況の中で市民の義務を果たしていたが、一方、政府は示威行動に敵対することで、法の尊重というよりは、むしろ自らの防衛に躍起になっていた。ローマの戦争に関して非難されていた侵犯に加えて、政府はさらなる侵犯、人民主権の侵犯を重ねた。憲法が侵害されたことを、国民は山岳派と同様に思い知らされたのだ。しかしながら、ぜひ言っておかなければならないが、権力の唾棄すべきやり方によって合法的代表者となった社会民主主義の代表者たちに権力を委ねることを国民は嫌悪していたので、なすがままにさせたのだ。結局のところ、世論の諸相の一つを表わしていたにすぎない人々の陰謀と襲撃を告発するためだからといって、いったい誰がこの沈黙をあえて利用しようとするのだろうか」

しばらく前からそう思われたのだが、合法性を見せびらかしていたにもかかわらず、権力は身を引こうとしていた。共和国大統領は、クーデターに抗して力強く立ち上がった。彼はローマ事件に関して一通の手紙を書いていたが、これは、ヴェルサイユの一件書類に関わる政府にとっては名誉な一通であって、ローマ人に対して自由な体制を保証することを、進んで示すものであった。そののち、ある大臣の答申に基づいて、各県議会でほぼ満場一致で、憲法の即時改正の計画は退けられた。とうとう一〇月三一日には、ルイ・ボナパルトの断固とした親書が、国民議会のど真ん中に舗石のように落とされたが、それは一瞬、革命のプログラムとして受け取られたのであった(139)!……。

139――最後の文章は後で加えられたもの。一〇月三一日の親書は、第一版執筆の後のことである。ここに革命的な調子が感じ取られたとは理解しにくい。そこに見られるのは、きわめて明瞭に、専制的・反議会的な調子である。この当時にあっては、今日われわれがしているようには、「専制」と「革命」は区別されていなかったし、ましてや、対立するものとはされていなかったのである。

こうした好ましい傾向は、急速に消え去った。一瞬、ヴェルサイユの被告たちの立場は、八月一〇日の手紙と一〇月三一日の親書のおかげで、共和国大統領自身の立場と化したが、勝利を収めたのは反動の精神であった。

議会はエリゼ宮の政策よりはヴァチカンの政策のほうを選び、中道派は絶対主義に自らを捧げ、大統領は再び無気力に陥った。反革命は絶頂に達し、もはやそこに居続ける以外のことをする必要はない。しかし、それは変わる――〈それでも世界は回るのだ！〉（有名なガリレオの故事による）

# 第21章　七月八日、結論

　さて読者よ、諸君がいかなる世論に与《くみ》していようとも、私が伝えた事柄が真実であるならば、それを認めないわけにはいくまい。私がそれらに割り当てる意味が正確なものであるとすれば、それを確たるものにするためには、諸君がそれらをその諸要因に帰し、その要因の中でそれらを比較してみれば十分である。要するに、それらの展開が摂理によるものであり、運命的なものならば――この二つの言葉は、人類に科されたものとしてはまさに同じ意味を持っているが――諸君がこの展開の必然性を確認するためには、その出発点で（それは人間の〈理性〉そのものである）それを受け止めさえすればよい。いやそれどころか、自分の眼を、記憶を、判断を信用することが諸君にできるとするならば、二月革命が二〇カ月の間にわれわれをどこに導いたかを考えてみたまえ。

　七月王政は、あらゆる古ぼけた原理を解体したが、その後には、成し遂げられるべき二重の事業を残していた。それは一つには、諸思想の崩壊の結果である諸党派を解体することであった。また他方では、そのあらゆる原理を次々に排除していった結果、権威すらも〈否定・処刑〉されてしまって、ただの暴力へと還元された権力を罷免することであった。

　一八四九年六月一三日、ジャコバン主義は――それは、一七八九年の革命思想をまさに復活させることしかしなかった立憲王政の登場を期に、一八三〇年に甦ったのだが――まず最初に没落し、もはや立ち直ることはなかった。それは、政府中心主義的な民主主義の最後の現われであり、目的なき扇動家、知性なき野心家、英雄的精神のない暴力主義者であって、大した勢力も統一的な思想もなく、その先駆的存在にして敵対者である正理論主義と同じく、衰弱と空虚さのゆえに滅びたのだ。

同時に、神秘的、神学的、超越論的な社会主義は亡霊のように消え失せ、社会的、伝統的、実践的かつ実証的な哲学に取って代わられたのだ。ルイ・ブランが進歩省を要請し、全国民を移し替え、移動させることを提案した時、また、コンシデランがそのモデル的共同体を築くために、四〇〇万フランの先行投資と一里平方の土地を請願した時、また、カベが呪われた土地としてのフランスを去って、その学派と名声を、自分を誹謗する人々に委ね、あえてこのような表現を用いるならば、「出産」しに合衆国に向かった時、また、最後に、ピエール・ルルーが、三位一体の構造を定式化することで（というのは、私がそう呼ぶものに彼は執着しているからだが）現代の〈理性〉の中に古代の迷信を呼び戻そうとした時——そうした時、政府中心主義的、ファランステール的、イカリア的・サン＝シモン主義的ユートピアは裁きを受け、その命運は尽きたのだ。

この社会主義とともに、絶対主義もまた風前の灯火である。その疲れを知らぬ敵対者のせいで進退極まって、絶対主義は自らを裏切り、自分が自由に対して憎悪を抱いていたことのすべてを、人々にさらけ出した。社会主義が夢物語《ユートピア》の中に逃げ込むのを余儀なくされたように、絶対主義は伝統の中に後戻りせざるをえず、現在から遠ざかり、歴史的、社会的真実から身を隠したのだ。

フランス社会にはもはや活力のある党派はない。人間的実践の汲みつくしえぬ深層から解き放たれた新たな諸原理によって、また、別の関心、別の習慣によって、新たな哲学が古き世界と断絶することなく、それを変貌させ、刷新することで、〈世論〉に対して新しい活路を開き、別の仮説を明らかにするまでは、われわれの中に党派はありえまい。本源的な観念がなければ、この観念からもたらされる世論の多様性はありえないのだ。

同じ理由によって、もはや政府（統治）はなく、今後も決してないであろう。この世には、原因のない出来事は決して生じないように、表現されぬままの原理も観念もない。政府にはもはや、自らが代表する世論も党派もなく、何も表わしていないのだから、それは何ものでもない。

今も相変わらず党派の旗を担ぎ、権力を刺激し、活気づかせ、革命をあちこち惑わせるような者たちが見られるが、彼らは生者ではない。彼らは死んでいるのだ。彼らは統治もせず、政府に反対するのでもない。見せかけの踊りによって、彼らは自らの葬式を挙げるのだ。

社会主義者たちは、力が最もあった時にもそれをあえて利用しようとはせず、クラブの陰謀やら党派やセクトの陰口やら混乱した示威行動やらで、三カ月を無駄にした。また、後には、憲法に労働権を組み込ませることで自らを公認させようと試みたが、労働権を保証する方法については明らかにしなかった。また彼らは、何に攻撃をしかけるかわかってもいないのに、馬鹿げた不真面目な計画で、人々を今なお扇動している。いったい、このような社会主義者たちに、世界を支配するという野望が持ちえたであろうか。ある農民が語ったように、彼らは死んだのであり、沈黙したのだ。どうか彼らがその眠りを眠り、再生するためには、全く彼らには属さぬ一つの学《シアンス》が、彼らを必要とするまで待たんことを。

一方、政府中心主義的民主主義者たるジャコバン派だが、彼らは、社会経済の問題を一つも検討せずに、さまざまな陰謀を企んで一八カ月を経た後で、専制の四カ月を責め苛み、そこからは、恐るべき内戦を伴う、一連の反動的扇動以外の果実を摘み取らなかったのである。また彼らは、最後になっても、常に自由を口にしながら、常に専制を夢見ていたのだ。いったいこのような彼らについてもまた、彼らは死んでおり、封印が彼らの墓には施されていると言うことは、彼らへの侮辱なのであろうか。民衆が、哲学と信仰を自らのために取り戻した場合、また、社会が、自分がどこから来てどこへ行くのか、何をなしえ何を望むのかを知る場合に、ようやくその時になってデマゴーグたちは戻ってくるかもしれないが、それは民衆を支配するためではなくて、再び民衆に活気を与えるためなのである。

正理論派もまた死んだ。この無味乾燥な中道主義の人々、自称立憲政体の支持者たちは、四月一六日の会議において正理論派的教皇権の試みを共和派議会に布告させた後は、一〇月二〇日の会議で息を引き取ったのであった。しかし彼らは、依然としてわれわれを支配しているのだ！　彼らの実力のほどは示されたというわけだ。哲学においてと同様、政治においても、折衷主義に二つのやり方があるわけではない。一八三〇年憲章、およびルイ・ボナパルトの諸政令によって、中道主義の豊かさは枯渇してしまったのである。

最後に絶対主義の党派だが、論理と歴史におけるこの第一人者も、他の諸党派に続いて、血塗られ、自由を踏みにじる苦悶の痙攣の中で、ほどなく息を引き取るだろう。ラデッキ、ウディノー、ヘイノーの勝利の後で[140]、権威の原理は、教権においても世上権においても破壊された。絶対主義が形成するのは、もはや政府ではなくて、暴虐そのものである。現在ヨーロッパにのしかかっているのは、もはやほかならぬ圧政の影である。しかしほどなくして、〈自由〉の太陽が昇ってくるだろう。そしてそれは、最後の人間とともにしか沈むことはあるまい。一八世紀も前のキリストのように、〈自由〉が勝利し、君臨し、支配するのだ。その名はあらゆる口の中にあり、その信仰はあらゆる心の中にある。絶対主義がいつか立ち直るためには、人間を制圧するだけではもはや十分ではなく、モンタランベールが望んでいるように、さらに思想に戦いをしかけなければならない。肉体とともに魂を失うこと、これがローマ遠征の意味であり、聖職者の政府の精神であるが、この政府に対して世俗裁判権が(その共通の救済のためには遅すぎたのだが)結びつくべくやってきたのである。

140――オーストリアの総司令官であるラデツキは、ノヴァールでサルディニア軍を紛砕した。ウディノーは一カ月の包囲陣の後、ローマの降伏を勝ち取った(一八四九年七月三日)。オーストリアの陸軍元帥であるヘイノーは、四九年四月にペスキエラを砲撃し、ベルガモとフェラーラの住民に対して恐るべき報復を行ない、ブレスキアを略奪した。

ルイ・ボナパルトがわれわれに明らかにしたのは、まさに諸党派のこの混乱、権力のこの死である。そして、ユダヤ人における大祭司と同じく、ルイ・ボナパルトも預言者であった。「フランスが私を選んだのだ」と彼は言う。「それは、私がいかなる党派にも属していないからである!」。そう、フランスが彼を選んだのだが、それは、フランスが支配されることをもはや望んでいないからである。一人の人間を作るためには、肉体と魂とが必要である。同様に、政府を作るためには、党派と原理とが必要である。しかし、もはや党派も原理もない。つまり、政府はもう万事休すなのだ。

それは、二月の民衆がまさに自ら露わにしたことであって、その時、二つの名称を一つに結びつけつつ、民衆はその主権によって、革命的運動と志向とをさらに特別なやり方で表わしていた二つの党派の合併を命じ、それを社会民主主義的共和国と名づけたのである。

さて、もし民衆の願望に従って、あらゆるニュアンスの民主主義と、あらゆる学派の社会主義が消え去って、一体とならねばならないとすれば、絶対主義と立憲主義もやはり消え去って、一体とならねばならなかった。これがまさに、社会民主主義の代弁者たちが表明していたことであり、それでこそ彼らは、フランスにはもはや二つの党派、〈労働〉党と〈資本〉党しかないと言ったのである。この定義は、二つの反動的党派によってただちに受け入れられ、五月一三日の選挙では、フランス全体を通じて合い言葉の役を果たした。

ロンドンの亡命者たちは、高等法院には決して出廷しないという彼らの意志を通知した時に、この同じ考えに従って行動した。六月一三日には、偉大な革命的諸段階の一つが乗り越えられていた。〈権力〉は、まだ何がしか生気のあった、あの最後の党派とともに没落した。では、新しいフランスを前にして、それとは別の時代の、さまざまな示威行動を説明しようとすることは何の役に立つのか。ロンドンの例の声明(141)とは、ジャコバン派の自己放棄である。権威という一つの影のために、さまざまな影が互いに戦っている！　ルドリュ＝ロランとその仲間たちにはそのことがよくわかっていたが、これこそまさに、彼らが関わったならばヴェルサイユの裁判はどうありえたのかということだ。共和主義者諸君、後ろ向きのアジテーションによって、またしても反革命を行なわぬよう注意されたい！

141――この声明は、一八四九年一〇月三日号の『トリビュヌ・デ・プープル（人民論壇）』紙に発表されたもので、六月一三日の被告たちによる高等法院での裁判より数日前のことであった（一〇月一三日―一一月一二日）。

この声明の署名は――ルドリュ＝ロラン、エティエンヌ・アラゴ、マルタン・ベルナール、ランドルフ、ラティエ、Ch.リベイロル、Ed.マディエ・ド・モンジョー弟。

題名――「ロンドンに結集した六・一三の被告による声明」

亡命者たちは、政府が起こした裁判への出席を拒否しているが、彼らによれば、それは憲法を侵害しているのである。彼らは行動の自由を守り、敵側に「犠牲の戦利品として供され」まいとする。終わりに当たって彼らが強く主張しているのは、亡命におけるこの自由（彼らはそれをマッツィーニ、ベルン、コシュート、ガリバルディの自由と比較している）が、特権でも幸福でもないということである。

さて、私はここで、できるだけ手短に説明しなければならない以上、最近の選挙（一八四九年七月）に際して、私の行動の直接の原因となったのは、依然として、政治的・社会的変化に関する同じ思想、同じ必然性なのである。

私は、自分に提示された立候補を辞退したが、それというのも、私の名前が出ていたそのリストは、もはや状況的には意味がなかったからである。また、このリストを指示した者は、一方で古ぼけた分類には抗議しなければならないのに、それを永続化させる傾きのあるものだったからである。さらには、ワンパターンの民主主義——民衆がこの六〇年来騙され、犠牲となっている古きジャコバン主義は、六月一三日にその長きにわたる自殺をやっとのことで終わらせたのだが、私はそれを甦らせたくはなかったのである。

囚われている仲間たちと意見の一致した私は、あるリストを提出したのだが、それは、人格の斟酌を排し、意見の違いも全く考慮に入れずに、まさに二月の直後に民衆によって宣せられた融合の政治に忠実なものであって、私に言わせれば、共和主義的フランスの思想と時代の要請をよく表わしていた。このリストは火曜日に発表されたが、それはそう望んだならば、あらゆる民主主義を再び糾合したかもしれない。しかしそれは、遅きに失したことで非難された。衆愚政治《デマゴギー》の尻尾は相変わらず身をくねらせていたのであり、私の忠告は時宜を得ていなかった。そして、私のリスト——「私の」と言ったが、というのも、私はリストを編集したにすぎなかったのに、皆が私の作に帰したからだが——を撤回するよう促されたが、「党」の声を分裂させぬために、私はそれを拒絶したのだという。しかし、私はもはや「党派」など認めていなかったし、それがこれ以上存続するのを望んではいなかったのである。この場合、「党派」に対する私の振る舞いは、一二月一〇日の際と同じものであった。私は全体的な誤りに対して抗議したのだが、それは、この頽廃が広がらぬようにするためであり、〈社会民主主義〉がその集団を開くことで、矛盾なく、〈自由〉の党になりうるようにするためであった。

いいや、私には、そんな人々の成功を助ける気などなかったのだ。一八四八年二月二五日から一八四九年六月一三日まで、自分たちの排他的な情熱のために絶えず革命を犠牲にしてきた人々、革命の性格をいつも見誤って来た人々、革命に対して真っ先に抵抗した人々、自分たちのために政府にかかずらうことによって、九三年の人々のように、ついには自由と民衆とを忘却するにいたった、そんな人々など。――

私にはもうこれ以上、党派による権力も、権力による党派も持続させたくはなかった。この点に関しては、六月一三日の示威行動の結果が、憲法や自由を侮辱するものと思われたとはいえ、それを七月八日に私が台無しにしようとするには、それはあまりにも革命の役に立っていたのである。

私は、ジャコバン主義における君主制の存在理由は認めつつも、王政復古に協力することは拒否したのであった。わが読者は、社会の歩みには今や十分通じているのだから、ある思想が決して単独では進まぬこと、そして、対立するものが常に別のものを呼び寄せることがわかるに違いない。

私は、単なる一党派の道具になることには、決して同意しなかった――その党派は、五月一三日、六月一三日、七月八日には多少妥協しながらも、あらゆる共和主義的差異を社会民主主義に再び糾合し、国民を体現するものとなりえたのに、一派閥のままに留まることを選んだのだ。またそれは、自分たちの候補者を傀儡扱いし、支持者を騙し、エゴイズムを唯一の規則としていて、議会の聴衆が代表者たちに勝利を保証していたにもかかわらず、合法性への苛立ちや代表者たちの愛国心への不信とから、またしても彼らが街頭活動に入ったり、自滅することを余儀なくさせたのである。

それに、私のことを理解してもらい、将来無用な誹謗中傷を受けぬために打ち明けるのだが、私はさほど従順な性格も、温厚な精神や心も持ち合わせていないので、わけのわからぬ権力の命令に従うことも、私の敵対者のために働くことも、私を憎む人々に奉仕することも、一ダースもの狂信者たちの教条主義に屈服することも決してしないし、また、労働によって何がしかの理性が私に与えられようとも、自分が信用してもいないし、警察の暴露によってしか知らされぬ一思想の盲目的な道具には、断じてなりはしない。

私は〈資本〉党に敵対する〈労働〉党に与《くみ》しており、生涯ずっと働いてきた。ところで、このことは十分理解されたい――私の知るあらゆる寄食者たちのうちで最も悪質なのは、やはり革命家を自称する寄食者なのである。

私は〈支配する者〉でも〈支配される者〉でもありたくない――七月一八日の選挙に関して、「野心」、「傲慢」、「不服従」、「買収」の廉で私を非難した人々が、自分たち自身の本心を探ろうとも、また、私が政府支持の反動を激しく攻撃していた時、人民のイニシアチブを促していた時、税金の拒否を提案していた時、社会民主主義を合法性と立憲性において確立しようとしていた時、私が戦っていたのは、もしやそうした人々の野心、その傲慢、その支配の精神、その経済的夢物語《ユートピア》に対してではなかったかと、彼らが私に語ろうとも……。

もう、苦痛も破滅もたくさんだ。われわれはすべてを、党派を、政府を、白紙に戻した。伝説は終わりに近づいている――〈民衆〉が眼を開けば、彼は自由だ。

神的なものであれ人間的なものであれ、いかなる権力も〈革命〉を止めることはできまい。われわれが現在すべきことは、旧世界を前にして革命を主張することでも、その聖なる大義のために心を燃やすことでも、もはやない。革命のプロパガンダは民衆だけで十分だ。われわれジャーナリストの務めとは、その道程にばらまかれている危難から〈革命〉を守ることであり、その不動の原理に則《のっと》って革命を導くことである。

〈革命〉が立ち向かうさまざまな危難。われわれには今や、それがわかっている。

〈権力に関わる危難〉――権力は、新しい精神を物質主義《マテリアリズム》ゆえに非難していた当の人々によって具体化《マテリアリゼ》されたのだが、もはやそれは単なる言葉にすぎない。そこから銃剣隊を取り除くがいい。そうすれば、私の言う意味がわかるだろう。地獄の精神によって動かされているこの死体の中に、魂を戻させぬように気をつけよう。吸血鬼には近づくまい。彼は、なおもわれわれの血に飢えている。組織された普通選挙という悪魔祓いの儀式によって、この吸血鬼を永遠に墓穴の中に戻さなければならない。

〈諸党派に関わる危難〉――あらゆる党派は、革命的思想の後方に留まったままである。そのすべては、専制の形を取ることによって民衆を裏切った。そのすべては、自由と進歩に敵対するものとして現われた。その論争を掻き立てることで、彼らを甦らせてはならない。政府がこちらの手からあちらの手に移れば、また、左翼を抑圧した後で今度は右翼が左翼に抑圧されたならば、労働と安楽と自由が保証されうるなどと、民衆に信じさせてはならない。権力が圧政の道具にして牙城であるように、諸党派はその命にして思想なのである。

〈反動に関わる危難〉――私は、生涯多くの思想と戦ったが、それは私の権利であった。しかし、そのいずれに対しても、私は反動形成を決してしなかったし、これからも決してしないであろう。哲学と歴史によれば、諸思想を抑圧するよりは、それらの考え方を変えることのほうがはるかに容易で、人間的で、正当なことであることは明らかだ。何が起ころうとも、私はこれからもこうした教えに忠実でありたいと思う。イエズス会派たち、カトリシズムのこの近衛兵たちは、今日では世界の圧制者であるが、神のお気に召す時に没落するかもしれない。しかし私は、カトリシズムに対しても反動形成はすまい。イエズス会派たちに次いで、政府中心主義的で共同体的な民主主義は、社会に対して――もし社会がそれを許すならば――権威の最新の代理となるかもしれない。そして私は、そこに起きる混乱から彼らが抜け出るのを手助けするだろうし、その崩壊を食い止めるべく努めるだろう。私は、共産主義に対しても、決して反動形成はしないであろう。

〈革命〉の原理とは、われわれには依然としてわかっているのだが、それは〈自由〉である。

〈自由！〉すなわちそれは――一、普通選挙の組織化による、社会的機能から独立した中央集権化による、憲法の絶え間ない再検討による、政治的解放である。二、貸し付けと販路の相互的な保証による、産業的解放である。

換言すれば――

もはや人間による人間の支配ではなく、諸権力の併合という手段によること。

もはや人間による人間の搾取ではなく、諸資本の併合という手段によること。

自由！　それは社会哲学の最初にして最後の言葉である。奇妙なことだが、諸革命の起伏に満ちた入り組んだ道程における、多くの変動と後退を経てからやっと、多くの悲惨さへの対処法、多くの問題の解決法が、自由に対してさらに自由な流通を与えることに存し、そしてそれは、自由をさしおいて公的・所有的〈権威〉を増大させていた、さまざまな障害物を取り除くことによってであるということに、われわれはようやく気づいたのではないか。

要するに、こうして人類は知性に、そのあらゆる思想の実現に至りつくのである。

社会主義が現われる――それは、古代の寓話を、未開民族の諸伝説を、哲学者と啓示者のあらゆる夢想を呼び起こす。それは、汎神論者、変成論者、快楽主義者という三位一体のものとなる。それは、神の肉体について、惑星の生成について、単性生殖について、顕花植物学について、合コン乱雑婚について、婦女子の共有制（プラトンの著作に由来する）について、胃腸神智学的な体制について、産業的な調和について、動植物の類似学について語っている。それは世界を驚かせ、恐怖に陥れるのだ！ では、それは何を望んでいるのか。そこには何があるのか。何もない。――〈貨幣〉になろうとするのが「生産物」であり、〈管理〉を志向するのが〈政府〉である！ それが改革そのものなのである（「胃腸神智学」gastrophigue、「合コン乱雑婚」omnigamie などの表現は、当時のユートピスト的なわけのわからぬ「思想」の瀰漫を揶揄したものと思われる）。

われわれの世代に欠けているもの、それは一人のミラボーでも、ロベスピエールでも、ボナパルトでもない。それは一人のヴォルテールなのだ。われわれには、自立した眼差しと冷笑的な眼差しを見分けることができない。自分たちの利害同様、自分たちの意見の虜になって、自分のことを過大に考えざるをえないわれわれは、愚か者となる。学《シアンス》の最も貴重な果実とは、思考の自由を絶えずもたらすことだが、それはわれわれにあっては衒学性《ペダンティズム》と化している。つまりそれは、知性を自由にするのではなく、愚昧にしているのだ。愛にしても憎悪にしても、われわれは自分たち同様に他人をも笑い飛ばすことがない――そうやって、自分たちの精神を失うことで、自由をも失っているのだ。

〈自由〉は世界のすべてを作り出すが、のみならず、それが現在破壊しようとしているものさえも――宗教、政府、貴族、所有さえも作り出す。

同様に、〈自由〉の姉妹である〈理性〉は一つのシステムを作るか作らないうちに、それを拡大し、作り直すことに励む。このように〈自由〉は、前に作り出したものを変え、自分が自らに与えた仕組みから解放され、再びそれを獲得することを絶えず目指す傾向があるが、やがてそうした仕組みが最も重要であることに関心を失い、それを憐れみ、嫌悪し、別のものに代えるまでに至るだろう。

自由は理性と同じように、自らの営為に対する絶えざる拒否によってしか存在しないし、立ち現われることはない。それは、自分を崇拝するやたちまち滅びるのだ。それゆえにこそイロニーは常に、哲学的で自由な天才の特徴であったし、人間精神の証し、進歩の魅力的な手段であった。停滞する民族とは、すべて鈍重な民族である。つまり、笑う民族に属する人間は、祈る隠者や議論する哲学者よりも、遥かに理性や自由の間近にいるのだ。

イロニー、すなわち真の自由よ！　まさに汝こそが、私を解き放ってくれるのだ――権力への野心から、党派への隷従から、因習の尊重から、学問の衒学性から、要人への称賛から、政治の欺瞞から、改革派の狂信から、この大宇宙の迷信から、自分自身の崇拝から。かつて汝は玉座についた賢者（ソロモン王のこと）のところに姿を現わしたが、その時彼は、自らが神人としての役割を演じた世界を見てこう叫んだのだ――「空の空なるかな！」（「伝道の者」）。かの哲学者（ソクラテスのこと）がソフィストと教条主義者の仮面を暴くと同時に、偽善者の、無神論者の、快楽主義者の、犬儒学派の仮面を暴いた時、汝は彼の内なるダイモーンであった。かの義人（イエス・キリストのこと）が死刑執行人たちのために十字架上でこう祈った時、汝は瀕死の彼を慰めたのだ――「父なる神よ、彼らを許したまえ。彼らは自らのなすことを知らざればなり」。

優しいイロニーよ！　汝のみが純粋で、貞節で、慎み深い。汝は美に恩寵を、愛に妙味を与える。汝は寛容によって慈悲を抱かせる。汝は殺戮に至る偏見を一掃する。女性に慎み深さを、戦士には大胆さを、政治家には慎重さを教える。汝の微笑みによって、紛争と内戦を鎮める。兄弟たちの間に平和をもたらし、狂信者やセクト主義者を治癒させる。汝は〈真実〉の許婚《いいなずけ》であり、〈天才〉には摂理の役を果たすのであり、美徳、おお女神よ、それは依然として汝なのだ。

来たれ、至高なるものよ[142]。そして、汝の啓示の光をわが同胞たちの上に注ぐがいい。彼らの魂に、汝の精神の火花を灯せ――この告白が彼らを和解させるように、そして、この避けがたい革命が、平隠と喜びのうちに成し遂げられるように。

サント・ペラジーにて、一八四九年一〇月

142 ――初版では――「来たれ、わが至高なるものよ」

すべての刊本では次に「わが市民（citoyens）たちの上に注げ……」となっている。言うまでもないが、ここで確定された言葉は、本節の意味に適う唯一のものである。

# あとがき――中産階級礼賛

私は、二年前に以上のような文章を書いた。初めて書肆に慫慂されてのことだったが、それを読み返してみたところである。

文体の手直しや新たな事実の検討によって明らかになったこと（ただし、それは私の最初の考えを何ら変えるものではない）を別にすれば、旧版の中に撤回すべきこと、修正すべきことは何もなかったことを明言しておく。(143)私がさまざまな人物や出来事に関して行なった判断はどれも、諸情勢によってますます確かなものとなったのであり、私としては自分の結論を堅持しつつ、その理由をあちこち際立たせたり、表現を強めたりすること以外の必要はなかった。

143――これは本当である。プルードンの思想史に関わる唯一の修正は、ミシュレの革命史を読んだことで現われる。一八四八年の時点では、プルードンにとってロベスピエールは敵ではなかった。彼は一八五一年に敵となるのである。

この二年前から、右派も左派も、古き党派は絶えず信用をなくし続けており、政府は絶えず堕落し、〈革命〉は迫害に応じて絶えず日々拡大している。

〈宗教〉〈国家〉〈資本〉という三者からなる定式の下で、旧来の社会は燃えあがり、見る間に燃え尽きていく。そして、この全体的な崩壊の中で、奇妙なことなのだが、それはこの動きが、言わば不可思議な圧力によって、およそ人間の分別を超えたところで、諸党派の精力的な警告や、その時点まで革命家の肩書きを最も鼻にかけていた当の人々の抗議にもかかわらず、成し遂げられたということである！……。

全く驚くべきことに、革命はあらゆる世論に危険視されているのだ。誰一人として、それを十全には認めていない。社会民主的少数派も、絶対主義や正理論主義の分派と同じく、革命の厳密な命題を留保抜きでは受け入れはしない。あらゆる教会、あらゆる権威、あらゆる資本主義、あらゆる法的擬制に対立する革命が、その真実で完全な本性において生じるやただちに、恐怖が知識人たちを襲う。そして、かつて過激共和派とか狂信者とか呼ばれた人々は顔を覆い隠していて、最も敵対的なのはどれか、イエズス会派あるいはジャコバン派はどれか、わからないのである。

つまり、実際のところ、一九世紀の革命は、いかなるセクトの懐においても生じなかったのである。それはいかなる思弁的な原理の発展でも、いかなるギルド的・階級的な利害の確立でもない。革命は、宗教、哲学、政治、社会経済等々における、それ以前に存在したあらゆる運動の宿命的な総合である。それは、自らが組み合わせる諸要素のように、それ自身で存在する。実を言えばそれは、上からも下からもやって来はしない。それが起因するのは、諸原理の衰弱であり、思想の対立であり、利害の葛藤であり、政治の矛盾であり、先入観の対立であり、一言で言えば、精神的・知的混乱を最も包摂しうるように思われるすべてのことどもである。諸世紀の澱《おり》の産物である真に自生的な世代は、誰もが到来を感じてはいても、誰もそれと明言はしていないのだが、それが対立するものの和解、諸力の均衡、利害の結合として現われるという、まさにそれゆえに、すべての人から拒絶されるのであり、既にして生まれながらの孤児として、ダビデ王の言葉を身にまとうことができる――「わが父とわが母は、私を捨てた。しかしながら、永遠がその庇護のもとに私を置いてくれた!」

そう、一人の神が、新しい革命を庇護するのである。だが、どんな神か。民衆の英雄的行為か。ブルジョワジーの献身か。(一四九四年の)フランス軍の猛攻か(フランス王シャルル八世は、ナポリ王国征服のためイタリアに侵入)。権力の突然の霊感か。否。われわれの運命を司る力は、もっと単純な方法を用いるのだ――改宗も奇蹟もいらない。政治の欺瞞よ、そして人間の知恵の虚しさよ! 革命的立場の勝利を保証するもの、それはまさしく、最も革命的立場を失いがちだと見なされたもののことなのだ。すなわち、フランス国民に特有の穏健さであり、革命的立場を見分ける中道主義の精神であり、革命的立場に存在する安定性への欲求であり、それがいつも示していた扇動への恐怖である！……
これはおそらく、読者の意向に従えば、逆説的で、事実に反し、フランス的自尊心にとっては、おべっかもしくは不快なものと思われよう。そこで、私の考えをもう少し展開することを許されたい。私は、自分の革命的告白をした後で、多分、わが国民の告解をする権利を得たのかもしれない。この許可を私は乱用するつもりはない
――〈汝の父と汝の母の恥を、衆目に晒すことなかれ！〉

# I

歴史家たちが注意を促していたことだが、次の事実は人類の歴史の中でも最も興味深いことの一つである。すなわち、一八世紀も前からガロ／フランク民族は、諸民族の運命と文明の進行に対しては、ほとんど常に一種の絶対的権力を振るってきたのである。

まさにわれわれが、征服された諸民族の中で真っ先にローマの支配を揺るがし、皇帝たちから譲歩に次ぐ譲歩を引き出し、ガリア民族を帝国に結びつけさせたのである。帝国の没落と蛮族の制覇の後で、西欧の政治的中心が定められるのは、ムーズ河とライン河上方の北部ガリアである。クロヴィスからルートウィヒ一世に至るまで、フランク王国／帝国は常に自治都市と司教の力によって統一されていて、ヨーロッパの最良の部分を視野に収める。まさに、フランスにおいて予備的政体である封建制度が生まれ、次いでそれは攻撃を受け、決定的に敗北した。フランスは、その王ピピンとシャルルマーニュによってカトリック的な中央集権化を行なったが、それは諸王と諸民族の統御に必要なものであった。次いで、しかるべき時に、フィリップ美男王の口から〈教会〉と〈国家〉の分離を宣したが、これはあらゆる進歩、その後のあらゆる自由の条件であった。フランスはまた、十字軍の口火を切り、そしてだいぶ後のフランソワ一世治下にオリエントの再生の前触れとなり、トルコをヨーロッパ体制に組み入れた。そうしてとうとうフランスは、その偉大な革命によって、絶対的権力を解体し、王権を諸民

族から追放し、市民的自由と平等を、最終的な法の前に返したのである。そして今日フランスは、諸制度の、慣習の、思想の、財産の全般的な矯《た》め直しの責任とイニシアチブを引き受けるのだが、見知らぬ未来に悲痛にも同化しようとしつつ、人類の運命を宙づりにしているのだ。

われわれの役割は、確かに人類の教育に関してはすばらしいものだ。われわれは受け取った以上に与えており、どんな国民も、われわれ以上に数多くかつ目覚しく進歩に貢献したという栄誉を主張することはできない。

だからといって、神話学者や追従者たちが言うように、フランスが人類の高度な方向性を受けとめており、また、われわれが選ばれた民であり、すぐれて福音伝道的な民族であり、革命の先駆者にして伝達者であるというのは、確かなことだろうか。

ローマ人、ギリシア人、アラブ人、ユダヤ人、エジプト人、アッシリア人、ペルシャ人、インド人、中国人、モンゴル人、つまりは歴史にある役割を演じた――文明国にせよ未開国にせよ――あらゆる民族が繰り返してきたあのナショナリズムから、身を解き放とうではないか。われわれは今日もなお、このナショナリズムの滑稽さをアメリカ人、イギリス人、ドイツ人、スラブ人、マジャール人や、その他ドン河と黒海のコザック人らと共有しているのだ。いや、歴史的に、ないしは摂理から言って、諸民族の間に序列はない。その証拠に、どんな小国であろうと、あらゆる国家には、古代でも現代でもいつかは、この運動の中心であり、社会の頂点にあると見なされる権利がある。多くの民族がかわるがわる果たしたこのメシア的役割が、ある種の国々に他の国よりも頻繁に出来するように見えるとすれば、それはもっぱら、国民の意志や徳性が全く何にもならぬような事態や状況の必然性に依るのである。あえて言うが、先駆的な民族の意図せざる、ほとんど常に無意識的な決定は、その不謬性を最も確実に保証するものであり、他の民族が同意する決定的な理由なのである。たとえばローマ人が、一時でも既存の世界を従えたのは、モンテスキューが信じたように、彼らの軍事力や政治の手練手管によるというよりは、革命の法則によるものだったのであり、この法則は、一連の進歩によって、あの広範な中央集権化を求めていたのである……。

フランス国民が何度も繰り返し獲得した優越性についても、事情は同様である。この優越性は強いられた状況の結果であって、何ら神秘的な召命やら、特別な天才によるものではなかった。それどころか、われわれに支配的な観点からすれば、われわれが他民族から区別されるのは、それはむしろ今しがた述べたように、われわれの、保守への性向、慣習への敬意、穏健な状態への愛、およそ過度なものや、気取ったものすべてに対するわれわれの嫌悪によるのである。フランス同様、どの国でも、世論の尊重、慣習の権威、習慣の道理は行きわたってはいない。しかし私は、このことを称揚もしなければ、責めようとも思わない。誰もこの傾向を無理強いすることはできないし、一民族の性向は〈運命〉の掌の中の道具でしかないのだ。

わが国民に特有のこの中庸状態への愛は、これから起こるような事態においてはまさに、利点となり〈革命〉の成功を約すはずのものなのだから、傍からはわからないと思われるわれわれの特徴を、もっと間近に検討してみよう。フランス国民は、反抗的で落ち着かず、新しもの好きで、厳格な規律に向かず、才覚と厚かましさに満ちているとは言え、それでもなお実際は、そして総体としては、あらゆる点で中道主義と安定性を代表するものである。あらゆる性質にはその欠点があるもので、この場合も同様だが、私はそれを隠しはしない――結局それは、われわれの判断の高さと確かさを証明するものである。われわれを絶えず無関心主義へと連れ戻し、また、慣例を逸脱しようとする意志を唯一維持しうる情熱を弱めるのは、知性の無力さではなくて、われわれの理性の極端な自由さなのである。この落ち着かず付和雷同する気質、このからかい好きでうつろいやすいが、すぐ元に戻る気質、この聡明だが疑い深くて単純な知性、これらがわれわれの言語の穏やかさ、規則正しさ、親しみやすさの中に丸ごと明らかになっているのではないか……われわれにやってくるどの思想に対しても、われわれに提起されるどの提案に対しても、考え、検討し、批判しながらも、われわれは最後にこう答えるに至る――それは何の役に立つのか、それはわれわれをどうするのか、もっとましなのか、それで豊かになるのか……その他ありきたりの見出しとされるような諸々の言い方。間違っていようが正しかろうが、どちらでもよい――要するに、どうしてわれわれは苦しみ、変わらねばならないのか。このままでいようではないか！　本題に戻ろうではないか！　これは、われわれの永遠の決まり文句である。

われわれの失敗と成功同様、われわれのあらゆる過ち、あらゆる滑稽さはそこに由来している。思索と未知のものに対する生来のこの猜疑心のせいで、いったいわれわれは何度進歩に待ちぼうけを食わせたことか。宗教においては、われわれは執拗に改革を拒んでいた――既にカトリック教会、使徒伝来教会、ローマ教会、フランス教会があるというのに、この上そうした名目でつけ加えるべき何があるというのか、しかも改革派などと！　というわけである。俗語で聖書を読んだからといって、われわれはさらに進歩しただろうか。眉唾物だ。加えて、確信も熱意もなく、われわれはカトリック信仰の中で長子の身分を保っているのである。

哲学においては、われわれはデカルトを捨て去り、形而上学の王権をドイツに委ねた。ジュールダン氏のごとく、われわれは思想の理論よりは常識を選ぶだろう。後になってクーザン氏とその一派が束の間の成功をつかむとしても、それは自らを折衷主義者とする配慮があったということである。

……何につけても適量を。
ワインと、愛と、ゲームを！

これがわれわれの気質であり、またわれわれの哲学なのだ。

政治においては、われわれが偉大な革命を経たのは事実だが、その結果を予見していたわけでは少しもなかった。確かにこの六〇年来、立憲君主制と議会制という両性具有的体制に対しては、われわれは八九年の決定的分裂に抗議するという以外の何をしたのか！　ギリシア人とローマ人にたちまちうんざりしたわれわれは、国民的憲法を自分たちのために作るという労さえ取らず、イギリス人の憲法を借用したのである。結局、どっちでも同じだ。政治体制の最も深い研究によって、今やわれわれにはわかっているのではないか。すべて憲法というものは同じように悪いか、同じように良いかなのであると……。

社会経済においては、重農主義者のきわめて独創的で革新的な学派を生み出した後は、何と恥ずべきことに、われわれはマルサスに戻ってしまった。各人は自分の家で、自分のために！　子供を作りすぎる不器用者にはお気の毒だが！　これが、新たな秩序に至るまでのわれわれの道徳と科学の要約である。コルベール以来、商業は一旦は復興したものの、持続的な動きを失っている。交換される量によって、依然として基本的な市場の一つが維持されるとしても、取り引きの発達と民衆への配慮の点で、われわれは競争相手には及ばない。全くのところ、経済の動きが真にこの時代の特徴だとすれば、また、商業と工業にとってこそ人間的統一が組織されなければならないとすれば、この時代における諸国家の偉大な先導者はもはやフランスではなく、イギリスなのだということは認めなければならない。かつて、ある大事業――イギリスのインド会社のライバルであるフランスのミシシッピ会社がわれわれに提案された。われわれの産業、および国語に姿を現わすのは、一つの大陸、北アメリカ全体である。だからこそ、フランス人は植民地企業に真剣に取り組むようにせよ。彼らが、英仏海峡、大西洋、ピレネー山脈、地中海、アルプス山脈、そしてライン河の中に含まれる五角形以外のところで生活できるようにせよ。貴族やブルジョワたちはロー（ジョン・ロー、一六七一―一七二九、スコットランドの財政家。フランスでミシシッピ会社の設立者となった）の計画に投機売買のチャンスしか見ることができなかったし、居住可能な土地の四分の一は、永久にわれわれの力の及ぶところではない。アジアやアメリカですべてを手に入れようとしたあげく、われわれは無能力ゆえにすべてを失った。この二〇年来、われわれはアルジェリアで二〇二〇万もの人間を、彼らを根づかせることができぬままに費やした。われわれの傑作は水晶宮（この「あとがき」の書かれた一八五一年にロンドンで開かれた、世界最初の万国博覧会の会場の建物）で輝いているが、それを交易することができない。機械工や技師はわれわれに疎んじられて、外国に移ってしまう。今世紀初頭以来、われわれの最大の事業は依然としてパリの稜堡地帯である。そして、ロンドン市長がフランスの市長たちを訪ねにやって来る場合、彼らが提供できる唯一の娯楽とは、何と模擬戦なのである！……。

確かに、すぐれた知識人はわが民族に欠けてはおらず、傑出した個人の出会いの場であるパリは、常に地球の頭脳である。しかしここで問題なのは、民衆であり、フランスの集団であり、その統一的行動のことである。そしてまさにこの集団に関しては、人々はそれを損なうことなく、こう言うことができるのだ――すなわち、この集団に名誉をもたらす全般的な利益に関わる行為にもかかわらず、その改革があまり受け入れられず、さらには進歩に逆らうものである場合には事情が違うのだ、と。

極端と思われるほどに、われわれがしみったれで臆病である一面を示してみよう。われわれにとって、一八世紀の百科全書派の運動は何の役に立ったのか。哲学者たちの快楽主義的な不信心はわれわれを退屈させないが、この空威張りの宗教蔑視は、土壇場でわれわれがパスポートを手にするのを妨げはしない。常に告解せよ、何が起こるかはわからぬのだ――これが臨終の床への最後の言葉である。神の前では臆病に、人間の前では無作法に。どの国でも、これほど強靭な精神が司祭や信心家を馬鹿にしながら、心底では地獄への深い恐れを抱いているのは見られまい。われわれの場合にはまさしく、ディドロが「神閣下」とふざけて渾名した永遠の父なる神の最良の物語が作られ、それが最も利用されているのだ。われわれは『パンタグリュエル』『タルチュフ』『カンディード』『善人たちの神様』（当時「国民詩人」的存在であったベランジェの有名な歌謡）を作った。しかしながら、トマス・ア・ケンピスは、常にわれわれにとって、人間の手になった最も美しい書物である。われわれはヴォルテールとともに、「卑劣なるものを破壊せよ」と叫んだ。これは至高なる冒瀆であったが、われわれは騒擾を求めているのだ。しかし、われわれを口笛の野次からも地獄の業火からも救うことはないある屈辱的な降伏によって、われわれはルソーの月並みな理神論で満足しているのである。君臨はしても統治しない無責任な神――その司祭と礼拝を心おきなく悪し様に言えるならば、けなしはしなかったが――または、教理問答、小説、長たらしい説教のための善良なる神、つまりは、なんでもする子守り、女中――こうしたものが、神性に関するわれわれの概念であり、われわれの信仰である。大学人たちは、エスコバールの修道士たち（偽善者を示す）のごとく言葉を弄びながら、あの出鱈目な神学によって才覚と新機軸を示しうると思っており、自分たちを教皇よりも宗教的でキリスト教徒だと言うのだ。おまけに、彼らが言うにはそれは寛容によるのであり（何という魂の偉大さ！）、彼らがミサに行き、秘蹟をしばしば受けるという作り話を醜聞化せぬためだ（何という良心の尊重！）というのだ。ああ、イエズス会派がわれわれのことを十分に知り、財産が彼らを正当化している間に、正しくもわれらを鞭打たんことを！……。

カトリック同盟に、フロンド党に、議会に、陰謀にまつわる権威への批判が、この国におけるほど活発で、抜け目なかったところがかつてどこにあったろうか！　しかし、われわれの不信仰同様、その対立は良心を阻むことはなく、それは精神の外見にとどまるのだ。われわれだけが反抗に対して次のような残酷な表現を与えることができたのだが、このような思想をあえて要求したのは、悪党どもの頭目というわけではない。

そうして最後の司祭の腸《はらわた》は
最後の王の首を絞めるだろう

だが、怖がることはない。こうした君主制的吸血鬼、こうした祭司的食人鬼たちは、危険であるというよりはむしろ芸術家的なのであって、ちょうど、卑猥な唄を歌い、羞恥心を物ともしなくても、四〇歳になれば世界で最も愚かな夫になる小学生のようなものである。彼らの気に入っているのはイメージであって、実行となれば彼らは恐れるだろう。王としても人間としても祖国を裏切ったルイ一六世に有罪の宣告をしなければならない時に、彼らは何と苦悩し、また彼のことを嘆いたことだろうか。法定の権威（官憲）、それこそが彼らの共和主義の本質である。今日では明らかなことだが、民主的党派には、牢獄でも、亡命地でも、議事場でも、一つの気がかりしかなく、それは一七九三年と同様、秩序と政府のために抗議するということである。自由に関して言えば――それはわれわれのあらゆるプログラムに入っているが、いまだに伝説とはなっていない――われわれはそれを少女たちが言うように、ちっとも、あんまり、全然、全くのところ愛してはいないのだ。われわれはそれを敬意から、ほどほどに愛するのだ。自由に関する節度は、われわれの情熱である。再び放縦が戻ってくる。われわれにとって自由とは、小説で、舞台で、われわれが賛美する純潔なるヴィルジニー（ベルナルダン・ド・サン＝ピエールの田園小説『ポールとヴィルジニー』のヒロイン）だ！　一方、放縦とは、屋根裏部屋でわれわれを魅了し、陶酔させるリゼット（シャンソンで歌われた陽気ではすっぱな下町娘）なのである。

そうとも、フィリップ美男王治下に、われわれは教皇庁を辱め、その最終的な失墜を決定した。しかし、われわれとしては、聖座に対し何の恨みもなく行なわれたこの無礼な行為は、われわれを国教会独立主義者にしてジャンセニストにするという、最も間抜けな対立、最も矛盾した中道主義以外の結果をもたらさなかった。

そうとも、われわれはルイ六世（肥満王）、フィリップ・オーギュスト王（尊厳王、第三回十字軍参加）、聖ルイ王、ヴァロワ朝、リシュリューらとともに封建制と戦い、自由都市の解放の口火を切ったのであった。しかしこの動きは状況の必然性に強いられたもので、オランダ連合州の場合のように、わが国では共和国に結びつくものでは決してなかった。すなわち、第三身分が要求したのは封建制における平等であって、封建制そのものの廃絶ではなかったのである。

そうとも、われわれは一七八九年に神権による君主制を打ち倒し、時の勢いで一時は文明の先頭の位置を再び取り戻した。しかしわれわれは、すぐさま立憲政体の中で立ち止まった。産業力の組織化によって〈革命〉を成し遂げる代わりに、われわれは政治的権力の無意味な塗り替えによって革命を遠ざけたのである。一八一四年憲章の後では最良の〈革命〉とは一八三〇年憲章であった。疑いようのない推進力がわれわれを自由に誘うように思われたその分だけ、われわれは〈政府〉のほうに後退した。二月二二日、われわれは王権に抗して一斉に立ち上がった。しかし二四日には、その喪に服し始めた。われわれは僭主ペリアンドロス（前六二七頃―五八五頃、古代ギリシアの暴政の代表的存在の一人。妻メリッサを夫婦げんかの際、階段から突き落として殺した）に似ている――彼は妻を殺した後、突然心を翻して、死体に対して自分の欲望を満たしたのである。

われわれのあらゆる革命的空威張りが帰着するこうした性格上、思想上の意気地のなさは、一七九三年にはジャコバン主義の形を取り、一八一四年以後は正理論主義となった。権威と自由との、君主制と民主制との、表面的な哲学と感情的な宗教との、この両義的なあり方は、好むがままに反乱とクーデターを、公民証と追放の名目を正当化するのに役に立ったのである。まさにそれゆえにこそ、きわめて高い知性であるロワイエ＝コラール氏も、クーザン氏、ジュフロワ氏も擬似哲学者でしかなかったし、ドゥカーズ氏、ギゾー氏、ティエール氏は擬似政治家、コンシデランとアンファンタン両氏は擬似改革者でしかなかったのだが、それはペティヨンとロベスピエールが擬似共和主義者でしかなかったのと同様である。

以上は〈民主主義〉がこの四年来被った失敗の原因でもある。

どうして〈社会民主革命〉は、二月の戦いの後で社会と権力の中に導入されえなかったのだろうか――もし、当時支配的であった民主党派がその行く手を遮ったせいでないとすれば、また、この党派に惑わされた全国民が〈革命〉を、その直接・間接のあらゆる影響を含めて否認し始めたせいでないとすれば。

どうして、フランクフルト議会で始まったドイツの解放は目的を達しえなかったのだろうか――もし、またしてもドイツがフランスの主導権を信じたせいではないとすれば。また、ドイツがわれわれの先例を根拠として、偉大なる民衆の自由は政治的中央集権化と憲法によらなければ、きちんと保証されえないと考えたためではないとすれば。ゲルマンの旧来からの専制主義は、このいわゆるユニテリアン派的な混乱を一掃した。彼らは見事にやった。中産階級によって要求された政府という何らかの合憲性によって進歩が実現される可能性は、もはや一九世紀では無理な話なのである。それはこれまでは凡庸さの政府にすぎなかった――。社会というものは詩に似ていて、凡庸さは耐え難いものなのである。ルイ・フィリップに対してあれほど非難された絶えざる衰弱には、この中産階級による政府という幻想のほかには理由はなかったのであり、それは優柔不断な精神と、凡庸な人々の絶対権力を偽装するのに役立ったのである。

さて、では、この中間項への生来の好みの、中道主義的礼拝の、保守主義の原因を尋ねよう——それはわれわれの国民的性向のあちこちに現われ、われわれを、気分と嗜好によっては保守的な国民に、また、ひたすら必然性と例外によってのみ革命的な国民にしているのである。

この原因は、大昔から一種の中間的状態——これは、われわれの制度や習慣の諸所に現われている——に向けて営まれてきた、われわれの社会の本来的にして危うい条件の中に見出せると思われる。ともかく、その特徴を挙げてみよう。

一、さまざまな所有と多数の小工業・小商業という極端な分裂は、各家長、農民、小売店主、製造業者に対して我を忘れさせるような活動領域を作り出すことで、われわれに全体的な行動を見失わせ、ひいては強いイニシアチブを見失わせるということ。

二、市町村および県の体制、商工会議所、農事共進会等々は、無数の国内的中心に対して地方的・同業組合的利害を持つ五万の集会所をつけ加え、国家の活動を果てしなく分割し、固有の生活を営みながらも、その生活に基づいて国家の活動を調整するということ。

三、当局と市町村の六〇万人の俸給生活者は現状の利害に直接与《あずか》っており、その重みの下に国民の爆発力を抑圧しているということ。

四、労働と商取引によって小さな財産を得るという、少なくとも明らかな容易さは、豊かな国の温和な気候の下で、ほどほどの安楽さに包まれた習慣とあいまって、大多数の野心と見合っているということ。

五、ワイン生産は、精神を陽気にさせることでそれを教条主義から逸らし、思索から硬直したものを追い出し、大衆の無頓着さをもたらし、彼らを安上がりに自分の運命に満足させるということ。

フランスは、あらゆる世紀のユートピア主義者に褒めそやされた至福の平凡さの国である。生活習慣の容易さ、生活の安全、財産の平等と独立、これらはフランス国民の夢である。したがって、その虚栄と野心についてはあらゆることが書かれているにもかかわらず、非難されているこの支配的な気分は、他のどんなものよりも優先されるのだ。この気分においては主な悪徳は傲慢ではなく、欲望なのである。では、次のようなことは驚くべきことなのだろうか――あらゆる豪奢なものの敵であるこの国民は、常にその理想の間近に自分を見、考えるのだが、その国民が自分を悩ます革新的な精神の思想や創案に無関心であり、提起される改革の言うことを聞かぬということは。また、この国民が、今までの習慣や現行の思想を超えるあらゆるものをけなし、真っ向から反対することは。また、そのささやかな安楽を守るためにのみ彼らが立ち上がること、そして、その変わらぬ傾向として、中道主義の理論家が約束し、自らにとって幸福である状態のバランスに、最短の道ではなく最もなだらかな道を通って達するのだということは。――

フランス国民は、反動の場合にも、革命の場合にも、そのたびに暴力的に立ち現われるのだが、それはひとえに、国民が考え理解する機会を与えられているものとしてのその安楽が、王族の政治やら党派やセクトの狂信主義のために危うくなっていると、彼らには思われていたからであった。またそれは、この中間項（妥協点）がその利害や権利や思想から消えてゆくと、彼らには感じられたからである。たとえば、われわれにあれほど激しくユグノー教徒を排斥させ、カトリック同盟を呪わせたのは何だったのか。何よりもまずそれは、精神生活に関する無頓着さであり、これはわれわれにとってあらゆるプロテスタントを耐え難いものにするのだが、庶民はそれを「炭焼きの信心」（素朴な信仰の意）と表現している。さらに、領主たちに支持された、封建的性向の疑いのあるユグノー教徒に対してはこの警戒心は激しかったとしても、教皇至上主義勢力の張本人として非難されたカトリック同盟員たちに対しては少しもそうではなかったのである……。ルイ一四世とナポレオンの時にはわれわれを傷つけ、疲弊させ、ルイ一五世の時、さらに後にはシャルル一〇世とルイ＝フィリップの時にわれわれをうんざりさせたものは何だったのか。前者の場合には、それは過度な権威であり、王朝的かつ超国家主義的戦争の乱用である。後者の場合には、金もうけ主義的または貴族的な特権階級への執拗な固着である。フランスでは常に、革命は傷つけられた中道主義から生じた。もしこの数年来、依然として大衆が揺れ動いているとすれば、また、穏健なわれわれの社会の深層では革命の火山が煮えたぎっていて、新たな噴火の恐れがあるとすれば、それは、すべてを自らのところに帰着させ共通の状態となるべき中産階級が、それ自体危殆に瀕していることが誰の目にも明らかになり始めているということである。つまり、〈教会〉、〈資本〉、〈国家〉の旧来の与件とともに、労働と生計の保証、良心の自由、産業の自立、財産の節度などがなければわれわれは生活できないのだが、そうしたものが決定的に不安定できわめて困難なのである。

こうして、まさにわれわれの努力の変わらぬ目的である物質的な中道主義を守るためにこそ、われわれは理論的な中道主義の放棄を余儀なくされようとしている。まさに、われわれの政治的、宗教的無関心の証しであるこの金色《こんじき》の中庸性を勝ち取り強化するためにこそ、この精神と良心の投げやり——それは折衷主義、中道主義、中立的第三党等々の名のもとに、人気という利点を得るまでになっているが——に逆らって、今日われわれは一つの断固たる決心をしなければならない。嘲笑好きなガリア人は頭を下げるべきであり、中庸に留まるためには自らを極端にしなければならない。原理の厳密さをおいては、論理の厳正さと主義、主張の絶対性をおいては、一つの国民にとって、穏健さも、寛容も、平等も、安心もないということを忘れてはならない。

社会秩序の総体を含みこみつつ、多数の多様な観点から考えられうるすべての偉大な思想と同じく、社会主義は単に貧困の根絶や、資本主義と賃金生活者の廃絶、所有の変換、政府中心主義的な地方分権化、普通選挙の組織化、労働者の現実的・直接的主権、経済的諸力の均衡、契約的体制から法的体制への転換、等々にとどまるものではない。それは言葉のあらゆる厳密さにおいて、中程度の財産の形成であり、中産階級の普遍化である。それはそのあらゆる結果において、あの古《いにしえ》の格言を適用することである——すなわち、〈各人に帰するものを各人に〉、あるいはまた、初期社会主義学派が解釈した形では、その能力に応じて各人に、その仕事に応じて各能力に、ということ。これは労働と報酬に、自然な、そして摂理による中庸性を定めることである。

経済的諸力への、そして自然財と産業生産物のさらに公平な分配への、かくも切迫化したこの必要性は、この六〇年間になされた運動の結果であることを認めぬ者がいるだろうか。

憲法制定議会は、国家財産の売却と産業の自由を布告し、また、法のもとでの平等の原則を公法に導入することによって、少なくとも一時的には財産のある種の平等性を作り出していた。帝政下では、革命事業が未完であることはほとんど気づかれておらず、栄光のさまざまな気散じのために、公共経済の欠陥を考える暇がなかった。しかし、復古王政が国の産業力を拡大させるようになると、資本主義的、都市化的傾向がただちに明らかになった。そこで賃金生活階級やプロレタリアが増加し始め、同時に重商主義的封建制の基盤に基づいて、土地所有的封建制、大所有が再び形成された。銀行、担保、生産会社――これらに対しては、強制的制裁や刑罰の機能を果たす政治的中央集権化が伴わなければならないが――の複合した活動のことをよく考えれば誰にとっても明らかなことだが、フランス国民は、八九年の革命家たちが予測もしなかった少数の権力者たちによる搾取に、法の名のもとに無防備にさらされているのであり、それは経済的諸力の無統制な作用から自然発生的に生まれたのである。実に危なっかしいこの体制があと五〇年続くとしても、小産業は小所有と同様、徐々に消滅するだろうし、もはや、土地を所有する富裕層や葡萄畑の、鉄道の、石炭の、鉄の、木綿等々の大生産者にかしずく、欲得ずくの膨大な人々しかいなくなるだろう。社会は再び二つのカースト――搾取する者と搾取される者とに分かたれるだろう。中産階級は、まるごと消滅してしまうだろう……。

国民は、彼らの指導者たちの無思慮ゆえにもたらされるこの異常な状態を、その性格や性向に反して受け入れ、従うのだろうか。彼らは共産主義への恐れから、旧来の封建的状態に戻るのに同意するのだろうか。とんでもない。フランスは、共同体も隷従も共に求めてはいない。フランスが求めるもの、それはそれぞれの家庭が労働によって合法的な安楽を得ることが保証されるような安定システムなのであり、後は、世論の完全な自由と和解の容易さである。

既にいくつかの指標が、この方向で示されていた。

こうしてわれわれは、ロベスピエールによる所有の定義（彼は所有を国家の権利とした）を退けた後、ローマ法（これは先占者に国家を譲渡するものだった）の定義を一八四八年には却下したのであった。われわれにとって所有は、征服にも国家にも依るものではない。それは、労働の産物である。この観点からすれば、一八四八年憲法は、民法典とは正反対である。後者によれば、ローマ市民権に由来する所有は、使用と乱用の絶対的な権利である。前者によれば、所有とはもはや、労働の保証と経済的諸力の絶えざる変化のもとで、市民に帰属するものにすぎない。この二つの定義の間には、無限の開きがある。

まさにこの同一の精神において、利率、鉱山や鉄道の営業権、特許、著作権、工場での児童の労働、等々に関する法律がもたらされた。おそらくは暗中模索の法律ではあるが、それでもなおそれは、注目すべき節度ある精神と、社会経済を、それを侵す封建制やそれを傷つける無政府状態から救い出す断固たる意志を示している。

したがって以上が、時代の進歩によってわれわれが解決を迫られる問題なのだが、その解決はもはや、政府や不十分な和解の無意味な決まり文句によってではなく、産業的諸力の厳密な統御によるのである。すなわち、財産の平等を保ち、正常化し、ますます豊かに快適なものとし、天才的な努力によって、人類の歴史には例がなく、科学だけが与えることのできる経済的安定を作り出すこと。安楽さに関して言えば、あらゆる合法的願望を満たし、また欲望を破壊すべきなのは、まさに中庸性の組織化ではないだろうか。それは中産階級の礼賛ではないだろうか。決定的な問題である――これは、国民のたくましさを際立たせるものだが、時代の流れの中でただ一度しか生じえなかった。というのも、ありうべきあらゆる進歩を包み込むその解決は、絶対的かつ永遠のものでしかありえないからである。

しかし、この問題が知識人に行き渡り、その理論的、実践的解決が認められないうちは、依然として矛盾と分裂、不確かさと苦痛に囚われることによってしか、この問題から解き放たれることはない！　フランスは、その内在する生活習慣を保つために、国民の因習に対して戦わざるをえず、また、その古ぼけた政治や格式張った思想を捨て去ることを余儀なくされて、ある詩人とともにこう言うかもしれない。

神よ、何という残酷な戦いか！
私のうちには二人の人間がいる……

そうだ、現在のフランスには、二つのフランスが存在する。自分自身を知り、王党派あるいは民主派として、修道士または哲学者としてその伝統の中に生き、それに必死にしがみつき、比類のない革命に抗議する過去のフランス。そして、いまだ自らを知らず、自らを探し求めているが、既に自分が旧来のものとは対立していることを感じている未来のフランス。ここに葛藤がある。信心家や懐疑論者、王党派や共和派としてわれわれが生きようとも、既存の思想や現行の利害に依拠して思考する限りは、われわれは保守主義者である。われわれの隠された本能、われわれを責め立てる陰の力、状況がわれわれに暗示する普遍的な改良への欲求に従う限りは、われわれは革命家である。しかし、最終的な目的に関しては、この二つのフランスは一体である。つまり、われわれを一方では左に、他方では右に引き寄せる二重の流れは、一つの同じ動きと化す――すなわち、平等と安定性の追求であり、一言で言えば、哲学的折衷主義と独断的な中庸主義の断念による、経済的均衡である。

われわれの伝統の状態と、新たな変容におけるこの五〇年間になされた進歩について最後に一瞥すれば、人類の運命とわれわれ自身の性向が向かう必然的な出口とは、以下のようなものとなろう。

## III

〈宗教的伝統〉

一七八九年の時点では、聖職者の状態は国家の安楽さと安全とは両立しえぬものであった。聖職者はすべての所有において無税であり、三分の一の土地を持っていた。この福音書の僕《しもべ》は、金利収入で生活していた。教会の「私有農地《ラティフンディウム》」に置かれ、司祭から「兄弟」と呼ばれていた農民は、その奴隷にほかならなかった。

この事態は長く続くことはできず、それゆえ、八九年のまず第一の思想、その全体的な思想は、教会から所有権を剝奪することであった。

しかしこの剝奪は、妥協なしには実現しなかった。絶対に必要な場合を除けば、われわれには正反対の立場を全く受け入れぬということはないものだ。俗に言うように、損も得も折半されたのである。聖職者の財産を取り返して、相殺という形で公的、法的な待遇を彼に割り振ることで皆は合意したが、信仰に関しては誰も触れようとはしなかった。人は、自由な世論を表明することで満足した。そのことは、〈革命〉を〈教会〉に認めさせることも、カトリックを〈国家〉宗教と呼ぶことも妨げるものではなかった。

（一七九〇年の）聖職者民事基本法を作った人々、そしてそれに署名した人々も、同様の善意によっていた。人々は、正式に保護された教権を信じていた。したがって、国民の自由や良心の安全や財産の平等のためには、聖職者から土地に関わる特権を剝奪するだけでは十分ではなく、さらに彼から報酬を取り上げ、それどころか、教育へのあらゆる干渉を禁じ、エレクシオン（徴税区）に従わせ、ローマとの連絡を、免償の不正取り引きを、財産の取得を一切禁止し――要するに、結婚によって、離教によって、不信と貧困とによって彼を失墜させなければならないような、そんな日がほどなくやってくることを、人々は考えるどころではなかったのである。

聖職者を接収することが後に引き起こしたのは、一方では、一連の結果が時とともに明らかにしたはずのものであり、他方では、新たな諸制度に対する聖職者の容赦ない敵意である。

確かに、教会財産の回復と宗教予算制定の最初の結果が、「聖職者民事基本法」と呼ばれるものであった。公的必要性のために、聖職者が所有者であることをやめて賃金生活者になったのである以上、どうしてその職務を正規のものとしないのか。どうして、できる限りその制限を均等なものにしないのか……。人が何と言おうとも、この改革を指示したのは簒奪の意図ではなく、管理の必要性、会計学の要請であった。

したがって、聖職者民事基本法は、必要欠くべからざるものであった。この基本法は可決されて、聖職者の宣誓は、今度は必然的なものとなった。この宣誓の政治的な便宜性については縷々論議されたのであり、周知のように、ロベスピエールには聖職者的な傾向があり、司祭たちの友であったが、この宣誓に全力で反対した。馬鹿げた策略だ。自らが管理されていたこの基本法によって、そしてこの賃金制度によって、司祭は官吏となった。彼は新しい国家の一部をなし、言ってみれば、〈革命〉と合体していたのである。〈王〉から田園監視員に至るまであらゆる官吏が、また、国民軍としてのあらゆる市民が、市民宣誓をした場合、そこから司祭を除外するのは可能であり、正当であり、論理的だったのだろうか……。

おまけに、この問題は一八〇一年には、聖職者が至高のものと見なさざるをえない一つの権威によって決着を見た——教皇が政教条約《コンコルダート》にサインすることによって、聖職者民事基本法を認めたのである。今や取り消しえないこの承認によって、ある奇妙なことが起こった。つまり、それまでは離教者と見なされていた立憲的な司祭や司教が、突如、宣誓拒否司祭以上に実際に古代的、正統的になったのである！

事態は、王政復古まではこのような形で存続した。国家が教会に奉仕した以上に、教会は国家に奉仕し、この妥協を利用することで、われわれの心にとってきわめて貴重な寛容が、たとえ哲学的な無感動ではあっても、常に広がったのである。

しかし、王が帰ってくると、聖職者はその位置を変えようとして、その革命的制度の結果に抵抗し、新精神を払いのけた。ラムネー神父は、聖職者の現世化と宗教的無関心に抗するこの十字軍の頭目であった。神学者として、また哲学者としてさえ、ド・ラムネー氏はきわめて正当であったが、キリスト教徒か無神論者か、いずれかに決めなければならなかった。しかし、ド・ラムネー氏はあまりにも手強い敵に出会っていたのであり、彼の弁証法では、誰一人として回心しなかった。フランス王国はきわめてキリスト教的でありながらも、一〇分の一税同様もはや教皇の権威を望んでいなかったし、国民は、半分リベルタンで半分信者でありながら、思うがままに生きることを求めていた。この説教師の全くのところ中世的な献身は馬鹿げていたし、無関心が増大し、彼自身がそれに侵されていたのである！……今日、仮に宗教について問われて答えに窮するような人間がいるとすれば、それはド・ラムネー神父である。

一八二〇年から一八二五年にかけては布教が最高潮の時期で、一八二六年には聖年（教皇の宣言によって、二五年ごとに行なわれる）として、然るべく頂点を迎えた。それは、国民が一斉に告解室に、聖体拝領台に走った時期であったが、これはちょうど後年、一八四八年に、彼らが投票に息せき切って向かったのと似ている。この熱狂の結果はどうであったろうか。このまがい物の昂揚によって、人々の宗教的感情に残っているわずかばかりのものを巻き上げてから、聖職者は一八二八年になると、彼らの労力の代価として何と、イエズス会派の決定的追放を勝ち取るに至ったのである！（イエズス会派は）教会に反する、聖座に反する古くからの罪だが、それをこのキリスト教的国家は、高位聖職者の連署のもとに、なおのこと重くしようとしたのだ！　一八二九年には、私は昨日のことのように覚えているが、布教し、十字架を抱え、その狂熱をさらけだしていた人々はもはや、ミサにすら出かけなかったものだ。既婚にせよ婚約中にせよ、可憐なる聖歌隊は見世物用の晩課をやめていた。

一八三〇年が到来し、宗教への敬意が新たに侵害される。もはや国家宗教はいらない――従軍司祭の廃止により、カトリシズムは軍隊から消える。学校では、宗教教育は表面的で、退屈で、余計な、祖父母のことを配慮して維持されてはいるが、若者からは馬鹿にされた一つの「習慣」でしかない。この頃からデカダンスの兆候が増殖し、さまざまな宗派が氾濫する。これはまだ、宗教的原理の全くの否定ではないが、しかし、旧来のやり方では不十分なのは明らかである。それゆえ宗教関係者たちは、ある者は聖霊の新たな発露が必要であるとし、またある者はカトリックの教義をまるごと変えるような解釈が必要だという結論に至る。シャトーブリアン派、ボナルド（一七五四―一八四〇。政治思想家。反フランス革命の立場から、君主制とカトリックを擁護した）派、ラムネー派の次には、ボータン派、ビュシェ派、ラコルデール派が現われる。こうした巧妙な手品師たちの手の中で、キリスト教はかわるがわる教権派に、王党派に、進歩派に、哲学派に、ジャコバン派になる。これには、次のようなエピグラムが当てはまる。――

弁舌巧みなることはすべてにして、何ものでもないではこれは、来たるべき新たな信仰の生成なのだろうか。それとも、既成の古き信仰の崩壊なのか。民衆はそんなことには頓着しないし、中産階級も気にかけない。上層ブルジョワジーは投機の推移を追いながらも、屈託がなく、快楽主義のままである。哲学者たちでさえ、自分たちが宗教の苦悶に立ち会っていることに気づいているようには見えない。

一時、現代の思想に教皇権を導入しようとするかに思われたピウス九世が即位すると、広範な歓呼の合唱が起きた。昔ながらの自由派は、カトリシズムが自由と和解しようとしており、それは好意的に解釈すれば、自由の一形式にほかならないと思い込んだ。ティエール氏が演壇からこう叫んだ時、彼は全フランスに向かって語りかけていたのである――聖父よ、しっかりせよ。われわれはキリスト教徒である、よしや貴方が革命家であろうとも。(144)

144――プルードンはここで、ピウス九世在位の初期の、自由主義的政策に対してティエールが行なった称賛のことを暗示している。

この幻想は長くは続かなかった。二月の諸事件によって社会問題が提起されるや、既に〝悪人同盟〟に加担することを明らかにしていた教皇および聖職者は、ただちに反革命に回った。社会主義としては、〈教会〉に敵対することを明らかにした。そしてそのプログラムの中でまず第一に、教会予算の削除と教皇の教権的、世上権的支配の廃止を提起し、あらゆる啓示宗教が単に偽りであるだけではなく、科学、自由、進歩、そして道徳に反するものであることを明らかにした。

この亀裂は、歴然たるものである。妥協の、管理の、寛容の、法的擬制の六二年間を経て(一七八六年トスカナ大公国で開かれた「ピストイア教会会議」で、一種の典礼刷新運動が提起された)、フランスは自尊心と人類愛とによって、徐々にその信仰と神とを否認するに至った。実際、どんな和解が、どんな逃げ道がいまだに可能だというのか。デュパン氏の望みどおりに、ローマと訣別し、ガリア主義に閉じこもることだろうか。(145)

145――デュパンは一七八三年生まれ、行政官・国会議員。王政復古下では自由派で反抗的。七月王政下では反教権的なオルレアン派。立法議会議長。ルイ・ボナパルトは彼を逮捕し、仲間を四散させ、最終的には第二帝政の上院議員にしたが、その間彼を眠らせていたのである。一八六五年没。

それは無理な話だ。まずもって、フランス教会はもはや名ばかりの存在である。われわれが革命の経過を追っていた間に、ガリア主義者と教皇権至上論者とが接近し、結びついた。フランスの聖職者の大半は、ローマおよびイエズス会派に属している。司祭たちの中で最悪の者とはおそらく、依然として和解の精神と哲学の見かけを装おう者たちである。聖職者には唯一の関心事――民法典と政教条約の成果を徐々に無化することしかなく、彼らは修道院を再建し、学校を支配し、世襲財産をまんまとものにし、贈与、遺産、寄付、寄進等々を貯めこみ、こうして慈善的商人と積極的な寄進とによって、自らの所有を回復するのである。この再度獲得された聖職者の財産は、三億フラン以上だと推定される。ところで、聖職者がこうした財産を望むのは、無論のことそれを活用するためでも、それで労働者の会社を作るためでもなく、そこから金利収入を得るためである――金利収入と一〇分の一税、これは同じものだ！　今や聖職者にはわかっているのだが、教権と世上権とは不可分であり、遅かれ早かれ、そのうちの一方が他方に打ち勝たねばならない。しかし、もはや良心を導くだけでは足りず、彼らは利息をも支配しようとするのだ。ガリア主義者、もしくは教皇権至上論者である教会は――公然と語っているのだが――革命を鎮圧することを切に望んでいる。中産階級の諸君よ、八九年と一八三〇年の世代よ、諸君はまさに革命をこの犠牲にしようというのか。

プロテスタンティズムに身を投じることはどうだろうか――宗教的抗議《プロテスタシオン》は一つの信仰行為であり、それは啓示であるとも言えよう。一六世紀にルターに従った諸国民は、教皇に一体化したままの人々よりも信仰が深かった。そうでなければ、彼らは決して宗教改革を選び取らなかったことだろう。ところで、こう尋ねてみよう――現代の民衆がカトリシズム以外のものを改革しようとするほどには、彼らはカトリシズムの何を信じているというのか……。もう長いこと言われていることだが、「われわれにはもはや、プロテスタントになるほどの宗教がない」のである。

だから、われわれが到達している地点からすれば、（宗教的）抗議《プロテスタシオン》とは一つの矛盾であることを理解せぬ者がいるだろうか。そうとも、もはや国家宗教は存在しない。だが、信仰に関しては、国家による抗議がありうるではないか。あらゆる信仰を認めるがゆえに無神論者である国家は、新たな教権的権力（霊的権力）を定めて、教皇の教権（霊的権力）に対抗させるだろう！　この権力は、ロータン神父とジャン・マスタイ[146]への憎しみから、アタナーズ・コクレル、ミシェル・ヴァントラ、アンファンタン、ピエール・ルルーの中から選択するのかもしれない！　もといわれわれの伝統はでき上がっており、われわれの進む方向は示されているのだ。

146――マスタイ伯爵ジャン＝マリはピウス九世の俗名。ロータン神父（訳注――一七八五―一八五三年）は、一八二九年からその死の一八五三年まで、イエズス会派の会長だった。彼は、一八世紀のさまざまな糾弾と追放で傷ついたこの会派を立て直した。

思想の自由――それは信仰の自由であるが――の名のもとでは、教会も、宗教も、聖職者の財産も、教会予算も何もない。隣国のオランダ人がしているように[147]、科学教育と宗教教育の分離、絶対的対立をこそ。そうすれば、一世代たらずで時代と同じレベルに達した民衆は、その〈断念《アブレヌンテイオ》〉の言葉を発していることだろう。宗教的信仰《フワ》に関する無関心は、社会的信念《フワ》に対する裏切りであることを理解していることだろう。そして、カトリシズムに明らかに対立することによって、民衆はあらゆる種類の宗教を捨て去ることだろう。というのも、カトリシズムの後には、もはやありうべき宗教は存在しないからである。

147――オランダでは、一八〇六年の学校法で宗教から独立した児童教育の管理を、国家のみに委ねた。「教師には道徳を。司祭には教義を」。これがラヴレイユの要約による、この法律の精神である（『民衆教育』二四六ページ）。キュヴィエ（一八一一年）、クーザン（一八三六年）といったフランスの大学人は、この法律に深い関心を抱き、その実態を調べようとした。一八五七年には、オランダで導入された教育の自由は、当地に予備学校の原理を設定し、プルードンの知らなかったある教育システムを開始した。

〈政府中心主義的伝統〉

寛容なる宗教、穏健な政府――最も手短な検討で一掃するに事足りる二重の幻想だ。八九年には、国民は自らを主権者であると表明し、王権の優位に立つ。神権は廃され、拒否権は王族から剥奪されるが、王族に対しては的確な憲法によって、その権利と義務が示される。

こうしたことは何を意味するのか――明らかに、国民は自らを統治することを求め、自分たちが多数派であるという以外の権威を認めないということである。このことが意味するのは、ボシュエやルソーが示し、また歴史が明らかにしているように、国民は人民主権を主張することによって、主権の原理それ自体を否定しているということだ。

このように、政府中心主義的原理と経済的中庸性が相容れないことは、八九年の宣言の根底にあるものだったが、それにもかかわらず、立法者たる〈国民〉は、今後もそれを堅持すると思われる和解の精神から、一見したところ権威を廃しはしない。社会秩序を維持するためには政府が必要であるという広く認められた仮説によって、国民は、革命が創始した政体と旧来の君主制的形態とを、民衆の尊厳と王の傲慢とを、折り合わせようとするのだ。

しかし人はほどなく、いわゆる憲法が、不安定な均衡をしかもたらさぬことに気づく――八月一〇日、この調停は決裂した。それでもこの先入観は、ただちに克服されはしなかった。すなわち、国民公会は、立憲的幻想を捨て去りはせず、契約の誤りゆえに君主を糾弾し、彼を処刑台に送る。次いでそれは、九三年憲法という、直接統治の最初の試みを生み出す。しかしこの直接統治は、言葉の普通の意味で困難なものである。事態は進みすぎたか、あるいはその逆であって、出口が見つからずに、中間状態に身を投ずる。総裁政府が五年続き、その後それは執政政府に解消される。

当時ボナパルトは、代表制政府という価値観にまるごと影響を受けていたのだが、大革命への侮辱に報復し、秩序を回復した後で、八九年に廃された極点である専制主義にわれわれを導くのである。国民感情は立ち上がるが、敵の砲撃のもとにそれは撤退を余儀なくされる。革命を拒否し、中産階級にとって疑わしいものと化した帝政権力は、一八一四年には、封建権力が二一年前にそうであったように遇されたのである。

そこで、ある憲章が、九一年の契約に基づいて、ルイ一八世と国民の間で協議される。ほどなくして、一八一五年のつらい教訓（第二次復古王政の成立以後、白色テロの横行した状況を指す）にもかかわらず、復古王政はかつてなく不寛容で不自由なものとして立ち現われる。反動が勢いを増そうとするが、革命がそれを凌駕する。王族の挑戦に対しては、民衆は七月の勝利をもって応える。ある平民《プレベイヤン》が、次のような格言を持ち出す——これは、今後のあらゆる曖昧さを予告するものである——「王は、君臨すれども統治せず」(148)。ルイ＝フィリップはこの条件を受け入れるが、やがてそれを巧みに回避しようとする。今度は彼が降伏する番で、彼の逃亡は、民衆にとっては自分自身を直接統治することの督促である。というのも、民衆は王に統治されるのを望まないからだ。この督促に対する答えとして、われわれは一八四八年憲法を作り、ルイ・ボナパルトを大統領に任命したが、これがまさに穏健で立憲的な共和国、さらには和解、中庸主義、中間状態と呼ばれるものなのである。

今や、われわれはどこにいるのか。四年後には、事態はどうなっているのか。普通選挙は、人々が望んでいたように国民的合意を表わしていたのか。権力は、国民にとって御しやすいものなのか。中産階級は、その保証と安定を得たのか。

三回にわたって繰り返し検討された直接普通選挙は、最も反革命的で最も反共和主義的なものを生み出した。民主主義が、その最も悲惨な経験によって悟ったことだが、社会階層の中に降りていけばいくほど、それだけ退行的な思想が見出されるのであり、また、一九世紀フランスがシャルルマーニュの時代よりも明らかに進歩しているのと同様に、一八四八年のプロレタリアは、選挙民としてルイ＝フィリップ時代の納税有権者たちにはるか

148——この表現は、一八三〇年革命以前に『ナシオナル』紙の記事中でティエールが言ったもの。

に及ばないだろうというのも、予測しやすいことであった。今や共和国は、大衆の無能ゆえに、王党派とイエズス会派に引き渡されていて、盟友と争い、暴君たちと同盟するのだ。民主的憲法から生まれたこの政府は、市民から武器を取り上げ、選挙民を大量に殺戮し、市町村を壊滅させ、主権を戒厳令下に置き、そして普通選挙の破産のもとに、努めて無責任で世襲的な権力を育てるのだ。突然に呼び出された大衆の闖入のために、社会はある理解しがたい怪物、名もない何物かと化した。国家の寛容によってしか存在しない教会は、世上権への支配力を再び獲得し、たちまち反自由主義者にして迫害者となった。国家は、その原理と権限をひどく嫌っているがゆえに、民主主義の根絶を誓ったように思われるし、また、人々が認めてきたことすべてを横暴にも無視してしまうのだ。所有は価値が下落し、抵当権ゆえに圧迫され、産業は資本と失業のために崩壊し、労働は税金で搾り取られ未来がなく、あらゆる価格は下落する——民衆の状態は、かつてなく中庸と安全から遠いのである。

　では、どうすべきなのか。どう打開し、とりわけ何を期待すればいいのか。社会主義の恐怖と急進派の争いから生じたこうした事態は、耐えがたいものだ。これは、その責任を引き受けた当の人々に重くのしかかるものだが、共和政体に敵対する王党派の最も奇妙な議論の一つは、この革命的状況からできるだけ早く抜け出して、伝統的君主制の平和な流れの中に回帰することが必要だというものである。われわれは、君主制に立ち戻るのだろうか。

　立候補が多数であることや、諸王朝の競合に起因するような錯綜した障害については、私は一切顧慮しないつもりだ。その全くの個別性ゆえに、私はこの問題を退ける。私の考えでは、帝政と正統王位継承権、合法的王権と市民的王権との間のかつては現実的であった対立は、革命の圧力のもとに消え、もはや異なった体系は形成しない。明らかなことだが、八九年の諸原理を認め憲法に宣誓するという条件でならば、ルイ一六世、ルイ一八世、ルイ＝フィリップらがそうしたように、合法的な王は喜んで再び王位に即くだろうし、また、そうして長子の家系は復位の条件に関しては、分家の家系と何ら区別されないだろう。そして、皇帝に関しては、彼が「追加政令」[149]——つまり、やはり憲法に対して、人々が望むように同意または服しうることも、私には同様に明らかだと思われる。結局のところ、この三つの仮説は二月に至るまでは別々のものだと思われていたが、全く同一のものである。もし、組織と同じく人間を和解させることも容易だとすれば、融和はほどなくなされよう。私にとって、そこに困難なことはない。

149――ここで言及されているのは、帝国憲法への追加政令のことで、これは、一八一五年四月二二日に、エルバ島から帰還していたナポレオンが公布した自由憲章である。

こう尋ねよう――政治的だけではなく社会的でもある中庸主義の避けがたい現われである君主制は、一体何の役に立つのか。もしそれが、自らのうちにこの中庸主義の方法と保証をあわせ持っていないのならば――。というのも、失脚した三つの王朝のどれかが、一八三〇年にせよ、一八一四年にせよ、一八〇四年にせよ、そこに戻ることで再開されることは、今日では問題ではないからである。何であるにせよ、復古王政が即位する場合に問題となるのは、一、オルレアン家に、ブルボン家に、皇帝に反対する国民のあらゆる不満を満たすこと。二、経済的諸力の均衡によって、金儲け主義の支配勢力の増大と、プロレタリアの増大を阻止すること。そして、中産階級を決定的に打ち立てること。

一言で言えば、君主制にとって問題は、もしそれが一八五二年にわれわれに回復されるのならば、革命に対して――現にしているように――過度に闘うのではなくて、その先頭に立つことであり、また、政治的・政府中心主義的政体から経済的・契約的政体への転換に、君主制の支持者たちが全力で反対するまさにそのことを、国民および君主制それ自体に対して実行することである。

このような転換は可能だろうか。私にはそうは思えない。私が間違っていないならば、王党派は――彼らがどんな王朝に関わろうとも――みな私の意見と同じである。君主制的権力は――と彼らは言う――反革命的となるという条件、つまり、繰り返し断罪されるような極端さに再び身を投じるという条件によってしか、回復しえない。君主制に対する中産階級の抑えがたい反感を生み出すには、これで十分である。

そこで、われわれは共和国に留まらざるをえない。しかし、どんな共和国なのか。それは単に正しくて、穏健で、博愛の、代表制の、立憲的な共和国なのだろうか。

現時点では、最大多数の欲望と意志がそのようなものでないことは否定しない。私は進んで認めるが、民主主義のあまり目立たぬこの微妙なニュアンスは、君主制的少数派が、彼ら自身の窮余の一策として必ずそのニュアンスを支持しうるだけに、なおのこと再度姿を現わす可能性が大いにある。しかし、さらに言えば、中庸主義のこのもう一つの形態が長持ちしえぬことを認めないためには、最も普遍的な予知能力を欠いていなければならない。


共和国の目的とは何だろうか。

憲法第一三項(150)が、私の代わりに答えてくれる――それは、労働と財産のほぼ持続的で一般化された平均に基づいて、〈自由〉と〈進歩〉とを生み出すことである。


150――この項目は次の通り。

「憲法は市民に対して、労働と産業の自由を保証する。社会は、無償の初等教育による勉学の向上、職業教育、経営者と労働者の関係の平等、保障および信用制度、農業制度、自発的アソシアシオン、無職者を雇用しうる公共土木事業の国家・県・市町村による設立を促進、助成する。また、社会は、家族が援助することができない捨て子、身体障害者、困窮した老人を扶助する」

これらの条文を書きながら、プルードンが憲法前文の第一項をやはり想起したのではないかと考えられよう。これは、彼が提出する問いに明瞭に応えるもので、以下の通りである――「フランスは、共和国として組織された。政府のこの最終的形態を採用することによって、フランスは以下のことを目的とした。すなわち――進歩と文明の道をより自由に歩むこと、社会の責務と恩恵のますます公平な分配を保証すること、公共支出と税の段階的な削減によって各人の安楽を増大すること、制度と法の持続的、恒常的な活動により、新たな騒擾もなく、全市民の精神性、知性、充足感を、より高度な段階へと到達させること」


この目的を達成するための、共和国の手立て、その主要な手段とは何か。

直接普通選挙である。

今まで直接普通選挙は、それを代表するものとしては、オルレアン派、正統王朝派、ボナパルティスト、司祭、上流ブルジョワからなる多数派を、大統領としては王族ルイ・ボナパルトをもたらした。

一八五二年には、それは、誠実な銀行家、雄弁な弁護士、自由主義的な地主、進歩的な製造業者、賢明な労働者、申し分のない経営者からなるやはり顕著な多数派を、共和国大統領としてはカヴェニャック将軍、あるいはカルノー氏を生み出すかもしれない。

しかしながら、事態の自然な流れと世論の転換とによるならば、直接普通選挙は、第三、第四、第五の展開の際に、社会主義者、共産主義者、アナーキスト、無神論者、食うや食わずの人々からなる、深刻で密度の高い多数派をもたらし、大統領としてはブランキ、グレッポ、靴職人アダム、あるいは全く別の人物をもたらすことは、避けがたいことである。

直接普通選挙がそこに到達するためには、最初に選ばれた人々が、民衆のあらゆる願望と要求を満たすことを引き受けなければなるまいが、これは仮説に反することである。

こうして、普通選挙は、精神の現在の状態にあっては、支配的な政治的先入観とあいまって、所有する人々による所有しない人々の支配、所有しない人々による所有する人々の支配、少数による多数の、多数による少数の、制度による需要の、需要による制度の支配を——要するに、ある時には圧制を、ある時にはアナルシー（無統治）を生み出すはずである。これは社会なのか。これは秩序と進歩によるものなのか。明らかではないだろうか。下から上への、および上から下へのこうしたあらゆる運動に疲れた国民は、ほどなく、あらゆる種類の政府に倦んじ果て、そして、極端な中央集権化の後には、遅かれ早かれ完全な崩壊がやってくることは……。

## V

〈ジャコバン的伝統〉

確かに、逆さまになった、共和国の正理論派であり、党派的秩序の中での彼らのライバルにして直接的な継承者であるジャコバン派は、権力と世論の中に安定性を回復し、アナルシー、無神論、財の分配等々に対して、乗り越えがたい障壁を置くことができると自負している。民衆は、ジャコバン主義に好意的である――これ以上に政府中心主義的で、これ以上に信心深く、これ以上に農地再配分に、資本の民主化に敵対的なものがあるだろうか。この、すべての点において、ジャコバン主義はその真価を示した。

したがってジャコバン主義とは、権威の最後の希望である。ロベスピエールの尻尾、それは、文明という船を宗教、政府、所有という港に繋ぎ止めるべき舫《もや》い綱である！……。

では、ジャコバン的伝統は、生命力から政治体制に至るまで、いまだに何を伝えることができるのか見てみよう。この党派は九三、九四年には、努力半ばにして死にそうだったのに、革命を妨害して立憲体制を甦らせるに至ったのだが、そのジャコバン派が、今度は大衆を変化させ、革命的長広舌のもとに、抵抗の政治を受け入れさせることができるのかどうか。――

私は、ジャコバン主義を、正理論主義の一変種であると定義した。それは、ブルジョワジーから民衆に移し替えられた教義であり、下層階級用の中道主義であり、ブルジョワジーの誠実さと穏健さに取って代わった、誠実で穏健な一種のサン・キュロット主義である。さらには、政府中心主義的精神ではあるが、もっと際立ったものであり、国家の優越性ではあるが、もっと激しいものであり、代表制的擬制を尊重するが、それはフェティシズムにまで高じている。ジャコバン派は、独裁よりはむしろジロンド派を嫌っており、それゆえにさらに、王政に接近するのだ。

ジャコバン主義の勝利は、九三年に胚胎される。この時期には、権力の原理は問題にされてはおらず、ただ君主制的な表出のみが禁じられていたのである。「アナーキスト」とか「アンラジェ（過激派）」とか呼ばれていた人々は、権力それ自体に関しては他の人々同様忠実であったが、さらに激しかったのである。それだけのことだ。ジャコバン主義は抗いがたい一連の危機のゆえに政府レベルで支持され、それゆえ、政治的問題に関しては一般的合意と一致していた。しかしそれは、平均以下の階級を直接に代表していたのだから、革命運動の最右翼であり、民主主義の最も完全な表現と思われたのである。まさにそれが、ジャコバン主義の力となった。ジャコバン的社会の手前に留まること、それは、二年の間は、革命的レベル以下に位置することであった。さらに先に進むこと、それは平均以上に振る舞うことであり、反革命の容疑をかけられることであった。

こうして、諸事件によって作られ、準備されたジャコバン主義は、それゆえ権力へと至りつかなければならなかった。しかし、一旦そうなれば、その政策の極端さや指導者たちの無能ゆえにせよ、すべての仮面を磨滅させて、すべての組織の欠陥を露わにする時というものの賜物にせよ、今度は自分が敗北しなければならなかった。

まさに、この極端さと無能のために、ジャコバン派はテルミドールで没落した。彼らは、この経験では衰退せず、論駁もされなかったので、この党派にはまだ未来が残っており、立憲君主制と同じく、後になれば復活し、勢力を持ちうると思われたのであった。このことはまさに、一八三〇年以後のジャコバン主義の再登場の原因となったものであり、今日そのすべての価値を形成するものである。

しかしこの同じジャコバン主義は、一八三〇年には論理的に見え、したがって依然としてチャンスを持ちえていたのだが、それ以後は完全に時宜を失ってしまった。最近二〇年間にわたる社会主義者のプロパガンダ、公衆の理性の進歩によって、君主制的党派同様、彼らはそのあらゆる存在理由を奪われたのである。確かに、今日にあっては、問題はもはや政治的なものではなく、社会的なものである。それなればこそ、この方向で成し遂げられた運動は、絶対主義とその教義同様、ジャコバン主義にも敵対したのであり、既に一八四八年二月革命の直前には、当時唯一の社会主義新聞であった『ラ・デモクラシー・パシフィック・エ・ル・ポピュレール（平和的民主主義と人民）』[151]紙は、読者数で『レフォルム』[152]紙をはるかに凌駕していたのである。

151 ——『ポピュレール』紙は、イカリア的共産主義の機関紙。カベによって設立、運営された（一八四一―一八五〇年）。

152 ——『レフォルム』紙は、一八四三年から一八五一年まで発行された。ルドリュ＝ロランによる創刊、フロコン編集による本紙は、七月政府下で『ナシオナル』紙よりも際立った姿勢を取った。ただし、それは二月革命までは限られた影響しか与えなかったが、革命によってその指導者たちは権力を手に入れ、本紙は確かな公的権威を与えられた。

『レフォルム』紙は、六月一六日の行政権力の条例により一時発行停止になり、一八四八年と一八五〇年の間に、多くの有罪判決を受けた。一八五一年のクーデターは、その息の根を止めた。

以来、ジャコバン派あるいは山岳派は、民衆の眼からは絶えずその信用と尊敬を失い続けた。この枯渇しきった圏域からは、何の未来の観念も現われなかった。臨時政府は通達の名のもとに、フランス国民に対してさまざまな指示を試みるのか。人々は口笛を吹いて非難する。政府は、さまざまな委員を派遣しようとするのか。人々は彼らを追放する。旧来の団体のモデルに基づいて組織された諸々のクラブ自体は、雑音と茶番をしか生み出さない。四月、五月、六月においても、そして一〇月に至るまで、ジャコバン主義は反動として現われる。それが社会主義に移行するのは、やむをえぬ、強いられたものでしかない。そして、この瞬間から彼は体面をかなぐり捨て、その行動はどれも、今までの自己の信念に対する新たな抗議となる。

153 ──ジャコバン協会のこと。

『ヴォワ・デュ・プープル』紙で展開された非統治の理論、『プレス』紙の絶対的自由の理論、正統王朝派諸新聞の非中央集権化理論には、『ヴォワ・デュ・プロスクリ(追放者の声)』紙の直接統治の理論が結びついた。この進歩は、強いられたものであった。神権派が社会主義に同意し、中央集権化と同じく権威に不可欠なものを拒絶する時、ジャコバン派はさらに不自由になりうるのだろうか。

154 ──六月一三日の敗北後、ロンドンに亡命した共和主義者が、ルドリュ=ロラン指揮下に発行した新聞。

ルイ・ブランは、最初のパンフレット『ジロンド派はたくさんだ！』で、次いで二冊目の『一にして分割しえぬ共和国』で、九三年の伝統とロベスピエールの信念に民主主義を立ち戻らせるが、無駄である。彼の論説は効果のないままであり、誰も読みさえしない。(ジロンド派の)連邦主義を非難することは、もはや時代遅れであり、誰も驚かないのだ。

多数派と同じく、この運動に無縁な山岳派は意志表示をせず身を隠すが、無駄である。新たな精神が迸り出て、彼らを四方から取り囲むのだ。演壇では、力強い演説者・ミシェル(ド・ブールジュ)が、同時に社会問題と調停の原則を、〈権威〉の観念に代わるべき〈契約〉の観念を提示する。偉大な歴史家ミシュレは、その革命的物語の中で正理論派／ジャコバン主義の謎を明らかにし終え、民衆の即位を予言する。

そんなわけで、ルドリュ＝ロランは社会主義を裏切った後で、再び公然とそれに味方するに至ったのであり、無政府主義理論を拒否した後で、直接統治に賛意を表明したのである。さらには、そんなわけで、常に前進する扇動家であるルドリュ＝ロランは、自分自身の党派にもかかわらず進歩の生きたシンボルとして留まり、自分の人気が日々高まるのを見ているのだ。民衆というものは、自分を追い抜いていく斥候にはついていかない。そして彼らは、自分に道を開けてくれる指導者を、決して見捨てはしないのである。(155)

155――ルドリュ＝ロランは、直接統治システムに賛同していた。一八五一年には彼は、『民衆による直接統治』というタイトルで一冊の本を刊行した。

要するに、最も苛立たしい扇動を前にした民衆の冷静さによって見事に表現された、政府中心主義的な事態へのこの侮蔑、この政治的な無関心主義はまさに、革命の社会経済的性格に関して大衆の間に広まっている深い感情にこそ、帰せられなければならない。革命は順調だ、と民衆は考える。では、戦う危険を冒すことが、何の役に立つのか。敵は、諸思想の見えない闘いに取り囲まれて、遅かれ早かれ降伏せざるをえないだろう。われわれは、戦わずして勝利するだろう。

かくして、最も情緒的で、最も俗受けのする政治的中道主義であるジャコバン主義は、経済的中道主義を実現するには無力である。それは、自らもその最も著名な議員たちの口を借りて、自分の無力さを明らかにしている。

かくして、普通選挙がその最大限の形で、議員に対しても役人に対しても、命令的委任を伴って、直接に、不正行為なく行なわれるとしても、それはやはり安定した政体をもたらし、社会の調和を確立することはできないだろう。普通選挙が真に有機的な力となるためには、それが立法者や行政官の選挙に適用されるのではなく、また、ありえぬものとなった政府中心主義的な秩序に加担、同化するのでもなく、ひたすら産業上の取引と保証――それらが実施されるには、王族も立法者もいらない――に共通する表現の役に立たなければならない。

かくして、結論としては、この平均的財産の問題は、文明の現在の状態においては同時代の問題として考えなければならず、フランスのみならず人類の未来を含むものだが、これは、いかなる種類の権威的政体によっても、解きえないものである。これを解決するためには、時代遅れの思想の圏域から抜け出て、新たな学《シアンス》の助けを借りることで、宗教的ドグマを、立憲的な術策を、資本による暴利的行為を、交易の偶然的な因習を、克服しなければならない。社会経済を完全に創出し、市民的および教会的権威も、所有の先取りも、ともに否定しなければならない。

モラリストや政治家の駄弁によって五〇年にわたって乱用され、今出し抜けに襲われた知性にとっては、おそらくこの犠牲は耐えがたく思われるに違いない。公衆の良心が初めて攻撃しようとする時には、それは〈進歩〉、〈自由〉、〈理性〉、〈社会的権利〉、〈神的存在〉の名のもとに、ぶつぶつと不平を言う。所有は、警察の否定に文句を言う。ある不敬な声が、あえて民主主義の創始者たちを告訴し、その聖者たちのパンテオンを侵犯しようとすれば、民主主義は自ずから憤慨する。

だが、今しばらく待ちたまえ。この辛い驚きの気持ちは、そう長くは続かない。この全体にわたる否定が、従来の状況の最終段階であることが了解されたならば、また、旧来の社会には、民衆にとって安全も安楽もなく、何としても伝統を廃棄しなければならず、さもなければ安定を断念するかであることが納得されるならば、たちどころにそうした妄想は鎮まることとだろう。

しかも、この転換は全く単独で行なわれる。[156]徐々に非ジャコバン化したプロレタリアは、もはや社会問題においては直接選挙についてだけではなく、直接行動の分け前をも要求する。ところで、この要求を満たす方法は、政府と政治的基本法のあの古ぼけた仮説によるのだろうか。ブルジョワジーは、反動の論理によって革命か絶対主義かの選択を迫られ、激しい恐怖とともにイエズス会派から顔をそむけるが、ためらうことなく、自らを自由であり革命的であると公言する。もう少し時が経てば、ブルジョワジーはわれわれとともにヘーゲルの、レッシングの、アナカルシス・クロッツ（一七五五―一七九四、プロシア生まれの革命家。「百科全書」にも協力）の、ディドロの、モリエールの、スピノザの宗教を、高位聖職者も皇帝も非生産者も認めぬ宗教を、人類の宗教を、肯定することだろう。

156 ——二〇世紀初頭にサンディカリストたちが再び用いるこの表現に、プルードンのペンのもとで出会うのは特異なことである——彼らがこの表現を負っているのはプルードンからではなく、ポール・デジャルダン、シャルル・モーラスといった一八九二年の「直接行動主義者《アクティヴィスト》」からなのである。ポール・デジャルダンは、モーラスに「アクシオン・フランセーズ」という名称を与えたヴォージョワと共同で「アクシオン・モラル」を設立したが、そこからサンディカリストたちは「直接行動」Action directe という表現を引き出したのだった。それとは知らずに、彼らは自分たちの師に出会っていたのである。

リシュリューは死んでいた。瀕死の状態の封建体制は、自分が復活するものと信じていた——彼らの前には、かのマザランしかいなかったのである。古き原理にとっては——もしそれにまだ力があるのならば、何という好機であろうか。幼い君主制に反対して人々は語り合い、興奮し、団結する——高等法院は押し流され、ブルジョワジーは惑わされ、民衆は狂熱的だ。人々はバリケードに駆けつけ、フォブール・サンタントワーヌ、シャラントンで戦いあう。宮廷は逃亡を余儀なくされ、主な反動派は、王権に自分たちの条件を押しつける。

その時まさに、嫉妬と分裂が明瞭に現われる。扇動者たちはもはや、自分たちが何を望んでいるかわからず、目的を欠いた彼らは無力化する——フロンド党は、勝利してからは奇妙なものに映る。そのうちの最も思慮深い者たちでさえ、宮廷と妥協することを急ぎ、過去の幻影は脱退によって消え去る。ルイ一四世は強大になり、マザランは安らかに死に、絶対王制が確立された。

われわれは、これと似たような状況にいるのだ。

リシュリューが封建体制に打撃を与えたのと同じように、革命は一八四八年に権威を襲った。

権威とは、教会であり、国家であり、資本である。

あいにくなことに、革命は行動するにはあまりにも若く、後見人としてマザランたちの助言が与えられた。既に死の床に伏していた権威は、ただちに頭をもたげたのだ！　それは再び語り、君臨し、そして四年前からわれわれは、再びまさにフロンド的な状態に陥った。これは、老いさらばえた思想が回復するためには——もしそこに、わずかでも活力が残っているのならば——何という好機だろうか。しかしながら、老いた諸党派には自分のことがわかるまい。解決は彼らから逃げ去り、彼らには力がない。明日になれば彼らが任務を果たすのが見られるだろう。ジャコバン主義は回心する。独裁政治は揺らぎ、王位を要求する者たちは民衆的になろうと努め、教会は、生死の境をさまよう老いた罪深い女のように、和解（赦免）を求める、〈大いなる牧羊神《パン》は死んだのだ！〉、神々は消え去っている。王たちは立ち去る。特権は消滅し、誰もが労働者に数えられるのだ。安楽さと優雅さへの嗜好が大衆をサン・キュロット主義から引き離す一方で、特権階級の人々は自分たちが少数であることを危惧して、プチ・ブルジョワジーの集団にその救いを求める。フランスは、その紛れもない特性をますます非難することで人々を動揺させるが、革命は中産階級の中で勝利を収め、肉化されているように思われる。

P・J・プルードン

一八五一年一〇月、サント・ペラジーにて

# 資料

『一革命家の告白』という書物の後に、この書物の執筆に先立つ五カ月の間にプルードンによって発表された諸論考の中から最も重要なものを再録することが有益と信ずる。
これらの論考に加えて、一八四七年にマルクスからプルードンに宛てた手紙の本文とプルードンの返事を収録した。この返書の本文はプルードンの『書簡集』にあるものだが、マルクスの手紙は最近になってやっと見つかったものである。

（訳注――一九二九年のリヴィエール版『全集』編者による注記）

I

# 革命が文学に負っているもの(157)

157――『ルプレゾンタン・デュ・プープル』紙五七号――一八四八年五月二八日付。

ほぼ二カ月前、今では難局にさらされている革命が理想の真っ只中にあった時、文学者協会の一団は当時市長の任にあったビュシェ氏(158)に市庁舎で会い、彼に次のような話をした――文学者協会は、共和国が知識人を組織することを望むものである、と。

158――ビュシェ(一七九六―一八六五)は当初サン・シモン主義者だったが、次いでネオ・カトリシズムに属し、八つ折り本四〇巻の『フランス革命の議会史』(一八三三―三八)の刊行を開始したが、この序文と方向性は当時きわめて重要であった。カトリックにして民主主義者であるビュシェは、一八四八年二月には臨時政府の一員だった。憲法制定議会によって、彼は議長に選ばれた。

もちろんです――と、ビュシェ氏は答えた――知識人は組織されるでしょう。

この驚くべき要請をあえて行なった尊敬すべき作家たちは、大文学に属すものではない。私の言う大文学とは、いわゆる大資本家と同様に、年に一〇フランから一〇〇フランの報酬で公衆の生活習慣と理性を乱す、そういう特権的作家の類のことである。(これに反して)わが尊敬すべき作家たちは、財産にも名声にも恵まれない実直な労働者だが、自分たちが読みかつ書くことによって、社会主義共和国では何かの役に立つことができると漠然と理解していた。確かに彼らは悪賢い人間ではなく、誠実な文学者であった。

今日、アレクサンドル・デュマおよびヴィクトル・ユゴーの両氏は、お文学者的な領分の価値に関してどうすべきか誰よりもよくわかっており、文学の組織化についてはいささかの期待も持っていないのであって、王室費の掃き溜めに集められた誹謗中傷を利用して、あらゆる種類の組織化に反対しようとするのである。空疎なる雄弁で高名なこの両氏にとって、社会主義者たちをシャラントン送りにすることなどは、何事でもない。祖国、家族、所有に関しては、この家長の模範、穏健さの鑑である彼らは、市民たちによる弾丸に注意を促してから、われわれを後世の憎悪に捧げるのだ。

革命と文学に共通するものは何か。俗に文学者と呼ばれるこの種の寄食者は、革命のために何をしたのか。将来、社会に対してどんな価値がありうるのか。自問するいい機会ではないのか。

まずもって、われわれの時代において文学とは何か。文学がいまだに享受している流行は、われわれの伝統的習慣と記憶への愛着から借りたものであるのは明らかではないか！　文学は失墜したのだ。それはもはや、詩的魂がかつて抱いたような恐るべき亡霊ではなく、随分前から無効になっている護符であり、現実的な知性を持っている人間からはおよそ馬鹿にされているもので、ただ、自分たちが何ものにも適していないという考えから、その才能の優越性を信じ込ませようとする幾人かのイカサマ師が食い物にしているだけである。

無知と無教養という罰を前提にすれば、誰もが書くことができ、誰もが文学者である。したがってもっと子細に見れば、文学的名士たちを称賛するのは、無教養者か馬鹿者しかいないのがわかる。本人たちは、もったいぶらないよう用心していたが。尊敬しあう文学者というものを、私に見せてほしいものだ。こう尋ねてみるがいい――何よりも実証的な歴史家であるギゾー、ティエール両氏には、ミシュレ、ラマルティーヌ両氏の歴史についてどう思うのかを。V・クーザンには、ラムネーをどう考えるのかを。ポンサール（フランソワ・―、一八一四―六七、劇作家。反ロマン主義の指導的存在であった）には、ユゴーのことを。サント・ブーヴには、J・ジャナン（一八〇四―七四、ジャーナリスト・作家。『ジュルナル・デ・デバ』紙に親ロマン派的な演劇評を書いた）をどう見るのかを。スクリーブ

（ウジェーヌ・―、一七九一―一八六一、劇作家。ブルジョワジーに好評を拍したオペラ、オペラ・コミックを数多く書いた）には、A・デュマに対する見解を……。

こうした諸氏の同業者としての利害が絡まなければ、その機会がたまたまあっても、賛辞を交わさないのである。しかし、こうした道化芝居に、もはや騙される時ではないだろう。文学者という手合いの職業は、徒弟修業などいらぬと称する者たちのものではあるまい。それに、誰しもそれを試みてみた者にしてみれば、修練における知的成長は、空疎なたわ言とは正反対のものではないのか。労働者諸君はまさにこのことを心得るべきだが、蒸気機関を作るためには、『バルサモ』[159]の一〇〇章分を書くことなどよりも、はるかに多くの知力を要するのである。また、ローヌ川のさるパトロンなどは、読書を知らぬが、水路を作るに当たっては、『東方詩集』などにおけるよりも、ずっと多くの精神力を費やしているのである。

159――『バルサモ』はデュマ・ペールの小説。

文学は、言葉や時代を飾り立てる技術でしかない。それは、独力では観念も力も持ってはいない。それは、それだけではどんなものも作ることができぬ道具である。雄弁術に対してと同様、文学についても、私は一種の取り柄しか認めない。つまりそれは、ある会合の中に厚顔無恥を生み出すということだ。したがって、驚くべきことだが、書く技術の虚しさがきちんとわかっていた文学者はすべて、歴史と年代記のほうへ、哲学へ、政治経済学へと押し出されるのだ。昔と同様に今日でも、誠実な人間で文学者という職業に敬意を払う者はいない。

最近では、勤勉な労働者はすばらしい効果を上げたと思ったのだが、それは、労働者には生産と同じく文学も可能であることを明らかにしたことである。民衆は誇らしげにポンシイ、ルブル、サヴィニャン・ラプワント[160]やその他多くの人々の作品を引き合いに出すが、彼らの詩的な〝息抜き《クレアシオン》〟は、私の考えでは、大家たちの傑作に匹敵するものだ。もし、こうしたプロレタリアのミューズたちに、文学が取るに足らぬことを明らかにする以外の意図がなかったとすれば、私は心からその努力に拍手をおくる。しかし、文学的能力が知性の極致だなどと言うのならば、この恥ずべき堕落に私は抗議するものだ。自らの手で働く者は、同時に考え、語り、書く。もし、精神の共和国に最高の知性のために予約された席があるとすれば、ペンの人間は行動の人間に席を譲らねばならない。

160――ポンシイ（一八二一年トゥーロン生まれ）は煉瓦職人で、多くの詩集、とりわけ『海』を書き、ベランジェとジョルジュ・サンドに注目された。ルブル（一七九六年ニーム生まれ）はパン屋で、カトリック的・ラマルティーヌ的霊感による詩篇を作ったが、その最も知られているのは『天使と子供』である。サヴィニャン・ラプワント（一八一二年サンス生まれ）は靴屋で、パリで生涯の大半を過ごした。ルソーとベランジェの信奉者であり、詩人にして新聞記者であった彼は最終的には帝政に加担した。

私としては、表現されねばならない思想を別にすれば、使用価値にせよ交換価値にせよ、文体の芸術家としての価値を、私に認めてほしいものだ。いったい、作家とは――私の言うのは一流の作家のことだが――何なのか。つまり、政治において、現実的で直接的なものを何ら表現できぬ作家とは何か。政治経済において、計算も理解もできず、事実の代わりにあちこちに華々しい類推を置く作家とは何か。歴史において、感情を掻き立てることにしか成功せず、その感情ゆえに諸君をうんざりさせ、麻痺させる、作家とは何か。哲学において、現実の法ではなく、観察と分析から演繹された、聞こえのいい空疎な文句しか生み出さぬ作家とは何か。そして、芸術に関しては、幻想そのものが常に観念に帰着しなければならないことを何ら理解できずに、幻想の言うがままにしか考えぬ作家とは何か。

結論の苛酷な有り様から免れるために、人は販路の見出せない真摯な文学と、その出版社を富ませることができるだけの俗悪文学とを区別する。前者には国家の特別手当が要求され、後者はジャーナリズムの経営者に委ねられる。

この区別は、文学の否定そのものであることが理解されていない。実際、真摯な文学とは何か――それは哲学、道徳、自然科学、政治学、社会経済学、法律学、考古学、文法学である。要するに、人間理性が検討し発見するすべて、とは言っても文学を除いたすべてである。かつて、理性がその知識を経験に求めるのではなく、自分自身から引き出すことで、偏見と誤謬によって増殖し、形式が本質を支配していた時には、文学は至高のものであった。しかし今日、世界は変わった。理性は妄想を屈服させ、本質はあらゆる面で形式に勝り、文学は娼婦として遇される。科学の厳しさは、かつてはギリシア・ラテン民族に深く愛されたが、もはやわが国の学生たちをヘトヘトにさせた言語のこうした装いを、言葉づかいの手練手管を、弁論術の見事さを許容しないのである。

そしてそれゆえにこそ、文学は、高度の科学から排除され、その最もすばらしい領土から失墜し、些末で卑俗な物事に降りていかざるをえなかったのである。それゆえに文学は、家事のくさぐさに、料理、閨房、牢獄、乱痴気騒ぎ、徒刑場、売春宿に新たな可能性を求めるのだ。ある種の人々が文学の衰弱や堕落として嘆くこととは、その無価値さを証明するものにほかならない。

こうして、文学が科学に加えようとしたものとは、科学が無視しているものである。文学がその新たな偏愛の対象を高めるために行なうことは、文学を堕落させることに終わる。ロマン主義的、神秘主義的、詭弁的な歴史は、歴史的、催眠術的、慈善的小説と同様に、軽蔑されている。歴史は、へボ詩人や劇作家によって書かれるがゆえに、もはや何ら理解されない。社会は、新聞記者や小説家がそれを描こうとしたので、もはや何ら理解されない。

一世紀半前から、文学は記述的なあり方から情動的なあり方へと揺れ動きながら、さらに一段と駄弁にはまり込んでいる。それは、論理家にも学者にもあえてなろうとはしない。何か大したものなのだろうが、もはや無理だろう。それゆえ、文学が現実的にも潜在的にも下落するにつれて、女たちが文学的に突出するのが見られる。この柔弱なる文学は、その哀れな存在を延命させるため、逆説やスキャンダルに助けを求める。それは恐ろしいもの、汚れたもの、偽りのものの中を転げ回る。それは、カトリック同盟の、（ルイ＝フィリップの）摂政時代の、ルイ一五世の、九三年の、一八四〇年の、不吉であったり無残であったりする謎を、さらに深くする。それは、言葉を変形することでまがい物の結果を求め、諸思想を転倒させ、諺を逆の意味に使い、さまざまな特性をごちゃまぜにし、反対物を結合させ、冒瀆を福音に、フェヌロン（一六五一―一七一五、『テレマックの冒険』などで知られる作家）をヴォルテールに、ガッサンディ（一五九二―一六五五、哲学者・数学者・物理学者。反デカルト的）をデカルトに、肉体を精神に結びつける。善意の文学者たちは、頽廃を、瀆聖を、悪弊を糾弾する。彼らは、パルナッソス山（音楽の神アポロンと、詩の女神ミューズが住んだとされる）の古き宗教のために、改革者に対し抗議する。何と哀れなる文学者たちか！　そうした自称改革者たちが彼ら以上に保守的性向の持ち主なのが、彼らにはわからないのだ。というのも、彼らは文学を保守するためにこそ、人類が示すさらに嫌悪すべきあらゆるものを、文学の表現の道具にするからである。

社会があまり観念を持たず、観念の総量が語の総量と言わば等しかった場合には、文学は、社会のほとんど立法に関わると言ってよい表出であった。今や観念の総量は語の数をも、観念によってもたらされうる書記的ないし統辞的組み合わせの数をも上回っており、この時、文学は社会の恥部を表現し、その破廉恥さを露わにする以外には、もはや役に立たないのである。

二月革命を例に取ってみよう。

文学は、この革命を準備したのか。

文学は、この革命の目的、傾向、法を表現するのだろうか。

文学は、革命を正当化しようとし、敵に対してその恨みを晴らすのだろうか。

いったいいつ、ヴィクトル・ユゴー氏は労働権を擁護したのか。

いったいいつ、アレクサンドル・デュマ氏は、その思想、その共和主義的態度で名を上げたというのか。

革命家たちを誹謗中傷する以外に、彼らは二人とも革命のために何をしたのか。――彼ら、この韻を並べる者たち、長々としゃべくる者たちは、今日われわれをどうしようというのか。

この二〇年来、社会科学は、彼らとは別の者たちによって研究されてきた。

革命は、彼らの意に反して行なわれた。

労働権は、今や彼らに抗して要求されている。

家庭は、彼らから被った堕落をいまだすすいでいない。

それなのに、彼らは祖国を、家庭を、労働を、所有をわれわれに語ろうというのだ！……

この果てしもない卑劣さにおいて、現代文学を見分けようではないか！　腐敗を打ち砕くあまりに、現代文学は、ついには文学者たちを腐敗させるにいたった。この文学的カーストにおける以上に金銭ずくの良心、無関心な精神、腐敗した魂がどこかにあるか、私に教えてはくれないか。揺るぎない美徳を保ったままの諸君は、こうした者たちについてどれだけわかっているだろうか。この三〇年間、風習のゆるみを、労働への軽蔑を、義務への嫌悪を、家庭への侮辱を、われわれになみなみと注ぎ込んだのは、文学者の手合いでないとすれば、いったい誰だというのか。秘密資金の金庫から、とめどない厚顔無恥さで金を取り出したのは誰なのか。とめどなく女たちを誘惑し、青少年を飼いならし、国民をあらゆる種類の放蕩に駆り立てたのは誰なのか。最も恥知らずな転向の有様を呈したのは誰なのか。王族たちの寵愛を乞い願った後で、卑劣にも彼らを野放しにしたのは誰なのか。現在、息せき切って反革命に加担しているのは誰なのか。文学者どもなのだ、いつも相変わらず文学者どもなのだ！

宗教の聖性、歴史の厳粛さ、道徳の厳格さが、彼らにとって何であろうか。彼らは迷子の少女のように、合法性から侵犯へ、君主制から共和制へ、政策から社会主義へ、無神論から宗教へ移り行く。彼らがそれらを流行と金銭から引き上げさえすれば、すべてはうまく行くのだ。何という栄誉への渇きか！　何という快楽への欲望か！　そして何という偽善か！　パリジャンよ、彼らを諸君の代表にするがいい。民衆の追従者、ブルジョワジーの追従者、王の追従者、あらゆる権力のおべっか使い。彼らは食事を振る舞ってくれる主人にはいつも敬意を表する用意があり、彼らが諸君に祖国の、労働の、家族の、所有の名のもとに要求するもの、それは金であり、贅沢であり、快楽であり、名誉であり、諸君の妻たちなのである。

# 七月一五日(161)

161――『ルプレゾンタン・デュ・プープル』紙九六号――一八四八年七月八日付。

支払いだ！　支払い日が来た！――どうやって家賃を払おうというのか……。

この五カ月というもの、われわれは何もしていない――何も受け取っていないし、何も届けていないし、何も売っていない！　工場は破産だ！　商売は破産だ！　銀行は破産だ！　仕事は終わりだ！……

仕事もない、金もない、手立てもない！　期限は満了で、もうギリギリだ。銀の食器一式も、女たちの宝石も、夫の懐中時計も、最高の布類も、何もかも質屋にある！　それでも、どうやって家賃を払えるというのか。どうやって生活すればいいのか！……

苛酷な秩序の張本人たち、サン・メリやトランスノナン(162)の嫌悪された伝統を復活させた大物政治家たち、国民議会の尊厳のためには、平和的和解ではなく、一万人の市民の虐殺のほうがよいとした人々、不実なる共和国に帰着した自称誠実なるあれらの共和主義者たち――こうした連中は、今こそ、絶望したブルジョワジーの嘆きに応えるべきである。それが彼らにできるとしての話だが！

162――サン・メリおよびトランスノナンは（一八三二年六月、一八三四年四月の）蜂起のエピソードで名高い。

それゆえ、迷える国民軍諸君よ、諸君のいわゆる労働の、貸し付けの、パンの管理者たちのところへ物乞いに行くがいい！　彼らが諸君に、諸君のために、その妻や子供たちのために提供しようとしているもの。それは血と死体なのだ！……

それに、彼らには何が問題なのか。二週間後には、彼らは大臣になるのではないか……。

もはや問題は、プロレタリアを救うことではない。プロレタリアはもはや存在しない。それはゴミ捨て場に投げ込まれたのだ。ブルジョワジーを救済しなければならぬ――飢えたプチ・ブルジョワジーを、破産した平均的ブルジョワジーを、すさまじいエゴイズムの上層ブルジョワジーを。今日、ブルジョワジーにとっての問題は、プロレタリアにとっての六月二三日（六月蜂起が勃発した日）と同じものである。

われわれは自らの原則に背くことはない。状況の勢いの然らしめるところ、古代の神々の中で最も偉大な、厳正なるネメシスは、これらの原則から民衆の救済のために、ある絶対的な秩序を作った。

国家は革命に驚いて、その真の性格をただちに見分けることができないという誤りを犯したが、流動負債の支払いや、国庫債券および貯蓄銀行の通帳の償還ができない事態に陥った時、国家はどうしたのか。長期公債化に助けを求めたのである。国家は、自分がもう支払えない債券、返済できない預金を、国債に変えたのだ。国民議会は、この手続きに関わる二つの政令を、現在まさに討議している。言い換えれば、返済不能の債務者である国家は、負債の一部の減免と超過分に対する貸し付けを求めるのである。誰も、それを悪いとは認めなかった。「必要が法律を作る」というわけであった。

フランス銀行が、その手形のあらゆる償還要求を満たすことができない事態に陥り、破産という大きく口を開けた奈落の上にいることを一瞬のうちに知った時、それでもなおどうしたのか。それは、銀行券を信用紙幣制度にする政令を得たのであって、換言すれば、市民に信用貸しするのではなく、市民にそれを要求したのである。銀行を救済したこの政令については、誰も文句を言わなかった。つまりは、国家の安泰のために、「必要が法律を作る」わけなのであった。

自らの契約を果たすことができない状態にあるのは、今や国家だけでもなく、フランス銀行だけでもない。それは、フランス全体における大量の借家人たちすべてなのである。

それゆえ、借家人たちが大家から次の条件を獲得するのは不当なことであろうか！——すなわち、一、支払い日の延長。二、家賃の値上げの減免を。

あえて言おう——それは毫も不当でないどころか、公共的必要によるものである。

不可抗力的な一事件から生じた商業や工業の停止によって、われわれはすべて、借家人も家主も異例の状態に置かれたのだが、しかしこれは、およそ法律学の概論から予測され、明らかにされていたことであった。

われわれは何も生産していないし、何の負債もない。

セーヌ県の四〇万人の居住借家人に対して家主は二万人に達せず、一対二〇である。

国家がその負債を削減し、支払いを保留する場合、フランス銀行がその返済を中止する場合、商人、製造業者、企業家が、その製品をもはや売りに出さず、その仕事にもはや雇用がない場合、家主たちはそうした場合にも、いつもと同じように家賃の支払いを要求するにいたるのだろうか。革命と革命の諸結果が、万人にひとしなみに影響を及ぼさなくてもよいというのだろうか。景気の全般的停滞に価格の総体的下落が加わるならば、借家人が支払い期限の延長のみならず、家賃の値引きにも権利があるのは明白ではないか……。

これは共産主義によるものか。それとも単なる公正さによるものなのか。

そして、家主のほうでは自分たちが破産させられると文句を言うのならば、われわれにはこう答える権利があるのではあるまいか――家主を破産させるのはわれわれ借家人ではなく、不可抗力的な事態の然らしめるところなのだと。……ところで、借家人に関して言えることは、同じ理由で農民にも言える。農民ももはや農産物を売らないか、さもなければきわめて低価格で売る。小麦はヘクトリットル当たり一〇フランであり、ワインはリットル当たり三サンチームである。小麦とワインの生産費は、販売価格ではカバーされていない。となると、農民はどうやって地主に支払いをし、税金を払うことができようか。それは彼の罪なのだろうか。もし革命が、あらゆる商取引を妨害しにやってきたのだとすれば……。

要するに、仮にもし不動産の持ち主が、借家人や農民のためには当然のこととして、第一に支払いの延期を拒否できず、次に賃貸の削減も拒否できないとすれば、また、もし国家が流動負債を長期公債化し、フランス銀行券を信用貨幣にし、低当債権に課税し、大きな相続に対する譲渡所得税額を引き上げるといったことで、この全体的な削減――もっと正確に言えば、信用の相互性の口火を第一に切ったとすれば、今まできちんと支払いを受けてきた国家による年金生活者のみが、なにゆえに優遇されたままでよいのだろうか。それゆえ、納税者、借家人、農民、そして家主の名において、今度は彼ら年金生活者に対して、その年金の一部を信用貸しするよう求めるのは、彼らに損害を与えることなのだろうか。

さて、もしあらゆる市民が相互に何かを――家主が家賃の一部を、農場主がその小作地の一部を、抵当権者がその利益の一部を、年金生活者が年金の一部を――信用貸しし合うのならば、この相互性は一種の信用組織に相当するのは明らかではないだろうか。そして、もしこの方向に思い切って踏み出すのならば、労働と取引をただちに再開することが可能ではないか……。

この間の不吉な日々に、秩序のために身を捧げた国民軍の諸君が、どうかこのことを熟考されんことを――先の何行かで諸君に提示しているのは、まさに諸君を救うことである。

それゆえわれわれは、すべての借家人と農民が理解し合うよう勧め、また、彼らが国民議会に対し、明確な理由のある請願書を、「嘆願」ではなく「命令」である請願書を、提出するよう勧めるものである。

この請願書は、国民議会としては、これを批准するほかには何もなすべきことがないように、政令の形式で作成され、要点を言えば以下のごとくである。

〈切迫した緊急性と危難に鑑み、民衆の救済が至高の法であること。

地代とは根拠のない特権であり、これを廃止するのは社会の役目であること。

高利率と資本による収入を規制するのは国家の権利に属すものであること。

抵当ないし担保に基づく国家の、農業経営者の、借家人の、借り主の利益は同一で関連したものであること。

状況の危難から逃れること。労働を活気づけること。家庭と所有を救うこと。これらの唯一の方法は、相互的信用貸しの広範な実行にあること。以上により、国民議会は以下のことを布告する――

第一項――一八四八年七月一五日より一八五一年七月一五日に至るまでの間においては、すべての家主により、その家賃額に応じ、支払われるべき金額の三分の一――すなわち、借家人に対し六分の一、国家に対し六分の一が減免されるべきこと。
第二項――同時期以降は、そして同期間においては、すべての地主により、その小作料の三分の一――すなわち、農民に対し六分の一、国家に六分の一が減免されるべきこと。
第三項――一八四八年七月一五日以降一八五一年七月一五日に至るまでの間においては、すべての抵当権者により、彼らに属する利益の三分の一――すなわち、債務者に対し六分の一、国家に対し六分の一が減免されるべきこと。
第四項――農民、借家人、債務者は、家賃および小作料の額に応じて、政令が彼らに認める削減を享受するが、減免表を作成する任に当たるべき小郡の収税吏および会計係に対しては、その賃貸借契約を知らせるべきこと。三分の一の控除は、農民、借家人、債務者により、その義務と契約の各満期に基づいて行なわれるべきこと。および、国家に帰する六分の一は彼らにより、税務署に払い込まれるべきこと。
第五項――前記の控除とは別に、満期の、ないしは一八四八年七月一五日より一〇月一五日までに満期となる支払いは、三カ月延長されること。および、一八四九年一月一五日より開始される次の期限については、四分の一に分かたれるべきこと。
第六項――家賃および小作契約は、以上に明記された控除に従うべき抵当義務同様、一八五一年七月一五日までは延長されること。
第七項――年金生活者に対しては、一八四八年七月一五日より一八五一年七月一五日までに満期となる三カ月ごとに応じて、年金の三分の一が差し引かれるべきこと。
第八項――四五サンチームの不動産税、および抵当債権税は廃止されること。酒税はその大部分が削減され、単一の形態に帰着されるべきこと。
第九項――国家は、一八四八年七月一五日より一八五一年七月一五日までに至る三カ年の間に、小作料、家賃、抵当債権に応じて行なわれる控除の結果、自らに支払われるべき総額、数十億フランに達すべき総額によって、

新たな基盤に基づき、公的信用貸し、保険、流通、運輸、鉱山を再組織する責を負うべきこと〉
国民軍諸君よ。財産を守ること、商売を盛り立てること、家庭の安楽を保証すること、労働者を解放することほど諸君にとって容易なことは何もない。もはや、所得税を一時的に確立し、それに農民、借家人、債務者の利害を関わらせることは問題ではない。国民軍諸君よ。試しに、この要請書を国民議会に持っていきたまえ。そうすれば、諸君の友と敵が誰であるか、ただちにわかるだろう。

## マルサス主義者たち(163)

163――『ルプレザンタン・デュ・プープル』紙九八号（原文のまま）――一八四八年八月一一日付。

経済学者であり、イギリス人であるマルサス博士は、次のような独自の言葉を書いている。

「既に満杯の世界に生まれた人間は、家族には彼を養う手立てがないか、または、社会には彼の労働が必要ないとすれば、それどころかこの人間には、何がしかの生活の糧を要求する最低限の権利さえない。実際、彼は地上の余計者なのだ。自然という大きな饗宴の席には、彼のためのテーブルセットは全くない。自然は彼に立ち去るよう命じ、その命令をすぐさま実行に移すだろう」

この大原則に基づいて、マルサスは最も恐ろしい脅威のもとに、生きるのに職も収入もない者はすべて立ち去るべきであり、とりわけ子供を作るべきではないと勧告する。マルサスの名において、家族すなわち愛はパンと同じく、こういう人間には禁じられているのである。

マルサス博士は生前は、聖なる福音の、穏やかな風習の僕《しもべ》であり、フランス人と同じく神を信じる博愛家、よき夫、よき父親、善良なブルジョワであった。彼の死は――その魂の安からんことを！――一八三四年である。疑いようもなく、最初に政治経済学を馬鹿げたものにし、革命的な大問題、労働と資本に関わる問題を生じさせたのは、彼であると言うことができる。

わが国にあっては、当代の無信仰にもかかわらず摂理への信仰はまだ生きており、人々は諺ふうにこう言っているのだが、われわれがイギリス人と違うのはこういうところである。「誰もが生きなければならない！」――わが国民はこのように言いながらも、故マルサスと同じようによきキリスト教徒であり、良俗と家庭を守ることを信じているのである。

ところで、フランス国民がこう言っていることは、経済学者が否定し、法律家も文学者も否定している。自らをキリスト教徒、さらにはガリア主義者であることを主張する教会も、これを否定する。新聞も、大ブルジョワも、大ブルジョワを代理しようとする政府も、これを否定している。

新聞、政府、教会、文学、経済学者、大所有者、フランスにおけるこれらすべてはイギリス人になったのであり、みなマルサス主義者である。まさしく神とその聖なる摂理の名のもとに、道徳の名のもとに、家族の侵すべからざる利益の名のもとに、この国にはすべての子供たちを受け入れる余地はないことが主張され、女たちはあまり子供を作らぬよう、それとなく諭されるのである。フランスにおいては、国民の願いにもかかわらず、国民的信条にもかかわらず、飲食も、労働も、家庭も、祖国も、特権的なものと見なされているのだ。

アントニー・トゥーレ氏(164)がいつか言っていたことだが、所有は、それがなければ祖国も、家庭も、労働も、徳性もないものだが、それは特権でなくなる時にこそ真正なものとなろう。これは、一部の国民を言わば法の外、人類の外に移すようなあらゆる特権を廃絶するためには、何よりもまず、根本的な特権を廃し、所有の構造を変えなければならぬことを、明瞭に示すものであった。

164――アントニー・トゥーレ（一八〇七―七一）は戦闘的共和主義者であり、『一八三〇年革命』と題する新聞を創設、これによって何度も告発、投獄された。投獄中、数多くの小説を書き、出獄後は『レフォルム』紙の編集に関わる。一八四八年、ノール県の警察署長となるが、数多くの刑を軽減し、そのためにルドリュ＝ロランに解任された。ノール県の選挙民によって憲法制定議会、次いで立法議会に送り出され、常に決然たる共和主義を示した。帝政によって追放され、二〇年の隠棲によって生涯を閉じた。

A・トゥーレ氏はわれわれ同様、人民として自己の考えを明らかにしていたのである。しかし、国家、新聞、政治経済学は、彼のことをそのようには理解しなかった。それらは一致して、トゥーレ氏の言によればそれがなければ労働も家族も共和国もない所有は、相変わらずかつてのままに、一つの特権のままにあることを望むのである。

今日およびこの二〇年来行なわれ、語られ、印刷されていることはすべて、マルサス理論に即して行なわれ、語られ、印刷されているのである。

マルサス理論とは、政治的殺人の理論、博愛による、神への愛による殺人の理論である。――世界には、人間が多すぎる。これが、現時点で国民の名のもとに支配し、統治するすべての人間の信念の第一項である。それゆえにこそ、彼らはできるだけ人口を減らそうと努める。この義務を十全に履行する者、憐れみ、勇気、友愛をもってマルサス主義を実行する者が良き市民であり、信心深い人間であり、それに抗議する者は無政府主義者《アナルシスト》、社会主義者、無神論者というわけだ。

二月革命の贖いえぬ犯罪とは、この抗議の産物であったということである。それゆえ、すべての人々を生かしめることを約したこの革命が存続すべきことが示されよう。――共和国の拭いがたい、根源的な汚点とは、それが民衆によって反マルサス主義と宣せられたことである。それゆえにこそ共和国は、王族――大カトーの言う「大いなる食人鬼」――の阿諛追従者や共犯者であった人々、または再びそうならんとする人々にとっては、とりわけ耐えがたいものなのだ。諸君の共和国は君主制化されよう。それは、子供たちを食い尽くさせるだろう！

ここにこそ、わが国の苦悩、動揺、矛盾の秘密そのものがある。

経済学者たちはわれわれのうちで最初に、信じがたい乱暴さでもって、マルサス理論を摂理の教義に仕立て上げた。私は彼らを誹謗せず、非難もしない。経済学者たちは、そのことに関しては世界の最良の意志と同様、最良の信念によっている。彼らとしては、人類を幸福にする以上のことは求めまい。だが彼らには、何かしら大量殺人的な組織化をせずに、いかにして人口と食糧の間に均衡がありうるのかわからないのである。
人文・社会科学アカデミーに尋ねてみたまえ。名前は挙げぬが、その最も名誉ある会員の一人は、およそ誠実な人間がなすべきごとく、自らの意見に自負を持ってはいるものの、さる県の知事として、ある時ある声明の中で、県民たちに対して、もうこれ以上妻たちに子供を作らせないよう、強く勧めたのであった。これは司祭やかみさん連中の間で一大スキャンダルとなり、彼らはこのアカデミーの道徳を、豚の道徳呼ばわりしたのである！それでもなおこの学者は、彼の同僚たちと同じく、家族と道徳の熱心な擁護者なのであった。しかしそれでも、彼はマルサスとともに、自然という宴会には万人のための席はないと見ていたのであった。

やはり人文・社会科学アカデミーのメンバーであるティエール氏が最近、財務委員会で語っていたことだが、——もし私が大臣ならば、予算の消費に留まり、秩序を尊敬させ、あらゆる財政的革新やあらゆる社会主義的観念（たとえば、革命的方策としての、とりわけ労働権のようなもの）を警戒することによって、この危機を勇敢に、冷静に突き抜けることだけに限るつもりだ、と。これには委員会全体が拍手した。

お分かりのように、高名な歴史家にして政治家であるティエール氏のこの表明を報告することで、私には彼の意図を非難しようというつもりは少しもない。現在の人々の動向においては、私にはティエール氏の野心（それが彼に残っていればだが）に奉仕することしか可能ではあるまい。ここで注意を喚起したいのは、ティエール氏はこんな風におのれの考えを表現することで、おそらくはわれ知らず、マルサスへの信仰を露わにしていたということである。

どうか、このことをよく理解してもらいたい——もし働く手立てが見つからなければ、貧困や飢えで死にそうな人々は、二〇〇万、四〇〇万人である。これはまさしく大きな不幸であり、われわれは誰よりもこれに苦しんでいるのだが、マルサス主義者は諸君にこう言うのだ——ではどうするというのか。特権を危うくするよりは、四〇〇万人が死ぬほうがましである。仕事がなくなろうと、資本のせいではない。信用貸しという宴会には、万人のための席は用意されていないのだ。

ことが何百万もの労働者を犠牲にする場合、彼らマルサス学派の政治家たちは勇敢であり、毅然たるものである。――汝は貧しい者を殺した、と預言者エリヤはイスラエルの王に言った。それから汝は彼の遺産を奪い取った。〈殺し、手に入れたのだ〉。今日ではこの言い回しを逆転させて、所有し、支配する人々に対して、こう言わねばならない。すなわち、トゥーレ氏が言うように、君たちは労働の特権を、信用貸しの特権を、所有の特権を持っている。それゆえにこそ君たちはそれを手放さないのだし、貧しき者の命を水のように撒き散らすのだ――〈手に入れて、殺したのだ!〉

そうして民衆は銃剣隊の圧力のもとに、ゆっくりと衰弱し、ため息も呟きもなく息絶える――犠牲は沈黙のうちになしとげられる。勇気を出せ、労働者よ! 互いに支えあうのだ。摂理は、ついには宿命に打ち勝つにいたるだろう。元気を出せ! 諸君の父たち、共和国の兵士たちは、ジェノバやマインツの攻囲戦にいる諸君よりも、もっと大変だったのだ。

新聞の保証金、ジャーナリズムに対する課税の維持のために戦っていたレオン・フォーシェ氏も、やはりマルサスと同じように考えていた。彼によれば、まともな新聞、敬意と評価に値する新聞とは、四、五〇万フランの資本で設立されたものである。ペンしか持たないジャーナリストは、その腕しか持たない職人と似たようなものだ。彼が、自分の仕事を買ってもらうか、認めてもらう手立てが見出せないとすれば、それは世論が彼に非があると見ている印である。彼には、国民の前で発言する最低限の権利もない。パブリシティという宴会には、万人のための席は用意されていないのである。

ラコルデール――この教会の燭台、このカトリシズムの選ばれた器の言うことを聞きたまえ。社会主義はアンチ・キリストだと彼は言うだろう。では、どうして社会主義はアンチ・キリストなのか。それは、社会主義がマルサスの敵であり、カトリシズムは最近の変化によってマルサス主義となったからである。

福音書がわれわれに語り、聖職者が声高に叫ぶのだが、貧者は常に存在するだろう――〈汝らのかたわらに、常に貧者あるべし〉。したがって、所有が特権であり、それが貧者を作る限りは、所有は聖なるものである。貧者は、福音的な慈悲の実践に必要である。この世という宴会には、万人のための席はありえないだろう。異教徒は、〝貧しさ〟というものが、聖なる言語においてはあらゆる種類の苦悩や苦痛を意味し、失業やプロレタリアを意味するのではないことに、知らぬふりをする。そして、ユダヤの地の方々を「富者に災いを！」と叫んで回った男は、どうしてそれを別様に理解することができなかったのだろうか。イエス・キリストの思想における「富者に災いを！」とは、マルサス主義者に災いを、ということであった。

仮にキリストが現代に生きているならば、ラコルデールやその一統に対してこう言うことだろう——「あなたがたは、いつの時代でも、アベルからゼカリヤ（旧約聖書の小預言者の一人）に至るまで、正義の人の血を流した者たちの末裔である。あなたがたの法は私の法ではない。あなたがたの神は私の神ではない！……」そしてラコルデール一派は、キリストを反乱者として、無神論者として十字架にかけることだろう。

ジャーナリズムも、ほぼ全体として同じような思想に汚染されている。——たとえば『ナシオナル』紙は、ポペリスム（恒久的貧困）が文明においては不変のものであることを、今までも、そして今も信じていないと言っているではないか。また、一部の人類の隷従は他の人類の栄光に必要であり、反対を唱える者は銃殺に値する危険な夢想家なのだ、と。こうしたことが国家理由なのだろうか。というのは、もしそれが『ナシオナル』紙の隠された考えではなく、当紙が真摯に、断固として労働者の解放を望むのならば、この呪いはどうしてなのか。純粋な社会主義者たちに対するこの怒り、この一〇年および二〇年来労働者の解放を求めている人々に対するこの怒りは、どうしてなのか！

何と彼らは、民衆に知ってもらうために、自らの経済的信条の表明もおやりになられる。このお文学のルンペンたち、今やジャーナリズムの番犬野郎、札つきの中傷者、あらゆる特権の追従者、あらゆる悪徳の賛美者、他の寄食者を食いものにして生きている寄食者——彼らがあんなにも神のことを語るのは、もっぱら自分たちの物質主義を隠蔽するためであり、彼らが家庭のことを語るのは、もっぱら自分たちの不義密通を覆い隠すためであり、マルサス主義者が見つからない場合には、結婚への嫌悪から娼婦を抱くためなのである。

「娘を愛しれ、俺たちが愛してやる」と、この卑劣なる者たちは、ある詩人をもじりながら歌う。だが、男の子を作るのは控えたまえ――快楽という宴会には、万人のための席は用意されていない。

政府がただで賃金を与えている休職中の一〇万人の労働者を有しながら、彼らを有効な仕事につかせるのを拒否した場合や、また、内戦の後で、政府が彼ら労働者に対して強制移住法を要請した場合などには、政府はマルサスの考えで動いていたのである。いわゆる国立作業場《アトリエ》の費用や軍事費、手続き費、監獄費、移送費と同時に、政府は反乱者たちに対し六ヵ月の労働を与え、経済体制を変えることができた。しかし、この労働は独占的であり、政府は、革命的産業が特権による産業と張り合うのを望まなかったのである。国家という作業場には、万人のための場所はないのである。

大産業は、小産業には何もやらせない――これが資本の法であり、これがマルサスである。

卸商は、徐々に小売商を支配する――これがマルサスである。

大所有が最も貧しい区画を侵し、自分のところにそれを寄せ集める――それがマルサスである。

ほどなく民衆の大半が残りの者たちに言うだろう――

土地とその生産物は、私の所有物である。

産業とその生産物は、私の所有物である。

商業と輸送物は、私の所有物である。

国家は、私の所有物である。

蓄えも所有もない者たちよ。何ら公務員でもなく、その仕事がわれわれには役立たぬ者たちよ。立ち去るがいい！　諸君はまさに、地上の余計者である。共和国の太陽のもとには、万人のための場所はないのである。

労働および生活権が革命そのものではないことを私に告げにくるのは、誰だというのか。

マルサスの原理が反革命そのものではないことを私に告げにくるのは、誰だというのか。

そして、私がああしたものを出版したがゆえに、精力的に悪を浮き彫りにし、善意からその治療法を求めたがゆえにこそ、政府の、革命を代表する政府の命令によって、私は発言権を奪われたのであった！

それゆえにこそ私は、民衆を憎み、あるいは愛するすべての人々の誹謗中傷の洪水が、裏切りが、臆病が、偽善が、矛盾が、変節が、無能力が、私の上を通り過ぎるのを黙って見ていたのである！　それゆえにこそ私は、丸一カ月の間、新聞のジャッカルたちと演壇のモリフクロウたちに引き渡されたのだった！　いまだかつて人間は、過去にも現在にも、食人種どもに戦いを挑んだというこのただそれだけのことで、私が受けたほどの憎悪の対象になったことはない。

答えようのない中傷とは、一人の囚人を銃殺することであった。肉食獣的なマルサス主義者たちよ、私は諸君を覚えている！　だから追跡してきたまえ。われわれには、決着をつけなければならないことがまだある。誹謗中傷で足りぬのなら、鉄と鉛を使うがいい。君は私を殺すがいい――何者もその運命を逃れることはできないし、私は諸君の思いのままだ。だが、諸君は私に打ち勝てまい。諸君は民衆に対して、生きている私、ペンを握っている私に対して、この地上には君以外に誰か余計な者がいることを納得させられないだろう。民衆と共和国を前にして、私はそのことを誓うものである！

## Ⅱ

# 『プープル』紙のマニフェスト(165)

165――『プープル』紙、創刊準備号――一八四八年九月二日付。

愛国者諸君、われわれは、諸君の投票によって選ばれたものである。

われわれは、オリーブの枝を手に、心は悲嘆にくれた懇願者として、諸君のもとへやってきた。

諸君がわれわれに委ねた、かくも希望に満ち、かくも純粋なこの革命に関して、四月および六月の選挙に際して、われわれは何をしたのだろうか。

新聞は口を封じられ、労働者は意気阻喪し、バリケードの民衆は誹謗中傷され、国民議会は壊滅し、前日の共和主義者たちは軍法会議に召喚・告発され、国外追放・流刑にされ、嫌疑をかけられた。法による統治にサーベルの統治が取って代わり、権力者にあっては仰々しくて空虚な言葉が嘲笑的で冷酷な言葉に代わる。戒厳令が打ち続き、それは民衆の意志によってしか終わらないだろうが、民衆は牢獄の中だ！　君主制の思想そのものは次の言葉に要約される。すなわち、「労働者への仕事の拒否」（！）であり、貧困、絶望、父親たちの血、母親たちの涙、孤児たちの叫びである。一方で、反動的で陰謀家の資本家が笑い、勝ち誇る……、これが諸君への答えだ！

ああ、おそらく国民議会におけるわれわれは、あるかなきかの少数派でしかない。われわれは何も阻止しえなかったし、何もなしえず、エゴイズムの結託を前にしては、われわれのあらゆる抗議は無力のままだろう。しかしそれでもなお、大いなる責任がわれわれの頭上にのしかかっている。われわれは、共和国と諸君の敬意に値しなかったのかもしれない。もし孤独な団結と規律がわれわれの力であるようなこうした決定的な状況の中で、われわれが諸君に近づこうとしないのならば。――

反革命の成功によって、われわれは再び守勢に追い込まれた。われわれが勝利を組織できるのを待ちつつ、この時点で組織すべきなのは、まさに防御である。まさに戦いの抵当として、諸君の愛国心に最後の努力を、キリスト教徒にして市民の至高の徳による行為を、すなわち忍耐を求めにきたのである！

忍耐とは、人間のすべてである。すなわち、労働の忍耐、研究の忍耐、戦いにおける忍耐、迫害における忍耐。忍耐こそが英雄、天才を作り、暴力に対する権利の勝利を、財産に対する貧しさの勝利をもたらす。それこそが自由な民族、偉大な民族を作るのである。反乱への陰謀、扇動が諸君を取り巻いているが、民衆は神のごとく忍耐強くあらねばならない――なぜなら、神は全能で不滅だからであり、聖書に曰く、〈永遠なるがゆえに忍耐強し〉

それゆえ労働者諸君、わが兄弟よ、われわれに今しばらくの忍耐を。われらの平和と犠牲の言葉を聞き届けたまえ。そうすれば、われわれは代わりに、諸君には正義を、諸君の敵には恥辱と告発を約すものである。

自らの起源と終末を知らぬ政府――しかし、それを元に戻すのを、われわれは諦めてはいない――に抗して、われわれは、ゴドフロワ・カヴェニャックが永遠に卑劣なルイ＝フィリップ政府に抗して一八年前に始めた事業を再開するものである（ゴドフロワ・カヴェニャックはカヴェニャック将軍の兄、一八〇一―一八四五。七月革命に参加後、七月王政には共和派として敵対。一八三四年の騒擾後に投獄され、イギリスに逃れる。四一年に帰国し、人権協会設立に寄与した）。

労働思想の中枢である〈人民〉を確固たるものにすることによって、われわれは、乱脈な諸特権を前にしては労働者の統一性を組織し、反動的企画、退行的思想に対しては革命的思想、進歩的思想を対置するものである。二月革命は七月に欺かれた民衆のあらゆる願望を満たすべきものであったが、それはもはや、一八三〇年革命と同様、八九年および九二年革命と同様、われわれの解放への道程の一段階にすぎない。そしてそれは、最後の段階となろう。

われわれはいかなるセクト、いかなる学派にも属さない。われわれは、何の権威にかけても誓わない。われわれは、民衆に属すものである。ひとり民衆のみが——とプラトンは語った——言葉やさまざまな定式を作り出す役目を持っている。個人的なあらゆる表現、概念は、民衆的思想にとっては牢獄のごときものである。

民衆は、「社会民主共和国」を任命した。

それゆえわれわれは、社会民主共和国に属すものである。

われわれには民衆と同じく、原理としては「自由」が、方法としては「平等」が、目的としては「友愛」がある。

自由、すなわち魂、生命、運動、自発性は、その展開において進歩的であり、その本質および理想において無限であり、絶対的である。

平等は、進歩的で、かつ絶対的である。

友愛は、進歩的であり、かつ絶対的である。

われわれのすべての学は民衆の表出を探り、その発言を促し、その行為を解釈することにある。民衆のことを探求すること、それがわれわれにとっての哲学そのもの、政治学そのものである。

われわれは家族を欲し、またすべての人に対してもそれを望む。それゆえ、民衆に属するわれわれのうちで、いったい誰がかつて家族を攻撃しただろうか。労働の人は、同時にすぐれて愛の人でもあることを、誰が知らぬというのか！……われわれは家族の敵を眼で追ったが、それがほかならぬわれわれの家族であることを見出したのだ。

諸君の願望は、妻を養い、幸せにするものを手に入れることだが、諸君は家族の敵が何であるか知りたいと思うだろうか。では、諸君の隣人たる資本家、年金生活者、給費生、豊かなサラリーマン、寄食者、陰謀家、有閑階級の者のところを照らし出してみたまえ。その内奥の生活に入り込んでみたまえ。その妻、女中、召し使いに尋ねてみたまえ。そうすれば、その貧欲なエゴイズムによって、その自堕落な愛によって、公衆の生活習慣を堕落させ、家族を破壊するものが何であるかがわかるだろう。労働者を放蕩者や密通者にするのは、貧困である。彼には、悪徳への自然な恐れと、美徳への抗しがたい力とがある。富者を近親相姦者や姦通者にするのは、奢侈である。彼にあっては、飽満と怠惰が、自堕落さの御しがたい諸要因である。

われわれは一夫一婦制の結婚を、不可侵で汚れなき、全き自由な愛で結ばれた、下劣な動機から解放された、死あるいは裏切りによってのみ解消されうる結婚を望んでいる。では、この理想的な結婚は、労働者たる諸君のうちにないとすれば、いったいどこに見出されるのか。富者たちは王たちと同様に、結婚における愛というものを知らないのである。

われわれは憲法の保証のもと、万人にとっての権利と、義務としての労働を望む。扶助権はわれわれを偽善的な博愛に関わらせるものだが、労働権の承認という必然的な帰結にほかならず、つまりは失業の補償金である。われわれがこのような信条表明に帰着させられるとは、奇妙ではないか！

野蛮人は労働せぬことを目的に、野蛮人に戦争をしかける。彼が敵に望む最大の悪は、田畑を耕すことである。ではわれわれは、労働を求めるがゆえに野蛮人扱いされるというのだろうか！……

当初偉大な労働者であったギリシア人およびローマ人は、しかし政治に熱中して、諸国民を奴隷状態に置き、彼らに労働を押しつけ、自分たちの議会の仕事に集中して励んだ。政治とは――とウェルギリウスは言っている――狼の子供たち（レムスとロムルス兄弟。ロムルスはローマ神話で初代ローマ王とされる）の職業である。〈覚えておくがいい、ローマ人よ。汝は王として民衆を統べるだろう。汝には、統治する術《すべ》がそなわっているだろう〉。働く人間は政治をする人間ではありえないというのは、古代の政治論者の間では一つの原則であった。だから、労働をプロレタリアに拒むどころではなく、彼らに力ずくで労働を押しつけたのである。――現代では、わが政治家たちは働くことも、われわれに労働を与えることも望んでいない。彼らは自分たちのためにすべてを、労働と政府を望むことであろう。

中世においては、制度も、ものの見方も、諸観念も、すべてが変化する。封建的特権階級はかつての族長的特権階級と同様、労働には積極的な関わりを持たず、それを自由平民《ヴィラン》にまかせる。ただし拘束はせずに、彼らは支払いを受けるのである。公開状《レットル・パテント》（これが免許状《パテント》と呼ばれるものの起源である）によって、小作料と引き換えにして、働くことを望むすべての人々に対して、領主は土地の貸し付け、商業・工業・諸技芸の、要するに労働の信用状を与える——ちょうどこれは、ユダヤ人やロンバルディア人（いずれも高利貸しの意）が自分たちの金を信用貸ししたのと同じである。労働者である民衆は、長い隷従の後に、労役がたいそう気に入ったので、有閑階級としては彼らに労働を要求する代わりに、それを売りつけることができると考えるにいたったほどである！これがあらゆる封建的権利の原理である。

今日、銀行主義的体制のもとでは、金を支払ってまで働こうという者はいない。労働者はその正当な賃金の一〇、二〇、五〇パーセントを搾取者たちに委ねるのだが、それでも彼には仕事がない。かつては奴隷の特性であった労働は、今やプロレタリアートの特性となった。かつて人々は労働しないために争い合ったが、それが階級闘争であった。今や人々は労働するために争い合うのだが、それが階級闘争である。文明は、一つの極からもう一つの極へ移ったのだ——当初、万人のための余暇がないゆえに人は殺し合ったのであり、これは理解されえた。今では、万人のための労働がないがゆえに殺し合うのであって、これはもはや理解されないのである。

資本主義者、立法者は労働権を認めるのを拒否している。民衆よ、もう一度言うが、辛抱だ！……通りのいい言い方に倣《なら》って言えば、そして、あらゆる誹謗や不明確さを避けるためには、こう言うべきだろうか。すなわちわれわれは、所有を、換言すれば、その労働、産業、知性の成果を各人が自由に使用することを求めるのだ、と。

しかしながら、われわれは、労働としての、万人のための所有を求めるものだ。なぜならば、社会においては、生産能力はものを獲得する力として無限だからである。

われわれは、所有を求めるのであって、暴利を求めるのではない。なぜなら、暴利は、生産向上への障害であり、所有の増大と一般化への障害だからである。

このように理解された所有、そこから特権と乱用を引き出すものから、このように免れた所有は、もはや所有というものではないと主張されたことがある。――理論家であるよりはさらに実践家であるわれわれとしては、この議論は学者に任せよう。個人的所有を維持しつつ、それをあらゆる不平等と独占から解き放てば、われわれには十分なのである。

二月革命が端緒となったこの変革の時代にあってわれわれが望むのは、特権の漸進的な縮小を別とすれば、獲得された所有を尊重することである。では、財産没収と盗みを説くのは、われわれのうちの誰なのか。所有に関する最も大胆な教義が民衆の間に流布していたが、それらは、いかにして略奪者を作りだしたのか……。われわれは泥棒たちを探し、不品行な者たちや姦通者たちとともに、彼らを見出したのだ。元・王の宮廷に、貴族院に、下院に、内閣に、労働者を除くあらゆるところに。もはや労働する人間を除けば、盗みに敵対するものは何もない。こうした特権的盗みに抗してこそ二月革命が、すなわち反革命の首謀者や扇動者に対する警告がなされたのである。

われわれは、相続原理を維持することを求める。すなわちそれは、父から息子へ労働の手段、および生産物を自然に譲渡することであって、独占や領主権の譲渡ではない。世代を結びつけ、家族の力をつけるこの相続原理は、それがもはや諸特権を譲渡し、蓄えるのに使われない場合には、いかなる点で平等や友愛に敵対することになるのだろうか。

家族、労働、そして暴利や乱用のない所有、言い換えれば貸し付けの無償性、労働者と資本家の一致、諸特権の相続ではなく権利の相続――これらがわれわれの公法の、われわれの社会科学の要素である。

さて、このように修正された社会の経済的基盤は、社会の中でまさに復活し、変化する。貧困の諸原因は、富裕の原因となる。不平等と対立の諸要因は、調和と友愛の要因となる。この新たな地平において、諸思想、哲学は拡大、再形成される。科学と芸術はもう一つの意味を、もう一つの形式を持ち、宗教は解明される。

フランスは最近になって、心情においても理性においても、自らがいかに宗教的であるかを明らかにした。この比類ない国において宗教は、命と権威と持続を持つあらゆるものの秘められた誘因である。経済的問題がいかに広範に生じようとも、それだけではわれわれの瞑想的で繊細さに満ちた知性を満たすものではないし、哲学上の大問題によってわれわれは無関心で陰気にされるままだし、純粋観念はわれわれを魅了することはできない。われわれの魂には、数や計量以上の何ものか、観念をすら超えた何ものかが必要なのである。

われわれのうちで、物質主義者や無神論者はどこにいるのか。周りを見ても、彼らはわれわれを誹謗中傷し、迫害する者たちの中にしか見つからなかった。見るがいい、この冷酷で醜い存在を。蛇のように狡猾で、誰の言いなりにもなり、冷笑的で、計算高く、慎みがなく、金銭の声で常に情け容赦のない計量的判断に至る者を。諸君に摂理のことを語りながら、宿命をあがめる者たちを。宗教の中に政治の具のみを、法律にしきたりのみを、革命に事実のみをしか見ない者たちを。こうした人間こそが物質主義者であり、冒瀆者なのである。

そうとも、われわれは宗教を求めている――ただし誤解してはならない。われわれにとって宗教とは象徴的なものではなく、その中身であり、言葉である。真の宗教を見出すためには、聖書釈義を再開し、新たな社会的与件の助けによって、哲学的に、自然における超自然主義を、社会における天上的なものを、人間における神を明らかにしなければならない。まさに、文明がわれわれにとって果てしない黙示録として現われ、歴史が終わりなき奇蹟として現われるであろう時、また、社会改革によってキリスト教が社会の第二の勢力に高められるであろう時にこそ、われわれは宗教を知るだろう。その時には、われわれを誹謗中傷する者たちも、その神話から引き離され、われらの神が何であり、われらの信仰が何かがわかるだろう……。

われわれは統治的、社会的形態として共和国を求める。われわれは王権の、それに関わる一切のものの、それに類する一切のものの不倶戴天の敵である。王権とは古ぼけた虚構であって、その意味はだいぶ以前から周知のものであり、その復活は公衆の理性にとって、国民の尊厳にとって重大な侮辱となるだろう。王権は、われわれが共和国に望み期待するすべてのものとは、反対のものである。

共和国は、機能と人間とが平等に組み合わされたものである。王政とは、それを階級化し卑小にするものである。

共和国は位階制度の区別を廃するものであるが、王政はそれなしで済ますことができない。それは、貴族的封建制に対して、重商的封建制をもって代えた。もしわれわれがブルジョワジーを守らねばならないとすれば、また、もし立憲王政という最悪の王政を出現させた、あの種子を育てようとするならば、どうしてわれわれは、ブルジョワ的位階制によって選ばれたこの典型的存在、ルイ＝フィリップを追放したというのだろうか。

共和国は普通選挙の組織化であるが、王権にとってはこの選挙は単なる宝くじでしかない。――もっと後で、この「普通選挙」という言葉によって、われわれが何を意味しているのかを語ろう。

共和国は諸機能を分立させるとともに、権力の不可分性を前提とする。――われわれは、専制主義の最も堅牢な支えが、君主制の大黒柱が、立法上、行政上、司法上の権力を差別することにまさに存することを、明らかにするだろう。この差別にあっては、自由、平等、責任、普通選挙、人民主権、正義と秩序の原理など、すべてが崩壊するのだ。

共和国は貸し付け、商業、工業、農業の中央集権化を行なうが、これは警察、教育に関しても同断である。対して王政は、その無秩序化ないし封臣化にすぎない。

共和国は、責任と法による政体である。王制は、寵愛と腐敗によってしか存続しない。

共和国は宗教と同じく、本質的に開放的で普遍的であり、世界と永遠を包含するものである。――王政は常に個人的で、局部的で、停滞しており、身内で、そして自分のために生きているのであり、人類と進歩の敵である。

共和国はオーストリア人にこう言うとしよう――「君はイタリアから出ていくべきだ！」。するとオーストリア人は出て行くだろう。スキタイ人にはこう言うだろう――「わがポーランドを、そのままにしておいてくれまいか！」。するとスキタイ人は、砂漠の道を帰っていくだろう。――しかし王政は、暴君にこう言うのだ。「兄弟よ、一体いくらくれるのだ。イタリアとポーランドをおまえに差し出せば……」

政府と国民議会のブルジョワ的傾向、選挙権の行使に生じた制限、集会の自由と出版の自由に投じられた足枷、人民代表委員による議決に服させられた君主制的企て、社会思想にしかけられた戦い、高利貸しと結ばれた契約、ポーランドおよびイタリア国籍の放棄、ヨーロッパの貴族制的政府と始められた妥協、そうしたものを見れば、わが国がまさに王政復活への途上にあることは、見やすいことである。民衆のヘラクレスのごとき力が王朝の首を切り落とすやいなや、その胴からは新たな頭が生え出てくるのだ。〈かつてヘラクレスが退治した水蛇ヒドラのように〉。その時、そこには災いがあるのだが、そこにこそわれわれの抵抗の努力は向かわなければならない。

共和主義者諸君、われわれを頼りにしたまえ!……ただし、われわれの献身が役に立ち、今度はわれわれが諸君の支えを頼みとすることができると、諸君が望めばの話だが。さて、この支えとは何だろうか。終わりに当たってもう一度繰り返すが、諸君の力であり、われわれの力ともなるこの支えとは、忍耐なのである。

諸君を反抗と内戦に押しやる、不実なる扇動に屈せぬように用心されたい。内戦とは、この時点で王政が取る唯一の勝利の手立てなのである。諸事件という天の配剤によって、情勢はこのような段階にきている――すなわち、民衆がいましばらくじっとしているならば、王政はその地獄のお供の一団とともに、永久に失われるのである。

それゆえ、市民諸君、辛抱だ。人間と事物に関するいかなる真実も、われわれは諸君に隠蔽しないし、いかなる臆病な解決も提案しないだろう。だからもう一度言うが、忍耐だ! それは民衆の未来であり、共和国の救済である。

## 革命への祝杯(166)

166――『プープル』紙――一八四八年一〇月一七日付。

市民諸君、民主的共和国の友人たちが、われわれの思想や傾向に不安を抱き、われわれが民主主義者の資格に加える社会主義者の資格に対しては、抗議の声をあげる場合、彼らはわれわれをどう非難するのか。――彼らは、われわれが革命的でないと非難するのである。

それゆえ知ろうではないか、彼らとわれわれのどちらが伝統の中におり、またどちらが真の革命的実践の中にいるのかを。

また、敵対するブルジョワジーたちが自らの特権に不安を覚え、われわれに誹謗中傷と侮辱をぶちまける場合、その非難の口実は何だろうか。――それは、われわれがすべてを、所有、家族、文明を、破壊し駄目にしようとしているというのである。

それゆえ知ろうではないか。われわれとわれわれの敵対者たちの、どちらが保守主義者の呼び名にふさわしいのかを。

革命とは、人類における〈正義〉の持続的表明である。――それゆえにこそ、あらゆる革命は、先行する革命にその出発点を持つ。

したがって、革命を語る者は必然的に進歩を語り、そのことによって保守のことさえも語る。その結果、革命は歴史において永続的であり、厳密に言えば、いくつかの革命があったのではなくて、唯一で同一の永続的な革命のみがあったということになる。

一八世紀前には、革命は〈福音〉〈よき知らせ〉と呼ばれていた。その教義は〈神の一体性〉であり、その信条は〈神を前にしたすべての人間の平等〉であった。古代の奴隷制度は、神々の対立と不平等の上に立脚していたが、これは諸民族の相対的劣等性、戦争状態を意味するものであった。キリスト教は国際公法、諸民族の友愛を生み出した。偶像と奴隷制度が同時に廃されたのは、その教義と信条の理由によるものであった。

確かに、キリスト教徒たち――神の言葉と殉教によって戦ったこの革命家たちが進歩的人間であったことを、今日否定する者はいないだろう。だが、つけ加えれば、彼らは保守的な人間でもあったのである。

多神教の秘儀伝授は、最初の人類を文明化した後、また、詩人が言うごとく〈森の人間〉を都市の人間に、市民に変えた後に、快楽主義と特権とによって、それ自体は腐敗と隷従の原理となった。人類は駄目になっていたのだが、それは人類がキリストによって救済された時のことである。キリストはこの栄光ある使命のゆえに、「救済者」にして「贖い主」という、現代の政治的言語で言えば、保守主義者と革命家という二重の称号を受けたのである。

これが最初の、そして最も偉大な革命の特徴であった。それは世界を変革したが、変革しつつ世界を保守したのである。

この革命は超自然的で唯心論的ではあったが、にもかかわらずそれは、他ならぬ正義の最も物質的な側面を、肉体の解放を、奴隷制度の廃止を表わしていた。信仰に基づいて確立されたこの革命は、思考を隷属状態のままにしていたのであり、精神にして肉体、物質にして知性である人間の解放には十分ではなかった。それは、もう一つの別な革命を呼んでいた。キリストの到来以後一〇〇〇年にして彼が基礎づけたこの宗教の只中に、ある未知の動き、新たな進歩の予兆が始まっていた。スコラ哲学が自らのうちに、教会と聖書の権威の傍らに、理性の権威をもたらしたのだ！……一六世紀ごろに、その革命は起こった。

この当時、革命はその最初の与件を捨てずに、自ら否認することなく、もう一つの名、既に有名な名を採用した。それは〈哲学〉と呼ばれ、その教義は「理性の自由」であった。そして、ある一つのものはもう一つのものの即座の結果なのだから、モットーとしては「理性を前にした万人の平等」と言うことができる。

ではこれによって、人間が魂と肉体という二重の本質において、不可侵で自由であると宣せられたのだろうか。それは進歩だったのか。暴君以外の誰がそれを否定しえようか。それは保守だったのか。これには返答の必要さえない。

ある賢者によれば、人間の運命は神の御業を見つめることである。心によって、信仰によって神を知った後には、人間が理性によって神を知る時がきていた。福音は人類にとって、初等的な訓育としてあった。今や大人となった人類には、高度な教育が必要であり、馬鹿げた事どもや、その後に続く隷属に甘んじる必要はなかったのだ。

たとえば、ガリレオ、アルナルド・ダ・ブレシア（一二世紀末―一一五五、イタリアの修道士。アベラールの崇拝者）、ジョルダノ・ブルーノ、ルター、デカルトといった、一五、一六、一七世紀の輝ける学者、思想家、芸術家の選良たち、偉大な革命家たちは、社会を保守する者であると同時に文明の先駆者であった。彼らはキリストの代理者たちに抗って、キリストによって始められた運動を追求したのであり、彼らには迫害と殉教もまた欠けてはいなかった！

これが第二の革命、〈正義〉の二度目の偉大な表明であった。それは世界を刷新し、救ったのである。

しかし哲学は、福音書の制覇に自らの制覇を加えつつも、この永遠の正義のプログラムを満たすどころではなかった。キリストによって神の懐から呼び出された自由は、依然として個人的なものでしかなかった。それは公共の集会に基づいて生み出されなければならず、良心に関しては、それを法の中に潜らせなければならなかった。

そうして、前世紀の半ば頃には、新しい生成が始まった。第一番目のものとしては宗教革命であり、二番目は哲学革命であり、三番目の革命は政治的なものであった。それは〈社会契約〉と呼ばれた。

その教義は「人民主権」であって、「神の一体性」というキリスト教的教義とは正反対のものであった。

そのモットーは「法の前での平等」であったが、これは、前もってその旗に書き込まれていたこと、すなわち神の前での平等、理性の前での平等の必然的な帰結であった。

こうしてそれぞれの革命において、自由はわれわれにとって常に正義の手立てとして、平等はその基準として現われる。第三の段階は正義の目的であるが、常に追求され、常に試みられるこの目的は友愛である。

革命的展開のこの要請を、決して見失ってはならない。歴史の証言においては、革命の至高の目的である友愛は認められてはいない。その条件としてはまず自由であり、次に平等である。あたかも正義はこう言っているかのようだ――人間よ、自由であれ。市民よ、平等になれ。そして次に、兄弟よ、抱き合うがいい。

誰があえて否定しようか。六〇年前にわれらの父たちが企てた革命の英雄的記憶が、われわれの心をかくも強くふるわせるため、われわれは自分たち自身の義務をほとんど忘れてしまうほどであることを。さらには、この革命が進歩であったことを。誰一人としていはしない。結構だ、では聞こう――その革命が進歩的であった分だけ、それが保守的であったのは確かではないか、と。この社会は、その擦り切れた専制主義とともに、その堕落した貴族とともに、その腐敗した聖職者とともに、利己的で、だらしなく、陰謀にふける議会とともに、ボロを着た民衆とともに、慈悲と憐れみのままに翻弄される国民とともに、存続することができたのではないか。

しかし、太陽を明るくすること、分かりきっていることを証明することが、どうして必要なのか。八九年革命は、人類の救済であった。それゆえにこそ、それは革命の名に値するのだ。

しかしながら市民諸君、わが父祖たちが自由と平等のために多くをなしたとはいえ、友愛への道は彼らによってさらに根底的に開かれたが、依然としてわれわれには、なすべきことが残されているのである。

八九年の時点では、正義はその最後の言葉を発しなかった。それがいつ語られるのか、一体誰が知ろう。

一八四八年の世代たるわれわれは、歴史上最悪の時代よりもさらに悪化した腐敗に、封建時代と同様の貧困に、精神と良心の抑圧に、人間のあらゆる能力の愚鈍化に立ち会っているのではないだろうか――そしてこれらは、最も恐るべき野蛮の時代に見られたあらゆるものを凌ぐものである。過去の征服、宗教、哲学、そしてさまざまな基本法や法令が、われわれにとっていったい何になるのだろうか。そうした基本法や法令が保証する、まさにその権利のゆえにわれわれは自然を奪われ、人類から追放されているというのに。政治とは一体何だろうか。われわれにはパンがなく、パンを与えてくれる仕事までもが奪われているというのに。通行の自由、考えることの、または考えないことの自由、法の保証、文明の驚異の光景、われわれが引き渡される貧弱な教育などが、いったい何だろうか。人間的活動が展開される事物すべてが剝奪されて、われわれは絶対的な空虚の中に陥っているというのに。われわれの感覚、心情、理性の呼びかけには、宇宙も社会も「無だ！」と答えるというのに……。

市民諸君、私はキリストと父祖たちにかけて断言する！　正義はその四番目の時を告げた。それを聞かぬ者に災いあれ！

一八四八年革命よ、君の名はなんというのか。――「私の名は〝労働権〟だ！」

君の理想は何か。――「アソシアシオン！」

信条は何か。――「財産の平等！」

われわれをどこに連れて行くのか。――「友愛へ！」

革命よ、君に栄えあれ！　私は君に仕えよう。神に仕えたように、哲学と自由に仕えたように。心から、全力で、知性と勇気をふりしぼって。私には、君のほかに主権も規則もありはしない！

たとえば、革命は代わるがわる宗教的、哲学的、政治的になった後で、経済的なものとなった。そしてそれは、あらゆる先行者と同様、過去に対する反対、革命によって生じる既存の秩序をある種転倒させること以外の何ものでもない。諸原理と信仰のこの転換がなければ革命はなく、欺瞞あるのみである。歴史の検討を続けようではないか、市民諸君。

多神教の帝国の下では、奴隷制度はいかなる原理の名のもとに確立され、永続化していたのか――宗教の名のもとにである。そして、キリストが現われた。彼はまさに、宗教の名のもとに奴隷制度を廃止した。

今度はキリスト教が、理性を信仰に服従させた。哲学がこの秩序を覆し、信仰を理性の下に位置づけた。

封建制度は政治の名のもとに万人を奴隷化したが、それは労働者をブルジョワに、ブルジョワを貴族に、貴族を王に、王を聖職者に、聖職者を死せる文字（神のこと）に服従させることによってであった。――八九年はやはり、政治の名のもとに万人を法に服従させ、もはや市民以外の人間を認めなかった。

現代では、労働は資本の意のままである。そこで、この秩序を変えるよう、革命は諸君に言う。労働の優越性を認識すべきなのは資本であり、労働者の意のままになるのは工具である。

以上がこの革命であり、これに対しては他のさまざまな革命に対してと同様、嘲弄や誹謗中傷も、迫害も不足しはすまい。しかしやはり他の革命と同様に、一八四八年革命はその犠牲者の血によって、さらに豊かになるのだ。〈殉教者たちの血、キリスト教徒たちの種子〉と、過去の最も偉大な革命家の一人、あの不屈のテルトゥリアヌス（一五五頃―二二二頃。初期キリスト教教父）は叫んだ。共和主義者の血は、共和主義者の種子だ。

われらの兄弟たちの血で固められたこの信念をあえて認めぬ者は革命家ではなく、異教徒なのである。それを隠蔽する者は背教者である。共和国を社会主義から分離することは、精神の自由と思考の隷従化を、政治的権利の行使と市民権剝奪を一緒にすることである。これは矛盾であり、馬鹿げている。

市民諸君、これが社会思想の系譜学だ。では、われわれは革命的伝統の中にいるのか否か。肝心なのは、われわれも実践の中にいるのかどうか、父祖たちと同様、われわれも保守的人間であると同時に進歩的人間になるのかどうかを今知ることである。それは、この二重のあり方においてしか、われわれは革命的存在とはなりえないからである。

われわれには、革命的原理も、革命的教義も、革命的モットーもある。摂理によってわれわれの手に委ねられた業を成し遂げるには、何が足りないのだろうか。たった一つのこと、〈革命的実践〉である！

さて、通常の時代と革命の時代とを分かつ、この実践とは何だろうか。

革命的実践を形成するもの、それは些事や対立、またはかすかな変わり目によってではなく、単純化と飛躍によって前進するということだ。それは大いなる均衡の中で、あれらの中間的段階を飛び越すのだ――因循姑息な精神によって出されるこの中間的段階は、通常ならばもっと前の段階で適用されるべきものだが、満ち足りた者のエゴイズムやら政府の無気力さのために、押しとどめられていたものである。

これら諸原理の大きな均衡、慣習におけるこれらの巨大な過渡的段階には、やはりその法則がある。しかし、革命的実践ほど恣意的で偶然に委ねられたものはない。

では要するに、この実践とは何なのだろうか。

私は思うのだが、二月二四日以来権力の座についていた政治家たち、狭量で、無能で、偏狭かつ臆病な因習に染まっていたこれらの政治家たちは、使徒たちの代わりだったはずなのである。どうだろう、市民諸君よ。彼らはいったい、何をなしえたというのだろうか。

彼らならば、背教者の秘密集会という形の私的集会で、神の複数性などは馬鹿げたことだという改革者たちと合意したことでもあろう。また、キケロのように、イカサマ師同士は互いに照れるものだと言ったかもしれない。そして、きわめて哲学的に、声をひそめて、奴隷制度を非難したかもしれない。

しかし、神々を否定し、社会がさらに崇めていたすべてのものを否定することで、社会に抗って迷信やあらゆる利害を掻き立てたあの無謀なプロパガンダに対しては、彼らは抗議すべきだったろう。古き信仰を攻撃するのではなく、それを解釈するという、うまいやり方を考えるべきだったろう。祭式を廃止する代わりに、それを純化することを望むべきだったろう。彼らは、盗賊のメルクリウスに、淫蕩なるウェヌスに、近親相姦者ユピテルに拝跪したことだろう。文学コンクール《ジュー・フロロー》やらバッカス祭のことを恭《うやうや》しく、敬意をもって語ったことだろう。彼らは多神教の哲学を作り、神々の歴史を語り、神殿の人事を刷新し、公的な祝祭や供犠のための規定を発表し、父祖たちの背徳的な伝統に対しては、彼らにそれがある限りは、理性と道徳とを結びつけたことだろう。自己満足と手心と世間体とによって、世界を救うのではなく、世界を破滅させたことであろう。

キリスト教時代の初期の数世紀においては、ある宗派、天才と雄弁によって秀でた一派があって、キリスト教革命に際してそれは、穏健で進歩的な共和国という観点から、偶像崇拝を持続させようとした。これがネオ・プラトン派であり、テュアナのアポロニウス（?―九七、新ピタゴラス派の哲学者）やローマ皇帝ユリアヌス（三三一―三六三、異教に改宗したため背教者と呼ばれた）が属していたものである。このように、現代の思想的観点からその信仰告白を解釈すれば、われわれの眼には、カトリシズムの刷新を試みた何人かの啓蒙家が見られたのである。

だがこれは虚しい試みであった！　キリスト教の布教は――私は革命的実践のことを言っているのだが――すべてを、神々やそのうわべだけの崇拝者たちを押し流した。当時最大の政治家にして最もすぐれた精神の持ち主であった皇帝ユリアヌスは、福音書的正義に激しく抗ったが、歴史的には「背教者」の烙印を押されたままである。

もう一つ例を引いてみよう。

こう仮定してみよう――八九年には、専制政治の用心深い議員たち、貴族のうちの慎重な人々、聖職者の中の寛容な人々、ブルジョワジーの中の賢明な人々、民衆のうちで忍耐強い人々、それのみならず、最も公正な観点、最も健全な思想、最も博愛的な意図を持っているえり抜きの市民たちでさえが、突然の改革に恐れをなして、みな一致して、上層部の政策どおりに専制主義と自由との移行的段階を準備したのだと！　彼らはいったい、何をなしえたのだろうか。

彼らは、長い討議と熟慮のすえ、各問題の間に少なくとも一〇年の間隔を置いて、与えられた憲章に投票したことだろう。教皇とともに、そして全く唯々諾々として、聖職者民事基本法のことを協議したことだろう。修道院に対しては、親切にも、その財産の買い戻しの交渉をしたことだろう。封建的諸権利や、領主に与える補償金に関する調査を始めたことだろう。民衆に与えられた権利の代わりに、諸特権への代償を求めたことだろう。革命的実践が一夜にしてなしとげる革命を、一〇〇〇年にわたって続けたことだろう。

こうしたすべては、無意味な仮定では全くない。八九年においては、この偽りの知恵によって革命を足止めする人間には、事欠かなかったのである。その筆頭がルイ一六世であって、心的にも理論的にも比類なく革命的であったルイ一六世は、しかし実践的にもそうでなければならぬことを、理解していなかった。ルイ一六世は、なにかにつけて出し惜しみし難癖をつけ始めたので、業を煮やした革命は、ついに彼の命を奪ったのである！……。

以上が、革命的実践によって、現在私が言わんとすることである。

二月革命は「労働権」を、すなわち資本に対する労働の優越性を提示した。

この原則から出発して、われわれは、あらゆる改革をやり過ごさぬうちに、ある普遍化すべき制度に取り組まなければならないのだが、それは、社会経済のあらゆる点において、資本が労働に従属することを表わすものである。またそれは、今までのように労働者に対して資本家が融資するのではなくて、前者を後者の審判者にして監督者にするのであり、この制度は二つの大きな経済的力、労働と所有との関係を変え、したがって、次いでそこからあらゆる新たな改革が生じるのである。

では、貨幣の独占者によっていつものように供給された農業銀行をここで提案するのは、革命的な行動になるのだろうか。また、景気停滞と失業の記念物である保証銀行を設立することはどうなのか。あるいはまた、保育所を、質屋を、病院を、託児所を、特別聴罪司祭職を、独居監房を制定することは、そして、集会所を増やすことによって教皇権を増大させることはどうか。

数百万フランを、ある時は洋服会社に、ある時は職人組合に融資することは、革命の事業をすることになるのだろうか。酒税を減らし、さまざまな所有物への税を引き上げることはどうか。期限つきの債務に関しては、元金の回収をやめるようにすることは。また、アルジェリアに出発する一万二〇〇〇人の入植者に、種子とつるはしを与えること。あるいは、実験的ファランステールに補助金を出すことはどうなのか。

次のようなことについて、四ヵ月も費やして議論することは、革命家として語りあるいは行動することになるのだろうか――すなわち、民衆は働くのか、働かないのだろうかとか、資本は身を隠すのか、それとも亡命するのか、それは信用を待っているのか、それとも資本を待っているのが信用なのか、権力は分割されるのか、それとも機能のみなのか、大統領は議会より上位なのか、下位なのか、それとも国民議会と同等なのか、この役割を最初に果たす者は皇帝の甥なのか、王の息子なのか、あるいはまた、この素晴らしい職責には、兵士か詩人のほうがましなのではないかとか、新たな主権者は民衆によって任命されるのか、議員たちによってなのか、逃げ去る反動的大臣は、やってくる妥協的大臣よりは信用が置けるのか、共和国は青なのか白なのか赤なのか、それとも三色《トリコロール》なのかとか。

次のような場合は、革命的となるのだろうか――すなわち、資本による擬制的な生産を労働に戻し、正味の所得が不可侵のものであることを明らかにし、次いでそれを累進税によって差し押さえなければならない場合。財産の獲得における平等性を確立し、相続形態を問題としなければならない場合。二万五〇〇〇人の商人が強制和議を申請するが、彼らに破産をもって答えなければならない場合。所有はもはや小作料も家賃も受け取らないが、依然として所有には貸し付けを拒まねばならない場合。国民は銀行の中央集権化を求めるが、流通の中に空隙を作ることしかできない少数の金融的権力者にこの銀行を手渡し、民衆の失望によって信用が回復するのを待つことで、危機を維持せざるをえない場合。

市民諸君、私は誰も非難しはしない。

二月革命は、それを予見し、準備したわれわれ社会民主主義者を除けば、すべての人々にとって驚きであったことを私は知っている。古き立憲政治主義者たちには、かくも短期間に君主制的信念から共和主義的確信に移行することが難しいとすれば、別の世紀の政治家たちが新しい共和国の実践についてわずかでも理解するのは、なおのこと無理である。別の時代には別の思想がある。九三年の偉大な術策は、当時としては素晴らしいものだが、もはやわれわれにとっては、この三〇年の議会戦術以外のものではない。もし諸君が革命を頓挫させようと思うならば、そのやり方を繰り返す以上に確実な方法はない。

市民諸君、この国では、諸君はいまだ少数派でしかない。しかし既にして、革命の潮が観念のすばやさとともに、大洋の壮大さとともに高まっている。成功には、今しばらくの忍耐だ。革命の勝利は保証されている。六月以来、諸君はその規律によって、諸君もまた政治家であったことを明らかにした。今後は、諸君はその行為によって、その結合によって、諸君が組織者であることを明らかにするだろう。

政府は国民議会とともに――私はそれを望むものだが――共和主義的形態を維持するに十分だろう。これが少なくとも、私の確信である。この点に関しては、諸君には疑念を抱く何ものも、恐れるべき何ものもない。しかし、革命的権力、すなわち保守にして進歩の権力は、今日ではもはや政府の中にはなく、国民議会にもない。それは、諸君のうちにある。直接に自らに基づいて行動する民衆のみが、二月に打ち立てられた経済革命を完成しうるのだ。ひとり民衆のみが文明を救い、人類を前進させることができるのだ。

## ルイ＝ナポレオン・ボナパルト(167)

167――『プープル』紙三一号――一八四八年一二月一八日付。

一二月一七日、パリ

われわれは、われわれが用いうる手段、論争と投票によって、ルイ・ボナパルトの立候補と戦った。人格の問題は別にして、反動によって生じ、反動によって支えられたルイ＝ナポレオンの選挙は、反動を利するものでしかありえないことは、われわれが知っていたし、誰もが知らずにいることはできなかった。それゆえ先験的に、われわれはこの立候補に反対しなければならなかったのだ。

次に、棄権するのではなく投票に参加すべきだと考えたパリ中央選挙委員会に同意して、われわれはある候補者を選ぶことで絶対多数の数字を作り上げ、それによってボナパルトの就任をさらに困難なものにしようとしたのだった。

社会民主的党派では、誰もがこの戦術に同意していると思われたので、その抗議のシンボルである候補者の選択が問題な時でも、民主主義者の選挙と呼ばれうるような人間は、ただ名目的な候補者でしかありえないことは、全員一致で認められていた――ルドリュ＝ロランはそのことを、委員会に宛てた手紙ではっきりと認めていた。その意味でカヴェニャックは民主主義の最後の手段だったのであり、その後よりは当時はまだ活気のあった民主主義は、何よりもまず、形式の完全さを保つことで、内容の改革がよりたやすくなるような作業を準備しようとしていたのである……。

われわれはためらわずにこの方法に踏み切ったが、そこで主導権を取ることは決してなかった。われわれは個人的見解を犠牲にすることで、規律の模範を示したのである。投票の目的がこのように示された以上、立候補者は大した問題ではなかった。それが二人であろうが一人だけであろうが、われわれには同じことだった。すべて問題はわれわれの力を知り、ナポレオンを遠ざけることだったのである。

その後、ラスパイユの立候補に関してなされた抵抗の激しさに際してわれわれにはわかったのだが、わが政治的同伴者たちの中の何人かは、社会民主的信条を祝福し、大統領職への嫌悪を誓いつつも、その立候補者を当選させようという――民主主義にも社会主義にも敵対的であるがゆえに、われわれの眼には咎むべき――考えを隠し持っていたのである。ルドリュ＝ロラン氏の立候補も、ラスパイユの場合と同じく単なる抗議にすぎなかったはずなのだが、突然、深刻なものとなり、それゆえにわれわれにとっては、ナポレオンやカヴェニャックの場合と同じく深刻で、不吉で、敵対的なものとなった。それは、われわれの務めとして抗議せねばならなかった変節であり、われわれが全力で戦ったマキャベリ的な策略であったが、それを挫いたことをわれわれは鼻にかけはしない。社会民主的党派という誰の目にも明らかな少数派が、この挫折を避けがたいものにしたのである。

それに、すべての人々を自由にし、われわれの考えを何ら隠さぬために偽りなく言うつもりだが、反大統領的原理に対するわれわれの侵しえぬ忠誠は別にして、もしルドリュ＝ロラン氏の立候補に少しでも成功の余地があったとすれば、また、それを頓挫させるのがわれわれにかかっていたとすれば、われわれとしてはそうすべきだっただろう。われわれはもはや、ルドリュ＝ロラン氏が今日代表している思想も、『ナシオナル』紙やカヴェニャックに代表されている思想も、ともに信じてはいない。ルドリュ＝ロラン氏――とはつまり彼が首長である民主的分派のことだが――は、社会主義者の隔離所で十分な検疫を受けたわけではないのだから、われわれとしては、二月このかた革命のあらゆる失敗をもたらした、あの政治的な錆病から彼が回復し、浄化されているとは思えないのである。

そういう次第だから、もし今日ルイ＝ナポレオン・ボナパルトが共和国大統領に選ばれるとしても、その責任をわれわれに帰すことはできない。その責任は、スローガンを食言し、カヴェニャックが吹き込んだ恐怖を自分たちの利益に利用しようとした人々すべて、そして、自分たちの成功を信じさせられぬため、大半の民主主義者たちをナポレオンの方に急き立てた人々すべてのものである。

今、投票の影響力を弱めようとすること、そのことを説明しようと、捻じ曲げようと、弁明しようと、それでもやはり、その結果はすべて反動のものであることは確実だろう。というのも、あらゆる戦争において、そうした者のみが、戦闘で旗を維持していた栄光を利用するからだ。社会民主主義は正統王朝派と同じ過ちを犯したのであって、彼らもまた、アンリ五世（シャンボール伯、一八二〇―八三。ブルボン朝本家の最後の継承者）の利益になろうとして、戦術としてナポレオンに投票したのだが、彼ではなく、ボナパルト派の王位要求者に栄誉を与える以外のことをしなかったのである。

ともかくも、ルイ＝ナポレオン・ボナパルトは大統領である。それは反動の大統領なのだが、自らに投票しながらも消えてしまった正統王朝派の反動ではなく、八九年以来あらゆる政府のもとで姿を消し、あらゆる王族のために〈主よ、共和国を救いたまえ〉（政教条約体制下で主日礼拝の折りに唱えられた祈りの最初の言葉）を歌うことに帰着したイエズス会派の反動でもなく、六月以来カヴェニャックのうちに体現された金融的、ブルジョワ的反動でさえなく、立憲君主制的な反動なのであって、それはこの大統領職という軸の上に、二月に破壊された均衡システムをまさに再建しようとするのである。

以上が、投票という法の定めるところに従えば、われわれにとってナポレオンとは何かということである。

民主主義者諸君、諸君は抗議しても無駄であろう。つまらない戦術のやりくりで、諸君の敗北を取り繕おうとしても無駄だろう。ルイ＝ナポレオンは、一八〇四年の元老院決議と、一八一五年の追加法令を手にして言うだろう――われこそはフランスを統治すべきであった真の立憲君主である。ルイ一八世、シャルル一〇世、そしてルイ＝フィリップは、侵入者、強奪者にほかならず、民衆は彼らに対し一八三〇年および一八四八年に抗議したのだし、同様に、私を大統領に選ぶことによって、リュクサンブール委員会と四五サンチーム税による共和国に抗議したばかりだ。王政復古、および近年の統治は歴史の不意打ち、大ナポレオン一族からの窃盗である。シェイエスと皇帝の賜物であるこの素晴らしい立憲体制は、虚偽に食い物にされ、虚偽をしか生み出さず、二つの革命によって一掃されたが、これは驚くべきことだろうか。フランス人よ、諸君は一八一四年（ナポレオンが皇帝を退位した年）このかた生きてはいないのだ。私とともにやり直そうではないか！……。

ルイ＝ナポレオンの演説はこんなところであろう。彼はその代父『コンスティテューショネル』紙とその代母『プレス』紙に支えられ、五五〇万票に護衛されていたのだ！　だからやり直そう、なぜならば民衆がそう望んでいたからである。俗に曰く、民の声は神の声――この思想は普通選挙が機能して以来、絶えずわれわれに立ち返ってくるものだ。しかしそれにもかかわらず、今度は民衆は酔っ払いのように語ったことは認めなければならない。しかし諺に曰く、酒呑みには神がついている（愚か者に福あり）。ではやり直そうではないか。この試みがどこまで続くことか、それを考えてみなければならない。

ルイ＝ナポレオンの選挙が疑いもなく、立憲君主体制への、三権の均衡への、曖昧でブルジョワ的な態度への回帰であるとすれば、この選挙にはその成果を傷つけるような何か、言ってみればその原理の欠陥を露わにするような何ものかがあるのも、また確かなことである。小ナポレオンは、大ナポレオンと同じく、この観念を身にまとっているが、この毒針は彼を殺すだろう。権力の死をではなく、それが回心することを願う誠実な反対者たるわれわれ社会民主主義者にとっての務めとは、この観念を公然と暴き出すことである。われわれのキャンペーン計画は、前もってカヴェニャックに対して作られていたが、ナポレオンが今しがたはまり込んだばかりの迷路の中で道を間違えるならば、それは今度は彼に対して向けられることになろう！

ルイ＝ボナパルトの選挙では、われわれは二つに分かれる。あるいは実業家の言い方を使えば、二つの会計を立てる。一つは、ボナパルトの紋章のもとに勝ち誇る反動のあらゆる亢進を含むものであり、これは〈立憲君主制〉という、あの決定的な表現に集約される。――もう一つは、この王位要求者が国民や選挙人に対して負っているすべての義務を含むものである。この会計のうちの前者は、言わば大統領職の「借方」をなし、後者は「貸方」をなす。

借方を構成するものについては、この三三年間の経験によってわれわれは十分知っている。――では、この貸方とは何か、少し見てみよう。

ルイ＝ナポレオン・ボナパルトが選挙人への声明の中でとりわけて述べていたのは、彼の唯一の願望とは、共和国を繁栄させ、幸福にした後、その四年間の職責の満了に際しては、現在受け取ったままのかたちで権力を後継者に引き渡すというものであった。こうした発言によって、ルイ＝ナポレオンは共和国だけではなく、憲法に対しても、形式上の同意を表明したのだった。彼は憲法を尊重し、また尊重させることを約束した。彼はあらゆる君主制的野望、あらゆる反革命的下心を公然と捨てた。そして、彼に投票した人々は彼と同じく、共和国への、憲法への同意を表明した。

これは、ルイ・ボナパルトの未来を危険にさらす根源的な義務、基本的な負債であり、その選挙の政治的意味によって彼が否応なしに連れて行かれる境界線のところで、彼を突然さえぎるものである。――ルイ・ボナパルトは、その性向によるよりは、遥かにその立候補の原理によって、立憲君主制を復活させ、ルイ＝フィリップのようにもう一つ別の王朝を生み出す傾向がある。反対に、彼の声明の諸項目および投票原理からすれば、四年後には彼は大統領法を現状のままで受け入れざるをえないのである。私としては、彼および彼の助言者たちが、この原理の誓約と約束の義務とをいかにして同時に満たそうとするのか、知りたいところなのだが……。

それだけではない。

ルイ・ボナパルトは、国民議会に登場してからはいつも慎重に沈黙を守っていた。みなが彼に口を開かせようとしたのだが、彼はきわめて巧みに口をつぐんでいることができた。しかしルイ・ボナパルトは、いつも同じ慎重さを保っていたわけではない。彼はかつて、あいにくにも書いてしまったことがある。とりわけ危険な問題のことを書いたのだが、彼はそれを隠すどころではなく、立候補の際にも再び持ち出した。彼はそれを選挙の梃子入れに使った。それは彼の政策表明の一部をなしていて、いつも彼に付随していたからである。ここで特に取り上げたいのは、『貧困の絶滅』と題された小冊子のことである。

ボナパルトという男は、自分の言ったことがわかっているはずだ。貧困の絶滅とは、プロレタリアの解放であり、労働権であり、ごちゃまぜにされた社会である。要するに、ボナパルトがやったことは、ラスパイユやルドリュ＝ロランと全く同じだ——票を獲得するために、彼は社会主義者になったのだ。そのように農民や労働者は彼を理解し、ルイ＝ナポレオンに投票した。

「共和国万歳！」とある人々が叫んだ。「特赦を！」とまた別の者たちが言った。「カヴェニャックを倒せ！ 金持ちを倒せ！」、と大多数の者が繰り返した。最も果敢な人々は、こうつけ足した。「彼に六カ月を科そう！」——これは、二月の叛徒たちによって臨時政府に科された期間の倍である。

こうしたことすべては、『宣言』や『貧困の絶滅』の注釈以外の何だろうか。

「共和国万歳！」それゆえ帝政を倒せ、帝政と共和国の混合物である立憲君主制を倒せ！

「特赦を！」とはつまりこういうことだ——バルベスを、ラスパイユを、ブランキを、コシディエールを、ルイ・ブランをわれわれに返せ。ブレストの、シェルブールの、ロシュフォールの徒刑囚たちを返せ。三月の、四月の、五月の、六月の、一二月の紛争は忘れよう。特赦を！ ああ、共和国大統領よ、もしあなたがかつてプロレタリアの手を握り締めたことがあるのなら、もしあなたの愛が彼らの胸を打ったのならば、この赦免はまさにあなたの負債から支払われるのに最もふさわしく、最も無難なものとなろう！ この特赦は、五五〇万票の分は続けられるべきだろう。

「カヴェニャックを倒せ！」とはつまり、資本を倒せ、金持ちを倒せ、ということだ。言い換えれば、貧乏人をなくせ、人間による人間の搾取をなくせ、貧困をなくせ、ということだ。——民衆の代表者たちは独占を守ることに忠実であって、カヴェニャックのために請願に向かっていた。——そうではない。カヴェニャックなどは問題ではない。農民たちは彼らにこう答えたのだ。「ナポレオン万歳！ 金持ちを倒せ！」

共和国、憲法、特赦、プロレタリアの絶滅、労働の組織化——これらはわれわれが大統領職の「貸方」と呼ぶものである。

今や、この新しく選ばれた者にとって肝心なのは、自分の署名に忠実であるということだ。大統領は、どうやって支払うのだろうか。彼がこうしたすべての要求を満たし、これらの約束を果たし、これらの債務を支払い、期限つきの拒絶証書を回避すると、どうして考えられるのか。それは、いくらかの税金の減免によるのだろうか。ただちに別の税金に代えられるのは避けがたいのだろうか。ルイ・ボナパルトは、われわれ債権者をごまかすのだろうか……。

塩に対する税金、塩税は国庫に五六〇〇万フランをもたらす。この税金を完全に廃止し、消費が倍になるとする。そうすると、ルイ・ボナパルトが自分を選んだ民衆に、年に一億一六〇〇万フラン与えるのと同じになろう（この計算は少々狂っているが、原文ママとする）。

酒税は一億三〇〇〇万フランになる。この税を廃止し、消費が倍化するとする。すなわち、酒を飲まない消費者にとってワインの使用ないし恩恵は二倍になり、その結果、専業ブドウ栽培者にとっては売り上げが倍になるとする。そうすると、ルイ・ボナパルトが民衆に、新たに二億六〇〇〇万フラン与えるのと同じになろう。

肉類、穀物類、その他の食料品に対する入市税、関税は一億フランに達する。これらの税を廃し、消費が二倍になるとすると、民衆の恩恵は二億フランである。

砂糖税は七〇〇〇万フランをもたらす。――この徴税を廃し、消費が二倍になるとしよう。そうすると、民衆にとって新たな安楽の増加は一億四〇〇〇万フランになろう。

合計六億六二〇〇万フラン、安楽と公衆衛生からすれば、これをただちに国家および市町村予算から削減すべきであろう！

この六億六二〇〇万フランを、三六〇〇万人の市民と一年三六五日で割れば――この税金の廃止で得られた民衆の物理的、道徳的、知的改善の算術的表現としては――一日一人当たり五サンチーム一〇が与えられる！……

しかし、この結果はオーバーだ。というのは、労働者階級のために控除された六億六二〇〇万フランは、富裕階級に振り向けられなければならないだろう。つまり、予算の欠損を埋めるために、また別の税金を増やすか制定しなければならないだろう。さて、まさにここで問題がややこしくなり、障害が増すのである。

不動産税は、増税に耐ええない。削減すべきなのは、共和国の四五サンチーム税にとどまらない。むしろそれは、九〇サンチームとなるべきであろう。

営業税も同様のケースである。

個人課税および動産税は、所得税の形で累進的に減らされることができる。これによって得られる利益は、六〇〇〇万フランと見積もられる。

登記や印紙も既に高すぎる。ただ、グーショーのやり方ならば、傍系相続に関する税についてはもっと軽減できよう。すなわち、年に二〇〇〇万フランである。

タバコ、郵便、航海、および通過税も高すぎる。増税はありえない。

そこで、仮に民衆の消費を軽減すべき六億六二〇〇万フランから、八〇〇〇万フランを控除するとしよう。これによって、先に挙げた四種類の税金――塩税、酒税、肉類および穀物税、砂糖税――の廃止が民衆にもたらしうる安楽の総額は、五サンチーム一〇分の六ではなく、五サンチームに戻る。

かくして、民衆に一日一人当たり五サンチームの所得を与えるためには、国家は毎年五億八二〇〇万フランの借金をしなければならない！　しかし、社会が統治なしではすまないのと同様に、国家は予算なしではすまない以上、初年度が終わらないうちに、必ずや次のようなことになろう――すなわち、すべての税金が復活し、その結果貧困は現状に戻るだろう。あるいはまた、国家は破産するだろう、言い換えれば、国民はもはや政府を持たないだろう。これは、大統領制共和国ではありえないことだが。――

六億六二〇〇万フラン全部ではなく、その半分、三分の一または四分の一だけを減らすべきだ。さもなければ、民衆の貧困と国家の破産というこの循環からは、決して抜け出せないだろう。

現在、皇帝ニコライ（ニコライ一世、一七九六―一八五五、ロシア皇帝。神聖同盟の原則に忠実であり、「鉄のツァー」と呼ばれた）の担保による五億フランの借款については、その六パーセントの利子が云々されている！――私は、この借款がほどなく満了になることは、とりあえず認めてもよい。だが、一八四八年度分で既に周知の欠損、および一八四九年度分に見込まれた欠損を埋めたとしても、この五億フランの借款に関しては、まさに年ごとに三〇〇〇万フランの金利が残り、これは共和国の予算に追加され、労働者間に割り振られざるをえないだろう。これが、ナポレオンを任命したことによって生じる、明白で厳然たる結果なのである。

それゆえ、フランス共和国大統領たるルイ＝ナポレオン・ボナパルトに、私はこう問うものだ——

あなたには、選挙上の義務に対処しうる何があるのか。

貧困の問題が解決された暁には、容易に解決しうる政治的問題は問わないにしても、予算の三分の一を削減し、国民生産を倍化し、労働者の平均所得を四倍にすることが、あなたには可能なのか。

国民を無秩序に委ねるやただちに、またしても国民に要請せざるをえなくなる一時的な五億フランからではなく、労働が資本に支払う永続的な五〇億フランの金利から、あなたはプロレタリアを解き放つことができるのか。

あなたには、労働者のアソシアシオンを貸方に記入し、産業上の対立をやめさせ、教育、労働、保健衛生、富、自由を万人に保証することができるのか。

もしあなたにそれができるというのならば、急いでわれわれにそれを知らせ、民衆があなたを選択したことが正しかったことを裏づけてほしい。というのも、われわれは支配者たちに比べれば、短気で容赦ないからである。さもなければ、この同じ民衆の名において、私はこう断言しよう。あなたは、契約書にサインしたまさにその日にもう破産の手立てを考えている悪意の借り手であり、下劣なる嘘つきにほかならないのだと。

## 戦　争（部分）[168]

168——一八四九年一月二五日。——ここに収録するのは、『雑録』第一巻二五五頁の論文の終結部である。皇帝の検閲のため、完全な収録は許可されていなかった。「そしてルイ・ボナパルト、生まれつきの無能」以下のテクストは収集された『プープル』紙の中でやっと見つかったものである。

……憲法制定議会は、君主制と同じく〈帝政〉の制定も求めたことはない。そのことを議会は現在、共和国の敵対者にも納得させているのだが、それは自らに従順な報告書を称賛することによってであった。[169]――早くも今や、議会ははっきりと、そして乱暴にも、反革命の道に踏み入ったのである。グレヴィ・レポートは、議会側に立つことがみなぎった証明書だ。それは、共和国とその敵対者との間で容認済みの決闘である。その勝利は胡散臭くはあるまいか。

169――グレヴィ氏は、国民議会の一月二五日の会期におけるラトー提案の報告者だが、委員会の名において、この提案――それは、議会の解体と憲法付属法の削減を求めるものであった――の却下を提言した。

一月二九日月曜日、六票差の多数決によって、グレヴィ・レポートの諸結論は却下された。

グレヴィ氏はその報告書の中で、まだ秘密のヴェールをすべてまくり上げてはいない。議会的礼儀と呼ぶのがふさわしいものを守っており、古ぼけた立憲的フィクションを尊重しているのだ。こうしたあらゆる手心には一切従わないわれわれとしては、戦いが議会と内閣の間だけのものではなく、依然として議会と共和国大統領との間のものでもあることを、ためらわず主張する。

つまるところ、内閣とは何か。権力の代理人であり、選良であり、そして大臣たちの、管理のあらゆる行為の最後の者として、自ら責任をとる共和国大統領のメッセンジャー。それゆえこの戦いは、議会とL・ボナパルトとの間のものである。

革命に敬意を表し、民主的共和国を基礎づけ、憲法第一三項において社会主義の待歯石（「きっかけ」の意）を置いた議会。その事業を維持しようとし、逆行的な歩みだけは拒否する議会。そして、生まれながらの無能であり、低級な野心を持ち、あらゆる反動的思想の権化であるボナパルト。フランスに対して最大の危害があるという点で有罪であり、彼を代表にした選挙によって赦免され、共和国大統領たる資格なく選ばれたボナパルト。この両者の間では、民衆の隷属状態とあらゆる悪弊の回帰が今やあらゆる君主制主義者どもや、イエズス会派、絶対主義者たちと共謀しているのである。

それだからこそ、この大統領は共和主義的制度の強化に全力で努めるべきだったのだが、彼はその無気力と陰謀とによって、自分のまわりに腐敗と絶望を撒き散らすことで、共和国を混乱させることに休みなく努めているのだ。——このいかがわしい共和主義者は、自分が誹謗されていると言い張っていたが、最後の共和主義者たちを解任し、警視庁、検察局、治安裁判所等々を一群の反動家たちに、三〇年にわたる裏切りによって試練を受けた、筋金入りの君主派に引き渡すのである！ 彼にとって、翌日の共和主義者たちは依然としてあまりにも色が濃すぎるのであり、彼に必要なのは、純血種の、古い家柄の絶対主義者なのである。

共和主義的憲法は、最高の国家機能を身にまとった裏切り者が、擬制的な免責性で身を守りうるとは認めていない。だから、どうしてわれわれがこの憲法よりも臆病であることがあろうか。

ルイ・ボナパルトは、和解を約したあとで特赦を拒んでいる。

彼は税金の廃止を約束しながら、農民たちのもとへ武装部隊を差し向ける。

イタリア、およびローマの民主主義者たちに対する軍の派遣を準備する。

諸民族に対しては、王たちとの同盟を企てる。

愛国者に対しては、投獄、流刑、反動による復讐を続ける。

結社権、集会権、出版の自由、発言と思想の自由を侵犯する。

財政的、経済的なあらゆる改革に抵抗する政府の計算ずくの執拗さによって、社会的破産と民衆の貧困を準備する。

この反動は、L・ボナパルトの思うようにすみやかには行かなかった。彼は代表者たちに解散命令を申し渡すことで、議会に、革命にあえて挑戦した。いいだろう。革命は挑戦に応じ、決闘の申し出は受け取られた——闘いは月曜日だ。議会があえて自らを頼みとし、パリの民衆を頼みとするならば、危なげな束の間のものとはなるまい。

L・ボナパルトは、議会の解散問題を提出した。結構だとも。来週の月曜日には議会のほうも、大統領の辞職問題を提起する番だろう。

月曜日に、代表者たちが共和国および彼ら自身の尊厳を思い出すならば、一回の投票で五五〇万票を獲得して選ばれたこの男は、もはや議会の協力者、一機関でしかないだろう。この共和国大統領は閣議の議長でしかないだろうし、グレヴィ修正案は大統領職の原則に関する真の解釈となるだろう。そこで、もしルイ・ボナパルトに何がしかの人格的尊厳が残っているのならば、彼の務めはおよそ明らかだろう。つまり、その権力を断念しさえすればよいのだ。

今日の会期では、このレポートが読まれると、革命的情熱が身を震わせるのが聞こえ、共和派の息吹が代表者たちの胸を揺さぶり、反動家たちの悪意が座席の上で身をひきつらせるのが見られた。

愛国者たちよ、希望を、今まで以上の希望を！　そして今まで以上の冷静さと忍耐を！　国民議会は、たった一人で革命を成し遂げるだろう。われらの苦しみは、ほどなく終わるだろう。すなわち、この大統領、つまりこの君主制、腐敗、虚偽、特権、専制、資本の搾取はありえないのだ。

## 共和国大統領には責任がある[170]（一八四八年憲法）

170――一八四九年一月二六日（訳注――訳出原本の注にはないが、『プープル』紙初出であることは明らか）。――この論説は『雑録』（第一巻、二五八ページ）ではほぼ完全に欠落している。これは次の箇所で突然中断されている。「ならば本号も押収するがいい」『雑録』（同上、二五九ページ）に収録された一月二八日の論説には、次の注がある――「完全には収録されなかった前の二つの論説は、提訴され、有罪とされたものであった」

昨日の会期に関する報告では、われわれは今朝次のように主張していた。

「国民議会とルイ・ボナパルトとの闘いを」

「ルイ・ボナパルトは議会の解散を問題提起した。来週の月曜日には、議会は大統領の辞任を提起するだろう」

共和国大統領の手下である共和国検事は、この見解を彼の上役にとって不穏なものと思い、その号を押収した。ならば本号も押収するがいい！　というのも本紙としては、こう言わざるをえないからだ――王室の不可侵性という神話は、一二月四日の憲法によって廃止された。共和国大統領は、これに責任を負うべきである。そうとも、こう言っているのはわれわれではなくて、事態の趨勢である。月曜日には、革命と反革命との間で決定的な闘いが交えられるだろう。

国民議会によって代表される革命と、

L・ボナパルトによって代表される反革命との間で。

これを否定しうるのか。

今日、革命のあらゆる力、あらゆる思想、あらゆる希望は、国民議会に集約されている。ラトー氏に尋ねてみるがいい。

反革命のあらゆる力、あらゆる思想、あらゆる希望は、L・ボナパルトの頭上に集まっている。バロ、ファルー、フォーシェ、ドルユン・ド・リュイス（一八〇五―一八八一、政治家。第二帝政下で外務大臣を務める）、デステュット・ド・トラシー（一七五四―一八三六、哲学者。観念学派を創始）各氏に聞いてみるがいい。彼らはそろって一二月一〇日の選挙を準備し、奨め、押し進めたが、今やそれを食いものにしているのだ！　彼らはこう答えるだろう。L・ボナパルトとは君主制であり、反革命なのだ、と。

議会が解散すれば、反革命にはもう邪魔者はいない。憲法は打ち砕かれ、二院制が復活する。大統領の不可侵性と再選資格が宣言され、帝室費は跳ね上がる。君主制が復活し、腐敗が息を吹きかえし、民衆はまたしてもくびきに繋がれるのだ。

逆にL・ボナパルトが敗北し、辞任あるいは解任されるならば、反革命は打ち倒される。そのあらゆる望みは決定的に、未来永劫に潰え去るのだ。

おかしなことだが、この一カ月というもの、議会の共和派や民主的ジャーナリズムは、この状況がわかっていないようなのである。

かつての憲法は、諸政令の責めを王には遡及しないように定めていた。異議の申し立ては大臣止まりにしかならなかったので、決して決着がつかず、むしろ破局に至ったのである。

共和主義的憲法下では、事情は全く別である。行政権力の首長は責任を負うと同時に解任されうるものであり、その任期は変更可能である。不可侵なのは共和国のみである。

偶像を撃ち、宗教は名誉を失い、祭式は廃止される。これが初期キリスト教徒の、あらゆる革命家の実践であった。L・ボナパルトは、その前歴、性向、コネクション、選り好みのゆえに共和国の敵となった。彼は君主制の候補者、反動の希望、反革命の代弁者となった。投票によってL・ボナパルトを撃ち、反動がその賭金をすべて失えば、共和国にはもはや一人の敵対者もいない。

L・ボナパルトがただそれだけで反革命であるとわれわれが主張するとしても、それは何も論争をでっち上げたり敵対的な誹謗中傷をするつもりなのではない。

さて、ではよろしいか、一二月の選挙の際に、カトリック的、正統王朝派的反動の旗手となったのは誰か。――ボナパルトだ。

今この時に、即位し、王冠を戴くことに最も執着しているのは誰か。――ボナパルトだ。

共和国を隠れ蓑に、人民主権の永遠の敵と密通しているのは誰か。――ボナパルトだ。

資本主義的、重商主義的封建体制の望みを復活させ、労働者の最後の夢を打ち砕いたのは誰か。――ボナパルトだ。

革命以来初めて、純然たる君主制主義的な内閣をあえて組織したのは誰か。――ボナパルトだ。

民衆的自由の最後の隠れ家《アジール》である諸クラブを閉鎖させるのは誰か。――ボナパルトだ。

カヴェニャックの不幸な政策を引き継ぐことを誓ったのは誰か。――ボナパルトだ。少なくともカヴェニャックは共和国は守った。彼は、社会主義に対してのみそうしようとしたのである。ボナパルトは、社会主義にも共和国にもそうしようとしている。

労働者たちのアソシアシオンに対する、誹謗中傷と迫害を組織しているのは誰か。――ボナパルトだ。

人民銀行の設立が、国民の秩序と安全に背馳する政治的からくりにすぎないと喧伝しているのは誰か。――ボナパルトの警察だ。

民衆の健康にかくも有害な消費税の減税を拒むのは誰か。――ボナパルトだ。

財政改革、行政改革、予算改革を却下するのは誰か。――ボナパルトだ。

寄食者たちの保安とは両立しないとして、小学校の廃止を求めているのは誰か。――ボナパルトの手先である。

資本に対して戦うことから労働者の気を逸らすために、何らかの戦争をヨーロッパにしかけようとするのは誰か。――ボナパルトのパトロンたちである。

反動の復讐をさらに手助けするためには、法による兵士の休暇の原則も侵すのは誰か。――ボナパルト政府である。

政府の評議委員会で決定された、大統領の免責性という申し合わせを先取りして、反動的共和国に敵対する民主的新聞を攻撃しようとするのは誰か。――ボナパルトの検事たちである。

和解を約したあとで、無慈悲にも特赦を拒否するのは誰か。――ボナパルトだ、いつもボナパルトなのだ。

反動の申し子、反動の道具、反動の権化であるボナパルトは、今は反動そのものである。それゆえにこそ、ボナパルトに敵対する者は誰であれ間違いなく革命家であり、ボナパルトが失脚すれば、正理論派の、正統王朝派の、オルレアン派の、帝政主義者の、資本主義者の、そしてイエズス会派のあらゆる陰謀が、彼とともに崩壊するのである。

こうした勢力のある反動家たちは抜け目がなく、あらゆる専制主義と結託し、あらゆる宗教に関して偽善的であると思われていたが、まさにその彼らがテュルゴヴィ（スイスの小郡。ボナパルトはここで幼時を過ごした）のブルジョワの資産家に対し、一か八かの勝負に出たのである！ 彼らは自分たちの代表者として、自分たちに恰好の存在として、このアレネンベルクの陰謀家、ストラスブールのピクロコル（『ガルガンチュア物語』の中で重要な役割を演じる架空の国の王。全世界を征服しようとする者のカリカチュアを示す）、ブローニュの暴君《シーザー》、アムの社会主義者、普通選挙の私生児を選んだのだった！

堂々たる貴族政治主義者たち、尊敬すべき王党主義者たち、誠実なるブルジョワ、信心深いキリスト教徒たち、醜悪なる道化のお追従者たち、哀れなる伊達男ども、哀れなるかつがれ屋たち！　すばやく有無を言わせぬ展開で、二月の共和国を一七八八年の君主制に一変させるはずであったあれらの深い企みが帰着せざるをえなかったのは、そんなところであった！　木偶《でく》人形とラトー氏、そんなもので諸君は、革命家たちの間にパニックを起こしたと思ったのだ！

共和国の代表者たちよ、諸君にとってこれほどの好機も、これ以上恵まれた状況もかつてなかった。この幽霊皇帝の立候補に敵対したとして諸君は非難されているが、では今日、諸君の中でそれに賛同しないのはどんな者たちか。

ああ、確かに、港の名と人間の名を取り違える寓話の猿のように、民衆が熊のマルタンやら牡牛のダゴベールを共和国大統領に選んだのなら、そしてこの普通選挙で選ばれた者が諸君に対し、彼のように四つ足で歩くよう命令したとすれば、彼に従うべきだなどと考えられようか。

したがって、この陰謀家のもくろみに対しては、尊厳を保ち、容赦なく皮肉でありたまえ。反動を恐れる必要はない。それは、自分が立てる評判と、国民に引き起こす動揺によってしか力を持たない。投票が力強く動機づけられれば、五分でそこから解放されよう。この政体に戻るためには、共和国大統領は、憲法制定議会の権威に身を屈し、従わなければならない。この条件によってのみ、彼は諸君の側に残り、三年三ヵ月の間、その任に耐えることができる。

忘れてはならぬが、一二月一〇日の選挙は国民に対してなされた奇襲であったし、私としては、それはほとんど国民の理性に対する侮辱であったと言いたい。国民の代表者たる諸君こそが、臣下の無能さと支持者の下劣さとによって主権の尊厳に加えられた過ちを、知恵と断固とした態度とによって修復しなければならない。

愛国者、わが友、わが兄弟よ、忘れてはならない。今この時のわれらの務めは、諸君の代表者たちの主導権を待つということである。国民議会においてこそ、反動は打倒されなければならない。市民たちの唯一のものには、髪の毛一本たりとも失わせてはならない。

## ルイ・ボナパルトの最初の戦闘(171)

171――一八四九年一月三〇日。この論説は『雑録』ではまるごと削られている（訳注――一月二九日には、国民議会に圧力をかける軍事行動があった。議会ではラトー提案が可決される）。

パリの民衆は、あらゆる民衆の中で最も知的である。彼にあるアイディアを与えてみたまえ。たちまちにしてそれは、あらゆる局面に展開されているだろう。ある原理を与えてみたまえ。そこから最終的結果を引き出すまでは、止まらないだろう。だが時には、こう指摘してやる必要がある――君はあんまりぼんやり、ぶらぶら、のらくらしているから、時折り目の前にあるものに気づかないことがあるのだ、と。

昨日、ルイ・ボナパルトは、羽飾りつきの帽子をかぶって、軍の先頭に立ち、パリ民衆と一戦交じえにやってきた。彼にとって肝心なのは、往年のナポレオンにとってのアウステルリッツの戦いのごとく、初陣の手柄を挙げることであった。三〇里四方からすべての軍隊、最上の兵士たち、熟練の隊長たちが集められた。総司令官はシャンガルニエだった。ブールジュに向けて出発したビュゴーは、後衛部隊を率いることになっていた。戦略プランは、両岸からセーヌを遡ることだった。背水の陣を敷き、強化して、暴動を分断し、アウテルリッツ橋の上で両翼を合流させ、次いで、内、外の大通りを通って後退し、一斉射撃、大砲、爆弾、塹壕によって、蜂起のさまざまな拠点を攻撃することになっていた。――二時間の戦闘で十分だろう、と遠征隊の二人の将軍はロビーで語っていたものだ。多くてもせいぜい六時間だ！……。

民衆は戦うのを拒んだ！　パリの民衆はかくも気まぐれなのである！　彼らには、戦闘もお祭りのようなものだ。気に染むなら戦う、そうでないなら戦わない。この場合、フォブールの人々は、あちこちで軍隊をあざけることで十分だったのだ！

五、六〇〇人の作業服姿の者たちがエリゼ宮のそばにたむろしていて、共和国大統領を待っていた。ボナパルトが姿を見せるや、「共和国万歳！　憲法万歳！　国民議会万歳！　特赦を！　大臣どもを倒せ」等々と叫んで、彼を迎えた。こうした王朝的でない叫びは、ボナパルトが通ると刻々高まりをみせたので、「皇帝万歳」と叫ぶために雇われたサクラどもの努力にもかかわらず、キャプシーヌ大通りのところに達したこの王位要求者は、オベリスクにほど近いコンコルド広場に設営された司令部に撤退せざるをえなかった！

そして、すべては決定済みであった！

臨戦態勢に装備された諸部隊が歩道に露営していたが、一部は兵舎に戻った。国で最良の将官たちに率いられた八万人の精鋭たちは、モンマルトルの風車小屋の前で縦列行進するために集められたようであった！……。

こうしたことは、王位要求者たちに仕えるという考えや特性を、どんなに肥大化させることだろうか！　これらの人たち――ナポレオン的な係累主義をもって、フランスの野戦場やアフリカの大地で祖国に仕えたシャンガルニエやビュゴーのような人々は、何と気高いことか……。

すべてこうしたことは、全く実に馬鹿げたことである。しかし、こうしたことがすべて悲惨なものになったとしても、それは内閣のせいではなかった。左派は一月二九日の戦闘に関して尋問がなされるべきだと要求したが、右派はこれを拒んでいる。してみると、右派は共謀していたのであり、つまり政府は有罪であり、挑発的で反動的な軍隊の長であったルイ・ボナパルトは、この襲撃の共犯なのである。

エミール・ド・ジラルダンは、カヴェニャック将軍に対して有無を言わせぬ証拠を大してつきつけなかったが、ルイ・ボナパルトに対しても同様だった。そして、この犯罪が刑の執行を受けなかったのは、その原因は全く不可測の、被疑者の意志とは無関係の事情に関わっているにちがいない。

どうか私の推論を聞いて、できれば応えてほしい。

鉄道によってあちこちから兵士が集められ、それは八万人にのぼる。彼らには攻囲戦に必要なものすべて――つるはし、はしご、大砲、水筒等々が供給される。レオン・フォーシェ氏は、社会の、所有の、家族の永遠の敵に対して、また、六月の戦闘を引き起こし、大胆にも内閣を告発したこれらの人間たちに対して、国民軍に戦うよう呼びかける。彼は声明を終えるに際してこうつけ加える――「秩序の勝利は、決定的かつ最終的なものでなければならない！」

――つまり、あらゆる道具と砲弾を装備した八万の軍隊を、パリの市街で戦闘状態に置いたのである以上、彼らは殺し、一斉射撃し、爆撃するつもりであった。彼らは戦闘を予知しており、私としては、共和派の死刑執行のことを伝えなければなるまい。敵は明らかである以上、犠牲者を明らかにせよ。勝利は予測されていたのだから、容赦ない、決定的な虐殺を読み上げよ。

この戦闘は、入念に仕組まれていたのである。なぜならば、朝の二時間だけで部隊は議会のブルボン宮を取り囲んだが、マラスト議長は一一時にならなければ通告しなかったからである。また、すべての配置は予想された抵抗通りであり、その組織はあらかじめ知られていて、抵抗の余地はなかったからである。さらには、蜂起を勃発させるべき火花は、前日から、国民遊撃隊の解散――これは国立作業場《アトリエ》解体の哀れな剽窃である――という形で点火されていたからである。

要するに、これは罠だったのだ。なぜならば、ギナール大佐が演壇で明らかにしたように、集合命令が出されたのは第一、第二、第一〇部隊の大佐たちのみであり、彼らは共和国に対して一番好意的でないと見なされていたのである。そして他の部隊の大佐たちが、愛国心に鼓吹されつつも、部下を集合させざるをえなかったのは、ひとえに議会が脅されていた通達のせいなのである。

さらにこれが罠であった理由は、政府は何ら襲撃されていなかったからである。また、議会の解散のために組織された内閣の共謀ではないとすれば、陰謀は何らなかったからである。さらには、権力と警察の扇動はあちこちで「共和国万歳！　国民議会万歳！」という声に見舞われたからである。

自らの失敗に恥じた政府は、社会に対する陰謀の存在を告発している。政府は自己弁明のために、あえて山岳派の議員たちを、この陰謀の扇動者として名指ししている。

しかし、調査は拒んでいるのだ！

政府に関しては、事実は、すなわち戦闘の意志は、あらかじめ企んでいたことは、その罠は、疑問の余地がない。政府は、社会の擁護者、社会の代表者として、正当防衛の行為であったと弁明することはできない。

だが、政府は調査要求を却下するのだ！

いいだろう。では私は恐れずにこう言おう――内乱を準備したのは君たちだ、市民の暗殺に手を貸したのは君たちだ！

そして、君たちが卑劣にも社会民主主義のせいだとする犯罪の共犯者として、極左に位置する代表者たちにまで遡るというのならば、私としては自由を踏みにじる君たちの企ての共犯者として、共和国大統領まで遡ろう。

山岳派は動乱と略奪を説いていたのだが、反乱の謀議には何ら姿を見かけられてはいなかった。君たちは、いつも誹謗中傷する民衆に対してほど、山岳派には攻撃していない。それは、民衆が決して復讐しないからである！

しかし、ルイ・ボナパルトはこの閲兵式で何をしていたのか。コンコルド広場やブルヴァールで、彼はどんな役割を演じようとしていたのか。この日の出来事に関して、彼自らが問いただされるとすれば、彼はどう答えるというのか。エリゼ宮からオテル・デ・キャプシーヌまでの行進の前と最中とその後に起きたさまざまな出来事について、彼はどう考えているのか。「皇帝万歳」という叫びに満足するこれらの証言は、「国民議会万歳」というこれらの怨嗟の印は何を意味しているのか。一月二九日の陰謀は、ストラスブールに始まり、ブーローニュで継続され、シャラントンで終わるであろう、あの悲喜劇の第三幕なのではあるまいか……。

君たちは調査をしようとはしない！　ああ、もしそれが、フランスの眼からその最高官の不治の妄執《モノマニー》を隠すためであるというのなら、君たちの留保は認めよう。しかし、祖国の恥辱をそそぎうるのは、愛国者たちの血しかないではないか！

## 社会主義の理論的・実践的証明、すなわち人民銀行の応募者および加入者の知見に供する信用革命

——軍隊にて(172)

172 ——一八四九年三月四日。——この論説は『雑録』では削除されている。

兵士諸君——われわれはまさに諸君に呼びかける。

自由の永遠の敵であるこれらの人間たちは、いつの時代も水のように民衆の血を飲んでいたが、今では、民衆が労働し、そのことによって自由になり、生き生きとすることを恐れて、彼らの行動を縛っている。これらの特権の組織者たちは、自分たちの醜悪な支配を維持すべく、今やまさに諸君を当てにしているのである。彼らに言わせれば、鉄と青銅は文句を言わないというわけだ！　まさにその諸君の無敵の軍隊に彼らは助けを求め、ブルジョワの不平を、苦悩する労働者の喘ぎを窒息させるのだ。

兵士諸君、諸君がわれわれの死刑執行人にならぬうちに、われわれは諸君を裁判官としたかったのだ。諸君には、われわれの立場がわかるだろう。というのは、われわれは決めているのだ——諸君に対して、われわれの兄弟に対して武装するよりは、道沿いで、河岸で、広場で、諸君の兵営の入口で、熱や飢えのために倒れるがままになろう。

司祭は、われわれに対して情容赦もなかった。

裁判官は、公正ではなかった。

権力は、われわれを山賊や野獣のように狩り立てた。

科学は……ああ、科学は……頭を振りながら、われわれに立ち去るように言う。われわれは地上であまりにも多すぎるので、科学はわれわれに死を宣告するのだ。

憐れみ、正義、愛はわれらの支配者の心からは消えた。おそらくそれらは、諸君の銃剣の先に見出されるだろう！

こういうことなのだ、兵士諸君！

われわれは司祭たちに会いに行き、次のように言った。――

あなた方の主でありわれわれの主であるキリストは、地上に自由、平等、友愛をもたらすためにやってきた。では、人間が兄弟ならば、どうして一方に労苦と禁欲があり、他方に閑暇と快楽とがあるのか。どうして、あらゆるものを生み出す労働者が絶えず、寄食や暴利に吸い尽くされているのか。一握りのエリートたちは教育によって際立ち、芸術を享受し、快楽と権力と財産を併せ持っているのに、民衆の一〇分の九はどうして無知を、隷従を、貧窮を余儀なくされているのか。働こうとする人間は、その労働力を雇う経営者の、畑を貸す地主の、貸し付けを支払わせる高利貸しの、あらゆる仕事を投機の対象にする相場師の意志のもとでしか、どうして働くことができないのか。

同様にして、諸民族もまた市民と同じく自由でないのはなにゆえなのか。恩寵の定めによっても対立の定めによっても、諸国民はまさに合法的で独立していなければならないのに、なにゆえそれらは互いに征服や搾取をし合うのだろうか。なにゆえ、イタリア人がゲルマン人に、ハンガリー人がオーストリア人に、アイルランド人がサクソン人に、ポーランド人がロシア人に抑圧されるのか。こうした状態に終止符を打つことを、フランス革命は約束していた。しかし、教会は何故いつも革命を指弾したのか。諸民族に解放を説くのではなく、何故、服従を説くのか。何故に教皇聖下は死刑執行人フェルディナン（一七九三―一八七五、オーストリア皇帝）の、裏切り者シャルル＝アルベール（一六九七―一七四五、ドイツ皇帝）の、離教者ニコライ（ニコライ一世、一七九六―一八五五、ロシア皇帝）の、淫蕩なるイザベラ（イザベラ二世、一八三〇―一九〇四、スペイン女王）の友なのか。なにゆえに彼は、自らローマの民衆に自由を拒み、この永遠の都（ローマ）の共和主義者に破門を宣告したのか。いかにしてこの神の僕の中の僕は、自由の僕の中傷者となったのか。いかにして彼は、福音書から専制主義の掟を作りえたのか。それは使徒たちの布教の賜物、殉教者の血の代償なのか。

キリストの祭司たちよ、答えたまえ！

そして兵士諸君、諸君はこのキリストの僕たちが、地上におけるキリストの代理人たる教皇の名のもとに、われわれに何を言ったか知っているだろうか。

人間はその起源から汚れている。それゆえにこそ、貧困と抑圧は人類においては尽きることがない。罰は有罪者をその生まれた時から捕え、死ぬまで放すことはない。その兄弟を殺す人間は、神の復讐の執行人である。われらの母なる聖教会、この聖書の唯一の解釈者は、このようにわれわれに教えている。

もしそうではないならば、この世では正義が真実であることが可能ならば、来世に約束された自由、平等、友愛がこの世で実現されうるとすれば、宗教と信仰はどうなるべきであろうか。洗礼や告解の秘蹟は、何の役に立つというのか。聖なる犠牲の意味とは、何であろうか。どうして、イエス・キリストは死ぬのであろうか。幸せに満ちた生活に、何の意味があろうか。それゆえ、生命と愛のみによって可能な人類は、決して堕落することはあるまい！　贖罪は作り話であり、洗礼は迷信で、告解は恥辱、聖体の秘蹟は絵空事、恩寵の必然性は聖博士たちの中傷である！　その営為によって正当化された人間は、もはや罪を贖う必要がなく、神と等しいもの、地球の管理を神と分かち合うものとなろう。そうなれば、人間はもはや許しを請うたり苦杯を飲む必要はなく、それは悪の張本人たる神のすることとなろう！　そうなれば、祭司職に何の意味があろうか。どうして、教理問答や歌ミサを行なうことがあろうか……。

恥ずべきキリスト教徒たちよ、諸君が求めているのは権威の否定そのものであり、信仰の否定であるが、これはわれわれが諸君に認識させるべき使命として授かっていることだ。諸君は教会のふところに帰りたまえ。呪われた哲学によって、諸君は惨めにもそこから追い立てられていたのだが。文句を言わずに、神が諸君をとがめ罰するために樹立した諸権力に従いたまえ。従僕たち、プロレタリア、労働者たちはその主人に従うがいい。主人たちは諸君に完璧で非のうちどころなく仕事を、賃金を、訓練《ディシプリン》を与えてくれるのだ。諸君は、教会のあらゆる譴責と世俗裁判権のあらゆる厳正さが適用されるべき、反逆者である！……。

これについてはどう考えるだろうか、兵士諸君よ。諸君が共和国軍隊を担うのは、こうした忌まわしい神学者の、地獄の教義の恨みを晴らすためなのか。諸君は現代のプロレタリアに抗して、キリスト教的神の懲罰を下すために遣わされたのか。ちょうどその昔、ローマの貴族《パトリキ》たちに対してアッチラ（フン族の王）が遣わされたように。十字形に銃剣を構えて、諸君はわれわれに教会に行くよう強いようとするのか。そして、兄弟たちののど笛を切って殺した後は、恩寵の行為として、免償と聖体拝領を受けようとするのだろうか。諸君は教皇の兵士、イエズス会派の召し使いなのか……。

教皇だって！　彼は現在、暴君たちと手を結んでいるのだ！　教皇……それはまさに一九世紀の密儀であって、この密儀は、諸国民と祭司たちの教化のために（疑ってはならぬ）行なわれよう。

今から一八世紀前に、ユダヤ司祭たちの王は、プロレタリアの反逆者たちの長であるキリストに死刑を宣告した。ところで、教皇制は常に、神官アロン（イスラエルの祭司職の創始者）を相続するものとして位置づけられている。すなわち、アロンの子孫の罪を償うべきなのは、教皇制なのである。

ローマ人たちよ、裁きはなされており、正義は行なわれなければならない。君たちの祖先のことを思い出したまえ。われわれの父たちが、九三年に君たちに与えた例を思い出したまえ。そうとも、教皇職の審判は予審に付されねればならず、自由に背きキリストに背く教皇は、出頭すべく召喚されなければならない。カトリック司祭たちの王に有罪宣告することで、かつてアロンの司祭たちの王によって宣せられた有罪宣告を償わなければならない……。

教権に拒まれて、われわれは世上権に訴えかけた。われわれは、民衆の代表者たちに、大臣に、法学者たちに次のように主張した。──

革命はモットーとして、「自由・平等・友愛」を採用した。――ではどうして商業、工業、農業は資本の意志に委ねられているのか。どうしてわれわれは働かないのか。立法者たちよ、諸君は政府を十分組織した。ではどうして労働を組織しないのか。信用貸しを組織しないのか。企業家たちが動かないのならば、どうして他の者たちを呼び出さないのか。手形割引人が事務所を閉めるのならば、どうしてその埋め合わせをしないのか。どうして重商主義的封建制を廃棄しなかったのか。ちょうどわれわれの父たちが、八九年に貴族的封建制を廃止したように。どうして共和国下の社会経済は、共和主義的原理と相反しているのか。

この矛盾が存在するのは、社会の経済とその政治的原理との間に限ったものではない。それに、諸権力は市民の大きな損害や不幸とは一致しないのである。

どうして行政権力は、立法権力の観点からは常に反抗的な状態にあるのだろうか。

民衆に選ばれた人々が税金の削減を語っても、政府はそれに反対する。彼らが有機的な法律を作ることによって、憲法上の事業を仕上げようと表明すると、内閣はそれを妨害する。解散する前に予算の決定を彼らが要求しても、共和国大統領は彼らに旅券を送りつける。立法的機関が政令によって自由を正式に認めさせるとしても、行政権力はこの自由の行使を警察によって妨げるのである。国民議会が外交政策に関して共和主義的同意、革命的採決を表明しても、内閣は国外で反革命を支持し、革命に口笛を吹くのである。

この行政権力の不服従は、どうしてなのか。

自由は法によって、憲法によって保護されているのに、どうしていつも政府の役人たちのために、市民の人格においては侵害されるのか。

さらには、わが国の周囲の国民たちは、どうして自由ではないのか。

共和国大統領よ、どうしてローマにおける共和国の樹立を、あなたは支持しないのか。

どうしてあなたは、ラデツキー（一七六六―一八五八、オーストリアの陸軍元帥。四八、四九年の戦闘で勝利し、ロンバルディアをオーストリアの信託統治下に置いた）に対してアルプス軍を投入しないのか。

どうしてあなたは、オーストリア人をタリアメントで、クロアチア人をドナウ河で、ロシア人をヴィステュル河で押しとどめないのか。

さて大統領よ、あなたの行為と出自とのこの矛盾はどうしてなのか。あなたより前に、あなたより以上に共和国を代表する立法的権威とのこの不和はどうしてなのか。あなたは革命の敵と、教皇と一致しているのではあるまいか……話してくれたまえ、フランス民衆の長よ。五五〇万のサン・キュロットたちによる、四年間の代表者よ。

そして政府は、うつろな声ともったいぶった身振りで、われわれにこう答えた。——

社会の統治は二つの相反する原理——権威の原理と自由の原理、言い換えれば君主制的原理と共和主義的原理——の均衡にある。

この二つの要素は破壊しえぬものであると同時に、両立しえぬものである。すなわち、命令する権威と解放する権威とが、互いに抑圧しあうことも融和する可能性もなく、常に存在するだろう。およそ統治の技術というものは、この二つの原理を融合することによってにせよ、一体化することによってにせよ、一致させることにあるのではなくて、ある和解によってそれらを制止することにある。

この和解によって、二つの権力は相互に規制され相殺されるのだが、これが「憲法」と呼ばれるものである。——この憲法の大いなる権限とは、国民的代表が結合される際の議会的なものであれ、それが解消される際の選挙的なものであれ、多数性なのである。

この二つの相反する原理のうちの一方、君主制ないしは民主制が、もう一方に対して優位を占めるおそれがある場合には、多数派の義務は、反対の側をただちに支持することである。というのは、政府の安定性と国民の幸福のためには、過剰な自由も、過剰な秩序も、過剰な専制も、過剰な共和主義もあってはならないからである。

諸団体の不都合さ、革新者たちの狂気とは、ある絶対的自由、ある完全な秩序を絶えず目指すことである。すべてにおいて中道的、中庸であること。これこそ、諸国民の知恵と憲法の理論が命じているものなのである。

加えてこれは、状況の作用の結果、社会の法則の結果でもある。

自然は不平等な人間を作ったが、そのことによって条件と財産の不平等さの法則を作った。

社会は――政治経済に関わるあらゆる当事者に聞いてみたまえ――宿命的に、企業家と賃金生活者、資本家と労働者、主人と職人、経営者と使用人、所有者と無産者、支配する者と支配される者、司祭と俗人、裁く者と裁かれる者とに分かたれる。

ところで、政府とは、宗教や文学や芸術と同じく、社会の表現である。自然自体によって決定された経済的秩序が存続する限りは、政府の形態は、その結果としてあるはずであろう。

このように社会は本来二つの、対立し両立不能なカテゴリーに分かたれているのだから、この二つのカテゴリーを代表する政府も、宿命的に分かたれている。それは対立するものにおける和解であり、均衡を裁くものである。

それゆえにこそ二月革命は、暴君を倒し、彼を屈服させるのに十分だったのに、一つの重大な過ちを犯した。すなわちそれは、民主主義を氾濫させ、政府に均衡を失わせたのである！――またそれゆえにこそ社会もまた、政治革命に導かれながらも奈落に向かったのだ。プロレタリアが突如溢れ出て、労働が資本に対して反乱を起こし、労働者はブルジョワに似たものになろうという狂った願望を抱いた。

そこで政府は、あらゆるところに均衡を回復すること――政府にはこれ以上聖なる務めはなく、それを維持しうるだろう！――に取り組むのだが、それはまずは、行政権力にその特権を返し、本質的に侵害された君主制の観点で、憲法の修正を準備することによってであり――次には、臨時政府の常軌を逸した政策のために引き起こされた社会民主主義の奔流を、内部でも外部でも押しとどめることによってである。

したがって、できるだけ早く、行政権力に次のことを回復しなければならない。すなわち、
一、独占性。
二、不可侵性。

三、継承性。
四、拒否権。
五、国民議会に関わる解散権。
さらに、この仕組みを完全にするためには、国家のこの二大権力が直接的な対立状態には決してならぬよう、立法権力を、さらに二つの議会に分けなければならない。つまり、社会の貴族政治主義的な党派を代表する上院と、下層の、あるいは大衆の原理を代表する下院とである。

労働の組織化、社会革命と呼ばれるものに関しては、政府はそれを反社会罪と見なす。この点に関する政府の政策はすべてただ一語──「抑圧」に要約される。秩序つまり特権は、二月の破局によって激しく危険にさらされた。何も所有せず、働くことしかできぬ階級の知的未来は「労働」というこの平凡な言葉を超えるものではないが、所有し働かず労働よりもよいことを知っている階級、つまり土地を賃貸しし、金を貸し、投機し、支配し、説教し、審判する階級よりも優位に立ったのである。政府としては、社会を戒厳令下に保つ、つまり、均衡が回復し、秩序が支配するまでは、社会民主主義を押し殺し、プロレタリアに襲いかかり、共和主義者を切りつけるよりほかに、なすべきことを何ら持たないのである！

同時に、二月の反抗の余波が全ヨーロッパで感じられたように、同様の政治的、社会的混乱現象が多くの点で露わになり、さらには正当で強い政府の栄光という行動原理は、国の内外においてその政策を優越させることなのであってみれば、内閣としては、広範な鎮圧の主導権を取り、騒乱を好む国民性を犠牲にすることによってであれ、樹立されるかもしれぬ共和国を外交や武力によって阻止することによってであれ、諸処で乱れている秩序を回復することを目指すのである。

こうして政府は、イタリアには決して介入しないだろう。というのは、イタリアの国民性の立場は現に、共和国の立場と切り離しえぬものであり、政府は、慎重にかつ合法的には、共和国を援助することはできないだろうからである。政府は、ローマの叛徒たちを決して支持しないだろう。なぜならば、叛徒たちの要求とは、共和主義的形態の採用によって革命的均衡を、カトリックにつきものである教皇の世上権の廃絶によって政治的、宗教的均衡を、ともに侵犯することだからである。政府はロシアの銃剣隊やクロアチアのサーベルに対しては、ハンガリーやポーランドの愛国者たちを見捨てるだろう。古きゲルマニアの軍隊のもとに、バーデンの共和派を鎮圧されるがままにするだろう。プロシアの民主主義を押し殺すだろう。なぜならば、これらのどの国においても、単に政治的党派の転倒だけにとどまらず、社会的条件の転覆への明白な趨勢が存在するからである。

かつて戦争は、征服、国民の独立、同盟国の防護、政治的、商業的、または宗教的自由を口実としていた。しかし、戦争の真の目的は、最近の諸事件によってわれわれに明らかになった。すなわち、その目的はプロレタリアの抑圧である。内戦に転化しえないようなあらゆる戦争は、同時に不手際で根拠のない戦争である。民主的デモンストレーションへの支援はすべて（このデモは社会主義的思想を補足しうるものだが）、文明と人類に対する犯罪なのだ。

これとは別の形で行動すれば、社会主義の唾棄すべき理論に落ち込むことになろう。つまり、それはこういうことを意味しよう――働く意志のない者は、食べてはならない。労働者は、資本家よりも上である。職人は、すべて親方になるべきだ。サラリーマンは、企業家と利益をともにすべきだ。特権、独占、寄食、投機売買、高利はすべて廃止されるべきであり、教育は義務として、また無償でなければならない。そしてこうした条件は、権利と義務と同じく、万人にとって同等でなければならない。

これはまた、次のような主張となろう――行政権力は立法権力から生じるものであり、したがってそれに従属すべきである。共和国大統領は民衆の代表者に従う義務があり、この代表者たちは、対抗する二院で構成されるのではなく、単一の議会を形成すべきである。国家の役人は市民に雇われるのであり、したがって市民の奉仕者である。民事および刑事上の訴訟は、罷免のない司法官ではない裁定者によって審判されるべきであり、その最高形態は陪審である。兵士がもっぱら市民に対してのみ武装され、憲兵はその最終的な変形であるというのは誤りである。要するに社会の法は二元論ではなく、一元論である。かくして、憲法の理論は誤っている。ティエール氏は自分の言っていることがわかっておらず、バロ氏は馬鹿者である。つまり、あらゆる提案は賛同できず、無政府的で、馬鹿げている。

政府側の人々、正理論派たちはこのように語った。

このことから、彼らの思想を徹底的に検証すれば、次のように結論せざるをえない――社会の通常の状態は戦争であり、平和は専制の賜物である。秩序は停戦の結果であり、やむをえずもたらされたもの、対立しあう党派間の駆け引きに支えられたものである。自由は幻想である。なぜならばそれは、秩序の範囲内では受動的な服従と化し、この同じ秩序の外では放縦に堕すからである。要するに、進歩とは単なる合い言葉である、なぜならば、土台からこの仕組みを成立させている経済的分裂によれば、特権階級の安楽は労働者階級の貧困によって常に埋め合わされているのであり、その結果はゼロだからである。

このように、何と驚くべきことに、かつてはイエズス会派を認めることができなかった正理論派は、今や、あたかも彼ら自身がイエズス会派の一変種にすぎぬかのように、彼らと通じ合っているのだ。確かに、正理論派は政治的には、イエズス会派が宗教において常にそうであったように、中道主義、均衡主義者なのである。

このことによってわれわれにわかるのは、社会的、統治的均衡を回復するために、正理論派がいかにイエズス会派に助力を求めているかであり、憲法擁護者がどうして宗教に依拠するのか、どうして大学が神学校に手をさしのべるのかということである。彼らは互いに同じ原理、同じ思想なのだ。

イエズス会派は進歩を否定するが、それは、彼らが謎めいた隠語で語っていることで、人間には最初から罪があり、贖罪の永遠の必然性、つまりは人間による人間の搾取の永遠の必然性があるからである。

正理論派も進歩を否定するが、それは、彼らによれば、社会は必然的に階級差別に基づいて形成されており、条件の不平等さは抑えがたく、貧困には打つ手がないからである。

今や、正理論派とイエズス会派は、断ちがたい同盟を形作っている。彼らは互いに認め合い、理解し合っている。彼らはともに勝利し、さもなければともに滅びるだろう。オディロン・バロ氏はその昔の過ちから戻ってきた。彼の考えでは、法（正理論派が望む通りの法）とは、彼がかつて言っていたように無神論ではありえない。なぜなら、人間主義ないし社会主義はまさしく有神論の、すなわち教皇主義またはカトリシズムの反対物なのだから、法は本質的に人間的で、社会民主主義的なものだろうからである。

さて兵士諸君、この正理論・イエズス会派的理論のことを、諸君はどう思うのか。

諸君がわれわれに発砲する前に、少なくとも教皇、およびオディロン・バロ氏の不謬性のことを、諸君は思い出しただろうか。人間が互いに食い合うのをやめるならば、社会や家族は駄目になると、諸君は本当に信じているのか。諸君の兄弟を虐殺することによって神学者たちのテーゼを維持する、ただそのことのためにのみ、祖国は諸君に武器を委ねたのだと、魂と良心に誓ってそう思うのか。ラデツキーやウィンディシュグラーツ（一七八七—一八六二、オーストリアの陸軍元帥。四八年にプラハやウィーンの反乱を鎮圧した）と戦うことによって、戦場で白日のもとに得られた勲章は不名誉なものだが、二人ずつ結ばれ合ったプロレタリアを一斉射撃した後に、十字路で真夜中に獲得された勲章は栄光あるものだと、諸君はそう政府と一緒に考えるのか。皇帝ナポレオンは、戦いの後、敗者への敬意を兵士たちに説いたものだった。彼は言った。「不幸なる勇気を称えよ！」。ルイ・ボナパルトの将軍たちは、諸君を内戦に、反逆罪に導きながら、議事日程として諸君に言う——「捕虜たちを皆殺しにせよ！」。これが正理論派の掟、すなわち法であり、イエズス会派のモラルなのだ！　兵士諸君、君たちもそうなのだろうか！

こうして、われわれはあらゆるものの中で最も古く、最も崇められた宗教的権威に苦痛を訴えようとしたのだが、司祭はわれわれに原罪を対置することで答えたのだ！……。

次にわれわれは政府に訴えかけたのだが、政府はプロレタリアの不可避性に関しては、口を閉ざしたのである！……。

この二つの拒絶のうち、前者は後者に帰着するので、われわれとしては、貧困の必然性に関するあの不吉で絶望的な理論のことがわかる人間に尋ねざるをえなかった。それゆえ経済学者に訴えたのである！

経済学者とは労働と資本について、それに関わるあらゆることについて論述する人間のことだ。すなわち、生産、流通、消費について。価値、賃金、利益について。所有、小作料、家賃について。貨幣、貸し付け、銀行、高利、税関、税金について。分業、機械、競争、独占、商業、工業、農業、人口、等々について。

したがって、われわれの考えでは、経済学者はわれわれの訴えの正当性を最終的に判定するような法廷を形作っていたのである。それは権威に関する（古代ユダヤの）最高法院《サンヘドリン》であって、これによって結局のところ、正理論派やイエズス会派の判決が取り上げられたのであった。

貧困の必然性に関する正理論・イエズス会派の理論がもし真実ならば、経済学者たちはそのことをわれわれに証明しうることだろう。逆にそれが誤っているならば、彼らはそう言うであろう。彼らはこの問題のすべての与件、解決のすべての要素を持っていた。われわれには正理論・イエズス会派の体系は恐るべきものに思われたが、経済学者たちはその名に背くことなく、それが合理的なものであることを、われわれにわからせなければならなかった。彼らはこの証明に敗北したので、防御しようとした秩序は完全に崩壊した。革命は正当だったのであり、社会主義は真実だったのだ。

彼ら経済学者たちは、学士院という宮殿で、「人文・社会科学アカデミー」という威圧的な称号のもとに、一団となって寄り集まっていた。そのモットーは「信用を！」であり、その原理は「自由放任を！」であった。これはわれわれには幸先のいいものに思われたが、あとは絶望の言葉をしか与えてくれなかった。自由に関しては、彼らはわれわれを感傷的なまでに魅了していたのだった。

われわれは働いていない、と学者仲間の長と思われた者にわれわれは言った。――「なすにまかせよ、行くにまかせよ」と彼は答えた。

資本家たちは、資金を引き上げたのか。――「行くにまかせよ」

商人は、もう買わないのか。――「なすにまかせよ」

ブルジョワたちには、もう注文がないのか。――「なすにまかせよ」

すべての価値は、下落しているのか。――「なすにまかせよ」

密輸入は、われわれを破産させるのか。――「行くにまかせよ」

取り引きのバランスは、われわれに不利なのか。――「なすにまかせよ」

貨幣は、農民に平均一二パーセントを失わせたのか。――「なすにまかせよ」

前代未聞の豊かさの最中で、われわれが比類のない貧困に見舞われているのはどうしたわけなのか。――「なすにまかせよ」

戒厳令はどのくらい続くのだろうか。――「なすにまかせよ……」

これは、われわれには奇妙に見えた。どの嘆きにも、どの問いかけにも、この経済学者の教団《シナゴーク》はこう答えた――「信用を、さもなければなすにまかせよ」。ティエールとレオン・フォーシェ両氏は、その妨害の精力と執念で際立っていた。

どうして資本に、これら八万の兵士が集められたのか。――それは「信用」を取り戻すためだ、とフォーシェ氏は答えた。

したがって、あなた方にとっての信用《コンフィアンス》とは不信《メフィアンス》なのである。経済学者諸氏よ、あなた方は正理論派のごとく、イエズス会派のごとく語るのだ！

では、このブールジュ軍は！――「信用だ」とティエール氏は言い返した。

では、リヨンに要塞を追加することは。――「信用だ」

それで、この都市に国民軍を再組織しようとするのか。――「否。リヨンという都市は、われわれに信用を抱かせはしない」

アルプス軍をどうしようというのか。――「信用だ！」

ビュゴー氏の声明をどう思うのか。――「信用だ！」

一月二九日における、権力の計画は何だったのか。——「信用だ」

あなたの政策は、どんなものだったのか。——「信用だ！」

憲法がその発展を促進させることを約束した労働者のアソシアシオンのために、あなたはどうするのか。——

「信用だ」

そして、貸し付け制度は……。——「信用だ」

これ以上何かを引き出すことは不可能だった。こうした諸氏の言う「なすにまかせよ」は、偶然以外の何ものでもなく、彼らが信用と呼ぶものが、愚行の同義語なのは明らかであった。何とこれが、社会経済の法則や富の形成の原理、貧困の原因を研究すべく集まった学者の会議なのであり、差し出されるあらゆる問いかけに対する彼らの回答は、社会に関わるべきではないということなのだが、それというのも、社会には理性も法もないからだ！　それゆえ、正理論派の深遠なる理論や、神学者の聖なる象徴体系が帰着するのは、まさにそこである！この人々こそが社会主義の名のもとに、フランスに恐怖を投げつけ、共和国に対して農民を蜂起させ、多数のプロレタリアを虐殺させたのだ！……

しかし、諸氏よ、この政体とともに、わが国はただちに滅ぶのだろうか。——「なすにまかせよ！」

しかし、国民は非生産的にその前借り金を消費するのだろうか。——「信用を！」

しかし、借金はますます所有の負担になるのではないか。——「なすにまかせよ」

しかし、顧客はわれわれから逃げるのではないか。——「信用を！」

しかし、国家はアシニャ紙幣を何ら望まず、国庫債券の二〇パーセント損失で取り引きするのがさらに好都合だとするのだが、国家は破産に向かっているのか。——「なすにまかせよ」

しかし、国家の破産は社会の破産を引き起こすのではないか。——「信用を！」

しかし、プロレタリアは窮地に陥っているのでは。——「なすにまかせよ」

しかし、ブルジョワは貧困状態にあるのでは。——「信用を！」

しかし、年金生活者は飢えで死ぬのでは。――「信用を！」四〇〇万の人々が死ぬのだろうか。――「なすにまかせよ」「信用を！」「摂理を！」。われわれは社会を救うものである。労働を組織し、生産を四倍にすると語ったこれらの社会主義者にガタガタにされた信用を回復することを、神はわれわれに委ねられた。彼らは、この馬鹿者どもは、社会経済に政府を介入させることを望まなかったではないか。科学は社会経済をそのままに打ち捨て、一人で行くがままにせよと勧めているのである！　自由の力によって権威を忘却させる、哲学の力によって宗教を忘却させる、そういうことを彼らはしようとしなかったではないか。われわれ抜きで、彼らは権力の中に統一性を、社会の中に調和をもたらした。彼らは、贖罪と台秤の古《いにしえ》の理論を廃止したのである！　しかし、われわれは同時に科学の、権力の、法律の人間である。われわれには八万の軍隊がいる。われわれはごく小さな運動でも行なおうとするようなあらゆる人々、社会主義者、民主主義者、共和主義者、プロレタリアを皆殺しにすることにしたのである――社会主義者に加わろうという人間がそんなにいないとしての話だが！――「信用だ、信用を！　そしてなすがままにまかせよ！」

# III

## マルクス／プルードン往復書簡

一八四七年には、カール・マルクスとプルードンの間に手紙のやり取りがあった。プルードンの手紙は『書簡集』に収録されている。マルクスの手紙は長いこと未刊だったが、プルードン家に保存されていた書類から最近、発見された。ここにその二通の書簡を収録する。マルクスの手紙の署名は自筆であるが、本文はそうではない。マルクスは自らの筆跡を使っていない。最初の追伸の筆者であるフィリップ・ジゴーは未詳である。二番目の追伸の筆者フリードリヒ・エンゲルスはカール・マルクスの周知の友人である（訳注――大月書店版『マルクス＝エンゲルス全集』に既訳があるが、マルクス主義的なバイアスがかかっている場合もあるので、煩を厭わず収録する）。

### マルクスからプルードンへの手紙

親愛なるプルードン

パリを立って以来、あなたに何度も手紙を書こうとしましたが、私の意志とは別の環境がそれを今日まで許さなかったのです。仕事の増加やら、引越しのゴタゴタ等々が私の無沙汰のもっぱらの理由であると、どうかお考えくださいますよう。

さて、ともあれ、話の核心に入りましょう。私の二人の友、フリードリヒ・エンゲルスとフィリップ・ジゴー

（二人ともブリュッセルにおります）とともに、私はドイツの共産主義者および社会主義者たちと持続的に連絡を取っていますが、これは、科学的問題の議論、人民の著作物に行なわれるべきリサーチ、この方法によってドイツに起こすことが可能な、社会主義的プロパガンダに取り組むものでなければならないでしょう。とはいえ、われわれの通信の主要な目的は、ドイツの社会主義者たちを、フランスやイギリスの社会主義者たちに紹介することであります。つまり、ドイツで起こるであろう社会主義運動の流れに外国人たちを結びつけ、フランスやイギリスにおける社会主義の進歩をドイツにいるドイツ人に知らせることです。このようにして、さまざまな見解の相違が明らかになるでしょうし、思想の交換や公正な批判が可能となるでしょう。これは、社会運動が国籍の限界から解放されて、文章上の表現となるための第一歩です。そして、実際の活動においても、自国においてと同様に外国の事情に通暁することは、誰にとっても大きな利益であることは確実です。

この通信によって、ドイツの共産主義者だけではなく、パリやロンドンのドイツ社会主義者のこともわかるでしょう。イギリスとのコネクションは既にできています。フランスについては、われわれとしてはあなた以上のすぐれた通信員は考えられません。ご存知のように、今までのところ、お国の方々よりはイギリス人やドイツ人のほうがよいと、われわれは思っております。

したがいまして、おわかりのように、問題は定期的な通信を樹立することであり、さまざまな国の社会運動をフォローする手立てをそこに保証することであり、豊かで多様な利益を得ることですが、それはたった一人では決してできない相談でありましょう。

もしこの申し出にご同意くださるならば、そちらの文書通信費は当方からの通信費同様、こちらで負担致しますし、ドイツでの募金はこの通信費をカバーするために用いられます。

宛先はボッデンブロック通り八番地フィリップ・ジゴー氏です。ブリュッセルからの連絡もやはり、彼からのものになるでしょう。

つけ加えるまでもありませんが、この連絡はすべて内密にお願い致します。われわれのドイツの友は、トラブルを避けるべく、最大限の慎重さをもって行動しております。
なにとぞ、すみやかなお返事をお願い申し上げます。

敬具

カール・マルクス

一八四六年五月五日、ブリュッセル

追伸——ここでパリのグリュン氏のことを告発します。この男は単なる文学的ペテン師であり、現代思想を商売にしようとする香具師《やし》にほかなりません。彼はおのれの無知を、もったいぶった傲慢な文章で隠していますが、そのわけのわからぬ内容によって、結局滑稽な存在になるほかはありません。加えてこの男は危険です。彼は名高い著作家たちから得た知己を悪用し、その常軌を逸した振る舞いによって彼らを崇め奉り、ドイツの読者に対しては彼らを胡乱なものにするのです。フランス社会主義者に関する本では、彼は図々しくもプルードンの先生（Privatdocent、ドイツ語でアカデミックな権威のこと）だと自称し、ドイツ的学問によるあなたの重要な原理のヴェールを剝ぐことを求め、あなたの著作についてデタラメを言っているのです。ですから、この寄生虫にはお気をつけください。この手合いのことは、おそらくはまたのちほどお話することになりましょう。あなたほどの卓越した人物にお近づきになることがいかに喜ばしいことか、申し上げる機会が得られたことをうれしく存じます。それでは失礼申し上げます。

敬具

フィリップ・ジゴー

私と致しましては、私どもが今提案致しました計画に貴方が同意され、私どもへのご協力を賜りますことを、ひとえに切望するものです。貴方の著作によって私に吹き込まれました、貴方への深甚なる敬意を表しつつ。

敬具

フリードリヒ・エンゲルス

一八四六年五月一七日、リヨン

# プルードンからマルクスへの手紙

マルクス氏へ

親愛なるムッシュー・マルクス、[173] 私は喜んであなたの言う通信――その目的と組織は、きわめて有益にちがいないと思われます――の一員となることに同意します。とはいえ、分量的にも回数的にも多くはお約束できません。生来の怠惰に加えて、本来の私の仕事がそうした手紙を書く努力を許さないからです。さらに私は若干の留保を申し上げたいのですが、それはあなたの手紙の数節から思いつかれたものです。

173――プルードンはパリの社会主義グループ――彼はそこでヘーゲル哲学のことを学んでいた――の中で、マルクスに出会っていた。マルクスは哲学と同時に政治組織のことをいつも気にかけており、プルードンのうちにある影響力を見て取り、彼を引き入れようと思った。そこでマルクスは、その手紙で言っている通りに、ヨーロッパ諸国の社会主義活動家を結びつけることを目指した「定期的通信」組織に加わるよう勧めた。プルードンの返事は、これから見られるように、多くの留保を伴うものである。実際、この二人の間には、不信感と互いに相いれぬものがあった。こうした意識については、プルードンの未刊の日記にきわめて明瞭な表現が見られる。プルードンはマルクスの絶えざる駆け引きを見守りつつ、友人たちにこう書くだろう――「マルクスは社会主義の寄生虫《サナダムシ》だ」。マルクスは彼に接近するために行なった努力が無駄なことにただちに気づき、プルードンが『経済的諸矛盾の体系または貧困の哲学』を刊行した後には、『哲学の貧困』と題された辛辣な著作によってこれに応えた。
　そこでこの二人の関係は途絶えた。彼らの弟子たちの間にはある敵対関係が始まり、それを示すものは現在の社会主義にも依然として認められる。

まず第一に、組織化と実行に関する私の考えが、今の時点では全く中断しているとはいえ、少なくともその諸原則に関しては、なおしばらくの間は、批判的ないしは疑いの眼を持った姿勢を保つことが私の務めであり、すべての社会主義者の務めであると思います。一言で言えば、私は公衆とともに、ほとんど絶対的な経済的反教条主義を表明するものです。

もしよろしければ、共に探そうではありませんか。社会の諸法則を、その法則が実現されるような形態を、それに沿ってそれら諸法則が発見できるような進歩を。ただし、ああどうか、あらゆる先験的《ア・プリオリ》な教条主義を解体した後で、今度は自分たちが民衆を教化しようなどとは、考えないようにしようではありませんか。あなたの同胞マルチン・ルターの矛盾には、陥らないようにしようではありませんか――彼はカトリック神学を覆した後で、多くの追放と破門制裁とによって、ただちにプロテスタント神学を打ち立て始めたのです。この三世紀来、ドイツはM・ルターが塗り替えたものの解体に忙殺されてきました。人類に対して、新たな混乱による新たな労役というタイユ税（かつて領主が徴収した人頭税）を課すのは、やめようではありませんか。あらゆる言論を明るみに出すというあなたの考えには、私は心から賛同致します。公正にして、誠実なる論争をしようではありませんか。社会に対して、賢明で、将来に備えた忍耐の見本を示そうではありませんか。ただし、私たちは一つの運動の先頭にいる以上、新たな不寛容を導いてはなりませんし、新たなる宗教の布教者となるべきではありません――この宗教がいかに論理の宗教、理性の宗教であろうとも。あらゆる抗議を受け入れ、励まそうではありませんか。あらゆる排除、あらゆる神秘主義を、糾弾しようではありませんか。ある問題が用済みであると見なすことは、やめようではありませんか。そして、最後の議論まで論じ尽くしたとしても、必要ならば雄弁とイロニーをもって、再び始めようではありませんか。こうした条件であれば、私は喜んであなたの組織に参加しましょう。そうでなければ、否！　です。

さらに私は、あなたの手紙の「実際の活動において」という言葉について、若干の批判をしなければなりません。おそらくあなたは、いかなる改革もある奇襲――かつて革命と呼ばれたものがなければ実際には可能ではないという考えを、いまだに守っているでしょう。しかし、革命とは率直に言って、単なる揺れ動きにすぎません。

私が抱き、弁明し、進んで異議を唱えもするかもしれないその考えを、私自身も長いこと共有してきたのですが、私の最近の研究によってそうした考えから、私は完全に抜け出したのです。成功するためには、私たちにはそうしたものは必要ではなく、社会改革の手段として革命的行動を主張する必要はないと思います。なぜならば、この渇望された手段はただ単に力に、専制に、要するに矛盾に訴えるものにすぎないからなのです。そういうわけで、私は自らに問題をこう設定してみます――ある経済的結合によって社会から引き出される富を、もう一つの経済的結合によって社会の中に回収させること。言い換えれば、あなた方もう一つのドイツ社会主義者たちが共同体と呼び、私としては今のところ自由、平等と呼ぶにとどめたいものを生み出すように、所有に抗して、所有の理論を政治経済学へと変えること、です。ところで、私はこの問題を短期に解決する方法を知っています。それゆえ私は、所有者たちの聖バルテルミーの日を作ることによって、所有に新たな力を与えるよりはむしろ、所有をジリジリと苦しめることのほうを選ぶのです。

現在あらかた印刷されている私の次の著作は、このことをさらに詳細にあなたに語ることでしょう。

わが親愛なる哲学者よ、これが現在私が立っている地点です。私は間違えることがあるかもしれないけれども、あなたの手によって鞭打たれる余地があるのならば、自分が巻き返すのを待機しつつ、喜んでそれに従うものです。ついでに言わなければなりませんが、以上はまた、フランスの労働者階級の傾向でもあると私には思われます。プロレタリアはあまりにも知識に渇いているので、彼らに血以外の飲み物を勧めてはならないとすれば、彼らを受け入れることはできないでしょう。要するに私の考えでは、皆殺しにする者として語るのは、私たちにとって悪しき政策によるものでしょう。是非とも必要な手段は、十分もたらされるでしょう。それゆえ民衆には、いかなる勧告も不要なのです。

見たところ、ドイツ社会主義においては、既に細かな分裂状態が存在するらしいのがとても残念ですが、グリュン氏に対するあなた方の訴えも、その証左と私には受け取れます。あなた方は、この著作家を暗い明かりの中で見たのではないかと危惧されます。親愛なるムッシュー・マルクスよ、私はあなたの冷静さに訴えます。グリュンは亡命の身で、財産もなく、妻と二人の子供とともに、生きる手立てとしてはペンしかないのです。もし現代思想でないとすれば、彼が生きるためには、何を利用することをあなたは望むのでしょう。あなたの哲学的な怒りはわかりますし、人類の聖なる言葉は決して不正な取り引きの材料になるべきではないことは認めます。しかし、私としてはここにある不幸、ギリギリの必要性しか見たくはなく、その人間は大目に見ます。ああ、私たちがみな百万長者ならば、物事はもっとうまく行くでしょうし、私たちは聖者や天使でしょう。しかし、生きなければならないのです。それどころか、アソシアシオンの純粋な理論が与えるこの思想を、この言葉がいまだに表わしていないことをあなたはご存じだ。生きなければならない、すなわちパンを、薪を、肉を買い、一家の主人に給料を払わなければならない。もちろん、社会思想を売る者は説教を売る者と同様に卑劣だということはありません。グリュンが私の教師として振る舞ったかどうか、私は全く知りません。何の教師なのでしょう。私は政治経済学にしか興味はなく、これについては、彼はほとんど何も知りません。文学については、私は女子の慰み物だと見なしております。哲学に関しては、時折りそれを嘲笑する権利を有するほどには知っております。グリュンは、私のヴェールを何も剝がさなかったのです。彼がそう言ったとすれば、理不尽なことを言ったわけですが、私はそのことを彼が後悔していると確信しています。

些細な虚栄の発露を責めるよりも、私が知り、評価しているのは、親愛なるムッシュー・マルクスよ、あなたの著作や、エンゲルス氏の著作、そしてフォイエルバッハのかくも重要な仕事を私が知ったのは、グリュン氏の友人エバーベックともども彼のおかげだということです。彼らは私の頼みに応じて、最も重要な社会主義の出版物のいくつかの要約をフランス語で（というのは、私はあいにくドイツ語を全く解さないので）やろうとしてくれました。また、私の次の著作にマルクス、エンゲルス、フォイエルバッハ等の諸氏の仕事に関する言及をつけ加えたのも（そもそもはこれは独力でやるべきだったのですが）彼らの示唆によるものです。要するに、グリュンとエバーベックは、パリに住むドイツ人に聖なる火を絶やすまいと努めており、彼らに相談をもちかける労働者たちが彼らに抱いている敬意は、その目指すものの正しさを確かに保証するものと、私には思われます。

親愛なるムッシュー・マルクス、束の間の苛立ちから生じた判断からあなたが抜け出られるのを、私は喜んで認めるでしょう。というのも、あなたが私に手紙を書かれた時、あなたは怒っておられたからです。グリュンは、私の今の本を翻訳したい旨、言ってくれました。ほかのすべてに優先してこの翻訳をすることが、彼に何らかの救いをもたらすのだろうと私は理解しました。それゆえ、この機会に、おそらくはあなたの助力とともに、私によりは彼の利益となるような一著作の販売に一役買っていただくことで、彼を援助してくださるならば、私は私のためではなく彼のために、あなたの友人ならびにあなたに感謝するものです。

親愛なるムッシュー・マルクスよ、もしあなたが協力を確約してくださるというのならば、私はグリュン氏に、校正刷りをすぐにも送ることにしましょう。思いますのに、私が審判者になるつもりはないあなたの個人的な訴えにもかかわらず、これを行なうことは、私たちにとって万人の名誉でありましょう(174)。

敬具

あなたの友、エンゲルスとジゴー氏に限りない友情を。

174 ――マルクスには、グリュンに疑いをかける、何か個人的ないし戦術的な理由があったのだろうか。マルクス主義史家は、おそらくそれを発見するだろう。プルードンがこの告発をどのように、どんな口調で、そしてどんな気持ちで退けているかを読むのは、興味深いものがある。

〈正誤表A〉

P・J・プルードン著『革命家の告白――二月革命史のために』は初め、パリで、一八四九年、『ヴォワ・デュ・プープル』紙の発行元から刊行された。この四つ折り本はまさしく初版をなすものである。ガルニエ・フレール社からの一二折り本は、一八五〇年の日付があるが、同時に刊行されたものと思われる。われわれの入手した版本では、この日付はしかも一八四九年の記載に続いて赤インクで二重に印刷されている。ここには『ヴォワ・デュ・プープル』版とのテクストの異同は全くない。

しかし、一八五一年にやはりガルニエから出た一八折り本は第三版となっている。プルードンの手によって増補改訂された実際の第二版として、われわれがすべての注で示したのはこれである。

〈正誤表B〉

初版の第一九章(「四月一六日、ローマ遠征」四一二頁)では、三段論法とそれにすぐ続く章句の後に、次の段落がある。

「社会は、自然と同様に、その創造物によってその思想を表現する。政府はその政令によって語る。しかし、思想の表われがどんなものであれ、これらの表われは常に論理的ないしは代数的な定式に還元されうる。これこそ、実証哲学とあらゆる科学を構成するものである。社会の運動、政府の財産は、それゆえ惑星の運行のように計算されることが可能だ。そのためには、事実の観察から、言わばその核心である公式を引き出すだけでよい。これこそわれわれが新たな手本を与えようとしている当のものである」……

その代わりに初版には二つの段落が欠けている。すなわち、「憲法制定議会に要求することによって」……「憲章下では」……「一、ラトー提案」で終わる部分。

さらに初版には、「二、クラブに対する法律」で始まる最初の二つの章句がない。すなわち、「行為は観念の表われである」等。

初版では次の個所があるだけである——「二、ラトー提案と一月二九日の陰謀によってあらわになった権力の葛藤は、われわれに計算上、第一の要素を供給した。レオン・フォーシェの法案は第二の要素を与えようとしている。これらの要素の第一番めは政府の本質に関わっており、二番目はその目的に関係している」。

「ところで、政府の対象または目的とは何か。公法のすべての作成者によれば、それは権力と自由とを一致させることである。一七九〇年以来、」等々……。

# 訳者あとがき――プルードンふたたび。パンフレテールと革命家と

詩は記号が聞きとどけぬものを聞き取る。もし詩というものが、意味する諸形式を生み出すこの状態、発語し、感じ、自己と他者との声を聞くさまざまな方法による根源的な歴史性の創出であるならば、詩的認識とはそれを見分けることにある。（中略）聖なるものが自らをポエジーであると詐称し、またポエジーが自らを聖なるものと詐称するならば、その聖なるものを批判すること。詩的認識は、それが諸価値の根源的な歴史性の批評＝批判である限りにおいてしか始まらない。

（アンリ・メショニック『リズムの政治――主体の政治』）

本書は、Pierre-Joseph Proudhon : *Les Confessions d'un Révolutionnaire pour servir à l'Histoire de la Révolution de Février*, Introduction et Notes de Daniel Halévy (Marcel Rivière, 1929) の全訳である。このマルセル・リヴィエール版プルードン全集に収められたテクストは、プルードン自身の増補改訂による一八五一年刊第三版に依拠している。

一八四八年に勃発したフランス二月革命は、ドイツ・オーストリア・イタリアなどをはじめヨーロッパ各地にさまざまな革命の動きをもたらした、現代史の出発点に位置する事件である。しかし、中央集権志向を捨てきれない各派の権力角逐の場となり、一二月にはルイ＝ナポレオンが圧倒的多数で大統領選に当選、五二年にはついに第二帝政の誕生を見るにいたった。本書は、この流産した革命に関わったプルードンの「告白＝懺悔」の書であり（「私は何が起きていたかわからなかったのだ……」）、自他ともに含めた二月革命批判であり、さらにはありうべき

な論点を提供するものと言える。

「下からの革命」を希求する書でもある。

また、プルードンは本書の五一年版に際して、新たに「中産階級礼賛」をつけ加えている。これは、（フランス的）中庸性・保守性の抱える矛盾を体現するものとしての「中産階級」のありようそのものが、逆説的に革命を保証するというもので、プルードン的思考の面目躍如たるものがある。同時期を扱ったトクヴィルの回想録『フランス二月革命の日々』（喜安朗訳、岩波文庫）とともに、革命の主体やその方向性をめぐって、今日なおさまざまな論点を提供するものと言える。

## プルードンの軌跡

周知のことだろうが、まずはピエール＝ジョゼフ・プルードンの生涯を簡単にたどってみよう。彼は一八〇九年、チューリヒにほど近いフランス東部フランシュ・コンテ地方ブザンソンの貧しい職人の家庭に生まれた。同郷には、詩人・作家のヴィクトル・ユゴー、特異な社会主義者シャルル・フーリエ（プルードンは一時期彼の影響を受けた）、映画の父リュミエール兄弟などがいる。教科書も満足に買えないような貧しさのため、働きながら進んだ高等中学も断念せざるをえなかったが、校正係として働いたブザンソンの印刷所で神学・ヘブライ語・言語学などを独学で習得する。その後も生活の困窮が続くが、幸いにも一八三八年、ブザンソン・アカデミーの奨学金を得、パリに遊学。三九年には「日曜礼拝論」がブザンソン・アカデミーの懸賞論文に入選する。しかし、翌四〇年に発表した『財産とは何か』中のあまりにも有名な一句「財産とは窃盗である」が物議をかもし、一躍有名になると同時にブルジョアジーの忌避・恐怖の的となる。「彼は挑発的な大胆さで経済学の聖域に触れた」（マルクス）のだ。彼はあやうく起訴されそうになるが、この一句が巷間受け取られたような意味でないことが認められ、事なきを得る。この間の事情は、本書序文にも詳しく記述されている。

その後、『人類における秩序の創造について』（一八四三年）、『経済的諸矛盾の体系、または貧困の哲学』（一八四六年、本書に対する批判としてマルクスが『哲学の貧困』を書いたことはあまりにも有名）などを発表、四八年には「図らずも」二月革命の渦中の人となる。いくつかの新聞で論陣を張り、ナポレオン三世を侮辱した廉で三年の禁固刑（一八四九―五二年）を受ける。本書（一八四九年）同様、アソシアシオンを基礎にして「非政府中心主義《アナルシスム》」の原理を展開した『一九世紀における革命の一般的理念』（一八五一年）もこの獄中で書かれた。ついでに言うと、彼は獄中で結婚し、子供ももうけている。序文でも明らかにされているが、この「獄中生活」は、今では信じられないくらい自由なものだったようだ。

五二年に出獄後、プルードンはまたしても物議をかもした書『一二月二日のクーデターによって証明された社会革命』を刊行する。ナポレオン三世のクーデターを指弾しつつも、一方で権力に擦り寄るかに見えたプルードンに、共和主義者たちはわが目を疑い、憤激する（いかにもプルードン的矛盾に満ちたものだが、これについては後述する）。さらに五八年には、やっとのことで出版された『革命と教会における正義』が、宗教および国家を侮辱したとして告発され、彼は家族とともにブリュッセルに亡命を余儀なくされる。

六〇年四月には、ブリュッセルに一時滞在したトルストイと対話している。同年一二月、ナポレオン三世はプルードンを特赦するが、彼はベルギーに留まり続ける。六一年『戦争と平和――国際公法の原理と構造』を刊行。しかしまたしてもこの著作の意味は誤解され、大方の人々はそこに戦争擁護の姿勢を見た。プルードンの手紙によれば、「友人たちはみんな茫然となった。何もわかっていない。わかっているにしても、非難し慨嘆するためだ。僕が狂ったのか、それとも世間が白痴化したのか」。

六二年九月にプルードンは、「ガリバルディとイタリアの統一」という論説を発表するが、そこにこめられた皮肉が理解されず、ナポレオン三世にベルギーを併合させようとしているとして非難される。数日後の一六日には彼の家にデモ隊が押し寄せたため、彼は翌日ブリュッセルを後にし、一八日にはパリに着く。

六三年二月には生前最後の著作『連合の原理および革命派再建の必要について』が出るが、プルードンの健康状態は悪化する。しかしそうした中でも、彼得意の小冊子で、五月末に予定されている選挙の棄権を呼びかけている。

六四年、彼は相変わらず病床にあるが、二月、パリの労働者による「六〇人宣言」に意見を求められ、労働者固有の権利は認めつつも、三月八日の選挙には棄権を勧める。八月、故郷フランシュ・コンテに最後の旅をする。パリに戻ったのは九月一五日である。翌六五年一月一九日午前二時、プルードン死す。妻と義姉、そして友人ラングロワらに看取られながら。『労働者階級の政治的能力』はついに遺著となった……。五〇巻以上四〇著作以上にも上る膨大な「言葉」＝メッセージが残された――しかもこれは、彼が関わった三つの新聞で精力的に書き継いだ「記事」は別にしてのことである。

## プルードンとは誰か

さて、現在の時点で、フランスの一八四八年革命にまつわるプルードンのこの「告白録」（およびダニエル・アレヴィの編者序文）が持つ意味とは何だろうか。

周知のように、著者プルードンは俗に言う「アナーキズム」の祖であり、アナルコ・サンディカリズムの先駆的存在とされる。彼が当時留保を付していた社会主義・共産主義が、二〇世紀の歴史の中でどういう命運をたどったかもまた、周知の通りである。では、プルードンの思想は「甦った」のだろうか。良かれ悪しかれ二〇世紀を支配した思想の新たなオルタナティブとして、再び「注目」されるべきなのだろうか。

なるほど、プルードンの言う「人民銀行」にしても、「非政府的管理システム」「連合主義」の提言にしても、グローバリズムの席巻、それと同時に起きている「近・現代国家」の捉え返し、地域分権の要求といった現在の政治・経済的状況には、示唆的なオルタナティブであるように思われる。日本でも、いくつかの地域で地域通貨（ＬＥＴＳ）の試みが既に行なわれているし、柄谷行人が唱えるＮＡＭも、現行資本主義の克服を目指すこうした志向性の一つとして捉えられるだろう。また訳者の身近でも、「人民銀行」の思想に触発されて非資本主義的自由経済、地域貨幣の地道な研究が続けられていて、その雑誌『自由経済研究』（ぱる出版）は既に二十数号を数えている。

ただ、そうした「大きな」問題を横目で睨みつつも、この『告白』につきあってきた訳者としては、もう少し「卑近な」問題に寄り添ってみたい。たとえばそれは、四八年革命の挽歌としても読めるフローベールの『感情教育』が開く時空であり、ボードレールの次のようなメモが暗示する時空である。「一八四八年における私の陶酔。／この陶酔はどういう本性のものであったか？／復讐への嗜好。取壊しの、自然的な快楽。／文学的な陶酔。本で読んだことの想起。／五月十五日。——相変わらず破壊への嗜好。正当な嗜好だ。自然的なものはすべて正当だとするなら」（阿部良雄訳、『ボードレール全集Ⅳ』所収、筑摩書房）

五月一五日は、「六月蜂起」に先駆けてポーランド支援のデモ隊が議会に乱入し、リュクサンブール委員会が解体した日である。この『赤裸の心』の一節が示すように、ボードレールは二月革命に敏感に反応している。実際、革命勃発の二月二三日夜には、警官隊と労働者の衝突を求めてか街中を歩き回り、翌二四日には「オーピック将軍を撃ち殺しに行け」と連呼している姿が目撃されており、また八月には、プルードンに親愛感あふれる手紙を書き、暗殺計画に注意するよう呼びかけている。当時二月末にボードレールは共和派的な『サリュ・ピュブリック』という新聞を、シャンフルーリやトゥーバンと創刊したりもしている（ただし二号で終わるが）。しかしそうかと思うと、同年一〇月にはシャトールーの保守系新聞『アンドル県の代表者』編集長に束の間ではあるが収まったりする。いったいボードレールの「真意」はどこにあるのかと首を傾げられる所以《ゆえん》である。

——しかし、そういう議論は括弧にくくった上で、ひとまずは、ボードレールも、プルードンも、マルクスも、ナポレオン三世も、ティエールも、その他のさまざまな人物も、この「四八年」の時空に今一度置きなおしてみたらどうだろうというのが、訳し終えての今更のような思いである。素朴なことを言うようだが、この時代は実におもしろい。「四八年人」という言い方は、現実にはありもしない夢物語《ユートピア》を求める人のたとえとして使われることがある。たしかに、アメリカ合衆国に「理想郷」を求めたカベの試みなどはその典型とも言えようが、しかしこの年は『共産主義者宣言』の年でもある。また、現代を彷彿とさせるような、わけのわからぬ「新宗教」的なものが簇生してもいる。いつの時代も多少なりとそうだと言えばそうだが、どうも「四八年」の人々の観念（夢）と現実のアマルガムは、少々バランスを失していたようだ。それもこれも含めて、「四八年人」の栄光と悲惨と言うべきではないか、とも思う。そしてこれには、ベンヤミンの次のような言葉を捧げたい。「歴史をなすあらゆる存在、たんに歴史の舞台であるにとどまらないあらゆる存在に生を認めるとき、はじめて、生の概念はそれにふさわしい権利を獲得することになる。なぜなら、自然によってではなく、ましてや感覚や魂といった曖昧な現象によってではなく、最終的には歴史によってこそ、生の圏域は規定されるからである。そこから、あらゆる自然の生を歴史のより包括的な生から理解する、という哲学者の使命が生じる」（「翻訳者の使命」、浅井健二郎編訳、『ベンヤミン・コレクション2』所収、ちくま学芸文庫）。これは、直接的には翻訳行為と作品の関係を述べたものだが、歴史における生の問題にも広げることができるだろう。これが第一点。

もう一つは、よく言及されるプルードンの矛盾に満ちた有り様のことである。ボードレールのアイデンティティがどうにも不可解であることは先に触れたが、プルードンの場合は自らの「挑発」を楽しんでいたのではないかと思わせる節がある。この『告白』にも、そうした面が随所に見られる。

プルードンはサント・ペラジー牢獄で、本書を六週間という短期間で完成させた。身のうちに溢れかえる過剰なものを処理しかねているようなその文章は、なるほど、ダニエル・アレヴィがいみじくも言うように、プルードンが「政治家」というよりは、バルザックの小説の主人公たちのような精神的血族に属することを納得させるものだ。冗語法、頓呼法に満ちた文章は時に読者を辟易させるほどだが、まずはその奔流に身をまかせ、その飛沫を全身に浴びなければならない。この男は、意味と同時に意味以上のものを、われわれにぶつけようとする……。実際、彼は好んで人を面喰わせるようなことを口にし、左右両派から胡乱な存在と見られていた。『告白』については「この男はわれわれの尺度ではとらえきれない」として好意的な書評を書いたウジェーヌ・ペルタンも、『十二月二日のクーデター によって証明された社会革命』については痛烈に批判せざるをえなかったように、どうにも応接に困る、厄介なところがあった。プルードン死後一年後には、『両世界評論』誌で彼の全著作に長い検討を加えたペルタンでさえも。——

レジスタンスにも関わったスペイン生まれのフランスの詩人・美術批評家ジャン・カスーもその名著『一八四八年——二月革命の精神史』で、こう書いている。

「同時代人にこれほど恐怖感を与えた人も珍しい。(中略)独学者と理屈屋のこのソクラテスは、城壁をひっくりかえし、紳士たちの眠りを悪夢で満たすありとあらゆる提言の元凶とみなされた。所有と資本に対する民衆の要求も、プルードンが一枚かむと、犯罪や売春や放蕩や獣姦などといっしょくたにされた。(中略)第二帝政期の漫画に、何か鬼面人を驚かすようなものが出てくる場合、登場するのはきまってプルードンだった。もしゃもしゃの髪、獅子鼻、上っぱり姿の巨魁。その狂おしい孤独を時に慰めた同僚が一人だけいた。友人のクールベである。(中略)合計二人の狐憑きがいる。一人は絵をかきなぐり、一人は夜っぴて書きものをしている。どちらがいいとも言えないようなこの二つの仕事は、一般的な理性にとってはこの上なく不合理で、公共の秩序にとってもこの上なく有害なものだ」(野沢協監訳、法政大学出版局)

ここで引き合いに出されているクールベ(彼もまたプルードンと同郷だ)には、プルードンが娘たちとともに地べたに腰を下ろしているなごやかな情景を描いたよく知られた絵があって、ブルジョアジーの生活をハンマーで打ち壊す悪鬼のようなカリカチュアのイメージとの落差に、一瞬とまどってしまう。しかし、やはりダニエル・アレヴィが言うように、彼は「革命家」にして「保守主義者」なのだ、ということにこの「落差」の秘密があろう。そう言えば、プルードンの後継者の一人ジョルジュ・ソレルもまた、同時代からは「革命家にして反動家」「極右にして極左」などと呼ばれていた。——「保守」と「革命」の綾についてはさまざまな議論があるが、ここでは、資本の運動がもたらすものに対する、マルクスとはまた別の形でのプルードンの危機意識の一つの帰結であるとのみ言っておく。また、アンドレ・ブルトンとオクタヴィオ・パスが期せずして異口同音に「人は真に保守的でなければ革命的たりえぬ」と言ったことの意味も考えてみたい。これは「政治」レベルでの「保守革命」云々という話ではない。

また、同じような事情に関して、プルードンの社会思想を引き継いだ社会学者ギュルヴィッチは、彼は「イデオ・リアリスト」なのだと言っているが、この言葉はプルードンの輻輳したあり方をよく言い当てているのではないだろうか。バルザックの小説の登場人物を彷彿とさせるのも、彼のそうしたイデオ・リアリスト的性格による。

たとえば、プルードンのいわゆる「アナーキズム」にしても、先のカリカチュア的プルードン像から想定されるものとは違って、むしろきわめて「現実的」なものだ（この「現実」という言葉をどう捉えるかという問題はあるにしても）。それは「無政府」というよりは「非統治」を旨とする一つの管理システムであるが、むろん、単なる自動的なシステムではなく、各人の主体性が前提とされるものだと思う。しかしまた——ただちに言わなければならないが——、これを何か実際上の「政策」と捉えるよりは、やはり、現実態に対する批判＝批評的観念と見るべきではないかという思いを拭いがたい。つまり、彼の言葉は常に、「現実」と「観念（夢）」がショートし、火花を散らす磁場でしか発生しないのだ……。

革命家とは政治家ではない……。プルードンという存在を考える時、ここがどうも問題になるようだ。そしてここには、「政治」と「思想」とがどうしようもなく脱臼したままになった現代と、「四八年」との（当否は別としての）決定的な「状況的」ズレがある。しかし訳者が言いたいのは、「見果てぬ美しい夢」としてのアナーキズムなどという、それ自体ロマンチックかつ醜い概念のことではない。先に引いた書でジョン・カスーがいみじくも言うように、「革命が爆発し、革命が自己を求めてさまようたびに、プルードンはきまってそこにいなかった」。

ではそこに、挑発的言辞をこととする「プチ・ブル的極左主義」を見るべきだろうか。しかし、これでは答えにならない。これは、なぜなのか。むろん、「事実」的には、「牢獄にいた」からである。しかし、「政治をするとは、泥の中で手を洗うことだ」（「手帖」一八五一―五二年三月三〇―三一日）とか、「私は毎日警視総監と食事をしながらでも目的を達成できたであろう」（勝田吉太郎『バクーニン』講談社）などと稚気満々にうそぶく男のマキャベリズムなどは、知れたものだろう。反動家呼ばわりされない革命家というのもつまらないが、しかし、煮ても焼いても食えぬ真のマキャベリストは、プルードンのようなことは決して口にしないものだ（もっとも、そういうところがまた彼の「魅力」の一つなので困ってしまうのだが）。

ここで、マルクス主義とアナーキズムの角逐の元の一つとなっている問題を、今更のように蒸し返してみたい。つまり、例の『貧困の哲学』vs『哲学の貧困』という対立。これについては、河野健二もっとに、あまりにもマルクス寄りの解釈に警鐘を鳴らしている――「（マルクスの『哲学の貧困』は）わが国におけるプルードン像に決定的な影響を与えた。本書はマルクスの理論的成長、とくに史的唯物論の形成史を考える上ではきわめて重要な書物であるが、プルードンにたいする親切な理解をもたらすものではない。とりわけ共産主義運動がさまざまな難問に逢着している今日的状況においては、マルクスが本書でプルードンに加えた論難をオウム返しに繰り返すことをやめて、歴史と理論において両者の関係を厳密にとらえなおすことが是非とも必要である」（河野健二編、『プルードン』、平凡社）

ここで危惧されているように、両者の関係はマルクス主義的バイアスのかかった形で（どちらの立場に立つにせよ）導入され、今日に至るもほぼそのまま放置されていると言っていいだろう。むろん、「歴史と理論」における「厳密」な検討は当方などの手に余るものだが、たとえばマルクスのプルードン批判の一つは次のようなものだ。

「頭の天辺から足の爪先まで、プルードン君はプチ・ブルジョアジーの哲学者であり経済学者である。進歩した社会に於いては、プチ・ブルジョアは、その立場上必然的に、一方に於いては社会主義者であり他方に於いては経済学者なのである。言いかえれば、彼は大ブルジョアジーの杜撰さと民衆の苦悩に対する同情とで茫然となるのである。彼は同時にブルジョアと民衆の両者を兼ねる。彼は、彼が不偏不党であること、中庸とは何か違ったところがあると主張される正しい均衡を発見したこと、を心中ひそかに得意としている。この種のプチ・ブルジョアは矛盾を讃めたたえる、矛盾が彼の存在の基盤だからである。彼は彼自身、実際に動いている社会的矛盾に外《ママ》ならない。そしてプルードン君は、フランスのプチ・ブルジョアジーの科学的解明者たる功績を有する。それこそ一つの本当の功績である。何故なら、プチ・ブルジョアジーは、総べての差し迫った社会革命の欠くべからざる構成部分をなすものだから」（山村喬訳「アンネンコフ宛てのマルクスの手紙」、『哲学の貧困』所収、岩波文庫）

　マルクス的な運動論の限りでは実にもっともな批判だとは思うが、この言い方は少々小意地が悪い。というのも、当初（象徴的に「四八年」と言ってもいい）彼らは「同じもの」を見ていたはずだからだ。マルクスが資本の奇態な運動に注目する一方で、プルードンは「産業的諸力」の厳密な統御による革命を訴える。その限りでは、双方ともに、現下の「革命」に何が必要かという認識をある程度共有していたはずだ。少なくとも、進行中の「資本」の動きに、程度の差はあれ無自覚なほかの「四八年人」たちよりは——。その意味で『貧困の哲学』と『哲学の貧困』というセットは、流産した四八年革命を象徴するもののように思える……。また余計なことを言えば、「プチ・ブルジョアジーの科学的解明者云々」というマルクスのプルードン評は、そのニュアンスは別として、なかなか正鵠を射たものだと思う（「憎さは憎し、されど……」みたいなものだ）。この言葉は、『告白』の自注で言及されている、スペインの反動思想家ドノソ・コルテスの「プルードン否定」の言葉とともに、なまなかの肯定的言説などよりも、はるかに彼の急所を捉えているのではないだろうか。ドノソは、こう書いている。「……彼（プルードン）が人間か悪魔かはともかく、ここに確実にあるものとは、彼の両肩には神に見放されたこの三世紀が重くのしかかっているということである」（傍点引用者）

　「神に見放された」という言葉のベクトルはまったく逆向きだが、大状況の認知自体は間違ってはいまい。社会思想家プルードンは、ある種壮大な人類史の射程で宗教・政治・思想を問いかける哲学者的側面もあわせもっているわけで、この点に関わるプルードンの言説の振れ幅が、とかく物議をかもすのだ。

　このプルードンの「矛盾」については、彼をフランスにおける第一級の書簡文学者と認めていた批評家サント・ブーヴがすでに、賛嘆と溜息を同時にこめながら指摘している。この男はすばらしいことを書くのに、なぜ、一方でそれを駄目にしてしまうのか、と。サント・ブーヴはその時、同時代のきわめつけの（ボードレールも注目していた）反動家ジョゼフ・ド・メーストルを引き合いに出している。「ド・メーストルは、彼の時代に、同様にわざと侮蔑的で、スキャンダラスな言葉を選んだ。貴族的傲慢さ、平民的大胆さ、これらの由来や原理はさほど重要ではあるまい。この全く対極をなす二つの卓越した精神は、この点では歩み寄るのである。（中略）一方は、手袋で世論に平手打ちを喰らわせる。他方は、ことの始めに、胸や眉間に一発見舞う。ひとは初めそれで全く面喰らう」（原幸雄訳、『プルードン』、現代思潮社古典文庫）

サント・ブーヴのこのプルードン評伝は包括的なものではないが、プルードンの輻輳した有り様をよく示している。「アナーキスト」プルードン、マルクスと敵対したプルードン……といったさまざまな符牒＝記号の前に参照すべき一書だろう。それが、「四八年」とは何か、プルードンとは誰かという問いの初めにあると思われる。

## パンフレテール・プルードン

以上のことに加えて、ジャーナリストとしてのプルードンが再検討されるべきではないだろうか。

彼はこの『告白』でも、折りに触れて自分は何よりもジャーナリストであることを強調している。実際、彼は『ルプレゾンタン・デュ・プープル（民衆の代表者）』紙を始め『プープル（民衆）』『ヴォワ・デュ・プープル（民衆の声）』紙と、筆禍事件を起こしたり発行禁止を喰らっては、新たな新聞を刊行し続けたのだが、そうした彼の「権威への反逆」は、既に二三歳の時に、編集を依頼された地元ブザンソンの新聞『不偏不党』紙（「いかにも」というタイトルではある）が知事の検閲を要することを知るや、直ちに拒絶したことに見事に表われている。「なぜ、『不偏不党』紙が共和的新聞（中略）であってはならないのか……なぜ、われわれが住民にすすめて、かれら自身の問題を処理することと、人民たちの連合に向かう道を準備することができるようにしてはならないのか。教育、科学、道徳的健全さ、愛国心を通じて、あらゆる行政上、憲法上の階層制を、差し当たりはそれらがもたらすわずかの善を利用しながらも、いかにしてそれらなしですますかをかれらに判らすべきです」（河野健二前掲書）

この言葉からも、彼が、中途半端な「理念」と小理屈をこねくり回しながらその実民衆を知らぬ類の政治家的革命家ではなく、何よりも「ジャーナリスト」として自己規定した思いがわかるような気がする。加えて彼は、激烈なるパンフレテール（風刺的攻撃文書作者）であった。それこそ「不偏不党」「公器」「中道性」などという寝呆けたことを得々として語る、「ジャーナリスト」という今日ではいささか陳腐なイメージのある呼称よりも、パンフレット作者プルードンと言ったほうが、いっそいいのかもしれない（ここでつい、ほぼ同時代のわが中江兆民のことなどが想起される）。

バルザックの『幻滅』を見ても、当時既にしてジャーナリズムの「栄光と悲惨」は出そろっていたことがわかる。また同じくバルザックの『ジャーナリズム博物誌』には、今日でもそこかしこに見られるジャーナリストたちの諸類型が戯画化されてもいる。こうした中で、プルードンの発禁歴は灼々たるものだが、同時にそこに、よくある左翼的硬直が見られないのは、彼のイロニーへの偏愛と笑いの精神によるものだろう。「今のフランス」に必要なのは、もう一人のロベスピエールでもルソーでもない、もう一人のヴォルテールなのだという彼の言葉は、この「夢＝観念」と「現実」が輻輳したパンフレテールが、すぐれた文明批評家でもあったことを示すものだ。また、「文学などは婦女子の慰みものだ」と切って捨てる彼の言葉の意味を思ってみなければならない。むろん、ここで言う「文学」とは、「自然」と化したあらゆる制度的言説の謂いである。これは、革命至上主義でも政治主義でも何でもなく、愚昧な「政治と文学」論者が慌てて考えたがるようなことでもなく、当時のメディアと表象の最中に生きた人間の批評＝批判として、はるか今日の（文学的）退廃をも抉るものだろう。すなわち、政治＝思想＝文学という圏域における現実＝観念態への批評の実践として――。

「政治において、現実的で直接的なものを何ら表現できぬ作家とは何か。（中略）芸術に関しては、幻想そのものが常に観念に帰着しなければならないことを何ら理解できずに、幻想の言うがままにしか考えぬ作家とは何か」（「革命が文学に負っているもの」）。ここにあるのは、『共産主義者宣言』と同じ水位の、そして別様に表現された言葉である。つまり、ここで語られていることは「現在進行中」の事態なのだ。それがわからない者、わからないふりをする者のことをこそ「ブルジョア」という。

蛇足めくが、今日の政治状況に照らしても依然として膝を打たざるをえない彼の言葉を、あえて本書から引いておきたい。

「一国の状態にまったくのところ無知である人間たちが、どうしてほとんどいつもその国を代表しているのか」（一九一頁）

「普通選挙はいかにして民衆の思想を（中略）実現するというのか。民衆は（中略）奴隷根性か、さもなければ憎悪によって投票するというのに」（二五七頁）

## ダニエル・アレヴィについて

最後に、「序文」のダニエル・アレヴイについて。

本訳書の巻頭に収めた「編者序文」が、プルードンという人物に関して実に委曲を尽くしたものであることは、ほとんどの読者が頷かれるのではないかと思う。アレヴィ編纂によるこの一巻をまるごと訳出したのも、本文中に散りばめられた細心・的確な「編者注」もさることながら、一九二〇年代の思想状況が刻印された「序文」の魅力にまいってしまったことが大きい。

ダニエル・アレヴィ（一八七二―一九六二）は、あのプルーストとコンドルセ高等中学以来の友人であり、詩人シャルル・ペギーとも親しく交わり、彼の『半月手帖』に協力した。父リュドヴィック・アレヴィ（一八三四―一九〇八）は脚本家・小説家、兄エリー・アレヴィ（一八七〇―一九三七）は政治史家。ダニエル自身は歴史家・評論家として活躍、ニーチェ、ペギー、もちろんプルードン（『プルードンの生涯』）に関する論考をはじめ、『フランスにおける労働運動』、第三共和制初期に関する研究（『名士《ノターブル》たちの終焉』）などを著した。一九世紀史研究の碩学モーリス・アギュロン（彼はその著『四八年人』［一九七五年］で、一八四八年と一九六八年とを関連づけている）の言葉を借りれば、二〇世紀初期にあって、「社会主義、サンディカリズム、さらには民衆の擁護・向上に関わる民主主義的潮流」に深く関わった存在であり、「心性の歴史」の「留保抜きの先駆者」でもある。

話が前後するが、若き日のアレヴィは、ドレフュス事件に際しては、ゾラの「われ弾劾す！」に端を発した再審請求の署名集めに、プルーストらとともに奔走した。セバスチャン・ローランの『ダニエル・アレヴィ評伝』（二〇〇一年、フランソワ・フュレ賞）によれば、ユダヤ人アレヴィ家は、近現代フランスにおけるユダヤ人問題を映す鏡であり、これは単に「左翼的」問題のみならず――それこそ、プルードンの言説をどう受け止めるかを含めて――広く「歴史」と「思想」の現在と未来を問うものである。

また、ダニエル・アレヴィが一九〇三年に書いた未来小説『四年間の物語――一九九七―二〇〇三年』というものがあるらしい。未見だが、紹介記事によると、一九九七年にある科学者が万能食を発見、以来人類は生活をエンジョイし、アルコールや麻薬など悪しき習慣に溺れる。ところが、ある疫病がこの快楽的で乱脈な生活を一掃することとなり、一握りの「健全な」賢者たちが残される。彼らは西欧世界を司り、「劣った」階級を奴隷化する……これは二〇〇一年におけるヨーロッパのアメリカ化を予見するものではないかとある評者は言うのだが、この評言の当否はともかく、こんなSFをダニエル・アレヴィが書き残していたというのが、何ともおもしろい。「四八年」に端を発する問題は、まだ終わっていないようだ。

当初、本書の訳稿がとりあえず完成したのは、五、六年前。つまりは、四八年革命一五〇年周年にあわせようとしたのだが、諸般の事情により出版は頓挫した。しかしこの年月は、訳稿の不備を整えるのに必要な時間であったとも思う。訳出中から、若き友人・中条省平氏をはじめ、訳者が編集者でなければお会いすることもかなわなかった阿部良雄・與謝野文子夫妻には、ラテン語や不明箇所に関してさまざまなご教示に預かった。また、森野栄一氏にはリヴィエール版の貴重な原書を拝借した。記して感謝する次第である。そのほかいちいちお名前はあげないが、さまざまな人々のご協力を得た。思わぬ誤りもあるやもしれないが、もとより、それはすべて訳者の責に帰すことは言うまでもない。ただ、この拙い訳が、今後のプルードン研究とそれに関わる諸問題の論議・発展に何がしかの契機となれば幸いと思う。

最後に、現下の困難な出版状況の中で、粘り強く同伴していただいた編集者・青木誠也氏に深く感謝したい。

二〇〇三年七月

訳者識

**ピエール＝ジョゼフ・プルードン**（Pierre-Joseph Proudhon）
フランスの社会思想家　1809～65。貧しい職人の家に生まれ、印刷所で印刷工、校正係をしながら独学する。1840年、『所有とは何か』で、一躍フランス思想界の寵児に。1846年の『貧困の哲学』は、マルクス『哲学の貧困』によって徹底的に批判される。1848年には国会議員となるが、ルイ・ボナパルトの政策を批判し、投獄される。晩年は不遇であったが、膨大な量の著作・手記を残した。現代アナーキズムの先駆者とされる。

**山本光久**（やまもと・みつひさ）
翻訳家　1950年生まれ。フランス文学専攻。「日本読書新聞」、「現代詩手帖」、「図書新聞」編集長などを経てフリー。日本ジャーナリスト専門学校非常勤講師。訳書に、ロジェ・ラポルト『プルースト／バタイユ／ブランショ』（水声社、1999）、ジネディーヌ・ジダン『ジダン』（ザ・マサダ、2000）、フィリップ・ドレルム『しあわせの森をさがして』（廣済堂出版、2002）、フランソワ・ジェレ『地図で読む現代戦争事典』（河出書房新社、2003）ほか。

# 革命家の告白　二月革命史のために

*Les Confessions d'un Révolutionnaire*

初版第1刷発行
2003年8月30日
初版第2刷発行
2020年4月30日

著　者
ピエール＝ジョゼフ・プルードン

訳　者
山本光久

装　幀
間村俊一

発行者
和田　肇

発行所
株式会社作品社

〒102-0072　東京都千代田区飯田橋2-7-4
TEL03-3262-9753　FAX03-3262-9757
http://www.sakuhinsha.com/
振替　00160-3-27183

印刷・製本
中央精版印刷株式会社

落丁・乱丁本はお取替えいたします。
定価はカバーに表示してあります。
ISBN978-4-87893-571-8 C0022